中国乡村振兴
综合调查研究报告
2021

魏后凯 ◎ 主编
苑鹏 王术坤 ◎ 副主编

CHINA RURAL
REVITALIZATION SURVEY
（2021）

中国社会科学出版社

图书在版编目（CIP）数据

中国乡村振兴综合调查研究报告.2021/魏后凯主编.—北京：中国社会科学出版社，2022.4
ISBN 978-7-5203-9376-8

Ⅰ.①中… Ⅱ.①魏… Ⅲ.①农村—社会主义建设—研究报告—中国—2021　Ⅳ.①F320.3

中国版本图书馆 CIP 数据核字（2021）第 243793 号

出 版 人	赵剑英
策划编辑	周　佳
责任编辑	张冰洁
责任校对	韩天炜
责任印制	王　超

出　　版	中国社会科学出版社
社　　址	北京鼓楼西大街甲 158 号
邮　　编	100720
网　　址	http://www.csspw.cn
发 行 部	010-84083685
门 市 部	010-84029450
经　　销	新华书店及其他书店

印刷装订	北京明恒达印务有限公司
版　　次	2022 年 4 月第 1 版
印　　次	2022 年 4 月第 1 次印刷

开　　本	710×1000　1/16
印　　张	25.5
插　　页	2
字　　数	387 千字
定　　价	139.00 元

凡购买中国社会科学出版社图书，如有质量问题请与本社营销中心联系调换
电话：010-84083683
版权所有　侵权必究

序　言

　　乡村振兴是一项管全面、管长远的大战略，其内涵丰富，涉及面广。实施乡村振兴战略，是新时代做好"三农"工作的总抓手，也是促进农民农村共同富裕的根本途径。现阶段，随着脱贫攻坚战取得全面胜利，中国"三农"工作的重心已经由脱贫攻坚转移到全面推进乡村振兴、加快农业农村现代化上来。然而，至今为止，我们对乡村振兴中一些基本情况和主要指标还缺乏全面深入的了解和掌握。在新形势下，从乡村振兴的视角，深入开展农村调查研究，建立一个具有全国代表性的农户和村庄综合调查数据库，全面、客观、准确掌握农村的基本情况，科学把握当前中国农村发展面临的主要困境和变化趋势，为乡村振兴理论创新和战略实施提供坚实的数据支撑，其理论和现实意义重大。

　　目前，国内一些高校及科研院所已经对外公开了不同研究主题的微观调查数据，对中国的学术研究和政策决策起到了重要的推动作用，但是在乡村振兴领域开展全方位数据调查的机构仍然不多。目前国内较有影响的数据库主要有浙江大学的"中国家庭大数据库"（CFD），北京大学的"中国家庭追踪调查"（CFPS），"中国健康与养老追踪调查"（CHARLS），"中国老年人健康长寿影响因素调查"（CLHLS），中国疾病预防控制中心营养与食品安全所与美国北卡罗莱纳大学人口中心合作的"中国营养健康调查"（CHNS），中国人民大学的"中国综合社会调查"（CGSS），中山大学的"中国劳动力动态调查数据"（CLDS），中国社会科学院社会学研究所的"中国社会状况综合调查"（CSS），北京师范大学的"中国居民收入调查数据"（CHIP）等，这些数据涉及

◆ 序　言

"三农"领域的内容很少，无论从调查问题的深度还是广度都不能满足乡村振兴战略的研究需要，难以为全面推进乡村振兴提供坚实的数据支撑。有鉴于此，2019年我们申请并获批了中国社会科学院重大经济社会调查项目"乡村振兴综合调查及中国农村调查数据库建设"，并于2020年依托中国社会科学院农村发展研究所（以下简称"农发所"）的科研力量，集全所之力组织实施了"中国乡村振兴综合调查"（China Rural Revitalization Survey，CRRS）基线调查。该项目由魏后凯和苑鹏共同主持，主要负责项目总体思路、研究框架设计和组织协调工作。从2019年10月申请项目到问卷设计、方案完善和预备调查，再到大规模正式调查、数据清理以及报告撰写和完善，课题研究前后持续了将近2年时间。

CRRS调查地区覆盖全国10个省（自治区）、50个（市、区）、156个乡（镇）、308个行政村，共完成户级数据3833份，人级数据15554份。此次调查主要包括问卷设计、样本抽样、预备调查、正式调查、数据清理等主要过程，每个过程都经过课题组成员多次讨论后组织实施。问卷设计主要根据调查内容，从农发所研究人员中选取熟悉该领域的成员完成，包括杜志雄、苑鹏、谭秋成、孙同全、于法稳、檀学文、胡冰川、刘长全、郜亮亮、李人庆、全世文、年猛、崔凯、王术坤、董翀、李登旺、李玏、王宾、王瑜、张延龙、张丽娟等；样本抽样采取等距离随机抽样的方法，主要由苑鹏、崔红志、郜亮亮、刘长全、杨穗、王术坤、谭清香等参与讨论确定。预备调查共进行了两次，由于受新冠肺炎疫情影响，课题组成员不能离京调研，第一次预备调查由农发所在读博士研究生在居住地完成，第二次预备调查由课题组成员在北京的农村完成。预备调查由苑鹏组织，胡冰川、王术坤、李登旺等参与完成；正式调查由农发所各研究室负责组织实施。其中，乡村治理研究室承担陕西省的调查，由罗万纯负责；农村组织与制度研究室承担河南省的调查，由崔红志负责；城乡关系研究室承担浙江省的调查，由年猛负责；农村产业经济研究室承担黑龙江省的调查，由刘长全负责；贫困与福祉研究室承担广东省的调查，由檀学文负责；生态经济研究室承担

序　言

山东省的调查，由于法稳负责；农产品贸易与政策研究室承担贵州省的调查，由胡冰川负责；农村金融研究室承担宁夏回族自治区的调查，由孙同全负责；土地经济研究室承担四川省的调查，由郜亮亮负责；食物经济研究室和农村信息化与城镇化研究室共同承担安徽省的调查，由李国祥负责。科研处的彭华、张斌、陈伟、王蕊、王佳，编辑部的鲍曙光、胡祎，以及办公室的许楠、王明宇、宋楚童、刘畅、王颖等也参与了本次调查；数据清理工作由王术坤负责，崔凯、全世文、董翀、李玏、李登旺、王宾、王瑜等参与完成。

《中国乡村振兴综合调查研究报告（2021）》是基于此次调查数据完成的综合分析和研究报告，也是集全所科研人员共同参与完成的一项集体研究成果。全书坚持以习近平新时代中国特色社会主义思想为指导，认真贯彻落实习近平总书记关于"大兴调查研究之风"的重要精神。从结构安排上看，全书分为调查概况、主报告和专题报告三部分。其中，调查概况由第一章和第二章组成，主要介绍样本抽样和基本信息；主报告由第三章至第十六章组成，主要是根据农户和村庄数据进行的统计性描述分析；专题报告由第十七章至第二十章组成，主要是针对某一重要问题进行深度分析。从研究内容上看，全书覆盖了乡村振兴的诸多领域，主要包括农村人口与劳动力、农业生产的投入产出、农民收支与社会福祉、农村居民消费、乡村治理和农村综合改革等方面。从项目申请和问卷设计到研究框架拟定，再到报告修改完善，课题组进行了多次集中讨论。在项目研究和本书编写过程中，除课题组成员外，农发所其他研究人员也参与了讨论。全书由苑鹏、王术坤进行初审，最后由魏后凯定稿。

CRRS基线调查正值2020年新冠肺炎疫情暴发期间，一度无法开展乡村调查，课题组抓住疫情稳定的空档时期及时调整调查计划，保证了调查的顺利完成。调查期间，课题组成员在严格遵守国家疫情防控政策的前提下，克服高温酷暑，戴着口罩坚持走访随机抽取的各村庄农户，每一份调查问卷都凝聚着特殊时期调查队员的辛苦与智慧。参与这次问卷调查的除了农发所的人员，还有来自国内55所高校和科研机构的

◆ 序　言

188名师生、研究人员，在此，我代表中国社会科学院农村发展研究所和中国乡村振兴综合调查课题组对来自全国不同高校的师生和科研机构人员积极参与本次调查表示由衷的感谢。

中央农村工作领导小组办公室等有关部门领导高度重视和关心此次调查，并在组织协调等方面给予了大力支持。根据有关部门的提议，课题组在部分省份增加了农户储粮等调查问卷。中国乡村振兴综合调查及成果出版还得到了中国社会科学院科研局和中国社会科学出版社的大力支持，在此一并表示感谢！

由于本次调查覆盖内容多、数据清理难度大，肯定还存在诸多需要完善的地方，报告中阐述的一些看法也仅代表作者个人观点，真诚地希望学界各位同仁提出宝贵意见。目前，"乡村振兴综合调查及中国农村调查数据库建设"已经列入中国社会科学院"十四五"规划，第二期（2022—2023年）调查项目也已获批。我们将在第二期调查中进一步完善调查问卷和数据库，为乡村振兴理论和政策研究提供坚实的数据支撑。

魏后凯

2021年9月20日于北京

目 录

第一篇 调查概况

第一章 方案设计与抽样调查 …………………………………… (3)
    一 方案设计 ………………………………………………… (3)
    二 抽样调查 ………………………………………………… (6)
    三 调查内容 ………………………………………………… (7)

第二章 家庭成员人口及就业基本信息 ………………………… (11)
    一 人口基本情况 …………………………………………… (11)
    二 人员户籍与居住情况 …………………………………… (23)
    三 劳动力从业及农业劳动投入情况 ……………………… (25)
    四 本章小结 ………………………………………………… (31)

第二篇 主报告

（一）农户篇

第三章 农村土地经营、调整意愿与宅基地利用 ……………… (35)
    一 农户承包地经营、流转与调整意愿 …………………… (35)

◆ 目　录

　　二　农户土地流转参与状况 …………………………………………（40）
　　三　土地入股经营 ……………………………………………………（51）
　　四　宅基地现状及流转行为意愿 ……………………………………（52）
　　五　本章小结 …………………………………………………………（57）

第四章　粮食生产方式、效率效益与农户销售行为 ………………（59）
　　一　农业生产的结构：专业化与规模化 ……………………………（60）
　　二　生产方式现代化与生产效率 ……………………………………（66）
　　三　重要农产品的成本与效益 ………………………………………（73）
　　四　农户粮食销售行为 ………………………………………………（79）
　　五　本章小结 …………………………………………………………（85）

第五章　农业生产环境状况 ……………………………………………（87）
　　一　耕地保护的两种方式 ……………………………………………（87）
　　二　农业废弃物的资源化利用 ………………………………………（94）
　　三　农民对农业废弃物处置及利用问题的认知 ……………………（98）
　　四　农业生产环境的改善路径 ………………………………………（102）
　　五　本章小结 …………………………………………………………（103）

第六章　农户金融市场参与 ……………………………………………（104）
　　一　农户支付行为偏好 ………………………………………………（104）
　　二　农户信贷可得性与信贷需求 ……………………………………（106）
　　三　农户正规信贷申请与获得 ………………………………………（112）
　　四　农户民间借贷行为 ………………………………………………（123）
　　五　农户金融资产持有 ………………………………………………（128）
　　六　本章小结 …………………………………………………………（130）

第七章　信息接入条件、使用行为及线上行为参与 ………………（136）
　　一　信息接入条件 ……………………………………………………（136）

二　个体信息使用行为 …………………………………… （141）
　　三　在线的村庄治理参与 ………………………………… （145）
　　四　电商参与 ……………………………………………… （150）
　　五　本章小结 ……………………………………………… （153）

第八章　农村基本养老保险与医疗卫生服务 …………………… （155）
　　一　基本养老保险 ………………………………………… （155）
　　二　基本医疗保险 ………………………………………… （159）
　　三　基本医疗服务 ………………………………………… （165）
　　四　本章小结 ……………………………………………… （169）

第九章　农村人居环境状况 ………………………………………… （171）
　　一　农村生活用水状况 …………………………………… （171）
　　二　农村生活污水处理 …………………………………… （174）
　　三　农村生活垃圾处理 …………………………………… （176）
　　四　农村厕所革命 ………………………………………… （179）
　　五　农村居民对生产生活方式满意度 …………………… （183）
　　六　本章小结 ……………………………………………… （188）

第十章　农村家庭食物消费与健康 ………………………………… （192）
　　一　农村家庭食物消费与营养摄入 ……………………… （194）
　　二　农村家庭食物支出 …………………………………… （201）
　　三　农村居民的食品安全认知与购买行为 ……………… （206）
　　四　农村老人体质与健康状况 …………………………… （210）
　　五　本章小结 ……………………………………………… （214）

第十一章　农村贫困与福祉状况 …………………………………… （217）
　　一　农村建档立卡户基本情况和脱贫状况 ……………… （217）
　　二　农村相对贫困状况 …………………………………… （223）

目 录

　　三　农民福祉状况 ………………………………………… （229）
　　四　本章小结 ……………………………………………… （242）

第十二章　乡村治理组织建设与治理参与 …………………… （244）
　　一　乡村治理组织建设状况 ……………………………… （244）
　　二　乡村治理参与状况 …………………………………… （253）
　　三　本章小结 ……………………………………………… （259）

第十三章　农村居民收入与收入分配 ………………………… （261）
　　一　全国农村居民收入水平、收入结构及收入
　　　　分配状况 ……………………………………………… （262）
　　二　分收入组农村居民收入水平与收入结构
　　　　差异比较 ……………………………………………… （265）
　　三　本章小结 ……………………………………………… （269）

（二）村庄篇

第十四章　村庄分类、农民收入与多元化乡村振兴 ………… （273）
　　一　村庄分类特征 ………………………………………… （273）
　　二　村庄居民平均收入分类统计特征 …………………… （279）
　　三　村庄特征与农民收入的关系检验 …………………… （281）
　　四　本章小结 ……………………………………………… （285）

第十五章　农村生活环境状况 ………………………………… （288）
　　一　农村居住环境状况 …………………………………… （288）
　　二　农村社会环境状况 …………………………………… （296）
　　三　农村生活环境存在的问题 …………………………… （299）
　　四　本章小结 ……………………………………………… （300）

第十六章　农村基层党组织建设 （303）
　　一　农村基层党组织规模与党员结构 （303）
　　二　农村基层党组织干部状况 （309）
　　三　农村基层党组织活动与经费状况 （316）
　　四　本章小结 （319）

第三篇　专题报告

第十七章　经营规模、农地流转与农机作业购买的环节异质性分析 （323）
　　一　农地经营的规模特征：全样本分析 （324）
　　二　农业机械化服务的分环节选择情况：粮食作物例证 （327）
　　三　农地规模与分环节社会化服务购买特征 （333）
　　四　提升农业支持政策资金投入效益的政策建议 （338）

第十八章　农民工外出就业、落户意愿与返乡创业分析 （340）
　　一　农民工外出就业状况 （341）
　　二　外出农民工落户意愿状况 （347）
　　三　农民工返乡就业创业状况 （352）
　　四　促进农民工外出就业和返乡创业的对策建议 （356）

第十九章　农村集体经济发展的现状、问题和对策 （360）
　　一　农村集体经济发展现状 （361）
　　二　农村集体经济发展存在的问题 （365）
　　三　进一步推动农村集体经济发展的对策 （370）

第二十章　文明乡风建设现状、问题和对策 （375）
　　一　文明乡风建设的现状 （375）
　　二　文明乡风建设存在的主要问题 （385）

◆ 目 录

  三 推进文明乡风建设的对策建议……………………（387）

附录 调查人员名单……………………………………（389）

主要参考文献……………………………………………（393）

第一篇　调查概况

第一章 方案设计与抽样调查

王术坤 苑 鹏[*]

为深入贯彻落实习近平总书记"大兴调查研究之风"的重要指示，全面、客观、准确掌握农村的基本情况，科学把握当前农业农村发展面临的主要困难和变化态势，并为乡村振兴理论和政策研究提供数据支撑，中国社会科学院农村发展研究所申报和承担了中国社会科学院重大经济社会调查项目"乡村振兴综合调查及中国农村调查数据库建设"。在深入的前期研究以及对调查问卷进行多次修改完善的基础上，项目组于2020年8—9月前后赴广东省、浙江省、山东省、安徽省、河南省、黑龙江省、贵州省、四川省、陕西省和宁夏回族自治区10个省（自治区）开展了第一期大规模农户和村庄调查，形成了"中国乡村振兴综合调查"（China Rural Revitalization Survey，CRRS）数据库。现将本次调查的方案设计、抽样调查和调查内容简要介绍如下。

一 方案设计

课题组主要根据经济发展水平、空间布局、农业生产等因素采取等距随机抽样方法，省、县、乡、村以及农户的抽样依据详细介绍如下。

---

[*] 王术坤，博士，中国社会科学院农村发展研究所助理研究员，研究方向：农业政策评估、畜牧业经济；苑鹏，博士，中国社会科学院农村发展研究所研究员，研究方向：农村合作经济。

◆ 第一篇 调查概况

（一）样本省

样本省主要根据不同地区的经济发展水平、区域位置以及农业发展情况进行抽样。在综合考虑这些因素后，分别从东部、中部、西部和东北地区（以下简称"四大区域"）随机抽取所有省份数量的1/3，东部地区抽取了广东、浙江、山东3个省份，中部地区抽取了安徽和河南2个省份，西部地区抽取了贵州、四川、陕西、宁夏4个省（自治区），东北地区抽取了黑龙江省，总共抽取10个调查省（自治区）。

（二）样本县

样本县主要根据人均GDP等距随机抽样。根据2019年各省（自治区）的统计年鉴，将每个省（自治区）所有县（市、区）按照人均GDP依次排序，平均分为高水平、中高水平、中水平、中低水平和低水平5组，从每个组内随机抽取1个县。同时考虑样本县尽量在空间上能够覆盖整个省（自治区），如果抽取的样本县处于同一地级市，则选取与该县人均GDP最接近的县（市、区）且和抽取的样本县不在同一地级市的县（市、区）替代。因此，每个省份随机抽取5个县，总共调查50个样本县（见表1-1）。

（三）样本乡（镇）

乡（镇）的抽样原则和样本县相似，将每个县内所有的乡（镇）（街道）按照人均GDP排序，然后平均分为高、中、低3组，从每组内随机抽取1个乡（镇），在抽取时同时考虑区位、产业布局等相关指标。因此，每个县随机抽取3个乡（镇），总共抽取了150个乡（镇）。

（四）样本村

样本村的抽取同样按照经济发展水平随机抽取，但是由于村级层面难以获得人均GDP的数据，因此，在乡（镇）政府的配合下，根据当地所有村的经济发展情况分为经济发展较好和较差两组，从每组中随机

第一章 方案设计与抽样调查

抽取一个村,在抽取时同时考虑区位、产业布局等相关指标。每个乡(镇)随机抽取2个村,总共抽取300个村。

(五)样本户

根据村委会提供的花名册,筛选出在家居住的农户,根据随机原则抽取14户。其中,2户作为备选。

样本户选择同样采取等距随机取样的方法。首先将所有在家居住的农户标记编码,平均分为12组,然后计算样本组距(组距=在家居住总样本数/12),从第一组的农户中随机抽取一个编码为第一户,然后在抽取的编码上依次增加组距,直至抽取到14户。例如,A村在家居住的农户总共有240户,则组距为240/12=20。首先从1—20户中随机抽取一户,假设为第6户,则抽取的其他样本农户依次是第26户、第46户、第66户、第86户、第106户、第126户、第146户、第166户、第186户、第206户、第226户。

表1-1　　　　　　　　随机抽取的调查县

	省 (自治区)	人均地区生产总值				
		高	中高	中	中低	低
东部地区	广东	惠阳区	鼎湖区	乳源县	廉江市	丰顺县
	浙江	慈溪市	嘉善县	建德市	缙云县	开化县
	山东	招远市	昌邑市	临邑县	临沭县	郓城县
中部地区	安徽	肥西县	凤台县	黟县	石台县	涡阳县
	河南	淇县	栾川县	确山县	杞县	叶县
西部地区	贵州	开阳县	万山区	晴隆县	平塘县	凤冈县
	四川	郫都区	夹江县	万源市	三台县	金川县
	陕西	志丹县	城固县	米脂县	礼泉县	蒲城县
	宁夏	惠农区	盐池县	贺兰县	彭阳县	海原县
东北地区	黑龙江	同江市	友谊县	方正县	富裕县	望奎县

二 抽样调查

基于上述抽样原则，课题组分为 10 个小组在不同省份展开调查。调查对象分为农户和村庄两个层面，其中农户调查是本书调查的核心，村庄调查主要是围绕样本农户所在的村庄展开。村问卷主要是对村负责人进行调查，主要是村支书、村长和会计等熟悉调查村基本情况的村干部，农户问卷主要是对户主或者熟悉自家情况的居民进行调查。

农村调查主要采取一对一的访谈形式，每份问卷的访谈时间在 1.5 小时左右。调查队员主要来自不同高校的在读研究生或高年级本科生。同时，为保证调查问卷的质量，要求调查队员熟悉农村情况或者所学专业接近。在正式调查前，我们对每个调查队员进行室内培训和室外培训。室内培训以调查问卷讲解为主，让调查队员熟悉问卷的内容和逻辑结构。室外培训主要是选取一个村进行预调查。在预调查过程中，带队老师会对调查队员遇到的问题或难点做出解答。另外，为保证数据质量，课题组严格控制调查数量和问卷审核。每位调查队员当天最多只做 4 份问卷，且当天调查结束后，调查队员首先要对自己的调查问卷进行检查，然后不同调查队员进行互查，最后再交由带队人员进行第三轮检查。

调查过程中，大多数省份在预调查时严格按照制定的抽样方案落实且调查数据质量较高，经过筛选将部分符合调查要求的预调查样本也放在了总样本中。最后，共调查了全国 10 个省（自治区），50 个县（市、区），156 个乡（镇），308 个行政村，3833 户家庭，调查的家庭住户成员共 15554 人。各地区及省区实际数据调查情况请参照表 1-2。

表 1-2　　　　　　　　　数据基本情况

	省（自治区）	县（市、区）	乡（镇）	村	户	人
全国	10	50	156	308	3833	15554

续表

	省（自治区）	县（市、区）	乡（镇）	村	户	人
东部地区	3	15	49	92	1152	4697
中部地区	2	10	30	60	735	3235
西部地区	4	20	61	125	1573	6366
东北地区	1	5	16	31	373	1256
山东	—	5	17	31	376	1227
广东	—	5	15	30	362	1845
浙江	—	5	17	31	414	1625
安徽	—	5	15	30	361	1550
河南	—	5	15	30	374	1685
四川	—	5	16	33	399	1696
宁夏	—	5	15	32	396	1519
贵州	—	5	15	30	416	1692
陕西	—	5	15	30	362	1459
黑龙江	—	5	16	31	373	1256

三　调查内容

本次调查主要结合乡村振兴的总体要求，围绕农村发展的重大问题展开。调查内容主要包括"农村人口与劳动力""农村产业结构""农民收支与社会福祉""农村居民消费""乡村治理""农村综合改革"六大固定模块，下面主要根据每个模块的研究目的介绍调查内容。

第一，农村人口与劳动力模块。

目标：了解中国农村人口的基本特征，分析农业劳动力供给，评估农业劳动生产率，探究劳动力转移的基本规律。

内容：（1）农村居民（家庭）、农业劳动力的社会统计学特征；（2）农村劳动力就业结构、就业歧视、户籍与劳动力流动概况；（3）

第一篇 调查概况

农业劳动力的兼业化状况;(4)农民工市民化过程中的社会融入与制度障碍;(5)留守儿童与留守老人概况;(6)农村居民的宗教信仰概况;(7)新生代农民与农民工的专业技术培训、就业结构与就业意愿;(8)农村居民生养观念、育龄妇女的(多胎)生育意愿。

第二,农村产业结构模块。

目标:把握中国农村产业结构的状态与新趋势;分析中国主要农作物的供给潜力、供给函数与成本函数;评估农业产业政策的实施效果,为农村产业振兴提供政策参考。

内容:(1)主要农作物(稻米、小麦、玉米、大豆)的种植结构与成本收益(包括主要生产资料的投入)、农户种植意愿;(2)生猪养殖的成本收益;(3)农户生产经营规模与农业社会化服务的发展状况;(4)农业合作社及新型农业经营主体的运行状况;(5)农户绿色生产行为与意愿;(6)农户对气候变化影响农业生产的认知;(7)农业保险的发展状况与农户参与状况;(8)农村第二、第三产业的发展状况及其与第一产业的融合情况;(9)电商与"互联网+"在农村产业发展中的应用状况;(10)农业补贴政策实施概况,农户对不同类型补贴政策的评价。

第三,农民收支与社会福祉模块。

目标:了解农民基本收入和支出情况、生活居住条件和家庭财产状况,识别相对贫困人口和多维贫困人群,分析农民增收致富和提高生活质量的具体措施,寻找增强农民幸福感和获得感的有效途径。

内容:(1)家庭收入来源,包括经营性收入(农业经营和非农经营)、工资性收入、财产性收入、转移性收入(公共转移和私人转移)等;(2)家庭支出,包括生活支出、医疗支出、教育支出、人情支出等;(3)生活居住条件,包括住房、饮水、道路、电网等;(4)家庭财产情况,包括耐用消费品、金融资产等;(5)主观幸福感和生活满意度;(6)建档立卡贫困户享有的扶贫举措,探寻稳定脱贫的路径;(7)特殊群体包括农村留守老人、儿童和妇女的相关生活保障。

第一章　方案设计与抽样调查

第四，农村居民消费模块。

目标：把握中国农村居民的消费结构与新趋势，了解城乡居民消费差异；研判农村居民消费新的增长点；评估农村居民营养与健康状况。

内容：（1）农村居民在主要商品类别中的消费结构与支出水平；（2）农村居民及返乡农民工的食物消费结构与营养摄入结构、恩格尔系数；（3）农村食品安全概况及农村居民对食品安全的认知；（4）农村居民成人与儿童的肥胖状况，农村居民可持续食品消费行为与意愿；（5）移动互联网技术与农村消费模式变迁；（6）农村居民对文娱产品及村庄公共服务的消费行为与意愿；（7）农村居民的金融认知与理财产品消费状况。

第五，乡村治理模块。

目标：依据《乡村振兴战略规划（2018—2022年）》中关于加快推进乡村治理体系和服务能力现代化的指导思想，即"把夯实基层基础作为固本之策，建立健全党委领导、政府负责、社会协同、公众参与、法治保障的现代乡村社会治理体制，推动乡村组织振兴，打造充满活力、和谐有序的善治乡村"的内在要求。

内容："三治"结合；村党组织书记、主任"一肩挑"的新治理机制；基层政权建设；乡村法治建设；多元主体参与；村规民约；乡（镇）政府与村民委员会关系问题；村级公共服务设施；村级基本公共服务；村级公共文化服务；农村人居环境；美丽乡村建设；农村"三留守"；集体经济组织状况；外嫁女问题；平安乡村建设。

第六，农村综合改革模块。

目标：了解中国农村各项重要改革的落实和进展情况，对相关改革进行经验总结和科学评估。

内容：（1）农户耕地经营和调整情况，包括经营土地的类型，土地征用、没收、增加的情况。（2）土地确权和纠纷，包括土地确权时间、完成程度、是否办证和土地纠纷等。（3）土地流转调查，包括农户间以及农户与中介组织之间土地流转的年份、地块大小、租赁期限、租赁方式、租金等；土地细碎化调查，包括农户经营地块的数量、大

◆ 第一篇 调查概况

小、质量和距离等。(4) 农村"三块地"调查，包括宅基地确权、颁证等，农村集体产权制度改革，集体成员资格认定、经营性资产股份量化改革等其他调查。(5) 村级集体经济发展情况。

第二章　家庭成员人口及就业基本信息

曾俊霞　王　瑜[*]

  本章主要分析了农户家庭人口的基本特征和就业情况。人口基本特征包括家庭人口规模、年龄、性别、婚姻、受教育程度、政治面貌、社会职务等方面，以及住户成员户籍与居住情况；就业基本信息包括乡村劳动力基本从业特征与农业劳动投入情况。研究发现目前乡村家庭的人力资本水平仍然不高，年龄整体偏大，教育水平整体偏低，尤其是务农劳动力队伍素质不高、结构不优，并且地区差异明显；此外，乡村家庭经济生活模式发生了重大变革，常住本户的家庭成员约为3/4，有三成家庭成员与户主分开吃住、分开收支，如何重新看待家庭和成员间的关系，重新看待乡村家庭的生活模式，是需要深入思考的问题。

一　人口基本情况

  调查样本人口基本情况将主要从家庭人口规模，家庭住户人口年龄、性别、婚姻状况，民族，受教育程度，政治面貌，社会职务等几方面加以描述。以上分析将加以地区维度，查看一些重要特征是否存在地区差异。

---

[*] 曾俊霞，博士，中国社会科学院农村发展研究所助理研究员，研究方向：农村人力资源、农民教育培训；王瑜，博士，中国社会科学院农村发展研究所助理研究员，研究方向：农村贫困、劳动力流动。

第一篇 调查概况

（一）家庭人口规模

调查的3833户家庭，平均家庭户规模为4.06人。中部地区最多，为4.4人；东部地区和西部地区居中，分别为4.08人和4.05人；东北地区最少，为3.37人。① 从家庭户的具体规模来看，最少的一人户占比为2.87%；最多的为十人户，占比为0.1%。首先是占比最多的四人户，达到23.01%；其次是三人户（18.89%）和五人户（18.16%）；再次是二人户（16.38%）和六人户（16.23%）；最后是七人户（2.92%）和一人户，占比相当。

分地区来看，东北地区人口规模较小（二人或三人）的家庭占多数，而中部地区人口规模较大（五人或六人）的家庭相对占多数。东北地区二人户家庭占比是最高的，达到了29.76%，几乎是东部地区、西部地区的2倍，中部地区的3倍；东北地区三人户家庭占比也是最高的（26.27%），高于其他三个地区7—10个百分点；东北地区家庭规模最大的为七人。与其他地区相比，中部地区五人户占比（20.95%）是最高的，比东北地区高出了约8个百分点；六人户占比（22.04%）也是最高的，是东北地区的3倍之多，也远高于东部地区和西部地区近50%的水平。

表2-1　　　　　　家庭人口基本结构　　　　（单位：人,%）

	平均家庭户规模	一人户	二人户	三人户	四人户	五人户	六人户	七人户	八人户	九人户	十人户
全国	4.06	2.87	16.38	18.89	23.01	18.16	16.23	2.92	1.12	0.31	0.1
东部地区	4.08	4.77	16.67	17.36	21.96	16.23	16.23	3.82	2.43	0.26	0.26
中部地区	4.4	1.9	10.07	16.46	23.67	20.95	22.04	3.13	0.95	0.68	0.14
西部地区	4.05	1.97	15.96	19.39	24.16	19.52	15.64	2.61	0.51	0.25	0
东北地区	3.37	2.68	29.76	26.27	20.11	12.87	7.24	1.07	0	0	0

---

① 本次调查定义的家庭住户人口为户籍人口，或者经常在一起吃住的人口。

调查样本中,家庭常住人口平均为 3.26 人,中位数为 3 人。2018 年全国乡村家庭平均规模为 3.23 人/户,[①] 此次调查的家庭常住人口平均数和全国乡村家庭平均数非常接近。分地区来看,东部地区的家庭常住平均人口数最高,为 3.38 人;其次是中部地区,为 3.42 人;再次是西部地区,为 3.20 人;东北地区最低,为 2.83 人。全国和东部地区、中部地区、西部地区的家庭常住人口中位数均为 3 人,只有东北地区是 2 人。

(二) 人口年龄、性别及婚姻状况

1. 年龄和性别

家庭住户人口年龄分布在 0—102 周岁,[②] 平均年龄为 39.8 周岁,中位数年龄为 41 周岁。男性共 7892 人,占比为 51.73%;女性为 7364 人,占比为 48.27%;性别比为 107.17 (女 = 100,下同)。

分年龄段来看,50—54 周岁的占比最多 (9.35%),其次是 55—59 周岁 (8.42%)、45—49 周岁 (8.2%);超过 80 周岁的高龄老人占比合计 1.87%,而全国乡村人口该占比为 2.32%。从各年龄段的性别比来看,一些较小的年龄段性别比非常高,比如 5—9 周岁、15—19 周岁、20—24 周岁三组性别比都高于 122;超过 80 周岁的年龄段性别比都小于 100,体现了女性高龄老人明显比男性高龄老人多的特征。

表 2-2　　　　　　　　　　年龄性别分布　　　　　　(单位:人,%)

	人口数			占总人口比重			性别比 (女=100)
	男性	女性	合计	男性	女性	合计	
全国	7892	7364	15256	51.73	48.27	100	107.17
4 周岁及以下	368	323	691	2.41	2.12	4.53	113.93
5—9 周岁	469	370	839	3.07	2.43	5.5	126.76

---

① 数据来源于《中国人口和就业统计年鉴2019》中的表 2-14,各地区乡村户数、人口数、性别比和平均家庭户规模。

② 此次调查是在 2020 年 8—9 月开展的,因此,年龄统一为截止到 2020 年 7 月 31 日的周岁年龄。

◆ **第一篇 调查概况**

续表

	人口数			占总人口比重			性别比
	男性	女性	合计	男性	女性	合计	（女=100）
10—14周岁	439	413	852	2.88	2.71	5.58	106.3
15—19周岁	431	346	777	2.83	2.27	5.09	124.57
20—24周岁	515	421	936	3.38	2.76	6.14	122.33
25—29周岁	570	560	1130	3.74	3.67	7.41	101.79
30—34周岁	610	626	1236	4	4.1	8.1	97.44
35—39周岁	474	422	896	3.11	2.77	5.87	112.32
40—44周岁	440	441	881	2.88	2.89	5.77	99.77
45—49周岁	621	630	1251	4.07	4.13	8.2	98.57
50—54周岁	732	695	1427	4.8	4.56	9.35	105.32
55—59周岁	640	644	1284	4.2	4.22	8.42	99.38
60—64周岁	492	457	949	3.22	3	6.22	107.66
65—69周岁	482	438	920	3.16	2.87	6.03	110.05
70—74周岁	340	266	606	2.23	1.74	3.97	127.82
75—79周岁	155	141	296	1.02	0.92	1.94	109.93
80—84周岁	76	84	160	0.5	0.55	1.05	90.48
85—89周岁	28	60	88	0.18	0.39	0.58	46.67
90—94周岁	6	17	23	0.04	0.11	0.15	35.29
95周岁及以上	4	10	14	0.03	0.07	0.09	40

农村人口老龄化是关系农村地区和整个国家发展的重要问题，本次调查数据也直观反映了该问题的严重程度。国际上通常将一个地区60周岁及以上人口占总人口比重的10%或65周岁及以上人口占总人口比重的7%作为进入"老龄化社会"（Ageing Society）的标准；65周岁及以上人口占总人口比重达到14%时，标志着该地区进入"老龄社会"（Aged Society）；65周岁及以上人口占总人口比重达到20%时，标志着该地区进入"超老龄社会"（Hyper‑Aged Society）。[①] 从调查样本情况

[①] 金光照、陶涛、刘安琪：《人口老龄化与劳动力老化背景下中国老年人力资本存量与开发现状》，《人口与发展》2020年第4期。

来看，全体人口中 60 周岁及以上人口的比重达到了 20.03%，65 周岁及以上人口的比重达到了 13.81%，完全达到了"老龄化社会"的标准，并非常接近"老龄社会"标准。分是否常住人口群体来看，常住人口的年龄明显偏大，平均年龄为 42.03 周岁，大于非常住人口约 11 周岁；常住人口中 60 周岁及以上的比重达到了 23.99%，65 周岁及以上人口的比重达到了 16.57%，超过了"老龄社会"的标准，距离"超老龄社会"的标准只差 3.43 个百分点。和全国老龄化数据相比（2019 年中国 60 周周岁及以上人口占总人口的 18.1%，65 周周岁及以上人口占总人口的 12.6%），农村地区的老龄化程度远超全国。

表 2-3　　　　　按常住人口划分的年龄和性别情况　　（单位：%，周岁）

	男性占比	平均年龄	60 周岁及以上占比	65 周岁及以上占比
全体	51.38	39.87	20.04	13.82
非常住人口	53.08	30.95	3.67	2.46
常住人口	50.97	42.03	23.99	16.57

2. 抚养比

从调查样本来看，全国 0—14 周岁的人口占比为 15.62%，15—64 周岁的人口占比为 70.55%，65 周岁及以上的人口占比为 13.82%。总抚养比为 41.74，其中少儿抚养比为 22.15，老年抚养比为 19.59。此次调查样本的抚养比和全国乡村人口抚养比较为接近，其中总抚养比为 1.34，少儿抚养比为 1.5，老年抚养比为 2.8。

表 2-4　　　　　　　抚养比分布　　　　　　　（单位：人，%）

	总人口	各年龄组人口			各年龄组人口比例			总抚养比	抚养比	
		0—14 周岁	15—64 周岁	65 周岁及以上	0—14 周岁	15—64 周岁	65 周岁及以上		少儿	老年
全国	15271	2386	10774	2111	15.62	70.55	13.82	41.74	22.15	19.59

◆ 第一篇 调查概况

续表

	总人口	各年龄组人口			各年龄组人口比例			总抚养比	抚养比	
		0—14周岁	15—64周岁	65周岁及以上	0—14周岁	15—64周岁	65周岁及以上		少儿	老年
东部地区	4549	763	3058	728	16.77	67.22	16	48.76	24.95	23.81
中部地区	3192	564	2233	395	17.67	69.96	12.37	42.95	25.26	17.69
西部地区	6287	933	4532	822	14.84	72.09	13.07	38.72	20.59	18.14
东北地区	1243	126	951	166	10.14	76.51	13.35	30.7	13.25	17.46

3. 婚姻状况

调查样本中家庭住户 15 周岁及以上的成员中，有配偶的占到 77.39%，未婚的占到 17.43%，离异的占到 1.23%，丧偶的占到 3.94%。① 与全国乡村人口相比，调查样本中已婚的占比高出了 4.14 个百分点，未婚的占比低了 0.36 个百分点，离异的占比低了 0.53 个百分点，丧偶的占比低了 3.26 个百分点。

分性别来看，可以看到男性和女性的婚姻状况有明显的差异。男性有配偶的占比低于女性 5.29 个百分点，而未婚的占比高于女性 6.91 个百分点。如果关注 30—40 周岁的"大龄青年"，可以看到，调查样本中 30—34 周岁、35—39 周岁的男性未婚占比分别为该年龄段的 16.07% 和 8.88%，而女性对应的未婚占比分别为 6.39% 和 1.66%。这个年龄段，也是一个离异高峰年龄段，30—34 周岁、35—39 周岁男性离异的占比分别为 4.26% 和 2.75%，而女性对应的离异占比分别为 2.24% 和 2.61%。

---

① 调查中婚姻状况的原始选项为"已婚、未婚、离异、丧偶、其他"五个选项，有 2 人选择了"其他"，分别为同居和未婚有育。为了分析更加简单化，参考《中国人口和就业统计年鉴 2019》，将"已婚"改为"有配偶"，所以将原来选择其他的 2 人归为该类，去掉"其他"选项。

表2-5　　　　　　　15周岁及以上人口婚姻状况　　　　（单位：%）

	男性				女性			
	有配偶	未婚	离异	丧偶	有配偶	未婚	离异	丧偶
总体	74.85	20.77	1.68	2.71	80.14	13.86	0.77	5.23
15—19周岁	0.70	99.07	0.23	0	2.03	97.97	0	0
20—24周岁	13.59	86.21	0.19	0	26.73	73.27	0	0
25—29周岁	50.70	48.25	1.05	0	69.46	29.29	1.25	0
30—34周岁	79.67	16.07	4.26	0	90.89	6.39	2.24	0.48
35—39周岁	88.16	8.88	2.75	0.21	95.50	1.66	2.61	0.24
40—44周岁	91.82	5.23	2.50	0.45	97.28	0.91	0.68	1.13
45—49周岁	95.81	1.29	2.58	0.32	97.46	0.63	0.48	1.43
50—54周岁	95.22	1.78	1.78	1.23	98.56	0	0.14	1.29
55—59周岁	94.69	2.81	0.94	1.56	95.65	0	0.62	3.73
60—64周岁	93.29	1.22	1.63	3.86	93.22	0.22	0.22	6.35
65—69周岁	91.70	1.45	0.83	6.02	89.04	0.23	0.46	10.27
70—74周岁	86.47	2.06	0.88	10.59	83.08	0	0	16.92
75—79周岁	74.84	2.58	1.94	20.65	65.96	0.71	0.71	32.62
80—84周岁	68.42	2.63	0	28.95	42.86	0	1.19	55.95
85—89周岁	50.00	0	0	50.00	25.00	0	0	75.00
90—94周岁	66.67	0	0	33.33	29.41	0	0	70.59
95周岁及以上	75.00	0	0	25.00	30.00	0	0	70.00

（三）民族

调查样本中，除了汉族人口，还调查了回族等22个少数民族人口。调查样本中，汉族占到86.73%，接着是回族（4.86%）、藏族（1.56%）、毛南族（1.51%）、侗族（1.39%），其他民族人口占比均不足1%。

对比汉族和少数民族家庭人口的一些基本特征可以看到，汉族家庭户平均规模为4.04人，低于少数民族家庭户平均规模0.15人；汉族家庭人口平均年龄为56.15周岁，高于少数民族家庭人口平均年龄4.69

第一篇 调查概况

周岁，中位数年龄（56周岁）高于少数民族家庭人口中位数年龄5周岁；汉族家庭男性占比为51.33%，性别比为105.47，而少数民族家庭男性占比为51.73%，性别比为107.17，均高于汉族家庭。

表2-6　　　　　　　　　汉族和少数民族家庭人口特征对比

（单位：人，周岁,%）

	家庭户平均规模	平均年龄	中位数年龄	男性占比	女性占比	性别比（女=100）
汉族	4.04	56.15	56	51.33	48.67	105.47
少数民族	4.19	51.46	51	51.73	48.27	107.17

（四）受教育程度

受教育程度是一个重要的人力资本特征，文盲率[①]和高等教育毛入学率[②]是衡量一个地区和社会总体受教育程度的代表性指标，此外一个家庭中户主的受教育程度又是这个家庭受教育程度的代表性指标。

1. 文盲率

调查样本中共有12836名15周岁及以上的住户人口，文盲人口共1296人，文盲率为10.1%，该文盲率高于全国乡村15周岁及以上人口文盲率近2个百分点，[③] 这和调查人口多为留守人口有关。调查样本中15周岁及以上男性的文盲率为6.03%，女性的文盲率为14.41%，女性是男性的2倍之多；与全国该指标相比，男性和女性文盲率都高出近2个百分点。分地区来看，各地区15周岁及以上人口文盲率差异较大，东北地区的文盲率最高，达到了15.2%；其次是西部地区，为11.74%；东部地区

---

①　文盲率一般是指15周岁及以上人口中未上过学的人口占比。
②　高等教育毛入学率指高等教育在学人数与适龄人口之比，适龄人口是指18—22周岁年龄段的人口数。
③　全国统计指标、数据来源于《中国人口和就业统计年鉴2019》中的表2-31，各地区乡村分性别的15周岁及以上的文盲人口，全国乡村文盲人口占15周岁及以上人口的比重为8.09%，乡村男性文盲人口占15周岁及以上乡村男性人口的比重为4.06%，乡村女性文盲人口占15周岁及以上乡村女性人口的比重为12.17%。

和中部地区较低,分别为8.23%和7.27%。各地区15周岁及以上乡村人口文盲率性别差异最大的是中部地区,女性文盲率是男性的3倍以上;其次是东部地区和西部地区,女性文盲率是男性的2.3—2.7倍;倍数差异最低的是东北地区,女性文盲率是男性的1.7倍。

表2-7　　各地区乡村分性别的15周岁及以上文盲人口　(单位:人,%)

	15周岁及以上人口	男	女	文盲人口	男	女	文盲人口占15周岁及以上人口的比重	男	女
全国	12836	6605	6231	1296	398	898	10.1	6.03	14.41
东部地区	3765	1918	1847	310	86	224	8.23	4.48	12.13
中部地区	2626	1354	1272	191	50	141	7.27	3.69	11.08
西部地区	5333	2760	2573	626	197	429	11.74	7.14	16.67
东北地区	1112	573	539	169	65	104	15.2	11.34	19.29

2. 高等教育毛入学率

调查样本中共有高等教育适龄人口855人,有365人接受了高等教育,高等教育毛入学率为42.69%。分地区来看,东部地区高等教育毛入学率是最高的,达到47.44%;其次是西部地区,为44.7%;再次是中部地区,为39.52%;东北地区是最低的,只有22.39%。分性别来看,调查样本中女性高等教育毛入学率高于男性约8个百分点,不管是哪个地区,女性高等教育毛入学率都大于男性,而且在东部地区、东北地区这一性别差距扩大到了10个百分点。

全国高等教育毛入学率2019年为51.6%,[1] 调查样本所属乡村地区的高等教育毛入学率仍然低于全国高等教育毛入学率近9个百分点。除高等教育毛入学率总体落后外,本科入学率也低于全国平均水平。调查样本中,高等教育适龄人口接受本科教育的占比仅为23.16%,本科

---

[1] 《2019年全国教育事业发展统计公报》,2020年5月20日,中华人民共和国教育部,http://www.moe.gov.cn/jyb_sjzl/sjzl_fztjgb/202005/t20200520_456751.html。

◆ 第一篇 调查概况

生占所有接受高等教育学生的 54.24%，而全国本科生占高等教育在校生的 57.75%，比调查样本高出近 3.5 个百分点。

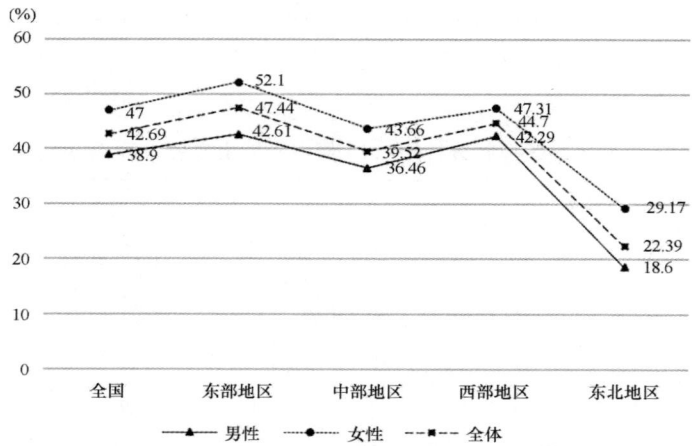

图 2-1 全国及各地区不同性别高等教育适龄人口毛入学率

3. 户主受教育程度

此次调查样本中共有家庭户 3833 户，户主共 3828。① 人总体来看，调查样本中户主的受教育程度不高，45.54% 的户主受教育程度为初中，其次是小学，占到 30.82%，高中程度的占到 13.02%，还有 8.5% 的未上过学，大专的仅为 1.67%，而大学本科及以上的只有 0.44%。调查样本与全国乡村人口家庭户主的受教育程度相比，未上过学的占比高出了 4.6 个百分点，说明留守的乡村人口家庭户主受教育程度低于全国乡村人口家庭户主水平。②

分性别来看，超过九成的户主为男性，女性户主仅占到 6.25%，男性户主中初中、高中程度的占比高于女性户主，而小学程度的占比低于女性户主，总体来看男性户主受教育程度高于女性户主。分年龄来看，45—69

---

① 有 5 户家庭户主去世，没有更改新的户主。
② 全国统计指标收据来源于《中国农村统计年鉴 2019》中的表 3-3，农村居民家庭户主文化程度，未上过学的占比为 3.9%，调查样本中未上过学的占比为 8.5%，因此调查样本中户主未上过学的占比比全国农村家庭户主高出 4.6 个百分点。

周岁的户主占比都超过了10%，其中50—54周岁的户主占比是最高的，为18.23%；其次是55—59周岁的户主，占比为16.4%。不同年龄段户主的受教育程度存在差异，基本上随着户主年龄的增加，他们当中受教育程度低的占比增加，而较年轻的户主（比如39周岁及以下的户主）中受教育程度为高中及以上的占比较多，超过了整体平均水平。从不同年龄段户主受教育程度的变化看到了整个乡村人口受教育程度的增加。

表2-8　　　　　　　户主受教育程度　　　　　　（单位：%）

		未上过学	小学	初中	高中	大学专科	大学本科及以上	总体占比
	全部	8.5	30.82	45.54	13.02	1.67	0.44	100
性别	男性	7.7	30.79	46.15	13.36	1.56	0.45	93.75
	女性	20.5	31.38	36.4	7.95	3.35	0.42	6.25
年龄分组	20—24周岁	0	50	20	10	10	10	0.26
	25—29周岁	0	0	48	24	16	12	0.66
	30—34周岁	1.05	16.84	47.37	17.89	12.63	4.21	2.49
	35—39周岁	3.73	14.91	55.9	14.91	7.45	3.11	4.22
	40—44周岁	3.03	25.59	52.19	13.47	5.05	0.67	7.79
	45—49周岁	4.32	27.95	54.41	11.63	1.5	0.19	13.98
	50—54周岁	6.47	30.22	53.24	9.5	0.58	0	18.23
	55—59周岁	3.36	22.88	54.08	19.04	0.64	0	16.4
	60—64周岁	11.83	27.59	38.38	21.78	0.41	0	12.64
	65—69周岁	16.11	41.16	32.66	9.62	0.22	0.22	11.73
	70—74周岁	16.32	50	29.86	3.47	0.35	0	7.56
	75—79周岁	15.69	62.75	17.65	3.92	0	0	2.68
	80—84周岁	47.62	45.24	4.76	2.38	0	0	1.1
	85—89周岁	33.33	55.56	11.11	0	0	0	0.24
	90—94周岁	100	0	0	0	0	0	0.03

（五）政治面貌及社会职务

1. 政治面貌

全部调查样本中18周岁及以上的人口共12403人，其中普通群众

第一篇 调查概况

占到了83.58%,中共党员占12.61%,共青团员占3.79%,仅有2人是民主党派,占0.02%。分性别来看,男性中党员的占比为18.87%,是女性党员占比(6.06%)的3倍之多。

2. 社会职务

调查样本中18周岁及以上人口中,普通村民占到了91.94%,有2.66%的担任村小组长,2.59%的担任村委委员/支部委员,0.93%的担任村支书/村主任,0.48%的担任合作社或集体经济的监事会/理事会成员。此外,还有1.39%的担任一些其他社会职务,比如村民代表、护林员、村医、民兵连长、党政联络员、乡政科员、人大代表等。

表2-9　　　　　　18周岁及以上人口在本村职务分布　　　（单位：人,%）

	人数	占比
普通村民	11425	91.94
村支书/村主任	116	0.93
村委委员/支部委员	322	2.59
村小组长	330	2.66
合作社或集体经济组织的监事会/理事会成员	60	0.48
其他	173	1.39
全体	12426	100

3. 党员基本情况

调查样本中,对比共产党员和非共产党员(18周岁及以上的人口中)可知,共产党员的年龄偏大,女性占比偏少,受教育程度偏高。具体来看,共产党员的平均年龄为50.08周岁,大于非共产党员3.5周岁;共产党员中女性占比为23.48%,低于非共产党员女性占比的50%以上;共产党员中高中、大学专科、大学本科及以上学历的占比都明显高于非共产党员,而未上过学、小学程度的占比都明显低于非共产党员,初中程度的占比和非共产党员持平。

表 2-10　　　　　18 周岁及以上人口共产党员与

非共产党员特征对比　　　（单位：周岁,%）

	平均年龄	女性占比	受教育程度占比					
			未上过学	小学	初中	高中	大学专科	大学本科及以上
非共产党员	46.58	52.53	11.58	27.44	37.86	12.9	5.54	4.69
共产党员	50.08	23.48	2.88	14.55	37.63	25.13	9.04	10.77
全体	47.03	48.87	10.48	25.81	37.83	14.44	5.98	5.46

二　人员户籍与居住情况

调查样本数据显示，常住本户的家庭成员约为 3/4，大约有三成家庭成员与户主分开吃住、分开收支，乡村家庭经济生活模式已经发生重大变化。

（一）家庭成员户籍分布情况

在所有调查样本的家庭成员中，户籍在本村的占 96.89%，村外乡内占 1.14%，乡外县内占 0.93%，县外省内占 0.73%，外省占 0.27%，国外占 0.02%。从东部、中部、西部、东北四大区域看，户籍在本村的家庭成员的比重相近，分别为 96.81%、96.69%、96.92%、97.53%。调查中除了户籍成员，还包括户籍不在本村但是常住在本户的家庭成员，因此，除了户籍在本村的人口，还有 3% 左右是本村农户的村外户籍的家庭成员（比如嫁入本户但户籍还未迁入本村、户口迁进城镇但常在本户生活的成员等）。考虑到农村人口的规模，这类人户分离人员数量不可小觑，也对创新乡村社区管理提出了新的要求。

须注意的是，此次调查抽样并未涵盖农村的外来户，也就是未涵盖原籍不在本村但长期居住在村中的外来户。而实地调研中发现，例如在浙江等地，外来人口在就业区域就近租住在城郊农村地域范围内的现象已经十分普遍，并对这些地区的农村公共管理和服务提出了新的要求。

第一篇　调查概况

此外，在一些生态良好、民宿经济繁荣的地区，城里人下乡居住、养老的情形也未能反映在数据中。

表2－11　　　　　　　家庭成员户籍分布状况　　　　　　（单位：%）

	全样本	东部地区	中部地区	西部地区	东北地区
本村	96.89	96.81	96.69	96.92	97.53
村外乡内	1.14	1.34	1.02	1.19	0.40
乡外县内	0.93	1.21	0.96	0.75	0.72
县外省内	0.73	0.36	0.96	0.90	0.72
外省	0.27	0.23	0.37	0.22	0.40
国外	0.02	0.02	0	0	0.16
其他	0.02	0.02	0	0.02	0.08
合计	100	100	100	100	100

从居住时长来看，2019年，调查样本家庭成员平均在本户的居住时长为9.2个月。家庭成员中，在本户居住时长半个月以内的占8.17%，不足1个月的占13.84%，不足3个月的占22.09%，居住时长半年及以上的占75.33%，居住时长9个月及以上的占72.36%，居住时长在11个月及以上的占70.58%，全年在本户居住的占69.87%。由此可见，按半年及以上的居住时长为标准，家庭成员常住在本户的超过3/4。由于举家外出的农户未能在抽样中调查到，因此，这一比例应该是高估的。

（二）家庭成员与户主的生活关系

在调查样本中，有71.52%的家庭成员与户主共享收支，而28.48%的家庭成员与户主分开收支；有67.01%的家庭成员与户主吃住在一起，有30.38%的家庭成员与户主吃住都分开，分别有1.67%和0.93%的家庭成员与户主仅一起住或仅一起吃。共享收支和吃住一起是传统意义上定义家庭的重要参照，而数据表明，将近三成的家庭成员与

第二章　家庭成员人口及就业基本信息

户主分开收支，超过三成的家庭成员与户主吃住分开。从劳动力流动和外出务工的角度看，这个比例并不意外。根据国家统计局的数据，2019年农民工总量达到29077万人，而同年乡村常住人口为55162万人，由此可推算农民工数量占农村户籍人口（乡村常住人口＋外出人口－流入人口）三成左右。由此，调查数据中体现出的吃住分开与收支分开，可能是劳动力外出务工带来的家庭生活和经济模式的变化。

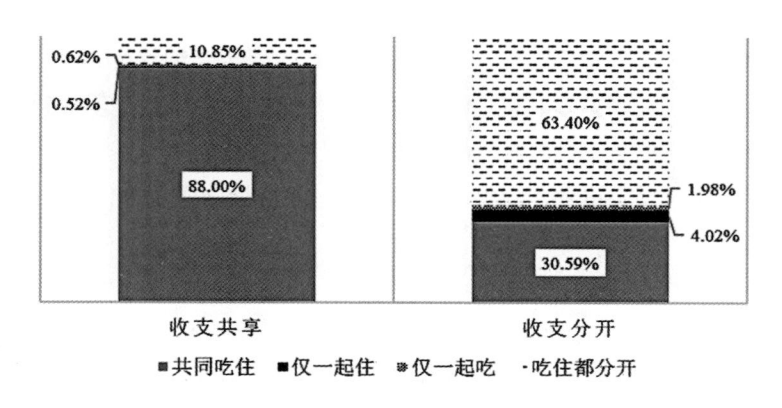

图2-2　家庭成员与户主的收支与吃住状态

另外，家庭成员与户主间的吃住关系往往与收支关系密切相关。在与户主收支共享的家庭成员中，有88.00%的成员与户主共同吃住；而收支分开的成员中，63.40%的成员与户主吃住都分开。

三　劳动力从业及农业劳动投入情况

农村劳动力从业分布如何、劳动力如何分配其劳动时间、谁在从事农业劳动，都是长期受学界关注的议题。在调查样本中的劳动力中，非农就业占比四成，全职务农占比1/3，兼业占比不足1/5。在不同从业形式中，初中教育程度是主体，占劳动力的四成到五成；但从受教育水平的两头来看，全职务农劳动力整体受教育水平低，与非农就业劳动力差距鲜明，在全职务农劳动力中，小学及以下受教育水平占比超过四

◆ 第一篇 调查概况

成,而在非农就业劳动力中,高中及以上受教育水平占比近一半(其中大专及以上占近1/4)。此外,全职务农劳动力的年龄结构老化也是教育水平偏低的重要相关因素。超过劳动年龄段的老龄人口依然在大规模从事农业生产,在不区分劳动年龄段情形下,全职务农人员中有10%是65周岁及以上人口。从农业劳动时间投入来看,全职务农和兼业务农的劳动力的农业劳动投入时间的差异不大。

(一) 劳动力从业情况

在调查样本中的15—64周岁的劳动力(不包括在校学生以及因病、因残无法就业人口)中,非农就业占比40.26%,全职务农占比34.76%,兼业占比17.43%,另有无业或待业的占比6.98%。

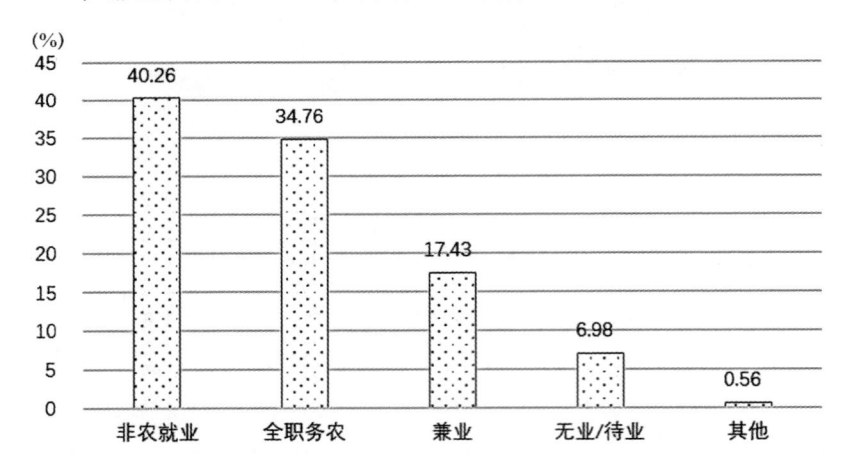

图 2-3 15—64 周岁劳动年龄段人口的就业状态

在15—64周岁在业劳动力中,全职务农、兼业、非农就业三种类型就业形式的劳动力群体中,初中教育程度占主体,分别占三类劳动力的45.49%、52.72%和42.02%。但在整体受教育水平上,差异突出:一方面,在全职务农劳动力中,小学及以下受教育水平占44.22%,在兼业劳动力和非农就业劳动力中,这一比例分别为27.72%和14.04%;另一方面,在全职务农劳动力中,高中及以上受教育水平的仅占10%左右（其中大专及以上占1.21%），在兼业劳动力中，高中以上受教育水平占近1/5（其中大专及以上占3.81%），而在非农就业劳动力中，高中以上受教育水平占近一半（其中大专及以上占23.27%）。

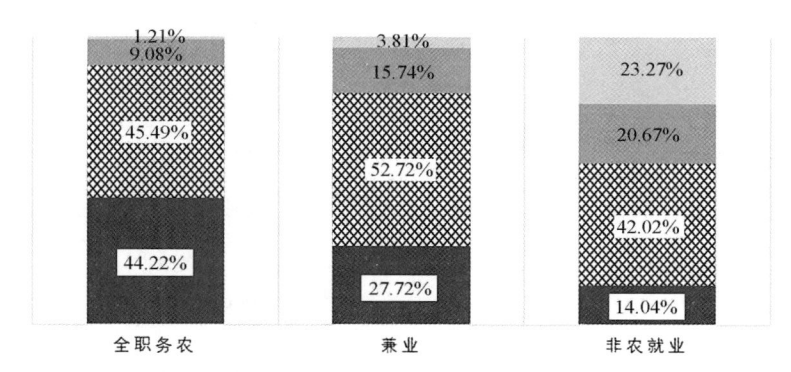

图2-4　15—64周岁在业劳动力的教育结构

不同就业形式劳动力的教育结构差异，与劳动力的年龄结构也密切相关。全职务农的劳动力平均年龄超过50周岁，兼业劳动力平均年龄约为46周岁，而非农就业劳动力的平均年龄将近36周岁。这样的代际差别，客观上也是三种就业形态下劳动力教育结构差别的重要原因。

值得注意的是，前文只统计了15—64周岁劳动力，而现实中，务农群体中还有相当一部分65周岁及以上的老年人。图2-6补充说明这一点，当不考虑劳动年龄的范围时，全职务农群体的年龄累积分布中，55周岁及以上的人员约占30%（参考第一条纵向参考线），60周岁及以上的人员占比约为20%（参考第二条纵向参考线），65周岁及以上的人员占比超过10%（参考第三条纵向参考线）。

在不同地区之间，各类从业劳动力的平均年龄状况既有共性，也有差异。第一，从三条不分地区的平均参考线（不考虑地区差异的从业劳动力平均年龄）看，东部地区三种从业形态下的劳动力平均年龄都高于平均参考线，而中部地区、西部地区、东北地区则都在平均参考线

◆ 第一篇 调查概况

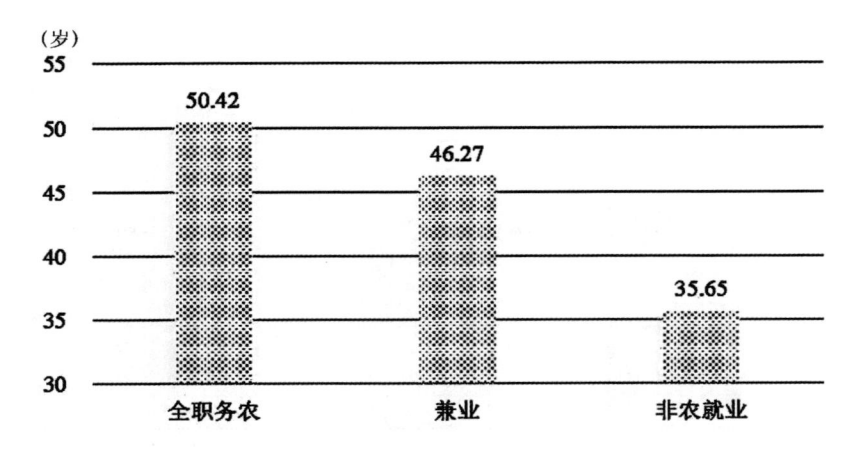

图 2-5 15—64 周岁在业劳动力的就业形式

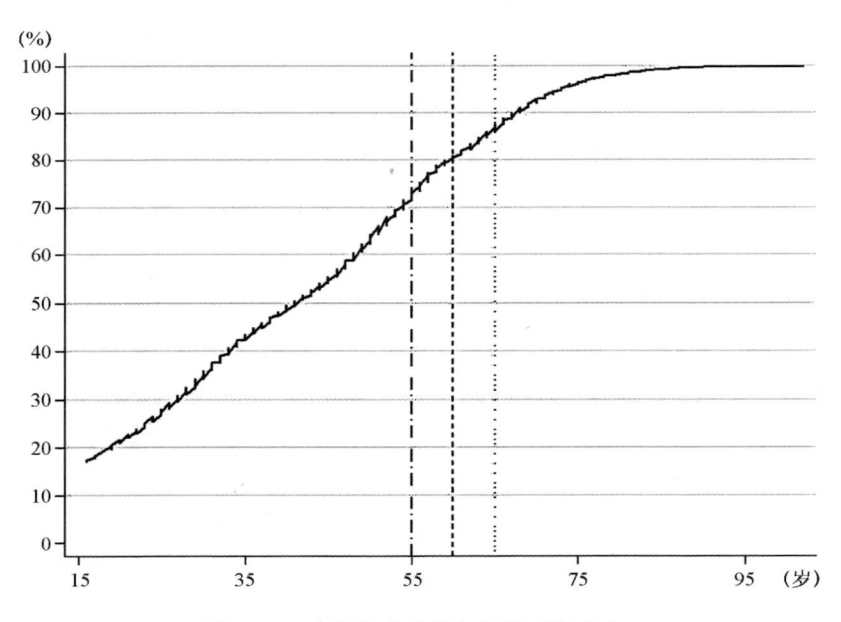

图 2-6 全职务农人员年龄的累积分布

以下。东部地区从业劳动力的年龄最大。第二，从地区差别看，全职务农、兼业、非农就业三类从业劳动力的平均年龄差异在不同地区的情形是相似的，在各个地区，全职务农劳动力与非农就业劳动力的平均年龄差距为 13—16 周岁，兼业劳动力与非农就业劳动力的平均年龄差距为 9—11 周岁。

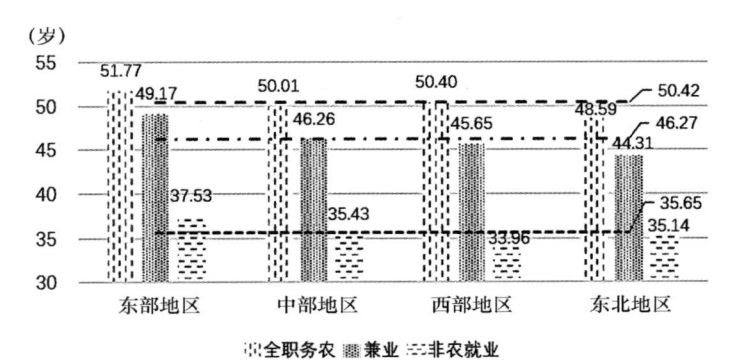

图 2－7　不同从业劳动力（15—64 周岁）平均年龄的地区差异

注：三条横向参考线自上而下分别是不分地区情形下全职务农、兼业、非农就业劳动力的平均年龄。

在全职务农、兼业、非农就业三类形态中，各地区之间的劳动力受教育水平结构相似，初中受教育程度是劳动力的主体。全职务农劳动力中，东部地区和中部地区小学及以下受教育程度的劳动力比例更低，高中受教育程度的劳动力比例更高；而在非农就业劳动力中，高中以及大专以上受教育程度的劳动力比例在地区之间差异不大。

（二）农业劳动投入

分从业形态来看，全职务农的 15—64 周岁劳动力，2019 年农业劳动投入平均为 183.6 天，在本户投入 175.4 天，在本户以外投入 8.2 天；兼业的 15—64 周岁劳动力，2019 年农业劳动投入平均为 111 天，在本户投入 99.09 天，在本户以外投入 11.91 天。

图 2－10 是全职务农和兼业务农两种从业类型的劳动力（15—64 周岁）的农业劳动投入累积分布对比，在全年 365 个可劳动天数中，无论是全职务农还是兼业务农的劳动力，约有八成劳动力的农业劳动投入

第一篇 调查概况

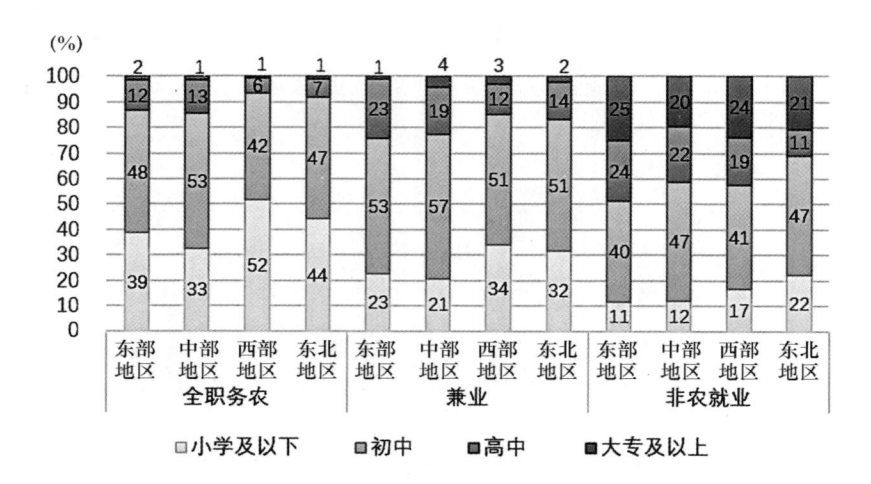

图 2-8 从业劳动力（15—64 周岁）受教育水平结构的地区差异

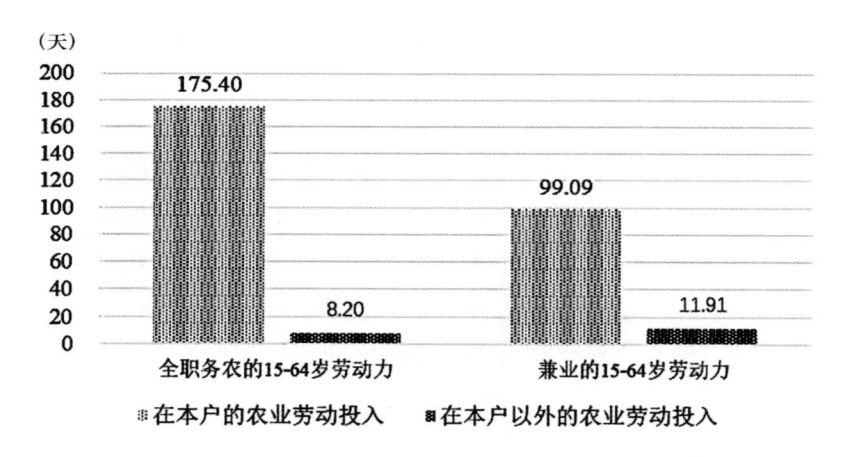

图 2-9 15—64 周岁劳动力 2019 年的农业劳动投入

天数不到全年天数的 1/3，约有一成劳动力的农业劳动投入天数大约为全年天数的 1/3、少于全年天数的 2/3，约有一成劳动力的农业劳动投入天数大约为全年天数的 2/3。在此项调查数据中，全职务农和兼业劳动力的农业劳动投入时间的累积分布图差异不大。当然，劳动投入时间本身不足以成为全职务农和兼业劳动力的主要差异。更重要的是，劳动是如何配置的,是否与机械作业、农业技术等要素投入相结合等,这些方面有待与其他部分数据结合在一起做进一步考察。

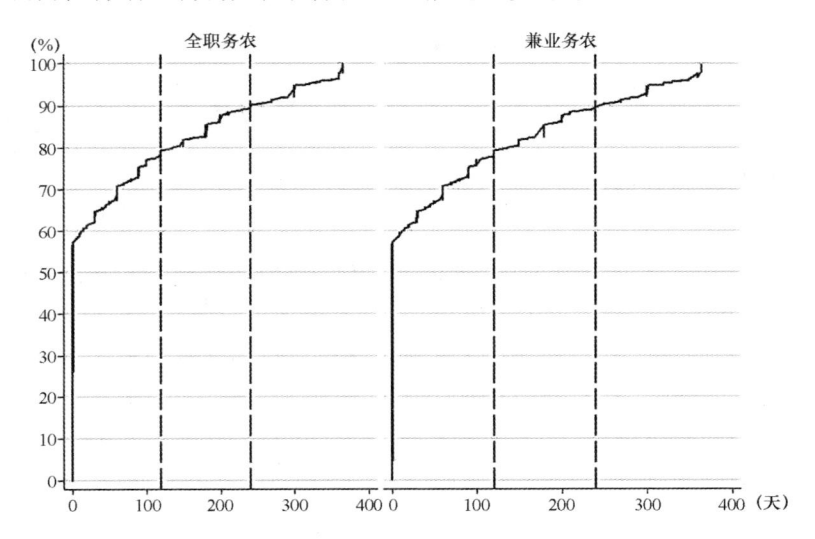

图 2-10 全职务农和兼业务农劳动力的农业劳动投入累积分布比较

注:左右两部分第 1 纵参考线和第 2 纵参考线分别是 120 天和 240 天。

四 本章小结

本章基于全国大型随机调查数据,分析了乡村留守家庭成员的人口和就业基本信息,得出了一些重要结论,并尝试提供一些对应的政策建议。

一是乡村家庭的人力资本水平仍然不高,以受教育程度为例,15 周岁及以上人口中文盲率高达 10.1%,高于全国水平;18—22 周岁高等教育适龄人口的高等教育毛入学率为 42.69%,低于全国水平。未来乡村振兴首先需要乡村人才振兴的支持,从当前乡村人力资本存量来看,无法满足乡村振兴需要。而人才培养是一个长期、复杂的过程,不仅需要全社会的共同投入,也需要人才等制度的深刻改革,才能为乡村振兴提供必要的人才支撑。

第一篇 调查概况

二是人口因素中，地区差异比较明显，东北地区在家庭人口规模以及人口受教育程度上，落后于其他三大地区。东北地区的家庭住户人口数量最少、家庭常住人口数量最少，15周岁及以上人口中文盲率最高、18—22周岁人口中高等教育毛入学率最低。东北地区是中国重要的粮食产区，乡村人口数量、质量不仅关系东北地区的发展，也关系国家乡村振兴战略的实施，需要加大对东北地区人口全面发展的政策支持。

三是乡村家庭经济生活模式发生了重大变革，常住本户的家庭成员约为3/4，大约有三成家庭成员与户主分开吃住、分开收支，如何重新看待家庭和成员间的关系，重新看待乡村家庭的生活模式，是需要深入思考的问题。据此，需要重点关注家庭生活和经济关系变化对教育、养老等方面的影响，并充分调查研究这种情形下群众对乡村社区治理的新需求，从而在乡村社会转型和家庭生活变革的过程中提升社会政策支持的效果。

四是当前务农劳动力教育水平偏低、年龄偏大，对农业作为产业的效率和农业作为就业的蓄水池两者如何兼得提出了挑战。一方面，农业要实现高质量发展，就必须提升劳动者的素质和从业的专业化水平；另一方面，农业作为就业蓄水池，容纳了众多兼业劳动者和老龄人口的就业，在劳动年龄人口以外，全职务农的人口当中有1/10是65周岁及以上的老龄人口。这意味着，在大国小农的国情下，必须坚持创新农业发展模式，通过带动农民、提高农民从业专业化水平，实现小农和现代农业的衔接。

第二篇 主报告

（一）农户篇

第三章　农村土地经营、调整意愿与宅基地利用

李登旺　王　宾　马翠萍　郜亮亮*

习近平总书记指出，我国农村改革是从调整农民与土地的关系开启的。新形势下深化农村改革，主线仍然是处理好农民与土地的关系。改革开放四十多年来，伴随着城镇化、工业化的快速推进，大量农村人口从农村流向城镇、从农业转向非农就业或举家迁移至城镇，农村人地关系发生了深刻变化，承包地、宅基地对于农村居民的功能价值也在不断拓展。稳妥推进农村土地制度改革，需要以深刻把握农村人地关系为前提。本章描述了当前样本农户承包地持有情况和第二轮土地承包到期后的调整意愿，分析了样本农户土地流转和土地入股经营情况，进一步分析了样本农户宅基地持有、闲置和流转情况。

一　农户承包地经营、流转与调整意愿[①]

(一) 农户承包地持有与土地经营基本情况

总体来看，中国农户户均承包地面积约为10.58亩，承包地最小面

---

* 李登旺，博士，中国社会科学院农村发展研究所助理研究员，研究方向：农村土地流转；王宾，博士，中国社会科学院农村发展研究所助理研究员，研究方向：农业可持续发展、农业生态环境；马翠萍，博士，中国社会科学院农村发展研究所副研究员，研究方向：土地经济；郜亮亮，博士，中国社会科学院农村发展研究所研究员，研究方向：土地经济。

① 本次调查共涵盖全国10个省（自治区）的3833户农户，由于不同分析指标数据缺失情况存在差异，纳入分析的农户在具体分析时单独汇报。

◆ 第二篇 主报告

积为 0.03 亩，最大面积为 274.5 亩。分地区来看，东北地区户均承包地面积约为 30.41 亩，最小面积为 0.7 亩，最大面积为 274.5 亩；东部地区户均承包地面积约为 4.12 亩，最小面积为 0.03 亩，最大面积为 50 亩；中部地区户均承包地面积约为 6.35 亩，最小面积为 0.1 亩，最大面积为 36.9 亩；西部地区户均承包地面积约为 11.94 亩，最小面积为 0.28 亩，最大面积为 122 亩。

从农户实际经营土地规模来看，2019 年中国农户户均经营土地约为 21.41 亩，最大经营面积可达 2200 亩，同时约有 16.19% 的农户不再经营土地。分地区来看，东北地区户均经营土地 95.57 亩，最大面积可达 2200 亩；东部地区户均经营土地 5.88 亩，最大面积为 276 亩；中部地区户均经营土地约为 20.31 亩，最大面积为 1217 亩；西部地区户均经营土地 14.34 亩，最大面积为 1540 亩。

土地流转是农户实现经营规模调整的主要手段。农户户均转入土地约为 12.74 亩，转入土地规模最大值约为 2087.5 亩；户均转出土地 2.22 亩，转出土地规模最大值约为 274.5 亩，最小值为 0 亩。此外，存在开荒的情况，但数量较小；户均开荒地面积约为 0.96 亩，最大值约为 255 亩，最小值为 0 亩。

表 3 - 1　　　　　　农村承包地与经营情况　　　　　（单位：亩）

	指标	经营面积	承包地面积
全国	样本量	3490	3490
	均　值	21.41	10.58
	中位数	5	5.62
	最小值	0	0.03
	最大值	2200	274.5

续表

指　标		经营面积	承包地面积
东北地区	样本量	351	351
	均　值	95.57	30.41
	中位数	50	23
	最小值	0	0.7
	最大值	2200	274.5
东部地区	样本量	938	938
	均　值	5.88	4.12
	中位数	2	3
	最小值	0	0.03
	最大值	276	50
中部地区	样本量	692	692
	均　值	20.31	6.35
	中位数	6	5.34
	最小值	0	0.1
	最大值	1217	36.9
西部地区	样本量	1509	1509
	均　值	14.34	11.94
	中位数	5.8	6.7
	最小值	0	0.28
	最大值	1540	122

（二）第二轮土地承包到期后，农户土地调整意愿

中国第二轮土地承包工作最早开始于1993年，承包期限为30年。因此，从2023年开始，各地第二轮土地承包陆续到期。党的十九大对第二轮土地承包到期以后的工作安排作出了前瞻性部署，提出"保持

◆ 第二篇 主报告

土地承包关系稳定并长久不变，第二轮土地承包到期后再延长三十年"。2019年出台的《中共中央、国务院关于保持土地承包关系稳定并长久不变的意见》，明确第二轮土地承包到期后应坚持延包原则，不得将承包地打乱重分，确保绝大多数农户原有承包地继续保持稳定。在上述背景下，深入分析农户土地调整意愿，对于落实第二轮土地承包到期后再延长三十年政策、保持农村社会稳定具有重要意义。

总体来看，希望调整土地的农户约为1641户，占比约为47.8%；不希望进行土地调整的农户约为627户，占比约为18.26%；持无所谓态度的农户约为1165户，占比约为33.94%。

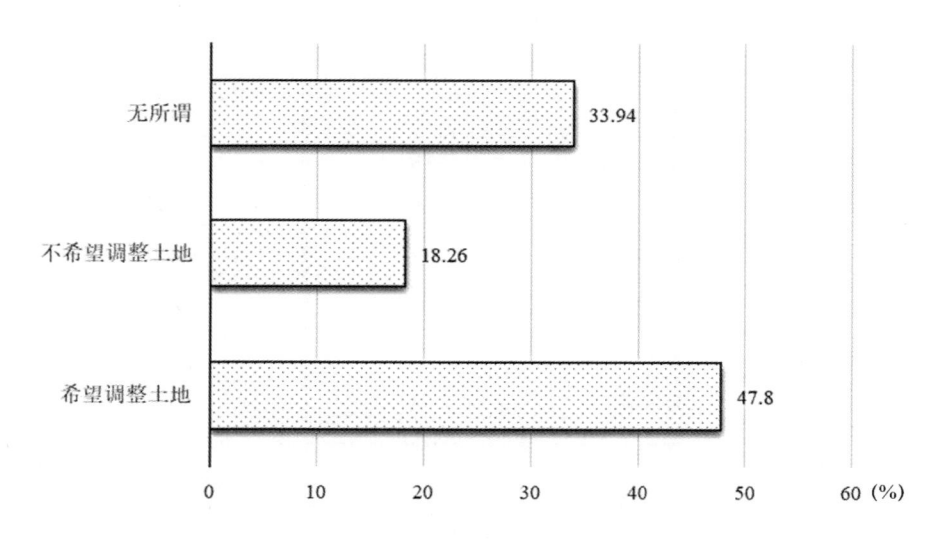

图3-1 全部样本农户第二轮承包到期后土地调整意愿

分地区来看，东北地区愿意调整土地的农户比例最高，一半以上（52.77%）的受访农户希望进行土地调整；不愿意调整土地的农户比例约为19.24%；持无所谓态度的农户比例约为27.99%。东部地区愿意调整土地的农户比例较低，仅为40.28%；不愿意调整土地的农户比例约为18.01%；持无所谓态度的农户比例约为41.7%。中部地区愿意调整土地的农户比例约为46.15%；不愿意调整土地的农户比例约为14.05%；持无所谓态度的农户比例约为39.79%。西部地区愿意调整

第三章 农村土地经营、调整意愿与宅基地利用

土地的农户比例约为52%；不愿意调整土地的农户比例约为20.09%；持无所谓态度的农户比例约为27.9%。

表3-2　　　　第二轮土地承包到期后土地调整意愿　　　（单位：户，%）

指标		无所谓	愿意调整	不愿意调整	总计
全国	样本量	1165	1641	627	3433
	占比	33.94	47.8	18.26	100
东北地区	样本量	96	181	66	343
	占比	27.99	52.77	19.24	100
东部地区	样本量	382	369	165	916
	占比	41.7	40.28	18.01	100
中部地区	样本量	269	312	95	676
	占比	39.79	46.15	14.05	100
西部地区	样本量	418	779	301	1498
	占比	27.9	52	20.09	100

注：占比总计因四舍五入与100%略有差距。

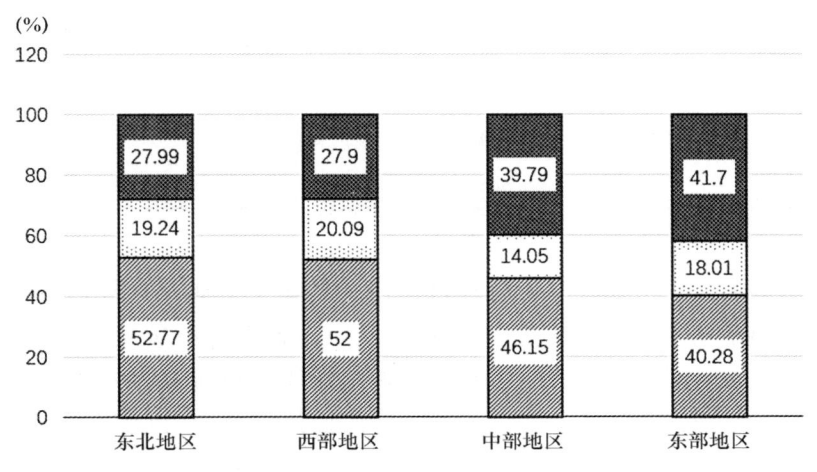

图3-2　分地区样本农户第二轮承包到期后土地调整意愿

二 农户土地流转参与状况

（一）土地流转总体情况

总体来看，样本农户中，约有 873 户农户存在土地转入的情况，涉及转入地块 1382 块。转入地块的平均面积约为 18.92 亩，最小地块为 0.1 亩，最大地块可达 1200 亩。分地区来看，东北地区转入地块的平均面积约为 35.09 亩，最小地块面积约为 0.4 亩，最大地块面积约为 1200 亩；东部地区转入地块的平均面积约为 12.19 亩，最小地块面积约为 0.15 亩，最大地块面积约为 360 亩；中部地区转入地块的平均面积约为 25.22 亩，最小地块面积约为 0.2 亩，最大地块面积约为 1200 亩；西部地区转入地块的平均面积约为 7.74 亩，最小地块面积约为 0.1 亩，最大地块面积约为 700 亩。

表 3-3　　　　　　　转入土地农户及地块特征　　　　（单位：户，亩）

	样本农户数量	地块数量	均值	中位数	最小值	最大值
全国	873	1382	18.92	4.5	0.1	1200
东北地区	198	366	35.09	16.5	0.4	1200
东部地区	151	187	12.19	3	0.15	360
中部地区	174	264	25.22	5	0.2	1200
西部地区	350	565	7.74	2	0.1	700

总体上，样本农户中共有 1217 户农户转出了土地，涉及 1707 块地块。转出地块平均面积约为 3.79 亩，其中，最小地块 0.1 亩，最大地块为 105 亩。分地区来看，东北地区转出地块平均面积约为 12.34 亩，最小转出地块面积约为 0.8 亩，最大转出地块面积约为 90 亩；东部地区转出地块平均面积约为 2.19 亩，最小转出地块面积约为 0.15 亩，最大转出地块面积约为 19 亩；中部地区转出地块平均面积约为 2.51 亩，最小转出地块面积约为 0.1 亩，最大转出地块面积约为 29.35 亩；西部

第三章 农村土地经营、调整意愿与宅基地利用

地区转出地块平均面积约为 3.12 亩,最小转出地块面积约为 0.1 亩,最大转出地块面积约为 105 亩。

表 3-4　　　　　　转出土地农户及地块特征　　　　　（单位:户,亩）

	样本农户数量	地块数量	均值	中位数	最小值	最大值
全国	1217	1707	3.79	1.93	0.1	105
东北地区	118	189	12.34	9	0.8	90
东部地区	384	460	2.19	1.62	0.15	19
中部地区	223	296	2.51	1.9	0.1	29.35
西部地区	492	762	3.12	1.5	0.1	105

(二) 土地流转协议签订情况

1. 转入地块书面协议签订情况

总体来看,转入地块书面协议签订率约为 32.63%,高达 67.37% 的转入地块未签订书面协议。分地区来看,东北地区的转入地块的书面协议签订率约为 51.37%;东部地区的转入地块的书面协议签订率约为 44.39%;中部地区的转入地块的书面协议签订率约为 31.44%;西部地区的转入地块的书面协议签订率约为 17.17%。

表 3-5　　　　　　转入地块书面协议签订情况　　　　　（单位:块,%）

	指标	书面协议		合计
		签订书面协议	未签订书面协议	
全国	样本量	451	931	1382
	占比	32.63	67.37	100
东北地区	样本量	188	178	366
	占比	51.37	48.63	100
东部地区	样本量	83	104	187
	占比	44.39	55.61	100

续表

指标		书面协议		合计
		签订书面协议	未签订书面协议	
中部地区	样本量	83	181	264
	占比	31.44	68.56	100
西部地区	样本量	97	468	565
	占比	17.17	82.83	100

2. 转出地块书面协议签订情况

总体来看，书面协议签订比例约为63.85%，未签订书面协议的农户比例约为36.15%。分地区来看，西部地区书面协议签订比例最高，为69.95%；其次是东部地区，约为67.61%；中部地区书面协议签订比例约为60.14%；东北地区书面协议签订率最低，为35.98%。

表3-6　　　　　　转出地块书面协议签订情况　　　　（单位：块，%）

	指标	书面协议		合计
		签订书面协议	未签订书面协议	
全国	样本量	1090	617	1707
	占比	63.85	36.15	100
东北地区	样本量	68	121	189
	占比	35.98	64.02	100
东部地区	样本量	311	149	460
	占比	67.61	32.39	100
中部地区	样本量	178	118	296
	占比	60.14	39.86	100
西部地区	样本量	533	229	762
	占比	69.95	30.05	100

第三章　农村土地经营、调整意愿与宅基地利用

（三）土地流转租期情况

1. 转入地块租期情况

（1）约65.20%的转入地块没有约定明确的租期

总体来看，转入土地有明确租期的比例约为34.80%，仍然有65.20%的转入地块没有约定明确的租期。分地区来看，东北地区有明确租期的比例约为61.75%，没有约定明确租期的地块比例约为38.25%；东部地区有明确租期的比例约为37.43%，没有约定明确租期的地块比例约为62.57%；中部地区有明确租期的比例约为26.14%，没有约定明确租期的地块比例约为73.86%；西部地区有明确租期的比例约为20.53%，没有约定明确租期的地块比例约为79.47%。

表3-7　　　　　　　　转入地块租期约定情况　　　　　（单位：块,%）

	指标	是否约定租期		
		约定租期	未约定租期	合计
全国	样本量	481	901	1382
	占比	34.80	65.20	100
东北地区	样本量	226	140	366
	占比	61.75	38.25	100
东部地区	样本量	70	117	187
	占比	37.43	62.57	100
中部地区	样本量	69	195	264
	占比	26.14	73.86	100
西部地区	样本量	116	449	565
	占比	20.53	79.47	100

(2) 租期为 5 年及以上地块占比不足两成

从租期分布情况来看，总体上，转入地块租期普遍在 5 年以下，租期为 5 年及以上的地块占比仅为 16.43%。分地区来看，东北地区租期为 5 年及以上的转入地块占比约为 13.94%；东部地区租期为 5 年及以上的转入地块比例最高，约为 31.02%；中部地区租期为 5 年及以上的转入地块占比约为 17.42%；西部地区租期为 5 年及以上的转入地块占比约为 12.73%。

表 3-8   转入地块租期分布情况   （单位：年，块，%）

地区	指标	未约定租期	[1, 5)	[5, 10)	[10, 20)	[20, +∞)	合计
全国	样本量	901	254	54	102	71	1382
	占比	65.20	18.38	3.91	7.38	5.14	100
东北地区	样本量	140	175	14	24	13	366
	占比	38.25	47.81	3.83	6.56	3.55	100
东部地区	样本量	117	12	9	31	18	187
	占比	62.57	6.42	4.81	16.58	9.63	100
中部地区	样本量	195	23	16	22	8	264
	占比	73.86	8.71	6.06	8.33	3.03	100
西部地区	样本量	449	44	15	25	32	565
	占比	79.47	7.79	2.65	4.42	5.66	100

2. 转出地块租期情况

(1) 约 43.18% 的转出地块没有约定明确的租期

总体来看，转出土地有明确租期的比例约为 56.82%，仍然有 43.18% 的转出地块没有约定明确的租期。分地区来看，东北地区有明确租期的比例约为 51.32%，没有约定明确租期的地块比例约为

48.68%；东部地区有明确租期的比例约为 45.65%，没有约定明确租期的地块比例约为 54.35%；中部地区有明确租期的比例约为 54.05%，没有约定明确租期的地块比例约为 45.95%；西部地区有明确租期的比例约为 66.01%，没有约定明确租期的地块比例约为 33.99%。

表 3-9　　　　　　　　转出地块租期约定情况　　　　（单位：块,%）

地区	指标	是否约定租期		
		是	否	合计
全国	样本量	970	737	1707
	占比	56.82	43.18	100
东北地区	样本量	97	92	189
	占比	51.32	48.68	100
东部地区	样本量	210	250	460
	占比	45.65	54.35	100
中部地区	样本量	160	136	296
	占比	54.05	45.95	100
西部地区	样本量	503	259	762
	占比	66.01	33.99	100

（2）租期为 5 年及以上的地块占比约为 44.23%

从租期分布情况来看，总体上，转出地块租期为 5 年及以上的地块占比约为 44.23%，但区域差异较为明显。分地区来看，东北地区租期为 5 年及以上的转出地块占比约为 13.75%；东部地区租期为 5 年及以上的转出地块比例较高，约为 39.13%；中部地区租期为 5 年及以上的转出地块比例约为 46.96%；西部地区租期为 5 年及以上的转出地块比例最高，约为 53.8%。

第二篇 主报告

表3-10　　　　　　　转出地块租期分布情况　　　　（单位：年，块，%）

指标		租期分布					
		未约定租期	[1, 5)	[5, 10)	[10, 20)	[20, +∞)	合计
全国	样本量	737	215	158	353	244	1707
	占比	43.18	12.60	9.26	20.68	14.29	100
东北地区	样本量	92	71	7	13	6	189
	占比	48.68	37.57	3.70	6.88	3.17	100
东部地区	样本量	250	30	39	102	39	460
	占比	54.35	6.52	8.48	22.17	8.48	100
中部地区	样本量	136	21	56	40	43	296
	占比	45.95	7.09	18.92	13.51	14.53	100
西部地区	样本量	259	93	56	198	156	762
	占比	33.99	12.20	7.35	25.98	20.47	100

（四）土地流转租金支付（收取）、租金形式与租金水平

1. 转入地块土地租金水平

（1）七成以上转入地块支付租金

从总体来看，转入地块中有七成以上（71.85%）支付租金，近三成农户地块不需要支付租金。分地区来看，东北地区转入地块中支付租金的比例约为98.09%；东部地区支付租金的比例约为73.26%；中部地区支付租金的比例约为79.92%；西部地区支付租金的比例较低，约为50.62%。

表3-11　　　　　　　转入地块租金支付情况　　　　　　（单位：块，%）

指标		是否支付租金		
		收租金	无租金	合计
全国	样本量	993	389	1382
	占比	71.85	28.15	100
东北地区	样本量	359	7	366
	占比	98.09	1.91	100

第三章 农村土地经营、调整意愿与宅基地利用

续表

指标		是否支付租金		
		收租金	无租金	合计
东部地区	样本量	137	50	187
	占 比	73.26	26.74	100
中部地区	样本量	211	53	264
	占 比	79.92	20.08	100
西部地区	样本量	286	279	565
	占 比	50.62	49.38	100

（2）转入地块以现金为主要租金形式

从总体来看，转入地块租金形式，以现金为主，占比高达97.38%，仅有少量农户支付实物租金（2.62%）。分地区来看，各个地区也主要以现金形式支付地租，尤其是东北地区，全部转入地块均以现金方式支付地租。

表3-12　　　　　　转入地块租金形式　　　　（单位：块,%）

指标		租金形式		
		现金	实物	合计
全国	样本量	967	26	993
	占 比	97.38	2.62	100
东北地区	样本量	359	0	359
	占 比	100	0	100
东部地区	样本量	135	2	137
	占 比	98.54	1.46	100
中部地区	样本量	205	6	211
	占 比	97.16	2.84	100
西部地区	样本量	268	18	286
	占 比	93.71	6.29	100

（3）转入地块平均租金为505.79元/亩/年

从全国总体来看，平均租金约为505.79元/亩/年，最小值为50元/亩/年，最大值为3000元/亩/年。分地区来看，东北地区转入地块平均租金约为402.16元/亩/年，最小值为50元/亩/年，最大值为900元/亩/年。东部地区转入地块平均租金约为630.29元/亩/年，最小值为50元/亩/年，最大值为2300元/亩/年。中部地区转入地块平均租金约为560.42元/亩/年，最小值为60元/亩/年，最大值为3000元/亩/年。西部地区转入地块平均租金约为540.61元/亩/年，最小值为50元/亩/年，最大值为3000元/亩/年。

表3-13　　　　　　　　　转入地块租金水平　　　　　（单位：元/亩/年）

	样本量	均值	中位数	最小值	最大值
全国	960	505.79	400	50	3000
东北地区	357	402.16	400	50	900
东部地区	134	630.29	500	50	2300
中部地区	201	560.42	500	60	3000
西部地区	268	540.61	300	50	3000

2. 转出地块土地租金情况

（1）九成以上转出地块收取租金

从总体来看，转出地块中约有九成（86.23%）收取租金，约13.77%的转出地块不收取租金。分地区来看，东北地区转出地块中收取租金的比例约为84.13%；东部地区收取租金的比例约为89.13%；中部地区收取租金的比例约为90.20%；西部地区收取租金的比例较低，约为83.46%。

第三章 农村土地经营、调整意愿与宅基地利用

表3-14　　　　　　　　转出地块租金收取情况　　　　（单位：块,%）

指标		是否收取租金		
		是	否	合计
全国	样本量	1472	235	1707
	占比	86.23	13.77	100
东北地区	样本量	159	30	189
	占比	84.13	15.87	100
东部地区	样本量	410	50	460
	占比	89.13	10.87	100
中部地区	样本量	267	29	296
	占比	90.20	9.80	100
西部地区	样本量	636	126	762
	占比	83.46	16.54	100

（2）转出地块租金形式以现金为主，占比高达96.60%

从总体来看，转出地块租金形式，以现金为主，占比高达96.60%，仅有少量农户（3.40%）收取实物租金。分地区来看，各个地区也主要以现金形式收取地租，其中东北地区全部转出地块均以现金方式收取地租。

表3-15　　　　　　　　　转出地块租金形式　　　　　（单位：块,%）

指标		租金形式		
		现金	实物	合计
全国	样本量	1422	50	1472
	占比	96.60	3.40	100
东北地区	样本量	159	0	159
	占比	100	0	100

续表

指标		租金形式		
		现金	实物	合计
东部地区	样本量	401	9	410
	占 比	97.80	2.20	100
中部地区	样本量	248	19	267
	占 比	92.88	7.12	100
西部地区	样本量	614	22	636
	占 比	96.54	3.46	100

（3）转出地块平均租金约为703.72元/亩/年

总体来看，转出土地的租金平均约为703.72元/亩/年，其中最小值为10元/亩/年，最大值为3000元/亩/年。分地区来看，东北地区转出土地的租金平均约为377.21元/亩/年，其中最小值为30元/亩/年，最大值为1000元/亩/年。东部地区转出土地的租金平均约为847.24元/亩/年，其中最小值为40元/亩/年，最大值为3000元/亩/年。中部地区转出土地的租金平均约为693.36元/亩/年，其中最小值为60元/亩/年，最大值为2380元/亩/年。西部地区转出土地的租金平均约为699.18元/亩/年，其中最小值为10元/亩/年，最大值为3000元/亩/年。

表3-16　　　　　　　　　转出地块租金水平　　　　　（单位：元/亩/年）

	样本量	均值	中位数	最小值	最大值
全国	1422	703.72	600	10	3000
东北地区	159	377.21	366	30	1000
东部地区	401	847.24	800	40	3000
中部地区	248	693.36	600	60	2380
西部地区	611	699.18	560	10	3000

三　土地入股经营

土地经营权入股是用活土地经营权的有效形式，是深化农村土地制度改革的一项重要举措，也是促进农业适度规模经营、盘活农村土地资源、实现小农户和现代农业发展有机衔接的重要途径。

（一）土地入股经营的基本特征分析

土地经营权入股并不活跃，但2017年以来采用土地经营权入股的农户数量增长迅速。调查数据显示，采用土地经营权入股的农户占调查农户的比重仅为3.4%，长期以来并不活跃；但自2017年之后，近三年使用土地经营权入股的农户数量增长非常快，占到了近一半。2019年是土地入股集中年份，有22.14%的土地经营权入股农户是在2019年选择以土地经营权入股合作社或者农业龙头企业。分析这种现象背后的原因，应该与2018年年底农业农村部、国家发改委等六部门联合印发的《关于开展土地经营权入股发展农业产业化经营试点的指导意见》以及近年来全面推进的农地确权登记工作有着重要的关系。

土地入股经营的组织形式较为单一。《关于开展土地经营权入股发展农业产业化经营试点的指导意见》提出，要合理确定土地经营权入股的形式，培育一批土地经营权出资发展农业产业化经营的公司、农民专业合作社。农户的土地经营权可以依法直接对公司和农民专业合作社出资，还可以先出资设立农民专业合作社，再由农民专业合作社以土地经营权出资设立公司。我们的调查数据显示，现阶段，农户更倾向于以土地经营权入股成立合作社，这种组织方式占入股经营农户的95%左右。分区域来看，土地入股经营农户主要集中在西部（占比约为38%），其次是东部地区和中部地区，占比分别约为31%和23%，而东北地区的农户是最不积极采用土地经营权入股的（占比约为8%）。分析原因，东北地区的土地资源优势，其农业生产本身就有较好的规模效应。

土地入股经营分红地区差异较大，但各区域均以年度分红为主。

2019年，从入股土地分红来看，入股农户中有61.83%的农户获得分红收入。亩均分红收入主要在1000元/亩以下，占到65.5%，最高的亩均分红在20000元/亩。分地区来看，西部地区土地入股经营的农户获得分红比例较高，调查农户中获得分红的农户48%集中在西部地区；其次是东部地区和中部地区，占比分别约为22%和16%；分红最少的依然是东北地区，占比约为14%。

从分红方式[①]来看，按年获得分红的农户占59.54%，不定期获得分红的农户占3.82%。分区域来看，西部地区45%的农户都是按年度获得分红；东部地区和中部地区分别约为19%和22%；东北地区这一比例为14%，但按年分红对每个地区而言都是最重要的分红方式。

（二）土地经营权入股的农户特征分析

土地入股经营农户户主平均年龄为55.7周岁，略高于一般农户户主平均年龄（55.6周岁）。从户主受教育程度来看，土地入股经营的户主45.8%是初中毕业文化水平，其次是小学毕业文化水平，占到26%。

从户主的身份来看，土地入股经营农户的身份主要是普通村民，占到71%。户主在本村担任村支书/村主任、村委委员/支部委员、村小组长、合作社或集体经济组织监事会/理事会成员的农户仅占入股经营农户的24.42%。

从土地入股经营农户户主就业情况来看，48%的农户在土地入股后，有接近一半的农户以非农就业为主，15%的农户不再从事劳动生产活动。

四　宅基地现状及流转行为意愿

《中共中央关于制定国民经济和社会发展第十四个五年规划和二〇三五年远景目标的建议》明确指出，要探索宅基地所有权、资格权、使用权分置实现形式。保障进城落户农民土地承包权、宅基地使用权、

---

① 按年分红、按季分红、按月分红、不定期分红。

第三章　农村土地经营、调整意愿与宅基地利用

集体收益分配权，鼓励依法自愿有偿转让。宅基地改革作为"三块地"改革的突破口，不仅可以推进经营性集体建设用地改革和征地制度改革，而且对于释放和激发农村活力具有重要作用。

（一）"一户多宅"情况

随着城镇化和工业化的发展，中国不少农村地区出现了"空心村"，大量的宅基地闲置。同时，"一户多宅"、超占多占宅基地等问题也较为突出。本次共回收 10 省（自治区）3833 户农户问卷，调查数据显示，3833 户农户拥有 4455 宗宅基地，平均 1.16 宗/户。其中，广东省户均宅基地宗数最多，为 1.36 宗/户；而浙江省该比例最低，为 1.05 宗/户。从具体数值来看，全国有 70.71% 的农户拥有一处住宅，有 27.92% 的农户拥有至少两处住宅，有 1.37% 的农户没有或空填此项。其中，"一户两宅"的农户的宅基地占到总宗数的 24.96%，"一户三宅"的农户占比为 2.29%，拥有四处或更多处宅基地的农户占比并不多。分地区来看，西部地区和东北地区的农户"一户多宅"的比例低于中部地区和东部地区，西部地区超过八成的农户是"一户一宅"按省份来看，浙江省"一户一宅"农户占比最高，达到了 88.25%；而宁夏回族自治区排名第二位，占比为 84.04%；四川省为 80.41%，位列第三位。广东省有 52.74% 的农户属于"一户多宅"，在 10 个省（自治区）中比重最高。

表 3-17　　　　　　　农户宅基地持有情况①　　　　　（单位：宗）

宗数	全国	东部地区			中部地区		西部地区				东北地区
		广东	浙江	山东	安徽	河南	贵州	四川	陕西	宁夏	黑龙江
1	3149	229	383	292	251	296	350	353	316	358	321

---

① 全国有 59 户填写 0 宗，3 户填写 9999，表示不清楚，下同。问卷设计只填写 2 宗，故超过 2 宗的无法检验。广东省有 4 户填写 0 宗；浙江省有 10 户填写 0 宗；山东省有 10 户填写 0 宗；安徽省有 4 户填写 0 宗，3 户填写 9999；河南省有 1 户填写 0 宗；贵州省有 2 户填写 0 宗；四川省有 8 户填写 0 宗；陕西省有 4 户填写 0 宗；宁夏回族自治区有 8 户填写 0 宗；黑龙江省有 8 户填写 0 宗。

◆ 第二篇 主报告

续表

宗数	全国	东部地区			中部地区		西部地区				东北地区
		广东	浙江	山东	安徽	河南	贵州	四川	陕西	宁夏	黑龙江
2	1112	201	39	133	189	142	124	72	78	58	76
3	102	43	—	8	13	10	5	6	3	2	12
4	21	10	2	4	3	2	—	—	—	—	—
5	2	2	—	—	—	—	—	—	—	—	—
6	4	2	—	—	2	—	—	—	—	—	—
7	1	0	—	—	—	—	—	—	1	—	—
8	2	2	—	—	—	—	—	—	—	—	—

（二）农村宅基地确权情况

宅基地确权能够依法保护农民合法权益，也是加强农村宅基地管理的首要任务。调查数据显示，全国已经有76.83%的宅基地完成确权颁证工作，仍有22.15%的宅基地未确权，1.03%的农户对宅基地颁证不熟悉。具体来看，黑龙江省确权颁证的宅基地比例最高，达到89.22%，超出全国12.39个百分点；其次是宁夏回族自治区，为88.01%；而"一户多宅"农户占比较高的广东省，宅基地确权颁证的比例仅为52.88%，仅高于贵州省的50.21%。

表3-18　　　　　宅基地确权颁证情况　　　　　（单位：宗）

	全国	东部地区			中部地区		西部地区				东北地区
		广东	浙江	山东	安徽	河南	贵州	四川	陕西	宁夏	黑龙江
确权	3372	257	338	370	350	381	240	369	336	367	364
未确权	972	220	74	58	107	67	236	59	58	49	43
不清楚	45	9	12	8	3	2	2	3	4	1	1

（三）农村宅基地闲置情况

改革开放以来，中国城镇化进程不断加快，农村大量人口进城工作、生活，甚至有一部分农民选择在城市定居，造成了农村大量的宅基地和农房被闲置的情况，不仅浪费了国家土地资源，也在一定程度上制约了城乡融合发展进程。调查数据显示，全国有6.95%的宅基地处于闲置状态，广东省的闲置宅基地占比最高，达到15.67%，除安徽省（8.91%）、陕西省（9.60%）和黑龙江省（8.33%）闲置宅基地宗数较多外，其余省（自治区）闲置宅基地的比例都在5%以下，其中，河南省闲置宅基地占比最低，仅为2.67%。

从全国来看，有26.17%的闲置宅基地属于没有建筑物，纯粹荒废；36.72%的宅基地属于有建筑物，但是农房已经不符合安全标准，不适宜居住；36.72%的闲置宅基地处于可居住状态。[①] 在闲置时间上，有7.14%的闲置宅基地在近1年内原农户未居住，18.65%的闲置宅基地闲置时间在3年以内，而73.02%的宅基地闲置时间超过了3年。[②]

表3-19　　　　　　　　闲置宅基地情况　　　　　　　（单位：宗）

	全国	东部地区			中部地区		西部地区				东北地区
		广东	浙江	山东	安徽	河南	贵州	四川	陕西	宁夏	黑龙江
闲置	304	76	20	25	41	12	17	22	38	19	34
未闲置	4070	409	402	408	419	438	461	408	358	392	374

（四）闲置宅基地流转情况

由于农民的固有情结，以及传统思想影响，再加上农村空心化和老龄化现象严重，农村闲置宅基地很难实现流转。调查数据显示，全国仅9.73%的闲置宅基地已经实现了流转。有17.51%的闲置宅基地有意向流转，但未实现流转。而72.76%的闲置宅基地既无流转意向，也没有实现流转。分省（自治区）来看，浙江省闲置宅基地流转情况较好，有38.89%的闲置宅基地实现了流转。河南省、贵州省均未流转闲置宅

[①] 调查问卷中有1户填写在建。
[②] 调查问卷中有3人填写9999，无法判定闲置时间。

基地。黑龙江省流转闲置宅基地的比例较低，仅为3.70%；其次是广东省，为4.41%。

表3-20 闲置宅基地流转情况 （单位：宗）

	全国	东部地区			中部地区		西部地区			东北地区
		广东	浙江	山东	安徽	河南	贵州	四川	陕西	宁夏	黑龙江
已流转	25	3	7	3	4	—	—	2	2	3	1
未流转有意向	45	10	—	2	11	—	2	5	5	3	7
未流转无意向	187	55	11	18	23	10	14	8	18	11	19

从全国来看，29.17%的闲置宅基地流转给了本集体成员，而70.83%的闲置宅基地流转给了非本集体成员。至于闲置宅基地的流转用途，有72.00%的流转宅基地依旧用于生活性居住。从流转时间来看，闲置宅基地的平均流转时间为81.04个月（约6.75年）。其中，有20.00%的宅基地流转时间为1年，52%的闲置宅基地流转时间在5年以内，16%的闲置宅基地流转时间为10年，超过10年的闲置宅基地占比仅为20%。从流转费用来看，闲置宅基地的平均流转费用为4110.39元/年。其中，2000元/年的流转费用占比最多，达到13.04%；有69.59%的闲置宅基地流转费用在5000元/年以内。

（五）农户宅基地有偿退出意愿与制约因素

在让渡闲置宅基地使用权的认知上，有67.31%的被访者不愿意全部或部分让渡闲置宅基地使用权。最主要的原因在于祖宅不愿意转让（44.85%），以及不愿意改变生活现状（32.12%）。而愿意全部或部分转让闲置宅基地使用权的被访农户中，有57.58%的农户选择有偿退出形式让渡闲置宅基地使用权，41.41%的农户选择短期出租。其中，选择有偿退出的条件以货币补偿（58.46%）或房屋置换（32.31%）为

第三章　农村土地经营、调整意愿与宅基地利用

主，选择短期出租的方式以自行寻找需求农户（42.67%）和由村集体或村其他经济组织统一处置（28.00%）为主。在选择由村集体或开发公司统一经营管理宅基地的收益获取方面，有30.70%的农户认为一次性领取租金最为合适，而28.95%的农户认为每年领取固定经济收益合适，24.56%的农户选择以宅基地入股分红形式交由村集体或开发公司统一经营管理。

而一旦选择有偿退出宅基地，有30.56%的受访户担心永久退出宅基地后无固定住所。8.33%的受访户担心由此加重生活成本；6.94%的受访户则担心永久退出宅基地后，迁入新的居住环境所带来的人际关系陌生；仅2.78%的受访户担心找不到稳定工作。

五　本章小结

本章利用2020年中国乡村振兴综合调查数据，描述了当前样本农户承包地持有情况和第二轮土地承包到期后的调整意愿，分析了样本农户土地流转和土地入股经营情况，进一步分析了样本农户宅基地持有、闲置和流转情况。数据分析结果如下。

第一，当前我国农户户均承包土地约10.58亩，户均经营耕地约21.41亩；随着第二轮土地承包陆续到期，近五成农户希望进行土地调整，且地区间土地调整意愿存在一定差别，东北和西部地区农户土地调整意愿均超过五成。

第二，土地流转是农户实现经营规模调整的主要途径，但土地流转规范化程度较低，近七成转入地块和四成转出地块未签订书面协议；土地流转租期普遍低于五年，且存在大量的不明确租期的情况；土地流转租金收取（支付）率较高，主要以现金形式；转入土地平均租金为505.79元/亩/年，转出土地则高达703.72元/亩/年。采用土地经营权入股的农户占调查农户的比重仅为3.4%，长期以来并不活跃；土地入股经营的组织形式较为单一，以土地经营权入股成立合作社为主，约占土地入股农户总数的95%；入股经营分红地区差异较大，且以年度分

◆ 第二篇 主报告

红为主要形式。

第三,在宅基地持有、闲置和流转意愿方面,近三成农户存在"一户多宅"现象,宅基地确权颁证比例高达76.83%;约7%的宅基地处于闲置状态,其中,七成以上闲置超过3年,仅一成闲置宅基地实现了流转;近六成农户愿意有偿退出宅基地,永久退出宅基地后无固定住所、生活成本提高等是影响农户宅基地有偿退出的主要因素。

第四章　粮食生产方式、效率效益与农户销售行为

刘长全　韩　磊　李婷婷　王术坤　罗千峰*

我国正进入全面建设社会主义现代化国家的新发展阶段，农业现代化是这一历史进程的重要方面，而我国的农业现代化首先是要实现农户从传统小农向规模化、专业化、商品化的现代农户转变。本章围绕农户现代化转变，重点对农户生产经营行为特征及其变化开展分析。具体来说，一是通过对农户生产结构，特别是种植结构的分析，认识农户农业生产的专业化特征；二是对农户规模结构与规模经营水平进行分析，特别是通过对承包农地与经营农地的规模结构的对比分析，认识规模化的发展；三是通过分析机械作业在主要粮食品种各生产环节的应用，以及机械作业来源在不同农户之间的差别，认识农业生产方式的转变；四是分析了主要粮食品种生产的成本效益，以及规模经营及规模化过程中土地成本、劳动力成本对成本效益的影响；五是通过对农户储粮、售粮行为的分析，认识农户生产的商品化特征。

---

* 刘长全，博士，中国社会科学院农村发展研究所研究员，研究方向：农村产业经济、产业政策；韩磊，博士，中国社会科学院农村发展研究所副研究员，研究方向：粮食安全、农产品市场；李婷婷，博士，中国社会科学院农村发展研究所助理研究员，研究方向：乡村产业发展、土地利用转型；王术坤，博士，中国社会科学院农村发展研究所助理研究员，研究方向：农业政策评估、畜牧业经济；罗千峰，博士，中国社会科学院农村发展研究所助理研究员，研究方向：畜牧经济、产业经济。

一 农业生产的结构：专业化与规模化

（一）农业生产的专业化

1. 种养结构的专业化

农户层面种养已普遍分离。在调查农户中，从事种养殖农业生产的农户有2593户，占调查农户总数的67.65%。其中，纯种植农户有1695户，占65.37%；纯养殖农户有143户，占5.51%；有755户采用种养一体（既种植也养殖）的生产方式，占29.12%。分区域来看，东部地区农户种养专业化水平最高，西部地区最低。在东部地区，纯种植和纯养殖的农户分别占74.20%和9.72%，比总体情况分别高8.83个和4.21个百分点，而种养一体农户仅占16.08%，比总体情况低13.04个百分点。在西部地区，纯种植和纯养殖的农户分别占54.90%和5.41%，比总体情况分别低10.47个和0.10个百分点，而种养一体农户占39.69%，比总体情况高10.57个百分点（见表4-1）。

表4-1 　　　　　　四大区域种养结构情况　　　　　（单位：户,%）

	东部地区		中部地区		西部地区		东北地区		总体	
	户数	比重	户数	比重	户数	比重	户数	比重	户数	占比
纯种植	420	74.20	441	76.83	639	54.90	195	67.47	1695	65.37
纯养殖	55	9.72	9	1.57	63	5.41	16	5.54	143	5.51
种养一体	91	16.08	124	21.60	462	39.69	78	26.99	755	29.12
总体	566	100	574	100	1164	100	289	100	2593	100

2. 种植结构的专业化

从事种植的农户，种植作物的品种数普遍较少，且以三大谷物为主。在2450户中，分别有30.90%和41.67%的农户种植一种和两种作物，只有27.43%的农户种植三种及以上作物。分区域来看，东北地区仅种植一种作物的农户占比达到58.97%，大幅高于另外三个地区。为

第四章　粮食生产方式、效率效益与农户销售行为

避免轮作种植对结果的低估，将普遍种植的小麦、水稻、玉米三大谷物归为一类。总计有 2045 户种植三大谷物，占比 83.47%，这一比例在东北地区达到 94.14%，在中部地区和西部地区都高于 80.00%，在东部地区最低，为 73.39%。在种植三大谷物的农户中，不再种植其他作物的占到 50.27%，在东北地区达到 66.15%，东部地区和中部地区都超过 50%，西部地区只有 40.17%。另外，在西部地区种植三大谷物的农户中，有将近 10.62% 的农户还种植三种及以上三大谷物之外的其他作物，这一比例在东部地区、中部地区和东北地区分别只有 1.60%、4.55% 和 0.39%。在不种植三大谷物的所有农户中，仅种植一种作物的农户占到 73.83%，这一比例在东北地区达到 100%，在东部地区和中部地区也分别达到 83.82% 和 73.79%，但是在西部地区仅有 62.00%。西部地区不种植三大谷物的农户中，种植三种及以上其他作物的农户占到 16.00%，比总体水平高近 8 个百分点，比东部地区和中部地区高 10 多个百分点（见表 4-2）。总体来看，三大谷物在作物种植中占主导，农户种植结构专业化水平较高，但西部地区偏低。

表 4-2　　　　分地区农户种植品种数量结构　　　　（单位：户，%）

	东部地区 户数	东部地区 比重	中部地区 户数	中部地区 比重	西部地区 户数	西部地区 比重	东北地区 户数	东北地区 比重	总计 户数	总计 比重
总户数	511	—	565	—	1101	—	273	—	2450	—
一种	187	36.59	128	22.65	281	25.52	161	58.97	757	30.90
两种	211	41.29	284	50.27	428	38.87	98	35.90	1021	41.67
三种及以上	113	22.11	153	27.08	392	35.60	14	5.13	672	27.43
种三大谷物	375	73.39	462	81.77	951	86.38	257	94.14	2045	83.47
不种三大谷物	136	26.61	103	18.23	150	13.62	16	5.86	405	16.53
种三大谷物的农户，三大谷物之外其他作物品种数量结构									
仅三大谷物	220	58.67	256	55.41	382	40.17	170	66.15	1028	50.27
一种	129	34.40	133	28.79	340	35.75	81	31.52	683	33.40

续表

	东部地区		中部地区		西部地区		东北地区		总计	
	户数	比重	户数	比重	户数	比重	户数	比重	户数	比重
两种	20	5.33	52	11.26	128	13.46	5	1.95	205	10.02
三种及以上	6	1.60	21	4.55	101	10.62	1	0.39	129	6.31
不种三大谷物的农户，三大谷物之外其他作物品种数量结构											
一种	114	83.82	76	73.79	93	62.00	16	100.00	299	73.83
两种	15	11.03	24	23.30	33	22.00	0	0	72	17.78
三种及以上	7	5.15	3	2.91	24	16.00	0	0	34	8.40

（二）农业生产的规模化

1. 农户规模结构与规模化水平

伴随农村劳动力非农就业增加，土地流转加速，规模经营农户占比显著上升，耕地资源在向大规模农户集中。在3803份有效样本中，3.89%的农户没有承包地，但是20.19%的农户不从事农业种植，比前者高了约16个百分点。对比承包耕地规模结构和经营耕地规模结构，50亩以上经营者占比显著提升，经营耕地面积占比也相应增加，50亩以下经营者及其经营耕地面积占比普遍降低。其中，承包面积在100亩以上的农户占3.73%，承包了7.76%的耕地，但是经营面积在100亩以上的农户占6.63%，经营了53.80%的耕地，分别比前者高出约3个和46个百分点；承包面积在50—100亩的农户和经营面积在50—100亩的农户分别占1.95%和4.02%，后者比前者高约2个百分点；50亩以下按经营规模的组与按承包规模的组相比，农户和耕地占比都普遍下降。值得注意的是，1亩以下超小规模经营者的占比为7.60%，高于承包者的占比，但是经营的耕地资源占比仅为0.24%，低于承包耕地资源0.16个百分点（见表4-3）。

第四章 粮食生产方式、效率效益与农户销售行为

表 4-3　　　　　　　　户均经营规模结构　　　　　（单位：户，%）

	按经营耕地				按承包耕地			
	户数	比例	总面积	比例	数量	比例	总面积	比例
总户数	3803	—	—	—	3803	—	—	—
不种植	768	20.19	—	—	148	3.89	—	—
种植	3035	79.81	77444.31	—	3655	96.11	—	—
0—1 亩	289	7.60	182.82	0.24	225	5.92	154.66	0.40
1—2 亩	286	7.52	481.05	0.62	386	10.15	636.18	1.66
2—5 亩	686	18.04	2501.67	3.23	1058	27.82	3824.66	9.97
5—10 亩	609	16.01	4513.08	5.83	847	22.27	6228.86	16.23
10—50 亩	760	19.98	17048.48	22.01	923	24.27	19492.34	50.79
50—100 亩	153	4.02	11049.84	14.27	74	1.95	5063.67	13.19
100 亩以上	252	6.63	41667.19	53.80	142	3.73	2980.00	7.76
户均经营规模	—	—	20.87	—	—	—	10.43	—

分区域来看，东北地区平均经营规模最大，户均经营 91.32 亩；东部地区最小，户均经营 6.09 亩。不从事种植农户的占比在东部地区最高，达到 28.53%，中部地区最低，为 12.67%，在东北地区和西部地区分别为 24.40% 和 16.74%。在东部地区，从事种植的农户中经营 2—5 亩的占比最高，达到 18.67%，经营 50—100 亩的农户仅占 0.80%；在中部地区，占比最高的是经营 5—10 亩的农户，比重达到 23.98%，经营 50—100 亩和 100 亩以上的农户分别占了 2.18% 和 5.31%；在西部地区，占比最高的是经营 10—50 亩的农户，比重达到 26.86%，经营 50—100 亩和 100 亩以上的农户分别占 3.56% 和 2.36%；在东北地区，占比最高的是经营 100 亩以上的农户，比重高达 31.10%（见表 4-4）。

表 4-4　　　　　　　　　　四大区域农户经营规模　　　　（单位：户，亩，%）

	东部地区		中部地区		西部地区		东北地区	
	户数	比例	户数	比例	户数	比例	户数	比例
总户数	1125	—	734	—	1571	—	373	—
不种植	321	28.53	93	12.67	263	16.74	91	24.40
种植	804	71.47	641	87.33	1308	83.26	282	75.60
0—1 亩	159	14.13	59	8.04	70	4.46	1	0.27
1—2 亩	138	12.27	51	6.95	96	6.11	1	0.27
2—5 亩	210	18.67	145	19.75	329	20.94	2	0.54
5—10 亩	128	11.38	176	23.98	298	18.97	7	1.88
10—50 亩	100	8.89	155	21.12	422	26.86	83	22.25
50—100 亩	9	0.80	16	2.18	56	3.56	72	19.30
100 亩以上	60	5.33	39	5.31	37	2.36	116	31.10
户均经营规模	6.09		21.95		14.02		91.32	

2. 重点农产品的规模化

本章重点农产品聚焦小麦、水稻、玉米和大豆，玉米包含籽粒玉米和青贮玉米，水稻包含早稻、中稻和晚稻。小麦的生产规模最小，户均仅为 14.02 亩；大豆的户均生产规模最高，为 34.47 亩；玉米和水稻的户均生产规模分别为 24.61 亩和 23.14 亩。分区域来看，小麦主要在东部地区、中部地区和西部地区种植，且中部地区户均生产规模最大，为 22.04 亩，东部地区和西部地区户均生产规模略高于 7 亩；水稻在东北地区的生产规模最大，户均为 119.21 亩，中部地区的户均生产规模为 18.77 亩；玉米在东北地区的生产规模最大，户均为 76.81 亩，中部地区和西部地区户均生产规模在 20 亩左右；除西部地区外，其他地区的大豆平均生产规模普遍较大（见表 4-5）。

表4-5　　　　　四大区域重点农产品的户均生产规模　　　（单位：亩）

	小麦	水稻	玉米	大豆
东部地区	7.54	5.84	5.47	26.22
中部地区	22.04	18.77	19.32	42.68
西部地区	7.78	2.98	20.53	2.83
东北地区	—	119.21	76.81	66.14

(三) 农业生产的非粮化特征

在此，以粮食作物播种面积在农业总播种面积中的占比来分析非粮化情况。其中，粮食作物包括谷物和其他粮食，谷物又包括小麦、玉米、水稻、高粱、谷子、糜子、荞麦、大麦、燕麦、薏仁（薏米）和青稞。调查数据显示，在全部农户中，粮食作物播种面积占比为85.37%，其中谷物播种面积占比为70.44%，其他粮食作物播种面积占比为14.93%；经济作物播种面积占比为11.50%；蔬菜瓜果播种面积占比为3.13%。分区域来看，东部地区粮食作物占比最低，为64.74%，经济作物和蔬菜瓜果等非粮作物占比分别为18.69%和16.57%；东北地区粮食作物占比高达99.87%，只有0.13%的耕地用于生产蔬菜瓜果；在中部地区和西部地区，经济作物占比普遍高于蔬菜瓜果，粮食作物播种面积占比基本相当，但是粮食内部结构有所差异，中部地区粮食生产以三大谷物为主，而西部地区23.83%的耕地用于生产三大谷物之外的粮食（见表4-6）。

表4-6　　　四大区域粮食作物和非粮作物播种面积和占比（单位：亩,%）

	东部地区		中部地区		西部地区		东北地区		全部
	播种面积	占比	播种面积	占比	播种面积	占比	播种面积	占比	占比
粮食作物	4418.77	64.74	16823.47	74.71	13687.44	79.68	32944.95	99.87	85.37
谷物	3912.27	57.32	15989.93	71.01	9593.38	55.85	26514.4	80.37	70.44
经济作物	1275.65	18.69	5110.32	22.70	2761.05	16.07	0	0	11.50
蔬菜瓜果	1130.8	16.57	583.41	2.59	729.85	4.25	44	0.13	3.13

二 生产方式现代化与生产效率

(一) 机械化率

1. 主要粮食作物生产机械化水平

农业机械化是转变农业发展方式的重要基础，是促进乡村产业振兴的重要支撑，同时也是推进农业农村现代化的重要路径。从不同作物品种的播种面积来看（见表4-7），在耕地环节，小麦的机械化率最高，为99.44%；油菜籽的机械化率最低，为93.49%。在播种环节，大豆的机械化率最高，为98.73%；油菜籽的机械化率最低，为79.15%。在打药环节，大豆的机械化率最高，为92.72%；水稻的机械化率最低，为50.8%。在施肥环节，大豆的机械化率最高，为87.56%；水稻的机械化率最低，为40.79%。在收获运输环节，小麦的机械化率最高，为99.17%；油菜籽的机械化率最低，为75.97%。总体来看，主要粮食作物不同生产环节机械化水平差异较大，耕地环节的机械化水平最高，打药、施肥环节的机械化率较低；油菜籽在耕地、播种、收获运输环节上的机械化率均较低，这是油菜籽种植成本上升、种植积极性不高的重要原因。

表4-7　　全国主要粮食作物不同种植环节机械化情况　　（单位：%）

作物	耕地	播种	打药	施肥	收获运输
小麦	99.44	89.52	65.08	71.64	99.17
水稻	97.42	87.48	50.8	40.79	96.92
玉米	96.13	80.50	75.27	72.61	80.83
大豆	99.43	98.73	92.72	87.56	92.12
油菜籽	93.49	79.15	67.52	75.6	75.97

全国主要粮食作物在不同地区、不同生产环节的机械化水平差异较

大（见表4-8）。具体来看，在耕地环节，东部地区小麦的机械化率最高，为99.55%；油菜籽的机械化率最低，为61.54%。中部地区小麦的机械化率最高，为99.80%；玉米的机械化率最低，为95.10%。西部地区小麦的机械化率最高，为97.47%；大豆的机械化率最低，为64.55%。东北地区作物的机械化率均较高，其中水稻、玉米、大豆的机械化率均为100%。

在播种环节，东部地区小麦的机械化率最高，为97.42%；油菜籽的机械化率最低，为0%。中部地区油菜籽的机械化率最高，为94.87%；水稻的机械化率最低，为78.67%。西部地区小麦的机械化率最高，为93.96%；大豆的机械化率最低，为8.01%。东北地区大豆的机械化率最高，为100%；水稻的机械化率最低，为97.63%。

在打药环节，东部地区小麦的机械化率最高，为67.46%；玉米的机械化率最低，为58.37%。中部地区油菜籽的机械化率最高，为90.13%；玉米的机械化率最低，为64.15%。西部地区小麦的机械化率最高，为51.21%；大豆、油菜籽的机械化率最低，均为0%。东北地区大豆的机械化率最高，为98.53%；水稻的机械化率最低，为51.76%。

在施肥环节，东部地区玉米的机械化率最高，为59.88%；水稻的机械化率最低，为14.32%。中部地区油菜籽的机械化率最高，为91.81%；水稻的机械化率最低，为66.81%。西部地区小麦的机械化率最高，为57.48%；大豆的机械化率最低，为0%。东北地区玉米的机械化率最高，为98.48%；水稻的机械化率最低，为42.61%。

在收获运输环节，东部地区小麦的机械化率最高，为99.81%；玉米的机械化率最低，为93.45%。中部地区小麦的机械化率最高，为99.96%；油菜籽的机械化率最低，为95.15%。西部地区小麦的机械化率最高，为94.31%；大豆的机械化率最低，为22.00%。东北地区水稻的机械化率最高，为99.22%；玉米的机械化率最低，为97.22%。

表4-8 全国不同地区主要粮食作物不同种植环节机械化情况（单位：%）

地区		小麦	水稻	玉米	大豆	油菜籽
耕地	东部地区	99.55	87.85	82.30	—	61.54
	中部地区	99.80	97.78	95.10	—	96.81
	西部地区	97.47	77.50	91.36	64.55	84.26
	东北地区	—	100	100	100	—
播种	东部地区	97.42	68.21	88.23	—	0
	中部地区	86.79	78.67	84.59	—	94.87
	西部地区	93.96	10.44	42.43	8.01	38.06
	东北地区	—	97.63	99.00	100	—
打药	东部地区	67.46	61.12	58.37	—	—
	中部地区	66.96	67.47	64.15	—	90.13
	西部地区	51.21	3.45	33.91	0	0
	东北地区	—	51.76	96.49	98.53	—
施肥	东部地区	46.07	14.32	59.88	—	—
	中部地区	80.77	66.81	78.78	—	91.81
	西部地区	57.48	1.77	24.39	0	32.98
	东北地区	—	42.61	98.48	95.93	—
收获运输	东部地区	99.81	94.86	93.45	—	—
	中部地区	99.96	99.79	97.17	—	95.15
	西部地区	94.31	68.31	35.92	22.00	25.86
	东北地区	—	99.22	97.22	99.12	—

注："—"为样本量小于20的作物，均值代表性不足，没有统计；收获运输环节指收获以及收获后将作物运输到家的过程。

2. 主要粮食作物机械作业的效率及来源情况

从主要粮食作物机械作业效率来看，耕地环节主要粮食作物的机械作业效率差异较为明显（见表4-9）。小麦、水稻、油菜籽自家机械的作业

第四章 粮食生产方式、效率效益与农户销售行为

效率最高，分别为 3.07 亩/小时、3.42 亩/小时、3.33 亩/小时，玉米、大豆购买服务的机械作业效率最高，分别为 3.37 亩/小时、7.05 亩/小时。

表 4-9　全国主要粮食作物耕地环节机械作业效率情况　（单位：亩/小时）

	自家机械	购买服务
小麦	3.07	2.96
水稻	3.42	1.99
玉米	3.33	3.37
大豆	6.48	7.05
油菜籽	3.33	2.34

关于不同地区主要粮食作物耕地环节机械作业效率情况（见表 4-10），东部地区小麦自家机械的作业效率高于购买机械服务的作业效率，为 3.37 亩/小时。中部地区大豆、小麦自家机械的作业效率高于购买机械服务的作业效率，分别为 3.30 亩/小时、2.94 亩/小时，水稻购买机械服务的作业效率高于自家机械作业效率，为 2.68 亩/小时。西部地区小麦自家机械的作业效率高于购买机械服务的作业效率，为 1.85 亩/小时，大豆、水稻购买机械服务的作业效率均高于自家机械作业效率，分别为 2.98 亩/小时、3.00 亩/小时。东北地区水稻、油菜籽购买机械服务的作业效率均高于自家机械作业效率，分别为 6.41 亩/小时、9.51 亩/小时。

表 4-10　　　全国不同地区主要粮食作物耕地环节
机械作业效率情况　　　　（单位：亩/小时）

	地区	大豆	小麦	水稻	油菜籽	玉米
耕地环节自家机械服务作业效率	东部地区	—	3.37	—	—	—
	中部地区	3.30	2.94	2.45	—	—
	西部地区	2.66	1.85	2.13	—	—
	东北地区	—	5.42	6.05	7.06	—

第二篇 主报告

续表

	地区	大豆	小麦	水稻	油菜籽	玉米
耕地环节购买机械服务作业效率	东部地区	2.91	1.50	2.83	—	—
	中部地区	3.01	2.52	2.68	—	—
	西部地区	2.98	1.57	3.00	—	2.47
	东北地区	—	—	6.41	9.51	—

注："—"为样本量小于20的作物，均值代表性不足，没有统计。

从不同作物机械化作业来源来看，不同环节的机械化来源差异较大，其中耕地环节、收获运输环节购买机械化作业服务比例占据绝对优势（见表4-11）。具体来看，在耕地环节，小麦、水稻、玉米、油菜籽购买机械化作业服务比例均高于自家机械化作业比例，分别为80.74%、50.77%、63.16%、69.49%；大豆自家机械化作业比例高于购买机械化作业服务比例，为50.91%。在播种环节，小麦、玉米购买机械化作业服务比例高于自家机械化作业比例，分别为84.71%、70.71%；水稻、大豆自家机械化作业比例高于购买机械化作业服务比例，分别为50.29%、65.82%。在打药环节，小麦、玉米、大豆自家机械化作业比例高于购买机械化作业服务比例，分别为72.62%、67.28%、64.37%；水稻购买机械化作业服务比例高于自家机械化作业比例，为67.26%。在施肥环节，水稻、大豆自家机械化作业比例高于购买机械化作业服务比例，分别为69.23%、69.05%；小麦、玉米购买机械化作业服务比例高于自家机械化作业比例，分别为73.58%、55.73%。在收获和运输环节，小麦、水稻、玉米、大豆、油菜籽购买机械化作业服务比例均高于自家机械化作业比例，分别为94.43%、84.10%、84.34%、75.56%、88.89%。

第四章 粮食生产方式、效率效益与农户销售行为

表4-11　　　　　　　　不同作物机械化作业来源　　　　　　（单位：%）

作物	耕地 自家	耕地 购买	播种 自家	播种 购买	打药 自家	打药 购买	施肥 自家	施肥 购买	收获运输 自家	收获运输 购买
小麦	18.13	80.74	15.05	84.71	72.62	27.38	26.42	73.58	5.43	94.43
水稻	48.07	50.77	50.29	49.13	32.74	67.26	69.23	26.15	15.69	84.10
玉米	36.09	63.16	29.13	70.71	67.28	32.49	44.27	55.73	15.28	84.34
大豆	50.91	47.27	65.82	34.18	64.37	35.63	69.05	30.95	23.33	75.56
油菜籽	30.51	69.49	—	—	—	—	—	—	11.11	88.89

注：自家指使用自家机械化作业；购买指购买机械化服务作业；自家机械占比和购买机械占比不等于100%是因为有少量农户采取自家机械和购买机械同时作业。

从不同地区机械化作业来源来看，不同地区机械化作业来源差异明显，其中耕地、播种、施肥、收获运输环节购买机械化作业服务比例总体上高于自家机械化作业比例（见表4-12）。具体来看，在耕地环节，东部、中部、西部地区购买机械化作业服务比例高于自家机械化作业比例，分别为88.47%、72.09%、59.59%；东北地区自家机械化作业比例高于购买机械化作业服务比例，为62.46%。在播种环节，东部、中部、西部地区购买机械化作业服务比例高于自家机械化作业比例，分别为94.88%、76.83%、80.51%；东北地区自家机械化作业比例高于购买机械化作业服务比例，为70.61%。在打药环节，东部、中部、东北地区自家机械化作业比例高于购买机械化作业服务比例，分别为86.25%、54.24%、55.31%；西部地区购买机械化作业服务比例高于自家机械化作业比例，为52.07%。在施肥环节，东部、中部、西部地区购买机械化作业服务比例高于自家机械化作业比例，分别为87.23%、64.75%、57.58%；东北地区自家机械化作业比例高于购买机械化作业服务比例，为72.02%。在收获和运输环节，东部、中部、西部、东北地区购买机械化作业服务比例均高于自家机械化作业比例，分别为96.11%、93.78%、73.41%、82.11%。

第二篇 主报告

表4-12　　　　　不同地区机械化作业来源　　　　　（单位：%）

地区	耕地 自家	耕地 购买	播种 自家	播种 购买	打药 自家	打药 购买	施肥 自家	施肥 购买	收获运输 自家	收获运输 购买
东部地区	i1.53	88.47	5.12	94.88	86.25	13.75	12.23	87.23	3.89	96.11
中部地区	26.11	72.09	22.44	76.83	54.24	45.76	34.43	64.75	6.22	93.78
西部地区	39.73	59.59	19.49	80.51	47.93	52.07	41.67	57.58	26.22	73.41
东北地区	62.46	35.85	70.61	29.39	55.31	44.37	72.02	27.98	16.72	82.11

注：自家指使用自家机械化作业，购买指购买机械化服务作业。

（二）主要粮食作物生产效率

全国主要粮食作物生产效率差异较为显著，从不同作物品种来看（见表4-13），玉米平均生产效率最高，平均单产为473.72公斤/亩；油菜籽平均生产效率最低，平均单产为104.97公斤/亩。其余作物生产效率：小麦平均单产为411.89公斤/亩，水稻平均单产为392.07公斤/亩，大豆平均单产为124.10公斤/亩。

表4-13　　　　全国主要粮食作物生产效率情况　　　　（单位：公斤/亩）

	单产
大豆	124.10
小麦	411.89
水稻	392.07
油菜籽	104.97
玉米	473.72

在不同地区，主要粮食作物生产效率差异较大（见表4-14），具体来说，东部、中部、西部、东北地区大豆平均单产分别为681.59公斤/亩、123.92公斤/亩、99.67公斤/亩、97.01公斤/亩；东部、中部、西部地区小麦平均单产分别为380.95公斤/亩、433.53公斤/亩、

337.48 公斤/亩；东部、中部、西部、东北地区水稻平均单产分别为 454.63 公斤/亩、408.98 公斤/亩、312.78 公斤/亩、121.11 公斤/亩；东部、中部、西部地区油菜籽平均单产分别为 192.31 公斤/亩、106.34 公斤/亩、100.87 公斤/亩；东部、中部、西部、东北地区玉米平均单产分别为 492.34 公斤/亩、442.07 公斤/亩、374.10 公斤/亩、541.91 公斤/亩。

表 4-14　　　全国不同地区主要粮食作物生产效率　　（单位：公斤/亩）

	大豆	小麦	水稻	油菜籽	玉米
东部地区	681.59	380.95	454.63	192.31	492.34
中部地区	123.92	433.53	408.98	106.34	442.07
西部地区	99.67	337.48	312.78	100.87	374.10
东北地区	97.01	—	121.11	—	541.91

注："—"为样本量小于 20 的作物，均值代表性不足，没有统计。

三　重要农产品的成本与效益

（一）收益水平

中国农作物收益普遍较低，其中，大豆最低，水稻和小麦收益较高。调查数据显示（见表 4-15），在不考虑作物补贴以及自家劳动力和土地机会成本的情况下，小麦、水稻、玉米、大豆和油菜籽亩均收益（收益 1）分别为 517.8 元、742.9 元、437.0 元、105.9 元和 523.6 元。按照土地流转市场价格[①]计算，将自家土地成本考虑在内，上述 5 种农作物的亩均收益（收益 2）分别为 51.6 元、438.8 元、69.6 元、-71.6 元和 204.5 元。按照农村劳动力市场价格计算，将自家劳动力投入考虑在内，上述 5 种农作物的亩均收益（收益 3）分别是 -3.6 元、124.6 元、-120.9 元、-164.3 元和 -166.3 元。农户生产水稻

---

① 此处土地价格指农户所在村的土地平均价格。

第二篇 主报告

和小麦的收益较高主要是因为中国对这两种作物采取最低收购价格支持政策，农户在考虑自身劳动力成本和土地成本的情况下依然处于盈利状态。玉米临时收储政策取消后，玉米亩均收益下降明显，如果将土地和劳动力机会成本考虑在内，则亩均亏本120.9元。大豆毛收入仅为438.1元/亩，如果考虑生产成本，则农户亏损严重。油菜籽虽然毛收入较高，但是人工成本较高，农户净收益也很低。

表4-15　　　　　　　　不同作物的投入产出效益分析

（单位：公斤/亩，元/亩）

	小麦	水稻	玉米	大豆	油菜籽
样本量	661	587	1479	134	92
毛收入	918.7	1288.5	832.3	438.1	841.5
单产	396.9	445.3	456.4	106.3	150.4
价格	1.1	1.4	0.9	1.9	2.8
总农资费用	270.8	345.6	276.3	134	242.3
化肥	153.7	184.7	170.4	73.1	151.2
农药费用	40	86	38.2	30.8	36.9
种子费用	61.5	71.2	61.4	35.8	60.8
水电费用	16.9	11.4	9.3	0.1	3.9
社会化服务	137.6	132.1	73.8	41.1	58.8
劳动力费用	63.9	418.6	282.7	136.9	523.1
自家劳动力机会成本	62.8	392.1	279.1	140.4	503.9
雇用劳动力	1.4	25	1	1.7	3.8
土地租金	573.3	550.1	486	410.1	554.4
租赁成本	116.8	111.7	98.4	156.4	46.8
自家耕地机会成本	456.5	438.4	387.6	253.6	507.6
其他费用	2.8	8.7	6.1	15.4	0.9
收益1	517.8	742.9	437.0	105.9	523.6
收益2	51.6	438.8	69.6	-71.6	204.5
收益3	-3.6	124.6	-120.9	-164.3	-166.3

(二) 成本结构

土地成本、劳动力成本、农资成本和购买机械服务成本是目前中国农业生产的主要成本。通过图4-1可以看出，土地流转成本较高，小麦、水稻和油菜籽土地流转价格较高，分别是573.3元/亩、550.1元/亩和554.4元/亩，玉米和大豆的土地流转成本较低，分别是486.0元/亩和410.1元/亩。土地流转价格在华北和南方地区以生长两季作物为主的省份较高，在生长一季作物的地区价格较低。例如，东北地区水稻产区的土地租金为426.9元/亩，在东部地区则为474.6元/亩。高土地流转成本成为目前阻碍农户规模化经营的主要原因。随着农村劳动力工资上涨，劳动力投入在农业生产成本中占比较大，但是在不同作物间存在差异。机械化程度较高的小麦，劳动力投入成本最低，为63.9元/亩，其次是大豆和玉米，劳动力成本分别为136.9元/亩和282.7元/亩，机械化程度较低的水稻和油菜籽劳动力投入较高，分别为418.6

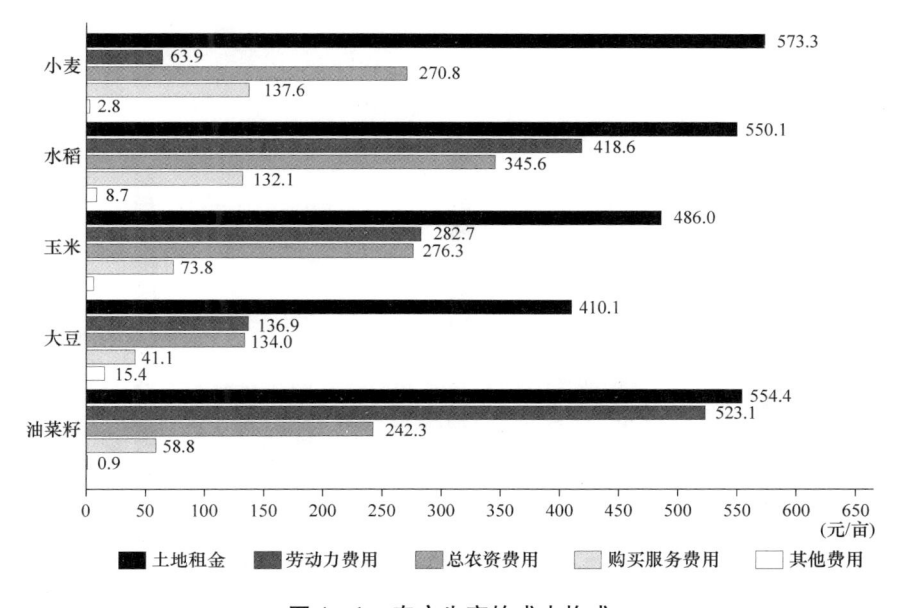

图4-1 农户生产的成本构成

元/亩和523.1元/亩。生产资料也是农户生产成本中重要的一部分，水稻的农资成本投入最高，达到345.6元/亩，大豆的农资成本最低，为134.0元/亩，小麦、玉米、油菜籽的亩均农资成本也都在240元以上。随着中国农业社会化服务的发展以及农村劳动力工资上涨，农户购买机械化服务成本逐渐增加，小麦、水稻、玉米、大豆和油菜籽生产中，农户购买机械化服务的费用分别达到137.6元/亩、132.1元/亩、73.8元/亩、41.1元/亩和58.8元/亩。

从农资构成角度看，化肥投入在农资成本中占比最高，其次是种子和农药。通过图4-2可以看出，化肥仍然是最主要的生产资料投入，小麦、水稻、玉米、大豆和油菜籽亩均化肥投入分别为153.7元、184.7元、170.4元、73.1元和151.2元，占各作物农资总投入的比重都在50%以上。其次是农药和种子成本，小麦、玉米和油菜籽的种子成本分别高于农药成本20元以上，水稻施用农药较多，亩均农药成本比种子成本高14.8元，大豆的种子成本和农药成本相差不大。

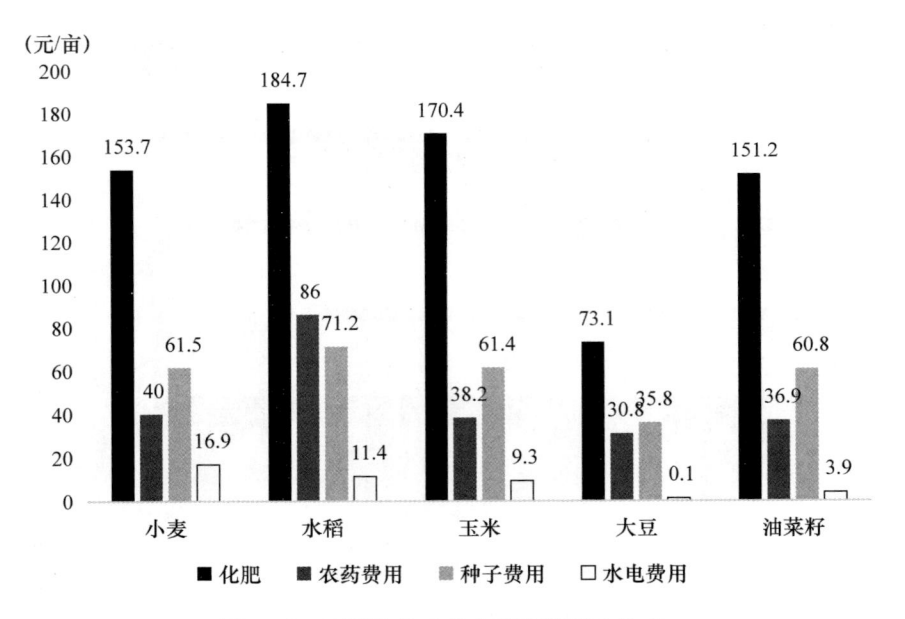

图4-2 不同作物农业生产资料投入构成

第四章　粮食生产方式、效率效益与农户销售行为

（三）经营规模与成本效益分析

将水稻、小麦和玉米三大粮食作物按播种面积分为小规模、中小规模、中规模、中大规模和大规模5组，并分析种植规模与成本收益的关系。从结果来看，规模经济在生产资料投入和劳动力投入方面得到体现。如表4-16至表4-18所示，作物播种面积越大亩均总农资成本和劳动力成本越低。例如，从小规模组到大规模组，水稻亩均总农资费用分别为433.3元、419.0元、309.5元、276.5元和275.3元，亩均劳动力成本则分别为682.1元、514.8元、434.0元、349.5和125.6元。小麦和玉米中也表现出这种规律。

社会化服务成本与播种规模呈现出一定的倒"U"形关系，尤其是水稻和玉米表现得更加明显。例如，水稻的社会化服务成本在小规模时为128.6元/亩，中规模时上升为139.7元/亩，后又减小到大规模时的94.3元/亩。玉米和小麦两种作物也出现了这种趋势。

在考虑成本和单产双重因素的影响下，播种规模与收益在不同作物间表现出不同的关系。通过表4-16至表4-18可以看出，水稻和小麦的单产和作物播种面积之间关系不明显，在玉米作物中，播种面积越大收益越高。例如，玉米亩均收益在小规模和中小规模时处于亏损状态，但是当增加到大规模时亩均收益达到141.2元。

表4-16　　　　　　水稻经营规模与农户成本效益

	小规模	中小规模	中规模	中大规模	大规模
样本量（户）	121	120	132	92	117
平均规模（亩）	0.9	1.8	3.1	6.5	81
毛收入（元/亩）	1624.7	1463.6	1365.1	1479	1074
单产（斤/亩）	472.9	453.8	437.3	475.9	391.9
总农资费用（元/亩）	433.3	419.0	309.5	276.5	275.3
劳动力费用（元/亩）	682.1	514.8	434.0	349.5	125.6
社会化服务（元/亩）	128.6	145.1	139.7	159.9	94.3

续表

	小规模	中小规模	中规模	中大规模	大规模
其他费用（元/亩）	5.3	3.6	3.6	1.4	27.7
收益（元/亩）	635.1	612	537.3	654.6	195.8

注：收益指毛收入减去总农资费用、社会化服务费用、雇用劳动力费用、土地租赁成本、其他费用和机会土地成本。

表4-17　　　　　小麦经营规模与农户成本效益

	小规模	中小规模	中规模	中大规模	大规模
样本量（户）	134	159	108	122	128
平均规模（亩）	1.4	3.3	5.4	8.7	31.3
毛收入（元/亩）	956.3	896.1	931.7	931.3	894.5
单产（斤/亩）	401	385.7	398.4	398.3	399.1
总农资费用（元/亩）	282	266.6	263.1	257.9	281.2
劳动力费用（元/亩）	84.1	65	67.7	55.2	50.3
社会化服务（元/亩）	145.4	147.7	143.4	138.5	115.5
其他费用（元/亩）	2.4	2.4	4	1.4	3.5
收益（元/亩）	57.4	30	45.8	71.6	53.7

注：收益指毛收入减去总农资费用、社会化服务费用、雇用劳动力费用、土地租赁成本、其他费用和机会土地成本。

表4-18　　　　　玉米经营规模与农户成本效益

	小规模	中小规模	中规模	中大规模	大规模
样本量（户）	290	311	277	288	285
平均规模（亩）	1	2.4	4.6	10.6	55.6
毛收入（元/亩）	858.7	813.1	874.2	856.4	782.3
单产（斤/亩）	414.9	409.4	444.9	483.4	523.6
总农资费用（元/亩）	343.9	286.1	269.8	247.8	237.7
劳动力费用（元/亩）	506.1	354.4	260	203.4	88.1

续表

	小规模	中小规模	中规模	中大规模	大规模
社会化服务（元/亩）	46.7	64	89.7	94.5	77.8
其他费用（元/亩）	2.6	2.4	4.6	5.1	16.2
收益（元/亩）	-51.5	-43.7	46.9	154	141.2

注：收益指毛收入减去总农资费用、社会化服务费用、雇用劳动力费用、土地租赁成本、其他费用和机会土地成本。

四 农户粮食销售行为

（一）粮食销售比例

当前，粮食生产的市场化程度较高，农户收获的粮食主要用于销售，而自家食用和自家饲用的数量占比较小。当然，农户粮食各用途构成也因品种而异，对于小麦水稻和大豆而言，其主要用途是销售和自家食用，而玉米的主要用途是销售和自家饲用（见表4-19）。农户调查数据显示，从全国层面看，四种粮食品种中小麦和大豆的销售比例最高，分别为70.97%和70.80%，其次是玉米，销售比例为54.99%，水稻的销售比例最低，为39.78%。

表4-19　　2019年和2020年全国农户种粮各用途占比　　（单位：%）

	用途	小麦	水稻	玉米	大豆
2019年	自家食用	27.93	59.23	8.18	15.83
	自家饲用	1.59	4.12	37.76	6.86
	销售	70.97	39.78	54.99	70.80
2020年	自家食用	25.78	55.93	9.15	14.25
	自家饲用	2.54	5.52	40.78	8.74

分地区来看，东北地区粮食销售比例最高，其次是东部地区和中部地区，西部地区粮食销售比例最低。具体来看（见表4-20），中部地

第二篇 主报告

区和东部地区的小麦销售比例较高，分别为80.82%和75.99%，分别高于全国平均水平近10个和5个百分点；东北地区和中部地区水稻的销售比例较高，分别为94.41%和65.92%，分别比全国平均水平高近55个和26个百分点；东北地区和东部地区玉米销售比例均较高，分别为83.43%和80.66%，比全国平均水平高约28个和25个百分点；同时，东北地区和东部地区大豆的销售比例也较高，分别为84.93%和70.00%，其中东北地区大豆销售比例比全国平均水平高约14个百分点，东部地区大豆销售比例和全国平均水平持平。

表4-20　　　　2019年各地区农户种粮各用途占比　　　（单位：%）

地区	品种	自家食用	自家饲用	销售
东部地区	小麦	24.27	2.01	75.99
	水稻	80.49	9.38	14.63
	玉米	9.26	10.79	80.66
	大豆	37.78	0	70.00
中部地区	小麦	18.68	0.46	80.82
	水稻	31.08	4.65	65.92
	玉米	14.22	13.53	72.56
	大豆	38	8.33	52.77
西部地区	小麦	50.2	3.17	45.52
	水稻	78.03	2.66	20.16
	玉米	7.24	62.68	31.07
	大豆	37.59	18.06	39.6
东北地区	小麦	—	—	—
	水稻	5.07	2.09	94.41
	玉米	0.18	15.85	83.43
	大豆	1.94	3.18	84.93

(二) 农户粮食销售频次及储粮行为

农户调查数据显示,2019 年销售粮食的总次数为 1 次的农户占比最多,而且除水稻外,其他粮食品种最大一次销售量占全年销售量的比重平均高达 90% 以上(见表 4-21)。这表明,农户对未来粮食市场的变动具有较为稳定的预期,惜售和储粮行为不明显。并且,农户会选择一次性销售自家绝大部分粮食。2019 年,小麦、水稻、玉米和大豆最大一次销售量平均占比分别为 97.45%、88.27%、96.81% 和 95.66%。

表 4-21 农户粮食销售频次及储粮行为 (单位:%)

	\multicolumn{5}{c|}{2019 年一共销售的次数}	2019 年最大一次销售比例	2020 年最大一次销售比例
	0 次	1 次	2 次	3 次	4 次		
小麦	9.91	85.76	3.56	0.62	0	97.45	97.29
水稻	28.70	60.14	4.56	2.05	0.91	88.27	82.75
玉米	22.38	71.67	3.02	1.42	0.44	96.81	94.63
大豆	14.91	78.07	0.88	2.63	0.88	95.66	86.43

分地区来看(见表 4-22),各地区 2019 年一共销售 1 次粮食的农户占比均为最高,各地区间农户粮食销售频次和储粮行为差异又表现出如下特征:一是西部地区全年未销售粮食的农户占比要远高于其他地区;二是东部地区全年未销售水稻的农户占比远高于其他地区,也远高于东部地区其他品种;三是东部地区大豆销售多次(如 3 次)的农户占比要高于其他地区和东部地区其他品种。以上表明,各地区的储粮行为均不明显,特别是西部地区农户的储粮意愿要高于其他地区,而且相比其他品种,东部地区更倾向于储存水稻。

表 4-22　　2019 年各地区农户粮食销售频次与储粮行为　　（单位：%）

	品种	2019 年一共销售的次数				
		0 次	1 次	2 次	3 次	4 次
东部地区	小麦	10.58	87.50	1.92	0	0
	水稻	64.52	24.19	6.45	1.61	1.61
	玉米	9.57	86.12	2.39	0.96	0
	大豆	0	66.67	0	16.67	0
中部地区	小麦	2.01	92.64	4.35	1.00	0
	水稻	6.00	84.00	5.00	1.00	0
	玉米	9.26	82.96	3.70	2.96	0.74
	大豆	33.33	66.67	0	0	0
西部地区	小麦	25.90	68.35	4.32	0.72	0
	水稻	43.09	42.54	4.97	2.21	1.10
	玉米	41.97	51.82	3.64	0.64	0.64
	大豆	41.67	54.17	0	0	0
东北地区	小麦	—	—	—	—	—
	水稻	2.08	91.67	2.08	3.13	1.04
	玉米	6.11	89.44	1.11	1.67	0
	大豆	5.33	88.00	1.33	2.67	1.33

（三）粮食销售渠道

农户调查数据显示，农户粮食销售渠道是多样化的，但是以出售给流动商贩和收储机构为主，且出售给上门收购的流动商贩的农户占比最高（见表 4-23）。这表明，农户粮食销售是一个买方市场，农户的议价能力较差。分品种来看，对于小麦、水稻和玉米，出售给上门收购的流动商贩的农户占比均约为 60%；对于大豆，出售给上门收购的流动商贩的农户占比更高一些，为 72.73%。对于小麦和玉米，农户占比排第二的销售渠道为不上门收购的流动商贩，分别占比 21.31% 和 15.74%；对于水稻和大豆，农户占比排第二的销售渠道为收储机构，分别占比 10.51% 和 13.13%。同时，销售粮食时无具体对象、通过市场零散销售的农户也占有一定的比例，其中对于水稻和玉米，该销售渠

第四章 粮食生产方式、效率效益与农户销售行为

道占比较高,分别为 8.92% 和 5.13%。

表 4-23　　2019 年农户粮食销售各渠道销售量占比　　（单位：%）

	小麦	水稻	玉米	大豆
无具体对象,市场零散销售	2.23	8.92	5.13	2.02
上门收购的流动商贩	57.04	57.96	57.24	72.73
不上门收购的流动商贩	21.31	9.24	15.74	4.04
种植型合作社	0.34	0	0.46	3.03
种养型合作社	0	0.32	0	0
其他类型合作社	0.17	0.32	0	0
养殖场	0	0.32	5.82	1.01
其他企业	1.37	3.18	0.46	1.01
批发商	1.37	2.23	0.91	1.01
直营门店	2.06	1.27	1.48	0
农家乐	0	0.64	0.23	1.01
收储机构	12.54	10.51	10.60	13.13
其他	1.89	7.01	1.71	1.01

从 2019 年各地区农户粮食销售渠道的比较情况来看,与全国的情况一致,四大地区农户销售粮食的主要途径是上门或不上门的流动商贩以及收储机构,而且销售给合作社、企业及养殖场的农户占比非常小。农户粮食销售渠道在地区间的差异主要表现在:一是中部地区销售给不上门的流动商贩的农户比例要高于其他地区;二是东北地区将粮食销售给收储机构的农户占比要高于其他地区;三是东部地区将粮食销售给企业的农户占比要高于其他地区。以上表明,当前种养结合模式及订单农业等加强农业各环节利益分配关系的农业发展模式还不是很成熟,合作社和企业等在稳定农户种植预期、畅通农户粮食销售渠道中的作用还很微弱。

(四) 粮食销售价格

调查数据显示，2019 年全国小麦、水稻、玉米和大豆的平均销售价格分别为 1.09 元/斤、1.49 元/斤、0.89 元/斤和 1.74 元/斤（见表 4-24）。其中，小麦平均销售价格低于最低收购价格，而水稻平均销售价格高于最低收购价格。

表 4-24　　　　　**全国和各地区农户粮食销售价格**　　　　（单位：元/斤）

	全国销售价格		2019 年各地区销售价格			
	2019 年	2020 年	东部地区	中部地区	西部地区	东北地区
小麦	1.09	1.11	1.11	1.07	1.12	—
水稻	1.49	1.63	1.93	1.62	1.47	1.28
玉米	0.89	1.07	0.93	0.92	0.99	0.65
大豆	1.74	1.89	1.68	1.98	2.15	1.64

从 2019 年各地区农户粮食销售价格来看，西部地区小麦价格、玉米和大豆价格最高，东部地区水稻价格最高；中部地区小麦价格最低，东北地区水稻价格、玉米价格和大豆价格最低，以上特征可能是各粮食品种在相应地区的供给与需求的平衡关系造成的。同时，小麦销售价格在各地区间的差异不大，但水稻、玉米和大豆的销售价格在地区间差异较大，东部地区水稻销售价格比东北地区高 49.61%，西部地区玉米和大豆价格分别比东北地区高 52.31% 和 31.10%。这表明，可能由于地区间粮食流通费用较高和市场信息不对称等，全国范围内通过粮食流通调节各地区供需平衡的能力还有待提升。

(五) 新冠肺炎疫情对农户售粮和储粮行为的影响

截至调查时，2020 年年未销售粮食的农户占比大约为 60%。根据已经销售粮食的农户情况以及未销售粮食的农户的估计情况，2020 年农户生产的粮食用于自家食用和自家饲用的粮食比例与2019年相比没有太大变化，小麦、水稻、玉米和大豆以上用途占比分别约为28%、60%、50%和23%。对于2020年已经销售粮食的农户的情况，小麦、水稻和玉米最大一次销售粮食占总销售量的比重与2019年基本一样，但大豆最大一次销售量占比要比2019年低大约10个百分点。以上表明，新冠肺炎疫情对农户对粮食市场的预期的影响不大，对农户售粮和储粮行为基本没有影响，但是疫情下农户对大豆市场的预期有所改变，更倾向于根据市场变化多次销售并尽量避免一次大量销售。

在粮食销售价格方面，截至调查时，2020年小麦、水稻、玉米和大豆的平均销售价格分别为1.11元/斤、1.63元/斤、1.07元/斤和1.89元/斤，分别比2019年的平均销售价格高1.83%、9.40%、20.22%和8.62%。这表明新冠肺炎疫情对粮食市场价格有一定的推动作用，其中对玉米价格的影响最大。这主要是因为2018年年底非洲猪瘟疫情以来，养猪行业低迷不振，饲料粮需求减少，价格下降。但是，2020年年初新冠肺炎疫情暴发后，疫情防控期间各地对道路交通施行严格管控，畜牧养殖场普遍面临饲料等投入品供应不足、价格上涨的问题。之后，在国家政策支持和从业者的努力下，2020年相关产业逐步走出困境并快速恢复和发展。2020年8月，中国能繁母猪存栏量已经实现连续11个月增长，生猪存栏量实现连续7个月增长，在此背景下饲料粮需求大幅提高，这也一定程度上推高了玉米价格。

五 本章小结

本章从农业生产结构、农业生产方式、成本效益和销售行为四个方面对农户农业生产经营行为做了描述性统计分析。得出的主要结论如下。

（1）农户生产趋于专业化，种养普遍分离。样本农户中只从事种植业的农户占65.37%，只从事养殖业的农户占5.51%，既种且养的农户仅占29.12%。

(2) 规模经营有一定发展，但是占比依然不高。在样本农户中，经营规模在 50—100 亩的占 4.02%，经营规模超过 100 亩的占 6.63%。东北地区因为资源禀赋条件，经营规模超过 50 亩的占到 50.40%。

(3) 农业生产的机械化率已达到较高水平，但是在主要环节及不同品种之间仍存在明显差距。各品种耕地的机械化率普遍超过 90%，玉米、油菜籽播种和收获运输环节的机械化率较低，水稻在打药和施肥环节机械化率较低。

(4) 考虑包含劳动与土地的机会成本的全成本后，粮食作物生产的经营效益很低，甚至普遍亏损。水稻、小麦、玉米、大豆和油菜籽 5 种作物的亩均收益分别为 124.6 元、-3.6 元、-120.9 元、-164.3 元和 -166.3 元。

(5) 规模经营的成本节约，特别是劳动力节约特征明显，规模越大净收益越高。按照从小规模到大规模的五等分规模组，水稻亩均劳动力成本分别为 682.1 元、514.8 元、434.0 元、349.5 元和 125.6 元；玉米亩均劳动力成本分别为 506.1 元、354.4 元、260.0 元、203.4 元和 88.1 元。

(6) 农户收获的粮食主要用于销售。小麦和大豆的销售比例分别为 70.97% 和 70.80%，玉米和水稻则分别为 50% 和 40% 左右。大部分农户全年只售粮 1 次；小麦、水稻、玉米和大豆最大一次销售量平均占到总销售量的 97.45%、88.27%、96.81% 和 95.66%；粮食销售渠道多样化，但以出售给流动商贩和收储机构为主。

(7) 2020 年新冠肺炎疫情对农户储粮售粮的比例影响不大，但是粮食销售价格普遍上涨，其中玉米价格增幅最大。农户生产的粮食用于自家食用和饲用的比例与 2019 年相比没有太大变化，最大一次销售量占总销售量的比重与 2019 年基本一样。2020 年，小麦、水稻、玉米和大豆的平均销售价格分别比 2019 年高 1.83%、9.40%、20.22% 和 8.62%。

第五章　农业生产环境状况

于法稳[*]

党的十九大报告提出，中国特色社会主义进入新时代，中国社会主要矛盾已经转化为人民日益增长的美好生活需要和不平衡不充分的发展之间的矛盾。消费者对优质安全农产品日益增长的需求，倒逼这类农产品供给能力的提高。党的十九届五中全会提出，广泛形成绿色生产生活方式，提高农业质量效益和竞争力。2020年年底的中央农村工作会议指出，促进农业高质高效。因此，改善和提升农业生产环境质量，实现农业生产方式的绿色转型，方可促进农业的高质高效。

当前，农业生产环境质量如何，能否助力农业绿色发展，促进农业高质高效，自然成为全社会关注的重点。农业绿色发展的核心是耕地土壤质量、灌溉用水水质的保护。因此，本章从微观层面分析当前耕地利用与保护措施，农业废弃物资源化利用现状等相关问题，以期能准确判断农业生产环境状况，提出实现农业生产方式绿色转型的路径，更好地提高优质安全农产品供应能力，实现农业高质高效。

一　耕地保护的两种方式

一般而言，轮作是指在同一块田地上，有顺序地在季节间或年间轮

---

[*] 于法稳，管理学博士，中国社会科学院农村发展研究所研究员，研究方向：自然资源管理、农村生态治理、农业可持续发展。

换种植不同的作物或复种组合的一种种植方式,是用地、养地相结合的一种生物学措施。休耕则是指在同一块土地上种一年作物,第二年停一年,第三年再种。

"十三五"时期,国家实施了耕地轮作休耕制度试点。重点在地下水漏斗区、重金属污染区、生态严重退化地区开展试点,并安排一定面积的耕地用于休耕,对休耕农民给予必要的粮食或现金补助。2017年,实施耕地轮作面积1000万亩、休耕面积200万亩。2019年,实施耕地轮作休耕制度试点面积3000万亩。其中,轮作试点面积2500万亩,主要在东北冷凉区、北方农牧交错区、黄淮海地区和长江流域的大豆、花生、油菜籽产区实施;休耕试点面积500万亩,主要在地下水超采区、重金属污染区、西南石漠化区、西北生态严重退化地区实施。

(一) 耕地轮作及方式选择

1. 耕地轮作情况

总体来看,实施耕地轮作的农户有637户,占17.71%;没有实施耕地轮作的农户有2953户,占82.12%;不知道是否实施耕地轮作的农户有6户,占0.17%。

从不同区域耕地轮作情况来看,四大区域实施耕地轮作的农户比例总体偏低,西部地区实施耕地轮作的农户比例最高,占21.83%;其次是中部地区、东北地区和东部地区,分别占17.67%、15.93%、13.17%。从未实施耕地轮作农户比例来看,各个区域占比均在七成以上。其中,东部地区占比为86.45%,中部地区占比为82.33%,东北地区占比为84.07%,西部地区占比为78.02%(见表5-1)。

表 5-1　　　　　农户实施耕地轮作情况　　　　　(单位:户,%)

	样本数	实施轮作		未实施轮作		不知道	
		数量	比例	数量	比例	数量	比例
东部地区	1048	138	13.17	906	86.45	4	0.38

续表

	样本数	实施轮作		未实施轮作		不知道	
		数量	比例	数量	比例	数量	比例
中部地区	894	158	17.67	736	82.33	0	0
西部地区	1315	287	21.83	1026	78.02	2	0.15
东北地区	339	54	15.93	285	84.07	0	0
合计	3596	637	17.71	2953	82.12	6	0.17

2. 耕地轮作方式的选择

总体来看，在 637 户实施耕地轮作农户中，采取"粮绿轮作"的有 113 户，占 17.74%；采取"粮豆轮作"的有 171 户，占 26.84%；采取"粮饲轮作"的有 124 户，占 19.47%；采取"其他方式"的有 217 户，占比为 34.07%（见表 5-2）。对"其他方式"进行进一步的分析，农户集中选择的是"粮食轮作""粮经轮作""粮油轮作""粮菜轮作""蔬菜轮作"5 种。其中"粮食轮作"占比最高，为 41.94%（见表 5-3）。

表 5-2　　　　　农户实施耕地轮作的方式选择　　　（单位：户，%）

	轮作样本数	粮绿轮作		粮豆轮作		粮饲轮作		其他方式		多种方式		不知道	
		数量	比例	数量	比例	数量	比例	数量	比例	数量	比例	数量	比例
东部地区	138	17	12.32	39	28.26	22	15.94	59	42.75	1	0.72	0	0
中部地区	158	22	13.92	23	14.56	17	10.76	96	60.76	0	0	0	0
西部地区	287	73	25.44	58	20.21	85	29.62	60	20.91	11	3.83	0	0
东北地区	54	1	1.85	51	94.44	0	0	2	3.70	0	0	0	0
合计	637	113	17.74	171	26.84	124	19.47	217	34.07	12	1.88	0	0

第二篇 主报告

从区域层面来看,东部地区42.75%的农户实施耕地轮作选择"其他方式"。根据进一步分析,主要选择的是"粮经轮作",在"其他方式"中占比为32.20%,还有28.26%的农户选择了"粮豆轮作"。同样,中部地区60.76%的农户实施耕地轮作选择"其他方式"。其中选择"粮食轮作"在"其他方式"中的占比最高,为63.54%,选择"粮绿轮作""粮豆轮作""粮饲轮作"的农户比例基本为10%—15%。西部地区选择"粮绿轮作""粮豆轮作""粮饲轮作""其他方式"的农户比例比较均衡,基本维持在20%—30%,在"其他方式"中主要选择的是"粮食轮作"。东北地区农户实施耕地轮作主要选择的是"粮豆轮作",在四大区域中农户占比最高,为94.44%。此外,还有较少比例的农户会选择"粮绿轮作""粮菜轮作"。

表5-3 农户实施"其他方式"耕地轮作的方式选择 (单位:户,%)

	其他方式样本数	粮食轮作 数量	粮食轮作 比例	粮经轮作 数量	粮经轮作 比例	粮油轮作 数量	粮油轮作 比例	粮菜轮作 数量	粮菜轮作 比例	蔬菜轮作 数量	蔬菜轮作 比例	剩余方式 数量	剩余方式 比例
东部地区	59	7	11.86	19	32.20	1	1.69	2	3.39	7	11.86	23	38.98
中部地区	96	61	63.54	3	3.13	12	12.50	5	5.21	0	0	15	15.63
西部地区	60	23	38.33	7	11.67	8	13.33	8	13.33	3	5.00	11	18.33
东北地区	2	0	0	0	0	0	0	1	50.00	0	0	1	50.00
合计	217	91	41.94	29	13.36	21	9.68	16	7.37	10	4.61	50	23.04

注:"剩余方式"是除了"粮食轮作"等五种之外的多种轮作方式的总和,在这里不再展开分析。

(二)耕地休耕及周期选择

1. 耕地休耕情况

总体来看,实施耕地休耕的农户有241户,占6.90%;没有实施耕地休耕的农户有 3243 户，占 92.90%；不知道是否实施了耕地休耕的农户有 7 户，占 0.20%。

从不同区域耕地休耕情况来看，四大区域未实施耕地休耕的农户比例为八成到九成。其中，东部地区占比为 93.39%，中部地区占比为 95.76%，东北地区占比为 96.74%，西部地区占比为 89.62%。实施耕地轮作的农户比例总体偏低，东部地区、中部地区和东北地区占比都不到 10%，西部地区占比为 10.22%（见表 5-4）。

表 5-4　　　　　　农户实施耕地休耕情况　　　　（单位：户，%）

	样本数	实施休耕		未实施休耕		不知道	
		数量	比例	数量	比例	数量	比例
东部地区	1013	63	6.22	946	93.39	4	0.39
中部地区	850	35	4.12	814	95.76	1	0.12
西部地区	1291	132	10.22	1157	89.62	2	0.15
东北地区	337	11	3.26	326	96.74	0	0
合计	3491	241	6.90	3243	92.90	7	0.20

2. 耕地休耕周期的选择

在休耕周期选择中设置了 11 个备选答案，对此问题进行回答的问卷数据显示，241 户农户实施耕地休耕周期主要集中在 1—3 个月、4—6 个月、7—9 个月、10—12 个月和 1—3 年 5 个时间段。总体来看，休耕周期为 4—6 个月的农户最多，占比为 33.61%；选择 1—3 个月和 10—12 个月休耕周期的农户比例比较接近，占比分别为 20.75%、22.82%；选择 1—3 年休耕周期的农户占比为 14.94%；选择 7—9 个月的休耕周期的农户比例最低，占比为 4.15%；选择其他时间段，即少于 1 个月和 3 年以上的时间段实施休耕周期的农户比例为 3.31%。

不同区域农户种植农作物不同，耕地休耕周期存在一定的差异。东部地区耕地休耕周期主要集中在 1—3 个月和 4—6 个月两个时间段，占比分别为 41.18%、33.82%；中部地区耕地休耕周期主要为 4—6 个月，占比为 45.95%；西部地区耕地休耕周期主要集中在 4—6 个月和 10—12 个月两个时间段，占比分别为 31.50%、29.13%；东北地区耕地休耕周期主要为 10—12 个月，占比为 77.78%（见表 5-5）。

表 5-5　　　　　　　农户实施耕地休耕周期情况　　　　　（单位：户，%）

	休耕样本数	小于1个月 数量	小于1个月 比例	1—3个月 数量	1—3个月 比例	4—6个月 数量	4—6个月 比例	7—9个月 数量	7—9个月 比例	10—12个月 数量	10—12个月 比例	1—3年 数量	1—3年 比例	大于3年 数量	大于3年 比例	不知道 数量	不知道 比例
东部地区	68	0	0	28	41.18	23	33.82	6	8.82	6	8.82	4	5.88	0	0	1	1.47
中部地区	37	0	0	6	16.22	17	45.95	1	2.70	5	13.51	5	13.51	3	8.11	0	0
西部地区	127	1	0.79	16	12.60	40	31.50	3	2.36	37	29.13	26	20.47	4	3.15	0	0
东北地区	9	0	0	0	0	1	11.11	0	0	7	77.78	1	11.11	0	0	0	0
合计	241	1	0.41	50	20.75	81	33.61	10	4.15	55	22.82	36	14.94	7	2.90	1	0.41

（三）耕地轮作休耕政府补贴实施情况

国家对轮作休耕采取补贴政策，鼓励农民进行耕地轮作休耕，以恢复耕地肥力，提高耕地生产能力。

1. 耕地轮作政府补贴实施情况

总体来讲，实施耕地轮作的农户共有 637 户。其中，实施耕地轮作得到政府补贴的农户有 245 户，占 38.46%；没有得到政府补贴的农户有 391 户，占 61.38%；对政府补贴情况不清楚的农户占 0.16%。

从不同区域来看，实施耕地轮作得到政府补贴的农户比例表现出一定的差异性。东北地区实施耕地轮作得到政府补贴的农户比例最高，占比 52.27%；其次是中部地区、西部地区，占比分别为 45.06%、

38.36%；东部地区的比例最低，仅为 26.62%。换言之，东部地区实施耕地轮作没有得到政府补贴的农户占比最高，东北地区占比最低（见表5-6）。

表 5-6　　　　　　　　　耕地轮作政府补贴情况　　　　　（单位：户,%）

	轮作样本数	得到政府补贴		没有得到政府补贴		不知道	
		数量	比例	数量	比例	数量	比例
东部地区	139	37	26.62	102	73.38	0	0
中部地区	162	73	45.06	89	54.94	0	0
西部地区	292	112	38.36	179	61.30	1	0.34
东北地区	44	23	52.27	21	47.73	0	0
合计	637	245	38.46	391	61.38	1	0.16

2. 耕地休耕政府补贴实施情况

总体来讲，实施耕地休耕的农户共有241户。其中，得到政府补贴的农户有 100 户，占 41.49%；没有得到政府补贴的农户有 141 户，占 58.51%。

从不同区域情况来看，实施耕地休耕得到政府补贴的农户比例表现出一定的差异性。西部地区和东北地区实施耕地休耕得到政府补贴的农户比例相对较高，占比分别为 59.63%、58.33%；其次是中部地区，占比为 41.38%；东部地区占比仅为 17.58%。换言之，东部地区实施耕地休耕没有得到政府补贴的农户占比最高，西部地区和东北地区占比都比较低（见表5-7）。

表 5-7　　　　　　　　　耕地休耕政府补贴情况　　　　　（单位：户,%）

	休耕样本数	得到政府补贴		没有得到政府补贴	
		数量	比例	数量	比例
东部地区	91	16	17.58	75	82.42

续表

	休耕样本数	得到政府补贴		没有得到政府补贴	
		数量	比例	数量	比例
中部地区	29	12	41.38	17	58.62
西部地区	109	65	59.63	44	40.37
东北地区	12	7	58.33	5	41.67
合计	241	100	41.49	141	58.51

二 农业废弃物的资源化利用

实现农业废弃物资源化利用是推动农业生产方式绿色转型的重要途径。早在2016年，农业部等国家六部委联合印发了《关于推进农业废弃物资源化利用试点的方案》，此后连续几年的中央一号文件也将做好农业废弃物资源化利用作为重要工作。

（一）农作物秸秆利用及方式选择

农业废弃物资源化利用是减少农业面源污染、提升耕地土壤质量的有效途径。基于农户调查数据，一方面可以弄清当前农业废弃物资源化利用的现状，另一方面可以为进一步加强农业废弃物资源化利用提供依据。

1. 农作物秸秆利用情况

农作物秸秆作为农业废弃物的重要组成部分，其产生量直接取决于种植结构。为此，问卷设置了"是否种植了有秸秆的农作物"问题。

总体来看，2186户农户种植了有秸秆的农作物，占58.65%；1541户农户没有种植有秸秆的农作物，占41.35%。

从区域层面来看，自然生态、气候条件的差异决定了农作物种植结构的不同，从而影响了农作物秸秆的产生量。从种植有秸秆农作物的农户比例来看，呈现出东部地区低、中西部地区高的特点。东部地区为38.84%，中部地区为66.56%，西部地区为65.78%，东北地区最高，为

72.91%，除东部地区之外的三大区域种植有秸秆农作物的农户比例都高于总体水平（见表5-8）。

表5-8　　　　　　　农户种植农作物情况　　　　　（单位：户，%）

	样本数	种植有秸秆农作物		没有种植有秸秆农作物	
		数量	比例	数量	比例
东部地区	1107	430	38.84	677	61.16
中部地区	903	601	66.56	302	33.44
西部地区	1359	894	65.78	465	34.22
东北地区	358	261	72.91	97	27.09
合计	3727	2186	58.65	1541	41.35

2. 农作物秸秆利用的方式

针对"采用何种方式处理农作物秸秆"问题，问卷设置了"丢弃在路边和沟渠、粉碎还田做肥料、处理后做饲料、做栽培基料、拉回家做燃料、回收给加工企业或秸秆经纪人、其他方式"7个备选项，对此问题可以多选。

总体来看，在种植有秸秆农作物的2186户农户中，选择"粉碎还田做肥料"的农户居多，占比为49.59%；其次是选择"处理后做饲料"的农户，占比为14.55%；选择"回收给加工企业或秸秆经纪人"的农户占比为11.39%；选择"丢弃在路边和沟渠"或"拉回家做燃料"的农户占比均为4.48%；有一部分农户选择"其他方式"，如等待统一回收、送人养殖或柴烧等（在此不展开分析），占比为12.17%。

从区域层面来看，东部地区和中部地区选择"粉碎还田做肥料"的较多，占比分别为76.53%、68.99%；相比其他地区，西部地区农户选择"粉碎还田做肥料"占比最低，仅为27.26%，但这是该地区主要的农作物秸秆利用方式之一，还有"处理后做饲料""回收给加工企业或秸秆经纪人"等方式，占比分别为29.16%、11.40%。同样，东北地区农户除了选择"粉碎还田做肥料""回收给加工饲料等企业或秸

◆ 第二篇　主报告

秆经纪人",还选择"拉回家做燃料",在四大地区中占比最高,为8.40%（见表5-9）。

表5-9　　　　　农户农作物秸秆利用方式　　　　　（单位：户,%）

样本数	丢在路边、沟渠		粉碎还田做肥料		处理后做饲料		做栽培基料		拉回家做燃料		回收给加工企业或秸秆经纪人		其他方式		多种方式	
	数量	比例	数量	比例	数量	比例	数量	比例	数量	比例	数量	比例	数量	比例	数量	比例
东部地区 426	9	2.11	326	76.53	15	3.52	0	0	10	2.35	26	6.10	36	8.45	4	0.94
中部地区 603	28	4.64	416	68.99	26	4.31	2	0.33	15	2.49	67	11.11	28	4.64	21	3.48
西部地区 895	58	6.48	244	27.26	261	29.16	2	0.22	51	5.70	102	11.40	156	17.43	21	2.35
东北地区 262	3	1.15	98	37.40	16	6.11	0	0	22	8.40	54	20.61	46	17.56	23	8.78
合计 2186	98	4.48	1084	49.59	318	14.55	4	0.18	98	4.48	249	11.39	266	12.17	69	3.16

（二）农药包装物产生及处理方式

1. 农药包装物产生情况

总体上看,认为产生农药包装物的农户有2749户,占72.36%；认为不产生农药包装物的农户有1045户,占27.51%；有0.13%的农户不了解情况。这些数据表明,绝大多数农户都认为,在农业生产中会产生农药包装物。而回答不产生农药包装物的农户,可能是由于他们来自少数民族地区,在农业生产中不使用农药。这也验证了基层调研过程中的发现,西藏自治区、青海省等少数民族地区在农业生产中不使用农药,自然不会产生相应的包装物。贵州省的一些少数民族地区,也存在类似情况。

从区域层面来看,认为产生农药包装物的农户比例存在一定的差异。

第五章 农业生产环境状况

东部地区认为生产过程中会产生农药包装物的农户比例只有五成，而中部地区、东北地区和西部地区认为生产过程中会产生农药包装物的农户达到了七成到八成，该差异存在的原因可能与东部地区大力推行实施化肥农药"双减"增效行动有关，在生产中农户已经减少了农药包装物的使用（见表5-10）。

表5-10　　　　农户生产中农药包装物产生情况　　　　（单位：户,%）

	样本数	产生农药包装物		不产生农药包装物		不知道	
		数量	比例	数量	比例	数量	比例
东部地区	1134	674	59.44	456	40.21	4	0.35
中部地区	917	736	80.26	181	19.74	0	0
西部地区	1377	1043	75.74	333	24.18	1	0.07
东北地区	371	296	79.78	75	20.22	0	0
合计	3799	2749	72.36	1045	27.51	5	0.13

2. 农药包装物的处理方式

总体来看，在认为生产中产生农药包装物的2749户农户中，选择"回收至固定点"的农户比例为39.58%；选择"就地掩埋""焚烧""随地丢弃"等比较省事的处理方式的农户比例分别为11.46%、10.91%、9.79%；选择"集中填埋"和"回收至农资市场"等比较复杂的处理方式的农户比例较低，分别为3.78%、1.71%；选择"其他方式"的农户比例为12.95%；一些农户选择多样的处理方式，占2.69%。

从区域层面来看，四大区域表现出一个共性，即选择将农药包装物"回收至固定点"的农户比例较高，占比达到了三成到四成。另外，东北地区、东部地区和中部地区农户选择"随地丢弃"的比例分别为13.40%、11.58%、11.38%，西部地区农户占比最低，为6.47%，该地区的农户除了选择"回收至农资市场"外，较多选择"焚烧"和"就地掩埋"，占比分别为19.12%、16.94%，同样，中部地区10.98%的农户

◆ 第二篇 主报告

选择"就地掩埋";东北地区 12.15% 的农户选择了"焚烧",东北地区农户对农药废弃物和农作物秸秆处理方式基本一致,都会选择"焚烧"(见表 5-11)。

表 5-11　　　　　不同区域农药包装物处理方式情况　　　　（单位:户,%）

	样本数	就地掩埋 数量	就地掩埋 比例	集中填埋 数量	集中填埋 比例	焚烧 数量	焚烧 比例	回收至固定点 数量	回收至固定点 比例	回收至农资市场 数量	回收至农资市场 比例	随地丢弃 数量	随地丢弃 比例	其他方式 数量	其他方式 比例	多种方式 数量	多种方式 比例	不知道 数量	不知道 比例
东部地区	639	39	6.10	30	4.69	23	3.60	314	49.14	17	2.66	74	11.58	98	15.34	9	1.41	35	5.48
中部地区	738	81	10.98	15	2.03	37	5.01	315	42.68	17	2.30	84	11.38	123	16.67	20	2.71	46	6.23
西部地区	1051	178	16.94	43	4.09	201	19.12	328	31.21	10	0.95	68	6.47	119	11.32	36	3.43	68	6.47
东北地区	321	17	5.30	16	4.98	39	12.15	131	40.81	3	0.93	43	13.40	16	4.98	9	2.80	47	14.64
合计	2749	315	11.46	104	3.78	300	10.91	1088	39.58	47	1.71	269	9.79	356	12.95	74	2.69	196	7.13

三　农民对农业废弃物处置及利用问题的认知

农民作为农业生产的主体,对农业废弃物处理及利用问题的认知,直接影响着农业废弃物的资源化利用程度,以及农业面源污染的治理程度。因此,分析农户对相关问题的认知情况,可以为农业废弃物资源化利用提供科学依据。

(一) 对农药包装物危害性的认知

当前,农药包装物(特别是农药瓶)的污染日益成为农业面源污染的重

第五章 农业生产环境状况

要来源。[①] 特别是随着农药包装规格的进一步缩减，农药包装物产生量急剧增加，对农业生产环境的影响范围将随之扩大，影响程度也将随之加深。

1. 对农药包装物危害性的认知

在对"农药包装物危害性"认知方面，2599 户农户进行了回答。其中，认为农药包装物"污染了环境"的农户比例最高，占比为 40.02%；认为农药包装物危害性是多方面的，进行多选的农户比例也比较高，占比为 35.36%；还有农户认为农药包装物危害性存在其他方面，占比为 13.24%；认为"破坏了土壤"的农户占比为 7.81%；认为"影响了农作物产量"的农户占比为 1.39%。

四大区域存在共性，即三成到四成的农户都认为农药包装物危害性是多方面的，同时会"破坏了土壤""影响了农作物产量""污染了环境"，农户多选比例较高。但区域间还存在一定的差异，东北地区农户对农药包装物危害性进行多选的比例最高，为 48.91%；东部地区、中部地区的农户比例分别为 39.29%、37.38%；西部地区农户比例最低，只有 27.82%，该地区的农户更多认为农药包装物只存在"污染了环境"这一单一性危害，占比为 45.16%（表 5-12）。

表 5-12　　　　　农药包装物危害性情况　　　　（单位：户,%）

	样本数	破坏了土壤 数量	破坏了土壤 比例	影响了农作物产量 数量	影响了农作物产量 比例	污染了环境 数量	污染了环境 比例	其他选择 数量	其他选择 比例	多种选择 数量	多种选择 比例
东部地区	621	49	7.89	11	1.77	231	37.20	64	10.31	244	39.29
中部地区	701	63	8.99	8	1.14	263	37.52	90	12.84	262	37.38
西部地区	1003	74	7.38	15	1.50	453	45.16	163	16.25	279	27.82
东北地区	274	17	6.20	2	0.73	93	33.94	27	9.85	134	48.91
合计	2599	203	7.81	36	1.39	1040	40.02	344	13.24	919	35.36

---

① 于法稳：《新时代农业绿色发展动因、核心及对策研究》，《中国农村经济》2018 年第 5 期。

2. 对农药包装物回收阻力的认知

针对"回收农药包装物存在的阻力"问题，设置了"没有补贴，不愿回收""回收与否无所谓""邻居不回收""没有处罚力度""其他原因"5个备选答案，2556户农户进行了回答。选择"没有补贴，不愿回收"的农户有543户，占21.24%；选择"回收与否无所谓"的农户有733户，占28.68%；选择"邻居不回收"的农户有83户，占3.25%；选择"没有处罚力度"的农户有237户，占9.27%；选择"其他原因"，认为还有其他原因阻碍农药包装物回收，如个人认识不到位、素质觉悟不高，没有固定回收点等的农户比例为25.67%；还有农户认为回收农药包装物存在多方面的阻力，进行多选的农户比例为7.28%。

从区域层面上看，东部地区农户认为"回收与否无所谓""没有补贴，不愿回收"是阻碍农药包装物回收的两个主要因素，占比分别为30.72%、22.88%；东北地区和中部地区分别有45.59%、26.46%的农户认为农药包装物回收存在其他阻碍因素；西部地区33.40%的农户认为"回收与否无所谓"是农药包装物回收的主要阻力因素（见表5-13）。

表5-13　　　　　　农药包装物回收阻力情况　　　　　　（单位：户，%）

	样本数	没有补贴，不愿回收 数量	比例	回收与否无所谓 数量	比例	邻居不回收 数量	比例	没有处罚力度 数量	比例	其他原因 数量	比例	多种原因 数量	比例	不知道 数量	比例
东部地区	612	140	22.88	188	30.72	16	2.61	53	8.66	133	21.73	55	8.99	27	4.41
中部地区	684	130	19.01	182	26.61	33	4.82	64	9.36	181	26.46	63	9.21	31	4.53
西部地区	988	197	19.94	330	33.40	29	2.94	112	11.34	218	22.06	48	4.86	54	5.47
东北地区	272	76	27.94	33	12.13	5	1.84	8	2.94	124	45.59	20	7.35	6	2.21
合计	2556	543	21.24	733	28.68	83	3.25	237	9.27	656	25.67	186	7.28	118	4.62

第五章 农业生产环境状况

(二) 对农作物秸秆随意丢弃原因的认知

农作物秸秆随意丢弃的原因是多方面的，对此设置了8个备选答案："粉碎处理成本高""没有人回收""粉碎还田弊大于利""秸秆没有利用价值""运输麻烦且成本高""没有时间和精力""堆积场地受限""其他原因"。

总体上看，对上述问题进行回答的180户农户中，选择"粉碎处理成本高"的农户占12.78%；选择"没有人回收"的农户占17.78%；选择"粉碎还田弊大于利"的农户占0.56%；选择"秸秆没有利用价值"的农户占15.00%；选择"运输麻烦且成本高"的农户占5.00%；选择"没有时间和精力"的农户占15.00%；选择"堆积场地受限"的农户占3.89%；选择"其他原因"的农户（即认为农作物秸秆随意丢弃存在其他原因，如并没有随意丢弃、没有处理秸秆条件等）占17.22%；认为农作物秸秆随意丢弃存在多种原因的农户进行了多选，占12.22%（见表5-14）。

表5-14　　　　　农作物秸秆丢弃的原因　　　　（单位：户，%）

	样本数	粉碎处理成本高 数量	比例	没有人回收 数量	比例	粉碎还田弊大于利 数量	比例	秸秆没有利用价值 数量	比例	运输麻烦且成本高 数量	比例
东部地区	47	3	6.38	5	10.64	1	2.13	6	12.77	3	6.38
中部地区	47	7	14.89	9	19.15	0	0	4	8.51	3	6.38
西部地区	80	12	15.00	17	21.25	0	0	16	20.00	3	3.75
东北地区	6	1	16.67	1	16.67	0	0	1	16.67	0	0
合计	180	23	12.78	32	17.78	1	0.56	27	15.00	9	5.00

	没有时间和精力 数量	比例	堆积场地受限 数量	比例	其他原因 数量	比例	多种原因 数量	比例	不知道 数量	比例
东部地区	3	6.38	1	2.13	21	44.68	3	6.38	1	2.13
中部地区	6	12.77	0	0	8	17.02	10	21.28	0	0
西部地区	18	22.50	5	6.25	2	2.50	7	8.75	0	0
东北地区	0	0	1	16.67	0	0	2	33.33	0	0
合计	27	15.00	7	3.89	31	17.22	22	12.22	1	0.56

◆ 第二篇 主报告

从区域层面来看，东部地区农户农作物秸秆丢弃存在"其他原因"的占比最高，为44.68%。根据前文对不同区域农作物秸秆利用方式的分析，东部地区七成以上的农户选择"粉碎还田做肥料"，农作物秸秆随意丢弃比例较低；中部地区和西部地区农户农作物秸秆随意丢弃原因包含"粉碎处理成本高""没有人回收""秸秆没有利用价值""运输麻烦且成本高""没有时间和精力"以及"其他原因"。另外，前文对东北地区农户农作物秸秆利用方式进行了分析，主要有"回收给加工企业或秸秆经纪人""拉回家做燃料""粉碎还田做肥料"等方式，农作物秸秆随意丢弃比例较低，这也充分解释了东北地区农户没有选择"粉碎还田弊大于利""运输麻烦且成本高""没有时间和精力"等作为秸秆随意丢弃的原因（见表5-14）。

四 农业生产环境的改善路径

习近平总书记在2020年中央农村工作会议上指出，要加强农村生态文明建设，保持战略定力，以钉钉子精神推进农业面源污染防治，加强土壤污染、地下水超采、水土流失等治理和修复。这是改善农业生产环境、促进农业高质高效的行动纲领和根本遵循。基于农户微观数据的分析，改善农业生产环境应采取如下路径。

（一）扩大实施耕地轮作休耕制度试点范围

坚持轮作为主、休耕为辅，科学评估耕地轮作休耕制度试点的成效，实施退出机制。同时，在重点区域扩大试点范围，使耕地得到休养生息的机会，并配以适当的生态补偿机制，实现"藏粮于地、藏粮于技"的目的。

（二）创新农作物秸秆资源化利用模式及政策

结合不同区域农作物生产以及农业发展实际，探索不同区域性农作物秸秆资源化利用的模式，在此基础上，对农作物秸秆利用的重点领域进行拓展。同时，应加强不同区域农作物秸秆综合利用的技术研究以及技术成果的转化，为农作物秸秆资源化利用提供技术支撑。① 此外，应完善促进农作物秸秆资源化利用的相关政策、配套措施，为农作物秸秆资源化利用提供政策保障。

（三）完善农业废弃物资源化利用机制

实现化肥农药减量化是促进农业高质高效的有效途径。为此，应从源头上实施有效措施，实现农业投入品的绿色化，这是减少农业面源污染风险的根本途径。与此同时，以探寻农业废弃物资源化利用的出口为突破点，建立与完善有效的农药包装物、农用塑料薄膜回收及资源化利用机制，② 根据区域不同情况探索农业废弃物回收模式，实现资源化利用，是减少农业生产系统二次污染的重要途径。

五 本章小结

本章基于农户微观数据，分析了农业生产环境的相关问题，结果表明：第一，耕地保护措施覆盖面依然很小，四大区域存在着明显的差距；第二，农作物秸秆处理方式多样，区域差异明显；第三，农业生产中存在农药包装物的产生，在一定程度上也会产生环境污染等问题，但回收依然存在一定的阻力。为此，提出扩大实施耕地轮作休耕制度试点范围、创新农作物秸秆资源化利用模式及政策、完善农业废弃物资源化利用机制等改善农业生产环境的路径。

---

① 于法稳、赵会杰：《"十四五"时期农业废弃物资源化利用的目标、任务与对策》，载魏后凯、杜志雄主编《中国农村发展报告（2020）——聚焦"十四五"时期中国的农村发展》，中国社会科学出版社2020年版。

② 于法稳：《"十四五"时期农村生态环境治理：困境与对策》，《中国特色社会主义研究》2021年第1期。

第六章 农户金融市场参与

董 翀[*]

金融服务是乡村产业振兴的着力点。随着乡村振兴战略的推进、涉农金融政策的持续发力和金融科技的快速发展，农村金融市场不断完善，农户金融服务需求得到明显激发，金融服务可得性日益提升。为了更好地了解农户金融市场参与情况，研究金融市场参与水平对家庭经济行为的影响，本章基于调查问卷中设计的支付、信贷、金融资产持有等一系列农户金融市场参与问题，分析了农户对各类金融服务的需求偏好与可得性，以期为当前农村金融政策的效果评价和进一步完善提供依据。

一 农户支付行为偏好

支付是最基本的金融服务形式之一，改善农村支付环境是提升农村金融服务水平的基础。近年来中国的金融基础设施建设不断完善，特别是数字支付迅速发展。为了了解农户的支付行为特征，此次调查以购买农资行为为例询问农户的小额支付偏好，以购买农用车、私家车行为为例询问农户的大额支付偏好。

（一）小额支付偏好

调查设计了如下问题了解农户的小额支付偏好。

---

[*] 董翀，博士，中国社会科学院农村发展研究所农村金融研究室助理研究员，研究方向为农村金融、供应链金融、合作金融。

您家购买种苗、化肥、饲料等农资产品首选的支付方式是什么？

从表6-1可以看出，农户最主要的小额支付手段仍是现金，70.52%的样本农户首选的支付方式是现金支付；其次为微信支付，占23.73%；蚂蚁花呗等、云闪付等支付方式占比均较低。微信、支付宝、蚂蚁花呗等、云闪付等数字支付合计占比为24.68%，储蓄卡、信用卡和网上银行等支付方式合计占比仅为0.72%。分地区来看，现金支付为首选占比最高的是东北地区，为80.23%；其次为西部地区和东部地区，分别为72.84%和67.89%；中部地区最低，为64.58%。微信支付为首选占比最高的是中部地区，为30.90%；其次为东部地区和西部地区，分别为23.49%和22.77%；东北地区最低，为14.61%。各地支付宝、蚂蚁花呗等、云闪付等、储蓄卡、信用卡和网上银行等支付方式占比均低于1%（见表6-1）。

表6-1　　　　　　　　农户小额支付偏好情况　　　　　　（单位：户,%）

	样本数	现金占比	微信占比	支付宝占比	蚂蚁花呗或京东白条占比	云闪付或其他手机支付客户端占比	储蓄卡占比	信用卡占比	网上银行占比	其他占比
全国	3653	70.52	23.73	0.85	0.05	0.05	0.47	0.03	0.22	3.89
东部地区	1090	67.89	23.49	1.74	0.18	0	0.28	0	0.28	5.96
中部地区	686	64.58	30.90	1.02	0	0.15	0.15	0	0.29	2.62
西部地区	1528	72.84	22.77	0.13	0	0.07	0.72	0.07	0.13	3.08
东北地区	349	80.23	14.61	0.86	0	0	0.57	0	0.29	3.44

（二）大额支付偏好

调查设计了如下问题了解农户的大额支付偏好。

如果您家现在要购买或近期购买过车辆，首选支付方式是什么？

从表6-2可以看出，农户最主要的大额支付手段仍是现金，52.43%的样本农户首选的支付方式是现金支付；其次为储蓄卡支付，占

21.11%；再次为微信支付，占15.71%。其他支付方式占比均较低，不足3%。分地区来看，东部地区、中部地区和西部地区现金支付为首选的占比差别不大，分别为49.42%、48.69%和52.18%。东部地区占比第二大的支付方式为储蓄卡支付，占19.82%；第三为微信支付，占13.96%。中部地区占比第二大的支付方式为微信支付，占21.24%；第三为储蓄卡支付，为18.76%。西部地区占比第二大的支付方式为储蓄卡支付，占26.18%；第三为微信支付，为14.79%。东北地区现金支付为首选的占比为全国最高，为70.11%；其次为微信支付，占14.13%；第三为储蓄卡支付，占8.15%。各地其他支付方式占比均低于5%。

表6-2　　　　　　　农户大额支付偏好情况　　　　（单位：户,%）

	样本数	现金占比	微信占比	支付宝占比	蚂蚁花呗或京东白条占比	云闪付或其他手机支付客户端占比	储蓄卡占比	信用卡占比	网上银行占比	其他占比
全国	3780	52.43	15.71	1.72	0.11	0.19	21.11	1.85	2.30	2.57
东部地区	1125	49.42	13.96	2.58	0.09	0.09	19.82	3.47	4.09	2.58
中部地区	725	48.69	21.24	2.48	0	0.41	18.76	1.93	3.31	2.34
西部地区	1562	52.18	14.79	0.96	0.19	0.13	26.18	1.02	0.70	2.24
东北地区	368	70.11	14.13	0.82	0	0.27	8.15	0.27	1.63	4.35

二　农户信贷可得性与信贷需求

信贷是最常见也是最重要的金融服务之一。本次抽样调查从农户信贷可得性的基础、农户信贷需求、农户借贷来源偏好和农户供应链金融参与几个方面了解农户参与金融市场的一般特征。

第六章 农户金融市场参与

（一）农户信贷可得的基础

为了了解农户信贷可得的基础，此次调查设计了两个问题：一是询问农户有多少个可以借到钱的亲戚朋友，以了解农户民间借贷可得性的基础；二是询问农户是否正规金融机构认定的信用户，以了解农户正规信贷可得性的基础。

从全国来看，农户可以借到钱的亲戚朋友数量均值为 6.87 个。在 3651 个回答了问题的农户中，信用户占 34.56%，他们的授信额度平均为 14.35 万元，授信期限平均为 2.37 年。

分地区来看，东部地区农户可以借到钱的亲戚朋友数量均值为 6.59 个；信用户占比为 32.49%；授信额度平均为 21.80 万元，为四大区域中最高；授信期限平均为 2.86 年，为四大区域中最长。中部地区农户可以借到钱的亲戚朋友数量均值为 7.66 个，为四大区域中最多；信用户占比为 29.77%，为四大区域中最低；授信额度平均为 13.17 万元；授信期限平均为 1.82 年。西部地区农户可以借到钱的亲戚朋友数量均值为 6.56 个，为四大区域中最少；信用户占比为 38.86%，为四大区域中最高；授信额度平均为 11.52 万元；授信期限平均为 2.48 年。东北地区农户可以借到钱的亲戚朋友数量均值为 7.49 个；信用户占比为 32.17%；授信额度平均为 11.08 万元，为四大区域中最低；授信期限平均为 1.76 年，为四大区域中最短（见表 6-3）。

表 6-3　　　　　　　　农户信贷可得基础情况

	样本数（户）	可借钱的亲戚朋友数量均值（个）	信用户数量占比（%）	授信额度均值（万元）	授信期限均值（年）
全国	3651	6.87	34.56	14.35	2.37
东部地区	1041	6.59	32.49	21.80	2.86
中部地区	697	7.66	29.77	13.17	1.82
西部地区	1545	6.56	38.86	11.52	2.48
东北地区	368	7.49	32.17	11.08	1.76

(二) 农户的信贷需求

为了了解农户的信贷需求特征，此次调查设计了如下问题。

2019 年以来您家生产经营和生活上有没有遇到什么事情需要借钱？

在回答了问题的 3824 个农户中，有 69.30% 的农户表示没有信贷需求；有 13.42% 的农户表示在生产经营方面有过信贷需求；有 11.69% 的农户表示在生活方面有过信贷需求；有 5.52% 的农户表示生活生产方面都有信贷需求。分地区来看，东部地区没有过信贷需求的农户占比最高，为 78.38%；与其他三个地区不同的是，东部地区有 11.77% 的农户表示在生活方面有信贷需求，超过生产经营方面有信贷需求（7.06%）；生活生产方面都有需求的仅占 2.70%，为四大区域中最低。中部地区没有过信贷需求的农户占比也比较高，为 73.20%；有 15.10% 的农户表示在生产经营方面有过信贷需求；有 8.71% 的农户表示在生活方面有过信贷需求；有 2.86% 的农户表示生活生产方面都有信贷需求。西部地区没有过信贷需求的农户占比为 63.67%；有 14.72% 的农户表示在生产经营方面有过信贷需求，有 13.45% 的农户表示在生活方面有过信贷需求，两者比较接近；有 8.09% 的农户表示生活生产方面都有信贷需求。东北地区没有过信贷需求的农户占比仅为 57.37%，为四大区域中最低；有 24.13% 的农户表示在生产经营方面有过信贷需求，远高于其他地区；有 9.92% 的农户表示在生活方面有过信贷需求；有 8.58% 的农户表示生活生产方面都有信贷需求，为四大区域中最高（见表 6－4）。

表 6－4　　　　　　　　农户信贷需求来源　　　　　　（单位：户，%）

	样本数	生活生产方面都有占比	生产经营方面有过占比	生活方面有过占比	都没有过占比
全国	3824	5.52	13.42	11.69	69.30
东部地区	1147	2.70	7.06	11.77	78.38
中部地区	735	2.86	15.10	8.71	73.20
西部地区	1569	8.09	14.72	13.45	63.67

续表

	样本数	生活生产方面都有占比	生产经营方面有过占比	生活方面有过占比	都没有过占比
东北地区	373	8.58	24.13	9.92	57.37

具体来说，1185 个有信贷需求的农户的需求额度均值为 9.69 万元，需求期限均值为 2.17 年，最高可承受年利率均值为 5.09%，有 25.27% 的农户表示如果需要支付利息就不借钱。其中，东部地区需求额度均值最高，为 13.74 万元，需求期限均值最长，为 2.99 年，最高可承受年利率均值为 4.20%，低于全国平均水平。中部地区需求额度均值为 13.29 万元，需求期限均值为 2.08 年，最高可承受年利率均值为 3.84%，为全国最低。西部地区需求额度均值为 7.76 万元，需求期限均值为 2.09 年，最高可承受年利率均值为 5.55%。东北地区需求额度最低，为 5.94 万元，需求期限均值最短，为 1.29 年，最高可承受年利率最高，为 6.65%（见表 6-5）。

表 6-5　　　　　　　　　农户信贷需求特征

	样本数（户）	需求额度均值（万元）	需求期限均值（年）	最高可承受年利率均值（%）
全国	1185	9.69	2.17	5.09
东部地区	243	13.74	2.99	4.20
中部地区	202	13.29	2.08	3.84
西部地区	584	7.76	2.09	5.55
东北地区	156	5.94	1.29	6.65

（三）农户的借贷来源偏好

在 1783 户表达了借贷的首选来源的农户样本中（见表 6-6），有 61.75% 的农户首选从亲朋好友处借钱，且不需要支付利息，占比最高；其次为从银行等金融机构贷款，占 32.64%，两项合计占 94.39%；从亲朋好友处借钱并支付利息的占 2.58%，从民间放贷人处借贷的占 0.50%，

◆ 第二篇 主报告

使用借呗、网商贷、微粒贷等数字信贷的占0.22%。此外，还有0.17%的农户首选信用卡提现，0.11%的农户首选从互助资金社借钱。

分地区来看，东部地区农户有63.28%首选从亲朋好友处借钱且不需要支付利息，从银行等金融机构贷款占30.50%，两项合计占93.78%；从亲朋好友处借钱并支付利息的占2.70%，使用借呗、网商贷、微粒贷等数字信贷的占0.41%。

中部地区农户有67.16%首选从亲朋好友处借钱且不需要支付利息，为四大区域最高；从银行等金融机构贷款的占28.70%，为四大区域最低，两项合计占95.86%；从亲朋好友处借钱并支付利息的占1.78%，使用借呗、网商贷、微粒贷等数字信贷和信用卡提现的均占0.30%。

西部地区农户有58.97%首选从亲朋好友处借钱且不需要支付利息，为四大区域最低；从银行等金融机构贷款占36.55%，为四大区域最高，两项合计占95.52%；从亲朋好友处借钱并支付利息的占1.49%，为四大区域最低；从民间放贷人处借钱占0.82%，从互助资金社借钱占0.27%，为四大区域最高；使用借呗、网商贷、微粒贷等数字信贷和信用卡提现的均占0.14%，为四大区域最低。

东北地区农户有59.47%首选从亲朋好友处借钱且不需要支付利息，处于较低水平；从银行等金融机构贷款占30.40%，为四大区域最低，两项合计占89.87%；从亲朋好友处借钱并支付利息的占7.05%，为四大区域最高；从民间放贷人处借钱占1.32%，为四大区域最高；没有样本从互助资金社借钱，或使用借呗、网商贷、微粒贷等数字信贷，或信用卡提现。

表6-6　　　　　　　　农户借贷首选来源　　　　　（单位：户，%）

	样本数	亲朋好友（无利息）占比	亲朋好友（有利息）占比	银行等金融机构占比	借呗、网商贷、微粒贷等数字信贷占比	信用卡提现占比	互助资金社占比	民间放贷人占比	其他占比
全国	1783	61.75	2.58	32.64	0.22	0.17	0.11	0.50	2.02

续表

	样本数	亲朋好友（无利息）占比	亲朋好友（有利息）占比	银行等金融机构占比	借呗、网商贷、微粒贷等数字信贷占比	信用卡提现占比	互助资金社占比	民间放贷人占比	其他占比
东部地区	482	63.28	2.70	30.50	0.41	0.21	0	0	2.90
中部地区	338	67.16	1.78	28.70	0.30	0.30	0	0	1.78
西部地区	736	58.97	1.49	36.55	0.14	0.14	0.27	0.82	1.63
东北地区	227	59.47	7.05	30.40	0	0	0	1.32	1.76

（四）农户供应链金融参与

随着农业农村现代化的进一步推进，农业金融服务需求总体上大幅提升。农业供应链金融能够大幅度提高针对农业供应链上下游各节点或者部分节点的信贷支持，激发小农户和现代农业经营主体的信贷需求。调查设计了如下问题了解农户的供应链金融参与情况。

您从合作社、农资供应商、收购商、订单企业那里赊购过农资产品、投入品或得到过借款吗？

您向合作社、订单企业、收购商贩赊销过产品吗？

合作社、订单企业、收购商贩等买您的产品时向您付过预付款或垫资吗？

合作社、订单企业、收购商贩以及农资供应商曾为您担保或提供证明材料帮助您申请银行贷款吗？

从全国情况来看，农资赊购或用于购买农资的借款是农户最容易获得的供应链金融服务，有 5.60% 的农户能经常获得，12.43% 的农户能偶尔获得。预付款或生产垫资是农户比较容易获得的供应链金融服务，有 2.41% 的农户能经常获得，4.87% 的农户能偶尔获得。担保是农户最不容易获得的供应链金融服务，仅有 0.48% 的农户能经常获得，2.54% 的农户能偶尔获得。同时，也有 3.70% 的农户经常向下游主体赊销，8.30% 的农户偶尔赊销。

◆ 第二篇 主报告

分地区来看,东部地区农户四项供应链金融的参与占比在四大区域中都处于较低水平。中部地区农户参与赊购或借款、赊销和获得担保的占比也比较低。西部地区和东北地区农户参与供应链金融的占比较高。特别是西部农户获得预付款或垫资、担保服务的占比在四大区域中最高,东北地区农户获得农资赊购或借款的占比在四大区域中最高,赊销的比例也最高(见表6-7)。

表6-7　　　　　　　　农户供应链金融参与　　　　　　　(单位:%)

地区	赊购或借款 从未	赊购或借款 偶尔	赊购或借款 经常	赊销 从未	赊销 偶尔	赊销 经常	预付款或垫资 从未	预付款或垫资 偶尔	预付款或垫资 经常	担保 从未	担保 偶尔	担保 经常
全国	81.97	12.43	5.60	88.01	8.30	3.70	92.73	4.87	2.41	96.98	2.54	0.48
东部地区	89.41	7.94	2.65	92.68	5.03	2.29	95.23	2.92	1.86	98.41	1.33	0.27
中部地区	81.29	14.58	4.13	89.26	8.54	2.20	92.29	5.92	1.79	97.92	1.52	0.55
西部地区	79.17	13.85	6.99	85.41	9.90	4.69	90.82	6.04	3.15	95.51	3.98	0.51
东北地区	72.36	15.99	11.65	82.11	11.11	6.78	94.02	3.80	2.17	97.02	2.17	0.81

三　农户正规信贷申请与获得

改善农户正规信贷可得性是中国金融支农政策的重要发力点。大量研究和实践都显示,正规信贷可得性对农户生产生活都有重要影响。本次调查详细采集了农户正规信贷申请和农户最近一次获得正规信贷的来源、用途、抵押担保方式及还款等情况,以便详细刻画农户的正规信贷可得性特征。

(一)农户正规信贷申请

在剔除异常值之后得到的3796个有效样本中,有826户农户在2019年申请过正规信贷,占全部样本的21.76%,正规信贷获批率为95.52%,处于较高水平。其中东部地区有14.40%的农户申请过正规信贷,为四大区域最低,正规信贷获批率为96.32%;中部地区有17.40%的农户申请过正规信贷，正规信贷获批率为 95.24%；西部地区有 27.12% 的农户申请过正规信贷，正规信贷获批率为 94.82%，为四大区域最低；东北地区有 30.03% 的农户申请过正规信贷，正规信贷获批率为 97.32%，均为四大区域最高（见表 6-8）。

表 6-8 　　　　农户 2019 年正规信贷申请情况　　　（单位：户,%）

	申请过正规信贷的户数	申请过正规信贷的占比	正规信贷获批率
全国	826	21.76	95.52
东部地区	163	14.40	96.32
中部地区	126	17.40	95.24
西部地区	425	27.12	94.82
东北地区	112	30.03	97.32

在调查的 3833 户农户中，有 2790 户农户在过去一年未申请正规金融机构信贷，占全部样本的 72.79%。没有申请正规信贷的最主要原因是没有资金需求，占 72.15%。其次为有其他解决途径，占 15.84%。没有担保人或抵押物的占 2.54%，网点远、没熟人、手续复杂、审批时间长的占 2.62%，利息太高、不想支付利息的占 2.19%，这三大类原因是有信贷需求且无其他解决途径的农户没有申请正规信贷的主要原因，即三大约束性因素。担心还不起贷款或抵押物被没收的占 1.68%，有贷款未还清的占 0.79%。

分地区来看，东部地区没有资金需求的占比为四大区域中最高，为 80.18%；有其他解决途径的占 11.92%，为四大区域最低。三大约束性因素中没有担保人或抵押物的占比最高，为 2.78%；其次为网点远、没熟人、手续复杂、审批时间长，占 2.56%。中部地区没有资金需求的占比为 71.51%；有其他解决途径的占 17.56%。三大约束性因素中没有担保人或抵押物的占比最高，为 3.05%，是四大区域中最高；其次为网点远、没熟人、手续复杂、审批时间长，占 2.69%。西部地区没有资金需求的占比为 68.53%；有其他解决途径的占 15.78%。三大约束性因素中利息太高、不想支付利息的占比最高，为3.30%；其次为网点远、没熟人、手续复杂、审批时间长，占2.57%。东北地区没有资金需求的占比为60.25%，在四大区域中最低；有其他解决途径的占26.64%，为四大区域中最高。三大约束性因素中网点远、没熟人、手续复杂、审批时间长的占比最高，占2.87%，是四大区域中最高的；其次为没有担保人或抵押物，占2.46%（见表6－9）。

表6－9　　　　　农户未申请正规信贷的原因　　　　（单位：户,%）

	样本数	没有资金需求占比	有其他解决途径占比	没有担保人或抵押物占比	网点远、没熟人、手续复杂、审批时间长占比	担心还不起贷款或抵押物被没收占比	利息太高、不想支付利息占比	有贷款未还清占比	其他占比
全国	2790	72.15	15.84	2.54	2.62	1.68	2.19	0.79	2.19
东部地区	898	80.18	11.92	2.78	2.56	0.56	1.00	0.45	0.56
中部地区	558	71.51	17.56	3.05	2.69	1.79	2.33	0.18	0.90
西部地区	1090	68.53	15.78	2.11	2.57	2.48	3.30	1.47	3.76
东北地区	244	60.25	26.64	2.46	2.87	2.05	1.23	0.41	4.10

申请了正规信贷但并未获批的农户有52户，对于未获批的原因，有42.31%的农户表示不知道什么原因；除此之外，担保人不符合要求的占23.08%，为第一大原因；抵押物不符合要求的占7.69%；没熟人帮忙的占5.77%；有不良记录的占3.85%；额度已满，贷款未还清的占1.92%。

分地区来看，东部地区有高达75.00%的农户表示不知道申请被拒绝的原因，为四大区域中最高。在已知原因中，抵押物不符合要求为第一大原因，占15.00%；担保人不符合要求为第二大原因，占10.00%。西部地区有20.83%的农户表示不知道申请被拒绝的原因。在已知原因中，担保人不符合要求为第一大原因，占33.33%；没熟人帮忙为第二大原因，占8.33%。中部地区和东北地区的样本量过少，担保人不符合要求均为第一大原因，均占25.00%（见表6-10）。

表6-10　　　　农户申请但未获得正规信贷的原因　　　（单位：户,%）

	样本数	担保人不符合要求占比	抵押物不符合要求占比	有不良记录占比	额度已满,贷款未还清占比	没熟人帮忙占比	不知道什么原因占比	其他占比
全国	52	23.08	7.69	3.85	1.92	5.77	42.31	15.38
东部地区	20	10.00	15.00	0	0	0	75.00	0
中部地区	4	25.00	0	0	0	0	50.00	25.00
西部地区	24	33.33	4.17	4.17	4.17	8.33	20.83	25.00
东北地区	4	25.00	0	25.00	0	25.00	0	25.00

（二）农户最近一次获得正规信贷基本情况

全部样本中有1438户农户获得过正规信贷，占全国样本的37.52%。其中东部地区有303户，占东部地区样本的26.30%；中部地区有199户，占中部地区样本的27.07%；西部地区有772户，占西部地区样本的49.08%；东北地区有164户，占东北地区样本的43.97%。

农户最近一次正规信贷的申请额度均值为10.80万元，实际获得的信贷额度为申请额度的98.70%，即贷款申请基本能得到全额批准。贷款年利率均值为5.78%。贷款产品平均期限为25.41个月，而农户实际需要使用贷款期限与贷款产品期限之比为1.26，即农户实际需要使用贷款期限是贷款产品期限的1.26倍。农户从提出借贷请求到拿到钱平均需要9.18天，大部分农户不需要额外支付请客、吃饭、送礼等费用；极少数农户（57户）需要花费相关人情往来支出，支出均值为369.96元。

分地区来看，东部地区农户正规信贷申请额度最高，为19.92万元，实际获得的信贷额度为申请额度的99.15%，年利率与全国水平接近，为5.73%，信贷产品期限最长，为42.53个月，农户实际需要使用贷款期限是贷款产品期限的1.23倍，农户从提出借贷请求到拿到钱平均需要

12.18 天,在四大区域中时间最长。中部地区农户正规信贷申请额度仅次于东部地区,为 11.56 万元,实际获得的信贷额度为申请额度的 97.71%,年利率略高于全国水平,为 6.21%,信贷产品期限为 21.39 个月,农户实际需要使用贷款期限是贷款产品期限的 1.15 倍,是四大区域中最低的,农户从提出借贷请求到拿到钱平均需要 11.43 天。西部地区农户和东北地区农户的正规信贷申请额度接近,分别为 7.77 万元和 7.46 万元,实际获得的信贷额度分别为申请额度的 98.68% 和 99.20%。两个地区的年利率水平差别较大,西部地区最低,为 5.35%,东北地区最高,为 7.11%;两个地区信贷产品期限的差距也非常大,西部地区为 22.86 个月,而东北地区仅为 11.80 个月;农户实际需要使用贷款期限与贷款产品期限的比值也存在差距,分别为 1.31 和 1.20。两个地区农户从提出借贷请求到拿到钱需要的时间均比较短,分别为 7.60 天和 8.69 天(见表 6-11)。

表 6-11　　　　　　农户最近一次获得正规信贷情况

	申请贷款额度均值（万元）	实际获得贷款额度满足率（%）	年利率（%）	贷款产品期限（月）	实际需要使用贷款期限与贷款产品期限之比	从申请到获得贷款的时间（天）	申请贷款的其他支出（元）
全国	10.80	98.70	5.78	25.41	1.26	9.18	369.96
东部地区	19.92	99.15	5.73	42.53	1.23	12.18	128.20
中部地区	11.56	97.71	6.21	21.39	1.15	11.43	1533.33
西部地区	7.77	98.68	5.35	22.86	1.31	7.60	374.94
东北地区	7.46	99.20	7.11	11.80	1.20	8.69	234.67

(三) 农户最近一次获得正规信贷来源分布

农户最近一次正规信贷的来源如表 6-12 所示,来自农信社系统金融机构的占 74.13%;其次为来自工农中建等国有银行,占 13.98%;来自村镇银行、邮政储蓄银行、股份制银行和城商行的占比比较接近,分别为2.29%、2.78%和2.50%。有0.21%的农户从网商银行、微众银行等民营银行得到数字信贷，有1.40%的农户同时从多个渠道贷款，2.71%的农户从小贷公司等其他渠道贷款。

分地区来看，东部地区农户正规信贷来自农信社系统金融机构的占67.00%；其次为来自工农中建等国有银行，占17.49%；来自村镇银行、邮政储蓄银行、股份制银行和城商行的占比比较接近，分别为2.31%、1.98%和4.29%。有0.33%的农户从网商银行、微众银行等民营银行得到数字信贷，有1.65%的农户同时从多个渠道贷款，4.95%的农户从小贷公司等其他渠道贷款，为四大区域中最高的。

中部地区农户正规信贷来自农信社系统金融机构的占60.30%，为四大区域中最低；其次为来自工农中建等国有银行，占21.11%，为四大区域中最高；来自村镇银行、邮政储蓄银行和股份制银行和城商行的占比比较接近，分别为4.52%、6.53%和4.52%，均为四大区域中最高。有1.01%的农户从网商银行、微众银行等民营银行得到数字信贷，为四大区域中最高。有1.51%的农户同时从多个渠道贷款，0.50%的农户从小贷公司等其他渠道贷款，为四大区域中最低。

西部地区农户正规信贷来自农信社系统金融机构的占80.70%，为四大区域中最高；其次为来自工农中建等国有银行，占10.36%，为四大区域中最低；来自村镇银行、邮政储蓄银行和股份制银行和城商行的占比比较接近，分别为1.94%、2.07%和1.17%。没有农户从网商银行、微众银行等民营银行得到数字信贷。有1.17%的农户同时从多个渠道贷款，2.59%的农户从小贷公司等其他渠道贷款。

东北地区农户正规信贷来自农信社系统金融机构的占73.17%；其次为来自工农中建等国有银行，占15.85%；来自村镇银行的占比为1.22%，为全国最低；来自邮政储蓄银行、股份制银行和城商行的占比均为3.05%。没有农户从网商银行、微众银行等民营银行得到数字信贷。有1.83%的农户同时从多个渠道贷款，1.83%的农户从小贷公司等其他渠道贷款。

表 6-12　　　　　　　农户正规信贷来源机构　　　　　（单位：户,%）

	样本数	农信社系统金融机构占比	国有银行（工农中建）占比	村镇银行占比	邮政储蓄银行占比	股份制银行和城商行占比	民营银行占比	多渠道占比	其他占比
全国	1438	74.13	13.98	2.29	2.78	2.50	0.21	1.40	2.71
东部地区	303	67.00	17.49	2.31	1.98	4.29	0.33	1.65	4.95
中部地区	199	60.30	21.11	4.52	6.53	4.52	1.01	1.51	0.50
西部地区	772	80.70	10.36	1.94	2.07	1.17	0	1.17	2.59
东北地区	164	73.17	15.85	1.22	3.05	3.05	0	1.83	1.83

（四）农户最近一次获得正规信贷担保类型分布

2019 年 2 月，央行、银保监会、证监会、财政部、农业农村部联合发布的《关于金融服务乡村振兴的指导意见》提出要推动新技术在农村金融领域的应用推广，加强涉农信贷数据的积累和共享，通过客户信息整合和筛选，创新农村经营主体信用评价模式，在有效做好风险防范的前提下，逐步提升发放信用贷款的比重。在政策推动下，近两年来，各类金融机构逐步加大涉农信贷投放，提升发放信用贷款比重。

在 1438 户获得过正规信贷的农户样本中，信用贷款占比最高，为 58.07%；其次为担保贷款，占 22.67%；再次为抵押贷款，占 13.14%；抵押担保相结合的占 2.30%；其他各类变相担保和抵质押的占 3.82%。

分地区来看，东部地区信用贷款的占比在四大区域中处于较低水平，仅为 56.44%；担保贷款、抵押贷款、抵押担保相结合和其他贷款占比与全国水平接近，分别为 22.11%、15.84%、1.98% 和 3.63%。中部地区信用贷款的占比在四大区域中最高，为 69.35%；担保贷款的占比在四大区域中最低，为 18.09%；抵押贷款、抵押担保相结合和其他贷款占比分别为 8.04%、3.02% 和 1.51%。西部地区信用贷款的占比为 64.51%；担保贷款的占比为 23.58%；抵押贷款的占比为 6.22%，为四大区域中最低；抵押担保相结合和其他贷款占比分别为 1.68% 和 4.02%。东北地区信用贷款的占比为 17.07%，为四大区域中最低；担保贷款、抵押贷款、抵押担保相结合和其他贷款占比均为四大区域中最高，分别为 25.00%、46.95%、4.88% 和 6.10%（见表 6-13）。

表 6-13　　　　　农户正规信贷抵押担保类型　　　　（单位：户，%）

	样本数	信用贷款占比	担保贷款占比	抵押贷款占比	抵押+担保占比	其他占比
全国	1438	58.07	22.67	13.14	2.30	3.82
东部地区	303	56.44	22.11	15.84	1.98	3.63
中部地区	199	69.35	18.09	8.04	3.02	1.51
西部地区	772	64.51	23.58	6.22	1.68	4.02
东北地区	164	17.07	25.00	46.95	4.88	6.10

在抵押贷款方面，从抵押物类型来看，商品房房产等固定资产占比最高，为 39.38%；其次为土地承包经营权或林权，占 29.73%；再次为农村住房财产权和其他抵押担保形式相结合、土地承包经营权或林权和其他抵押担保形式相结合，两者占比接近，分别为 6.18% 和 5.80%；有 5.41% 的农户通过联保获得贷款；有 1.54% 的农户采用存单（保单）质押获得贷款；仅有极少数农户可以利用租入土地经营权合同或其与其他抵押担保相结合方式获得贷款，占比分别为 0.77% 和 1.16%。

分地区来看，东部地区商品房房产等固定资产是最重要的抵押物，占 81.03%，为四大区域中最高；其次为农村住房财产权和其他抵押担保形式相结合，占 5.17%；没有农户单纯使用土地承包经营权或林权和租入土地经营权合同作为抵押物，但是使用其与其他抵押担保相结合方式获得贷款的农户占比均为 1.72%。中部地区商品房房产等固定资产也是最重要的抵押物，占 37.04%；其次为土地承包经营权或林权，占 22.22%；有 7.41% 的农户通过联保获得贷款；使用土地承包经营权以及租入土地经营权合同与其他抵押担保相结合方式获得贷款的农户均占 3.70%，在四大区域中处于较高水平。西部地区商品房房产等固定资产也是最重要的抵押物，占44.58%；其次为农村住房财产权和其他抵押担保形式相结合，占10.84%；再次为单纯使用土地承包经营权或林权以及使用其与其他抵押担保相结合，分别占7.23%和9.62%；有8.43%的农户通过联保贷款获得贷款；有4.82%的农户通过存单（保单）质押获得贷款，为四大区域中的唯一。没有农户使用租入土地经营权合同或其与其他抵押担保相结合方式获得贷款。与其他区域截然不同的是，东北地区最主要的抵押物是土地承包经营权或林权，占71.43%，远远高于其他地区；商品房房产等固定资产为第二，仅占8.79%；土地承包经营权或林权与其他抵押担保相结合方式、农村住房财产权和其他抵押担保相结合方式占比接近，分别占5.50%和4.40%；租入土地经营权合同或其与其他抵押担保相结合方式获得贷款占比较低，均为1.10%。5.49%的农户通过联保获得了贷款（见表6-14）。

表6-14　　　　　　　　农户正规信贷抵押物类型　　　　　　（单位：户，%）

	样本数	土地承包经营权或林权占比	土地承包经营权或林权+其他抵押担保占比	租入土地经营权合同占比	租入土地经营权合同+其他抵押担保占比	农村住房财产权+其他抵押担保占比	房产等固定资产占比	存单（保单）质押占比	联保贷款占比	其他占比
全国	259	29.73	5.80	0.77	1.16	6.18	39.38	1.54	5.41	3.86
东部地区	58	0	1.72	0	1.72	5.17	81.03	0	0	10.34
中部地区	27	22.22	3.70	3.70	3.70	0	37.04	0	7.41	22.21
西部地区	83	7.23	9.62	0	0	10.84	44.58	4.82	8.43	14.46
东北地区	91	71.43	5.50	1.10	1.10	4.40	8.79	0	5.49	1.10

在担保贷款方面，从担保方类型来看，在389个获得担保贷款的农户中，非公职人员担保占比最高，为74.29%；其次为公职人员担保，占17.74%；混合担保占4.89%；担保公司担保占比最低，仅为3.08%。分地区来看，四大区域中占比最高的担保方式均为非公职人员担保，其中

东北地区最高,为 90.38%,中部地区最低,为 51.16%。四大区域中占比第二高的都是公职人员担保,中部地区占比最高,为 34.88%,东北地区占比最低,为 9.62%。东部地区、中部地区和西部地区担保公司担保占比基本接近,分别为 3.75%、4.65% 和 3.27%;混合担保占比中部地区最高,为 9.30%,西部地区最低,为 3.74%。东北地区样本中没有担保公司担保和混合担保的情况(见表 6-15)。

表 6-15　　　　　农户正规信贷担保方类型　　　　(单位:户,%)

	样本数	非公职人员担保占比	公职人员担保占比	担保公司担保占比	混合担保占比
全国	389	74.29	17.74	3.08	4.89
东部地区	80	68.75	18.75	3.75	8.75
中部地区	43	51.16	34.88	4.65	9.30
西部地区	214	77.10	15.89	3.27	3.74
东北地区	52	90.38	9.62	0	0

(五)农户最近一次获得正规信贷用途

农户正规信贷的用途分布如表 6-16 所示。从全国来看,农户正规信贷的第一大用途是农业生产性支出,占 36.03%;其次为购置和修缮房屋,占 16.41%;再次是非农经营性支出,占 15.09%;之后是教育、医疗等消费性支出,占 11.97%;最后为购置生产性资产支出,占 8.21%。

分地区来看,东部地区农户正规信贷的第一大用途是购置和修缮房屋,占 29.14%;其次为非农经营性支出,占 25.49%;再次为农业生产性支出,占 17.22%;最后为购置生产性资产支出和教育、医疗等消费性支出,分别占 6.95% 和 6.29%。

中部地区农户正规信贷的最大用途是农业生产性支出和非农经营性支出,分别占 30% 和 28.50%;其次为购置和修缮房屋,占 13.50%;教育、医疗等消费性支出占 10.50%;购置生产性资产支出仅占 7.5%。

西部地区农户正规信贷的最大用途为农业生产性支出,占 35.76%;

其次为教育、医疗等消费性支出与购置和修缮房屋，均占 14.64%；再次是非农经营性支出和购置生产性资产支出，分别占 10.24% 和 9.46%。

东北地区农户正规信贷的第一大用途是农业生产性支出，占 79.88%，为四大区域中最高的；其次是教育、医疗等消费性支出，占 11.59%；购置生产性资产支出、购置和修缮房屋以及非农经营性支出，分别占 5.49%、4.88% 和 2.44%。

表 6–16　　　　　　　　农户正规信贷用途分布　　　　　　（单位：户，%）

	样本数	农业生产性支出占比	购置生产性资产支出占比	非农经营性支出占比	教育、医疗等消费性支出占比	购置和修缮房屋占比	其他占比
全国	1438	36.03	8.21	15.09	11.97	16.41	14.60
东部地区	302	17.22	6.95	25.49	6.29	29.14	16.56
中部地区	200	30	7.5	28.50	10.50	13.50	10.50
西部地区	772	35.76	9.46	10.24	14.64	14.64	16.97
东北地区	164	79.88	5.49	2.44	11.59	4.88	4.88

（六）农户最近一次获得正规信贷的还款情况

在 1438 户获得过正规信贷的农户样本中，除了 27.19% 的农户贷款尚未到期，无法得知其到期还款情况，绝大多数农户都能够按时还款。其中 17.66% 的农户能提前还清贷款，34.98% 的农户按时还清贷款并且没有续贷，15.16% 的农户按时还清贷款并续贷。有 2.23% 的农户贷款逾期还清，仅 2.78% 的农户未能还上贷款。

分地区来看，东部地区按时还款未续贷占比在四大区域中最高，为 39.07%，提前还清的占 20.86%，按时还清并续贷的占 7.28%，在四大区域中最低。中部地区和西部地区农户提前还清占比、按时还清未续贷占比、按时还清并续贷占比均比较接近，分别为 15.00% 和 15.54%，35.00% 和 33.55%，13.00% 和 15.93%。中部地区逾期还清占比在四大区域中最高，为 3.50%；但逾期未还占比仅为 0.50%，在四大区域中最低。西部地区逾期未还占比为 3.76%，为四大区域中最高。东北地区农户提前还清占比在四大区域中最高，为 25.00%；按时还清未续贷占比为 34.15%；按时还清并续贷占比在四大区域中最高，为 28.66%；逾期还清占比仅为 0.61%，在四大区域中最低；逾期未还占比为 3.66%，处于较高水平（见表 6-17）。

表 6-17　　　　　　农户正规信贷还款情况　　　　（单位：户,%）

	样本数	提前还清占比	按时还清未续贷占比	按时还清并续贷占比	逾期还清占比	逾期未还占比	尚未到期占比
全国	1438	17.66	34.98	15.16	2.23	2.78	27.19
东部地区	302	20.86	39.07	7.28	3.31	1.32	28.15
中部地区	200	15.00	35.00	13.00	3.50	0.50	33.00
西部地区	772	15.54	33.55	15.93	1.81	3.76	29.40
东北地区	164	25.00	34.15	28.66	0.61	3.66	7.93

四　农户民间借贷行为

民间借贷历史悠久、源远流长，是正规信贷的重要补充，长期在农户生产生活行为决策中发挥重要作用。本次调查采集了农户最近一次民间借贷的来源、用途、抵押担保方式等，以便详细刻画农户民间借贷行为的特征。

全部样本中有 1261 户农户有民间借贷行为，占全部样本的 32.90%。其中东部地区有 292 户，占东部地区农户样本的 25.35%；中部地区有 201 户，占中部地区农户样本的 27.35%；西部地区有 604 户，占西部地区农户样本的 38.40%；东北地区有 164 户，占东北地区农户样本的 43.97%。

（一）农户最近一次民间借贷基本情况

农户最近一次民间借贷需要借款的额度均值为 5.28 万元。有 1103 户

第二篇 主报告

农户借款不需要支付利息,不需要支付利息的借款额度为4.69万元;有150户农户借款须支付利息,须支付利息的借款额度为8.47万元。无论是否需要支付利息,农户实际获得的借贷额度占需求额度的96.22%,即资金需求基本可以得到满足。需要支付利息的样本中,借款的年利率均值为9.08%。农户实际使用借款的时间均值为14.85个月。农户从提出借贷请求到拿到钱平均需要2.70天。大部分农户不需要额外支付请客、吃饭、送礼等费用;极少数农户(26户)需要支付相关人情往来费用,均值为371.11元。

分地区看,东部地区农户民间借贷额度最高、使用时间最长,但年利率低于全国平均水平。东部地区农户最近一次民间借贷需要借款的额度为8.69万元,不需要支付利息的借款额度为7.17万元,须支付利息的借款额度为25.79万元,平均年利率为7.64%。农户实际使用借款的时间均值为17.30个月。中部地区农户民间借贷额度、使用时间仅次于东部地区,且年利率最低。中部地区农户最近一次民间借贷需要借款的额度为6.31万元,不需要支付利息的借款额度为5.67万元,须支付利息的借款额度为10.64万元,明显高于全国平均水平,平均年利率仅为5.50%。农户实际使用借款的时间均值为16.55个月。西部地区和东北地区农户的民间借贷额度较低、使用时间较短,且年利率高于全国平均水平。西部地区和东北地区农户最近一次民间借贷需要借款的额度分别为3.88万元和3.14万元,不需要支付利息的借款额度分别为3.58万元和2.83万元,须支付利息的借款额度分别为5.04万元和3.87万元,明显低于全国平均水平,两个地区的平均年利率分别为9.10%和11.32%。农户实际使用借款的时间分别为14.58个月和9.97个月(见表6-18)。

表6-18　　　　　　农户最近一次民间借贷情况

	需要借款额度均值(万元)	获得借款中无利息额度均值(万元)	获得无利息借款户数(户)	获得借款中有利息额度均值(万元)	获得有息贷款户数(户)
全国	5.28	4.69	1103	8.47	150

续表

	需要借款额度均值（万元）	获得借款中无利息额度均值（万元）	获得无利息借款户数（户）	获得借款中有利息额度均值（万元）	获得有利息贷款户数（户）
东部地区	8.69	7.17	264	25.79	22
中部地区	6.31	5.67	179	10.64	18
西部地区	3.88	3.58	532	5.04	73
东北地区	3.14	2.83	128	3.87	37

	民间借贷额度满足率（%）	年利率（%）	实际使用期限（月）	从借到获得贷款的时间（天）	借钱的其他支出（元）
全国	96.22	9.08	14.85	2.70	371.11
东部地区	95.80	7.64	17.30	3.10	428.75
中部地区	93.63	5.50	16.55	2.87	100.50
西部地区	97.08	9.10	14.58	2.59	447.00
东北地区	96.99	11.32	9.97	2.21	300.00

（二）农户最近一次民间借贷的来源分布

农户最近一次民间借贷的来源如表6-19所示。全部来自亲戚的占72.80%；其次为来自朋友，占16.57%；来自民间放贷人的占2.93%；有7.54%的农户是从多个渠道借钱；0.16%的农户从资金互助社及其他渠道借钱。分地区来看，东部地区农户从亲戚和朋友处借钱的比例与全国平均水平最接近；从民间放贷人处借钱的比例仅为0.68%，为全国最低；多渠道借钱的比例在四大区域中最高，为12.33%。中部地区农户从亲戚处借钱的比例低于全国水平，为68.16%；但从朋友处借钱的比例较高，为20.40%；从民间放贷人处借钱的比例较低，为1.49%；多渠道借钱的比例高于全国平均水平，为9.95%。西部地区农户从亲戚处借钱的比例在四大区域中最高，为77.98%；从朋友处借钱的比例最低，为13.58%；有3.48%的农户从民间放贷人处借钱。东北地区农户从亲戚处借钱的比例在四大区域中最低，为64.02%；从朋友和从民间放贷人处借

第二篇　主报告

钱的比例均最高，分别为23.17%和6.71%。西部地区和东北地区的多渠道借款比例均低于全国平均水平。

表6-19　　　　　农户最近一次民间借贷来源　　　　（单位：户,%）

	样本数	亲戚占比	朋友占比	民间放贷人占比	多渠道占比	其他占比
全国	1261	72.80	16.57	2.93	7.54	0.16
东部地区	292	70.21	16.44	0.68	12.33	0.34
中部地区	201	68.16	20.40	1.49	9.95	0
西部地区	604	77.98	13.58	3.48	4.97	0
东北地区	164	64.02	23.17	6.71	5.49	0.61

（三）农户民间借贷中的担保情况

本次调查发现，民间借贷在绝大多数情况下是完全依靠信用，不需要额外抵押担保，但在个别情况下也存在借助担保人和变相抵质押作为风控手段的案例。在1261个有民间借贷行为的农户样本中，信用贷款占比为84.93%；找了担保人的占1.19%，使用抵押物的占0.16%，其他各类变相担保和抵质押的占13.72%。

分地区来看，东部地区、西部地区和东北地区农户完全依靠信用的占比比较接近，分别为83.56%、83.61%和81.10%；找了担保人的占比也比较接近，分别为1.03%、1.32%和2.44%。东北地区使用抵押物的比例最高，为0.61%。三个地区使用其他变相担保和抵质押的比例接近，均为15%—16%。中部地区农户信用贷款占比最高，为94.03%；没有使用担保人和抵押物的样本；使用其他变相担保和抵质押的样本占比非常低，仅为5.97%（见表6-20）。

表6-20　　　　　农户民间借贷担保类型　　　　（单位：户,%）

	样本数	信用占比	担保占比	抵押占比	其他占比
全国	1261	84.93	1.19	0.16	13.72

续表

	样本数	信用占比	担保占比	抵押占比	其他占比
东部地区	292	83.56	1.03	0	15.41
中部地区	201	94.03	0	0	5.97
西部地区	604	83.61	1.32	0.17	15.02
东北地区	164	81.10	2.44	0.61	15.85

(四)农户民间借贷的用途分布

农户民间借贷的用途分布如表6-21所示。从全国来看,农户民间借贷的第一大用途是教育、医疗等消费性支出,占33.21%;第二为购置和修缮房屋,占22.45%;第三大用途为农业生产性支出,占20.63%;其后是非农经营性支出和购置生产性资产支出,分别占9.32%和4.31%。

分地区来看,东部地区农户民间借贷的第一大用途是购置和修缮房屋,占40.98%;其次为教育、医疗等消费性支出,占21.88%;农业生产性支出和非农经营性支出占比接近,分别为10.08%和10.07%;购置生产性资产支出占3.48%。中部地区农户民间借贷的第一大用途是教育、医疗等消费性支出,占30.50%;其次为购置和修缮房屋,占22.50%;然后为农业生产性支出,占19.50%;其后是非农经营性支出和购置生产性资产支出,分别占15.00%和3.50%。西部地区农户民间借贷的第一大用途是教育、医疗等消费性支出,占37.10%;其次为农业生产性支出,占20.23%;再次为购置和修缮房屋,占18.71%;最后是非农经营性支出和购置生产性资产支出,分别占8.11%和4.65%。东北地区农户民间借贷的两大最主要用途是教育、医疗等消费性支出和农业生产性支出,分别占42.68%和39.64%,均远超全国平均水平;非农经营性支出、购置生产性资产支出、购置和修缮房屋的占比均较低,分别占5.49%、5.49%、3.66%,其中购置和修缮房屋的占比远低于全国平均水平。

表6-21　　　　　　农户民间借贷用途分布　　　　　（单位：户，%）

	样本数	农业生产性支出占比	购置生产性资产支出占比	非农经营性支出占比	教育、医疗等消费性支出占比	购置和修缮房屋占比	其他占比
全国	1256	20.63	4.31	9.32	33.21	22.45	11.54
东部地区	288	10.08	3.48	10.07	21.88	40.98	14.59
中部地区	200	19.50	3.50	15.00	30.50	22.50	9.50
西部地区	604	20.23	4.65	8.11	37.10	18.71	12.42
东北地区	164	39.64	5.49	5.49	42.68	3.66	5.49

五　农户金融资产持有

金融资产包括一切提供到金融市场上的金融工具，可分为现金与现金等价物和其他金融资产两类。现金与现金等价物是指个人拥有的以现金形式或高流动性资产形式存在的资产，如各类银行存款、货币市场基金和人寿保险现金收入。其他金融资产是指个人由于投资行为而形成的资产，如股票、债券等。

随着农村社会经济的迅速发展，越来越多的农户开始持有金融资产。此次调查根据以往调研经验，设计了如下问题了解农户包括消费信贷额度、借出款、手持现金、银行存款和股票、债券、理财产品等方面金融资产的持有情况和负债情况。

您的信用卡、蚂蚁花呗、京东白条等的可透支额度总共有多少钱？

至2019年年末，您还未还清的欠款总共有多少钱？

至2019年年末，别人向您借的钱仍没有归还给您的总共有多少钱？

至2019年年末，您的微信钱包余额、支付宝余额、现金总共大约有多少钱？

至2019年年末，您的银行存款总共大约有多少钱？

至2019年年末，您购买的股票、债券、理财产品总共大约有多少钱？

第六章 农户金融市场参与

从表 6-22 可以看出，仅有 16.06% 的农户获得消费信贷授信，27.65% 的农户有负债，25.15% 的农户有借出款，85.37% 的农户有手持现金，60.37% 的农户有银行存款，2.14% 的农户持有股票、债券、理财产品等。非零值样本的消费信贷授信额度均值为 5.46 万元，负债总额均值为 10.86 万元，借出款余额均值为 6.61 万元，手持现金与数字支付余额均值为 1.71 万元，银行存款余额均值为 6.91 万元，持有股票、债券、理财产品总市值均值为 16.17 万元。大多数农户不持有或仅持有少量金融资产。分地区来看，东部地区农户消费信贷授信额度，负债总额，借出款余额，银行存款余额和股票、债券、理财产品总市值的均值均明显高于其他三个地区，但手持现金与数字支付余额与其他地区差别不大，为 2.01 万元。中部地区农户的六项内容均值略高于西部地区和东北地区，手持现金与数字支付余额均值在四大区域中最高，为 2.25 万元。西部地区农户消费信贷授信额度、负债总额、银行存款余额均略高于东北地区，但借出款余额，手持现金与数字支付余额以及股票、债券、理财产品总市值均低于东北地区，其中手持现金与数字支付余额均值是全国最低。东北地区农户消费信贷授信额度、负债总额、银行存款余额是全国最低的。

表 6-22　　　　至 2019 年年末农户持有金融资产情况　　（单位：%，万元）

	消费信贷授信额度均值	负债总额均值	借出款余额均值	手持现金与数字支付余额均值	银行存款余额均值	股票、债券、理财产品总市值均值
非零值样本占比	16.06	27.65	25.15	85.37	60.37	2.14
全国	5.46	10.86	6.61	1.71	6.91	16.17
东部地区	8.22	16.45	8.68	2.01	8.52	21.18
中部地区	4.66	12.18	6.30	2.25	6.28	17.91
西部地区	3.43	8.75	5.32	1.26	6.07	6.09
东北地区	2.51	7.11	6.73	1.73	6.00	11.86

注：表中全国与各地区均值为去掉零值样本后的均值。

六 本章小结

(一) 主要结论

基于前文的分析,本章得出以下结论。

在支付方面,现金仍是农户最主要的小额支付手段,其后为微信支付。现金支付为首选、占比最高的是东北地区,其后为西部地区和东部地区;微信支付为首选、占比最高的是中部地区,其后为东部地区和西部地区,东北地区最低。

现金也是农户最主要的大额支付手段,但占比明显低于小额支付,其次为储蓄卡支付和微信支付。其中,东北地区现金支付为首选的占比是全国最高的,东部地区和东北地区微信支付占比略多于储蓄卡支付,中部地区和西部地区储蓄卡支付多于微信支付。

在信贷可得的基础方面,全国农户可以借到钱的亲戚朋友数量平均约为7个,东部地区和西部地区略少,中部地区和东北地区略多。正规金融机构认定的信用户占34.56%,西部地区信用户占比最高且超过全国平均水平,中部地区最少。农户授信额度平均为14.35万元,东部地区明显高于其他三个地区;授信期限平均为2.37年,东部地区和西部地区超过平均水平,而中部地区和东北地区低于平均水平。

在信贷需求方面,有信贷需求的农户约占全部样本的1/3,生产经营方面的信贷需求明显超过生活方面的信贷需求。分地区来看,东部地区农户在生活方面的信贷需求超过生产经营方面,而其他三个地区恰恰相反,且东北地区农户在生活方面的信贷需求远远不及生产经营方面。农户信贷需求额度均值为9.69万元,需求期限均值为2.17年,最高可承受年利率均值为5.09%,有1/4的农户表示如果需要支付利息就不借钱。其中,东部地区需求额度均值最高,需求期限最长;中部地区最高可承受年利率为全国最低;东北地区需求额度最低,需求期限最短,可承受年利率也最高。

在借贷来源偏好方面,民间借贷仍是大部分农户的首选。有61.75%

的农户首选从亲朋好友处借钱,且不需要支付利息,东部地区和中部地区占比都超过全国平均水平;有32.64%的农户首选从银行等金融机构贷款,仅西部地区超过全国平均水平;首选从亲朋好友处借钱并支付利息的农户占2.58%,这是第三大首选来源,在四大区域中均明显超过首选为民间放贷人、使用数字信贷的占比。

农户供应链金融参与水平普遍较低。农资赊购或用于购买农资的借款是农户相对容易获得的供应链金融服务,偶尔获得和经常获得的农户合计占比仅为17.49%。预付款和生产垫资是农户第二容易获得的供应链金融服务,偶尔获得和经常获得的农户合计占比仅为7.28%。担保是农户最不容易获得的供应链金融服务,偶尔获得和经常获得的农户合计占比仅为3.02%。偶尔获得和经常赊销的农户合计占比高达11.73%。分地区来看,东部地区农户四项供应链金融服务的参与占比在四大区域中都是最低的。中部地区农户参与赊购或借款、赊销和获得担保的占比也比较低,获得预付款或垫资的农户占比略高。西部地区和东北地区农户参与供应链金融的占比较高。特别是西部地区农户获得预付款或垫资、担保服务的占比在四大区域中最高,东北地区农户获得农资赊销或借款的占比在四大区域中最高,赊购的比例也最高。

有信贷需求且无其他解决途径的农户没有申请正规信贷的三大约束性因素分别是没有担保人或抵押物,网点远、没熟人、手续复杂、审批时间长,利息太高、不想支付利息。其中,东部地区和中部地区最主要的约束性因素是没有担保人或抵押物,西部地区最主要的约束性因素是利息太高、不想支付利息,东北地区是网点远、手续复杂、审批时间长。申请了正规信贷但并未获批的农户中,近一半不知道为什么被拒贷。此外,抵押物和担保人不符合要求是被拒的主要原因。

全部样本中超过1/3的农户获得过正规信贷,但东部地区和中部地区占比较低,西部地区和东北地区占比较高。农户最近一次正规信贷的申请额度约为10万元,贷款申请基本能得到全额批准。贷款年利率均值为5.78%,贷款产品平均期限为25.41个月,农户实际需要使用贷款期限明显超过贷款产品期限,总体上期限不匹配问题比较严重。大部分农

◆ 第二篇 主报告

户不需要额外支付请客、吃饭、送礼等费用，极少数农户需要花费相关人情往来支出。其中，东部农户正规信贷申请额度最高，信贷产品期限最长；中部地区农户信贷期限匹配度在四大区域中最高。西部地区和东北地区两个地区的年利率水平差别较大，西部地区最低，东北地区最高，两个地区信贷产品期限的差别也非常大，西部地区是东部地区的近两倍。

农户正规信贷的主要来源是农信社系统金融机构，其次来自工农中建等国有银行，特别是西部地区农户来自农信社系统金融机构的占比超过80%。在担保方式上，信用贷款占比最高，其次为担保贷款和抵押贷款。其中，东部地区、中部地区和西部地区信用贷款占比超过一半；而东北地区抵押贷款占比最高，接近一半。抵押物类型中，商品房房产等固定资产是最主要的抵押物，但东北地区非常特殊，主要是土地承包经营权和林权。其他地区也有土地承包经营权和林权、住房财产权、租入土地经营权合同或其与其他抵押担保相结合方式的抵押物，但占比很小。非公职人员担保是最普遍的担保方式。

农户正规信贷的主要用途依次是农业生产性支出，购置和修缮房屋，非农经营性支出，教育、医疗等消费性支出和购置生产性资产支出。但各地存在差异，东部地区最主要的用途是购置和修缮房屋、非农经营性支出；中部地区最主要的用途是农业生产性支出和非农经营性支出；西部地区最主要的用途是农业生产性支出，教育、医疗等消费性支出，购置和修缮房屋；东北地区绝大多数是农业生产性支出。绝大多数农户都能及时还清贷款，未能还款的农户占比不超过4%。

有近1/3的农户有民间借贷行为，其中东北地区农户有借贷行为的占比最高。农户最近一次民间借贷需要借款的额度均值为5.28万元，仅约为正规信贷额度均值的一半，绝大多数不需要支付利息，但不需要支付利息的借款额度为4.69万元，远远低于需支付利息的借款额度（8.47万元）。无论是否需要支付利息，民间借贷能够有效满足农户信贷需求。民间借贷的年利率明显超过正规信贷年利率。民间借贷的贷款使用时间明显比正规信贷使用的时间更短，但农户从提出借贷请求到拿到钱比正规信贷略快。大部分农户不需要额外支付请客、吃饭、送礼等费用，极少数农户需要支付相关人情往来费用。亲戚是农户民间借贷最主要的来源，四大区域都是如此，其次为朋友。民间借贷在绝大多数情况下是完全依靠信用，但在个别情况下也存在借助担保人和变相抵质押作为风控手段。

与正规信贷的用途不同，农户民间借贷的第一大用途是教育、医疗等消费性支出，其次为购置和修缮房屋，再次是农业生产性支出。其中，东部地区的用途排序依次为购置和修缮房屋，教育、医疗等消费性支出和农业生产性支出；中部地区的用途排序依次为教育、医疗等消费性支出，购置和修缮房屋，农业生产性支出；西部地区的用途排序依次为教育、医疗等消费性支出，农业生产性支出和购置和修缮房屋；东北地区的主要用途为教育、医疗等消费性支出和农业生产性支出。

大多数农户不持有或仅持有少量金融资产，也没有负债。东部地区农户持有金融资产量明显高于其他三个地区，但手持现金与数字支付余额与其他地区差别不大。中部地区农户持有金融资产量又略高于西部地区和东北地区。

（二）政策启示

第一，应进一步完善农村地区数字普惠金融基础设施建设，缩小城乡"数字鸿沟"。完善的金融基础设施和良好的金融生态环境是农村普惠金融进一步下沉服务的基础。随着数字金融的飞速发展，ATM、POS机、金融服务网点等传统金融基础设施的重要性开始逐渐下降，互联网和移动通信等数字金融服务基础设施的重要性不断上升。但是，目前中国农村仍有部分地区未能实现互联网和移动通信的全域覆盖，特别是在偏远地区互联网和移动通信的可达性更差。进一步建立、完善农村地区数字金融基础设施，有利于农村普惠金融服务广度和深度的提升，缩小城乡"数字鸿沟"。因此，应改进全国通信基础设施，提高移动通信和互联网的覆盖面和可达性；进一步降低移动通信和互联网使用资费，使更多人能够获得速度更快、成本更低的基本移动通话和移动互联服务；鼓励手机生产企业根据县域居民和农户的收入水平、知识水平和数字化使用能力，开发多层次的，农户可负担、能使用、易操作的智能手机。同时，传统金融机构应建立低运作成本的数字金融服务代办点，通过移动互联网或者宽带提供基本的金融服务。

第二，应进一步激发传统金融机构产品服务创新，提升其为农户服务的能力。调查发现，以农信社系统金融机构为主的传统金融机构仍是农村金融服务的主要供给主体，但其金融产品服务创新不足。以信贷产品为例，由于传统金融机构的风控方式仍然主要依靠抵押担保，虽然信用贷款授信户数明显增加，但授信额度往往都较小，不能满足农村各类经营主体的多样化需求。特别是对于信贷需求额度较大的新型农业经营主体，信用贷款额度不能满足需求。如果想要增信就要借助抵押担保，这恰恰是农村经营主体所缺少的。因此，应大力激发传统金融机构结合常规手段和金融科技手段继续下沉服务，发挥网点优势和信息优势充分开展关系型银行业务，创新信用评估体系和风险防范化解机制，以客户需求为导向，在产业发展、基础设施建设、农户生产经营等方面，针对各类主体的差异化需求，创新匹配具有实操性的信用评估方式和产品服务类型，从而降低农村信贷市场的交易成本，全面提高各类农户的信贷可得性。

第三，大力发展农业供应链金融，促进小农户与现代农业有机衔接。通过前文分析可知，农业供应链金融在农村的发展非常不充分，农户对农业供应链金融的参与程度非常低。大量文献证明，发展农业供应链金融可以充分利用农业龙头企业或者农民合作社的供应链管理能力以及对自身贷款和其所带动农户贷款的担保能力，对农业供应链整合和转型升级、农产品竞争力提升和农户增收都有明显作用。因此，应充分激发银行、担保公司、保险公司等各类金融机构参与供应链金融的积极性。政府可以辅以一定的担保、再保险和协调，鼓励金融机构创新以供应链核心企业为主导、上下游各类涉农经营主体积极参与的供应链金融服务和产品；充分利用供应链金融的定向支付和资金闭环流转解决金融机构的信贷管理和风控问题，借助金融科技实现对产业链各环节物流与资金流的总体把控；不断积累要素流、产品流与资金流数据，实现产业链全流程控制，提高供应链金融服务的效率，从而促进农业产业发展、促进农户增收、提升农产品可追溯性。

第四，提高农户金融素养，优化农村金融生态。通过调研可知，中国农户的金融素养仍然较差，直接影响农户的金融市场参与能力。因此，应积极培养农村居民金融意识，提升其金融素养水平。政府、互联网中心、银行或其他金融机构通过培训、发放宣传册、制作公益宣传片等方式在农村普及金融教育，特别是数字金融教育。同时，继续完善全国城乡个人与企业征信体系。中国人民银行征信系统已经成为世界上收录人数最多、数据规模最大、覆盖范围最广的征信系统，但在中国县域仍有大量农户和小微经营主体未被纳入征信系统。应积极推动个人征信市场化和商业机构征信合法化，鼓励商业征信机构有序发展，促进完善社会信用体系建设。加快农村信用担保体系建设。金融机构通过与政府合作，整合县域涉农公共信用信息和"三农"信息等资源，将政府税收等相关数据纳入信用信息系统，通过手机银行等收集信用空白用户的信息，推动新型农业经营主体建立信用档案，配合中国人民银行逐级推进信用户、信用村、信用乡（镇）建设。逐步搭建完成农业信贷担保体系，推动省级农业信贷担保公司加快提升服务能力、落实强化激励约束相关政策。此外，还应盘活农村土地产权要素市场，积极推动各种农村产权的权证化，大力发展农村各类产权流转交易平台，鼓励各类主体进行农村产权交易，为农村产权抵押贷款提供信用支持。

第五，进一步建立完善多元化、广覆盖的农村金融体系和秩序，对民间金融和合作金融给予一定的发展空间和合理有效的监管。通过调查可以发现，民间金融在满足农户金融需求方面仍发挥着重要的作用，特别是对于小额、短期的信贷需求。民间金融与合作金融由于在地化特征，可以充分利用农村社区的"局部知识"，信贷交易成本非常低，农户可以非常及时、便捷地获得信贷。因此，一方面，应允许民间金融与合作金融等非正式金融在一定的秩序框架内运作，利用其高效率、低成本的优势，为农村金融供给提供有益补充；另一方面，应优化对非正规金融的监管方式，通过提供预警信息、提高信息透明度、建立信贷违约纠纷解决机制等方式，保持其发展活力，降低其运行风险。

第七章　信息接入条件、使用行为及线上行为参与

崔　凯　王　瑜[*]

信息时代互联网加快普及，居民对各类信息的采纳、应用、决策等行为正在发生重要变化，缩小城乡数字鸿沟，前提是把握农村居民的微观行为基础。本章针对农村信息化情况，重点围绕四部分内容开展研究。第一部分从基础环境和接入质量两方面对村级和农户家庭层面的信息接入条件进行分析，第二部分从信息获取偏好、信息获取及时性和信息使用能力三方面识别农户个体的信息使用行为，第三、第四部分从在线的社区治理参与、电商参与两方面透视乡村信息应用的社会经济效果。本章总体概括了村户微观层面乡村信息化的发展，对于掌握当前中国农村信息化的现状与特点，深入理解信息化对乡村发展的经济社会的影响等都有重要的参考价值。

一　信息接入条件

农村的信息接入是城乡信息要素互通的必要条件，近年来中国农村网络条件大幅改善，[①] 农村互联网普及率逐年显著提升，信息接入条件不

---

[*] 崔凯，博士，中国社会科学院农村发展研究所副研究员，研究方向为农村信息化；王瑜，博士，中国社会科学院农村发展研究所助理研究员，研究方向为农村贫困、劳动力流动。

[①] 《农村经济持续发展 乡村振兴迈出大步》，2019年8月7日，国家统计局网站，http://www.stats.gov.cn/ztjc/zthd/bwcxljsm/70znxc/201908/t20190807_1689635.html。

第七章　信息接入条件、使用行为及线上行为参与

断改善，农户的信息运用强度和质量不断提升，不仅成为乡村基础设施逐步健全和信息化环境逐步改善的重要体现，也为乡村未来信息化、数字化转型奠定基础。

（一）信息基础环境

从村级和农户两个层面对信息接入条件进行统计分析，村级层面主要考察互联网入户率，农户层面主要考察家庭上网设备的拥有情况，通过这些指标来总体反映村和农户信息接入的现状和特点。

1. 宽带网络入户水平

村级宽带（互联网）入户情况普遍较好，在区域上存在差别，地势差异则不明显。从乡村通宽带网络情况来看，全国近二成村庄实现全部农户通宽带，即"户户通"宽带。村级层面，全国互联网入户率的平均值为63.25%（见图7-1）。分四大区域看，东部地区和中部地区互联网入户率大体相当，在70%以上；西部地区和东北地区互联网入户率较低，均为50%—60%。互联网入户率的地势差异并不明显，调查结果表明，在平原、丘陵、山区和半山区四类不同地势中，村庄的互联网入户率均在60%以上，与全国总体水平接近。

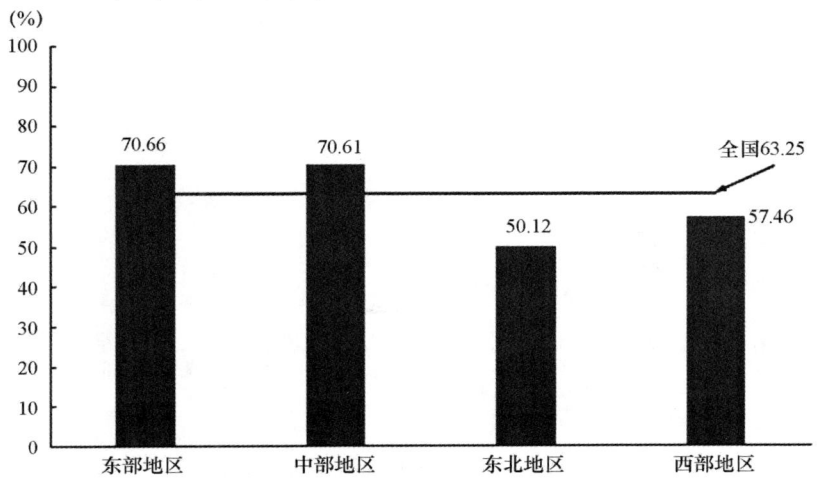

图7-1　农村地区互联网入户率

东部地区 70.66　中部地区 70.61　东北地区 50.12　西部地区 57.46　全国 63.25

◆ 第二篇 主报告

研究发现，村庄的地理位置不同，互联网入户率也体现出明显的差别。城郊村互联网入户率为76.05%，高于非城郊村约16个百分点。为进一步考察这种地理位置差异，结合村与县政府的距离进行分析，得出距离县政府20千米以内的村庄，互联网入户率为66.23%；距离县政府大于20千米小于等于50千米的村庄，互联网入户率为61.00%；距离县政府大于50千米的村庄，互联网入户率为52.38%。村庄距离县政府越远，其互联网入户率相对越低。这说明，从地理空间来看，城镇化的发展和带动可能是影响村庄互联网普及率的重要因素。

2. 家庭上网设备

为进一步评估信息接入状况，对农户家庭的上网设备拥有量进行分析。对受访农户中的不适宜样本进行筛选后，有90.89%的农户家庭有智能手机、平板电脑、笔记本电脑或台式电脑等上网设备（见图7-2），29.73%的农户家庭拥有两台及以上的上网设备。相对而言，家中无任何上网设备的受访者占9.11%，这其中受访者为50周岁以上（1970年之前出生）的占98.28%，说明对于上网设备使用存在困难的以老年人群体为主。

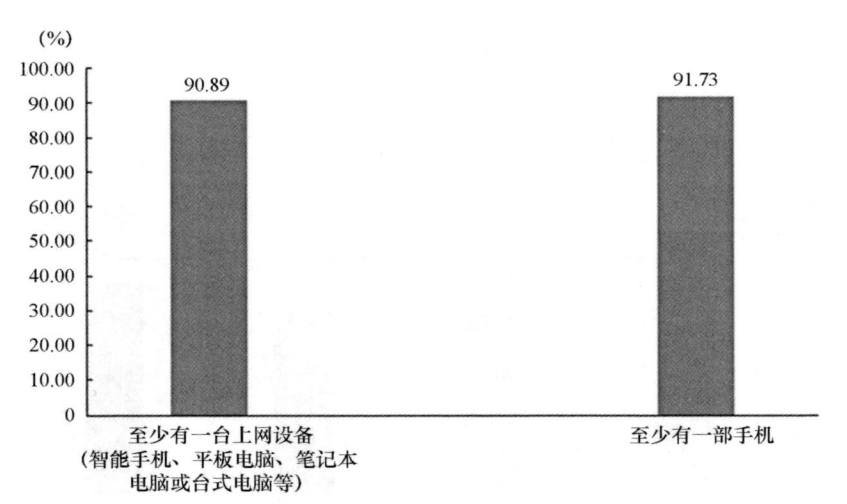

图7-2 家庭信息设备情况

第七章 信息接入条件、使用行为及线上行为参与

智能手机是最主要的上网设备。截至 2020 年 6 月，中国手机网民规模达 9.32 亿，占全部网民规模的 99.2%。[①] 对此，本次调查专门考察农户家庭的 4G/5G 手机拥有情况。结果表明，9 成以上的农户家庭拥有至少 1 部 4G/5G 手机，57.38% 的农户家庭有 3 部或 3 部以上的 4G/5G 手机。无 4G/5G 手机的受访农户占 8.27%，这些农户家庭成员以 50 周岁以上老人为主。从农户智能设备和智能手机的拥有情况看，在全国层面基本上能够实现家庭普及。没有上网设备和智能手机的家庭基本由老年人组成，说明老年群体利用现代信息设备具有一定难度，这部分群体较少享受互联网红利。

（二）信息接入质量

在对信息基础环境和接入条件考察的基础上，为识别信息接入的家庭网络条件，甄别个体对于智能手机设备的使用情况，对信息接入的质量进行分析，使用包括农户家庭网络条件、农民个体智能手机使用情况等指标。

1. 家庭网络条件

在互联网基础设施广泛覆盖的同时，农村的网络条件也大有改观，仅有少数农户家庭网络条件较差。从农村居民的网络条件来看，49.06% 的受访农户认为家庭网络条件非常好；12.13% 的受访农户认为家庭网络条件较差，存在经常断网的情况。其中认为家庭网络条件较差的农户，大多数来自西部地区，比例为 48.45%。为进一步识别这种地域差异性，对比东部地区和西部地区农村的家庭网络条件。在东部地区，58.19% 的受访农户认为家庭网络条件非常好，高于全国水平；在西部地区，42.50% 的受访农户认为家庭网络条件非常好，与全国水平有一定的差距。当前家庭网络条件较差的地区主要集中在西部，说明家庭网络条件与区域信息设施建设水平密切相关，而这些又取决于各地的财政投入和经济发展水平。

2. 农民智能手机使用情况

农户个体对手机等上网设备的使用情况能够反映当前农民的信息素

---

① 中国互联网络信息中心：《第 46 次中国互联网络发展状况统计报告》，2020 年。

◆◇ 第二篇 主报告

养,也是信息要素向农村渗透的重要体现。在全国层面受访农户中,对有效样本进行筛选后得到,使用4G/5G手机的受访农户占82.20%,说明智能手机在农村已经具备相当的普及程度。不使用智能手机的农民群体基本为50周岁以上的老年人,占97.05%,这与家庭上网设备拥有量的分析结果基本一致。

为识别使用智能手机农户群体的基本能力,问卷中提供了使用4G/5G手机是否存在困难的题目。调查结果表明,52.63%的受访农户认为使用手机功能不存在困难,而有12.03%的受访农户仅用手机来接打电话。说明绝大多数农民能够较好地应用智能手机的系列功能而不存在较大困难。仅用手机来接打电话的农民群体的特点是受教育程度较低,这个群体中,初中以下受教育程度的占90.19%,反映出现代信息设备的使用与文化素质密切关联。仅有不到10%的农户接受过电脑或手机的上网培训,在接受培训的群体中,东部地区最多,占全部接受培训受访者的38.83%。

手机使用时长是信息设备使用强度的重要体现。结合分层抽样结果,全国层面的受访农民每日平均使用手机的时长为2.79小时(见图7-3)。分地区来看,东部地区农民的手机每日平均使用时长明显高于全国,为2.94小时;中部地区、西部地区农民的手机每日平均使用时长较为接近,且低于全国总体水平。就智能手机使用时长来看,与家庭网络条件的分析结果相似,东部地区农民的信息设备使用强度也较高。这些都说明虽然宽带入户等网络基础条件在四大区域差异并不大,但是在农户家庭的信息接入质量和农民设备使用强度方面,中部地区、西部地区仍需进一步提高。

考虑到不同就业类型农民群体的手机使用差异,对不同就业类型的农民进行分析发现:非农就业农民群体的手机每日平均使用时长较高,为3.72小时;兼业农民群体的手机每日平均使用时长也高于全国水平,为2.82小时;全职务农农民群体的手机每日平均使用时长更低。对于这种现象,一个可能原因是非农化、兼业化农户群体的文化素养、技能水平较高,社会关系也更为复杂,在社交、业务等方面的需求更多。因此对于留守务农群体而言,非农、兼业农户使用手机更为频繁。

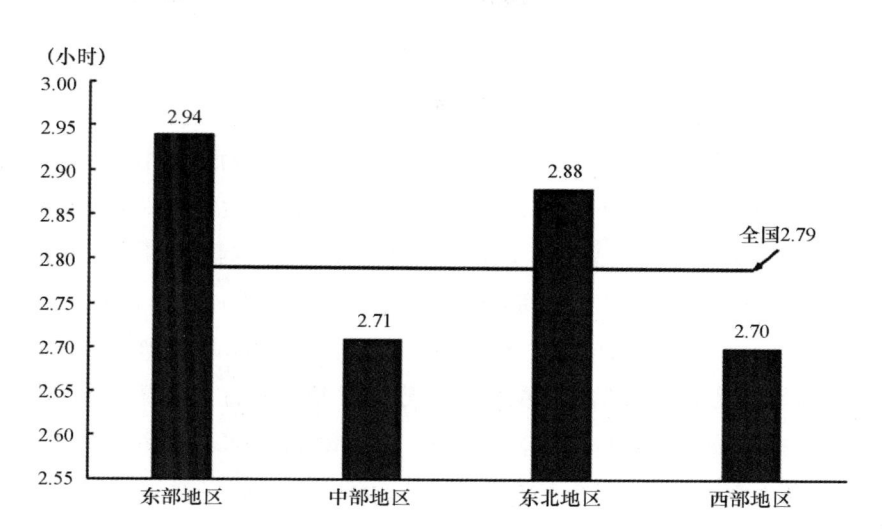

第七章 信息接入条件、使用行为及线上行为参与

图 7-3 手机使用时长情况

二 个体信息使用行为

由于信息使用行为涵盖的内容较广，这里选择信息获取偏好、信息获取及时性以及信息使用能力等进行分析，试图在农户层面透视信息资源的下沉方式，寻找农村信息传播渠道与农户需求相匹配的契合点，透视农村信息化发展的趋势。

（一）信息获取偏好

对于信息获取偏好，主要从信息获取渠道偏好以及信息内容的偏好两方面来考察。其一，从网络信息获取渠道的偏好来看，就农户最倾向村委会通过何种方式传递信息这一问题，受访农户提到微信等网络手段最多，其次是电话短信，再次是广播，其他如公告等信息传递方式相对较少提及。说明从普及和接受程度来看，网络已成为村级信息传播和发布的最主要途径。基于不同区域的对比发现，较之其他方式，倾向微信和网络手段传播重要信息的农户群体在中部地区、东部地区、西部地区和东北地区所占比重均最多，基本在45%左右，这与全国总体水平相当。

◆ 第二篇 主报告

说明农民对于村委会通过在线化方式传递重要信息的方式已经形成基本认可,在不同区域上的差异并不明显。

其二,就信息内容的偏好而言,在剔除异常值后的有效样本中,对农民希望通过网络重点关注的信息(限选不超过三项)进行分析。发现农民最希望通过网络关注的信息是实时新闻,希望关注实时新闻的受访农民占 58.86%;希望关注村庄事务和娱乐游戏的受访农户分别占 26.11% 和 22.67%。除此之外,农户也关注生活常识、生产指导、市场销售等方面的信息,希望关注这三类信息的受访农民分别占 15% 左右。这表明当前农民在信息内容方面的偏好也是相对集中的,新闻资讯、村庄各类事务以及与生产生活联系密切的项目是绝大多数农民关注的重点。

由于农民对于信息获取存在偏好,那么通过网络获取的信息是否满足日常需求。调查结果表明,认为完全满足、基本满足和一般的受访农户占近 9 成(89.34%)。其中认为通过网络得到的信息能够完全满足日常需求的受访者占 35.09%,仅有 4.48% 的农户认为通过网络得到的信息完全不满足日常需求(见图 7-4)。说明通过网络获取信息基本上能够满足大部分农民的日常需求,部分农民可能因为自身条件或能力限制而无法从网络获取有效信息。

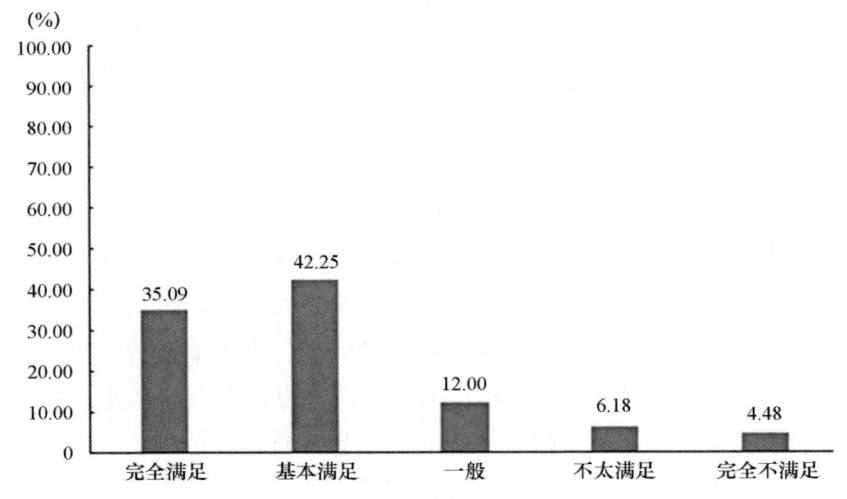

图 7-4 网络信息获取的满足程度

完全满足	基本满足	一般	不太满足	完全不满足
35.09	42.25	12.00	6.18	4.48

第七章　信息接入条件、使用行为及线上行为参与

（二）信息获取及时性

对于农户所关注的信息能否及时获取，在有效受访农户样本中，认为信息获取很及时的受访农户有将近7成（67.26%），将近1成（9.16%）的受访农户认为不能够及时获取关注的信息。从信息获取及时性的区域比较看，认为信息获取很及时的受访农户比例在不同区域的差异并不大，各区域比例都大体上与全国水平相当。说明在主观认知上，农民总体认为信息获取是及时的。

从农户对于村级信息传播及时性的主观感受看，72.27%的受访农民认为本村有通过网络发布和传递重要信息，并且很及时；12.30%的受访农民认为本村有通过网络发布和传递重要信息，但不如其他方式及时；仅有8.09%的受访农民认为本村没有通过网络发布和传递重要信息，但是也能及时提供信息。说明网络化、在线化手段已经成为村集体对农户的重要信息传播和告知方式。

为进行区域对比，分东部、中部、西部和东北地区来看，认为有通过网络及时传递信息的农民群体比例较为接近，这个比例均在70%以上，这与农民对于信息获取及时性的认知分析结果一致。无论是农民个体信息获取，还是村级信息传播，各地信息发布、获取总体上是及时的，从及时性方面来看地区差异较小。

（三）信息使用能力

为进一步识别农户对于信息的使用能力，笔者就农户能否通过手机或者网络获取日常需求信息进行分析，同时结合受教育程度和年龄进行识别。

分析结果表明，认为完全可以通过手机或者网络获取日常需求信息的受访农民占50.07%，其中高中及以上文化程度的占26.15%（见图7-5），50周岁及以下出生的占54.89%；认为有时可以通过手机或者网络获取日常需求信息的受访农民占24.81%，其中高中及以上文化程度的占16.71%，50周岁及以下出生的占35.61%；认为通过手机或者网络获

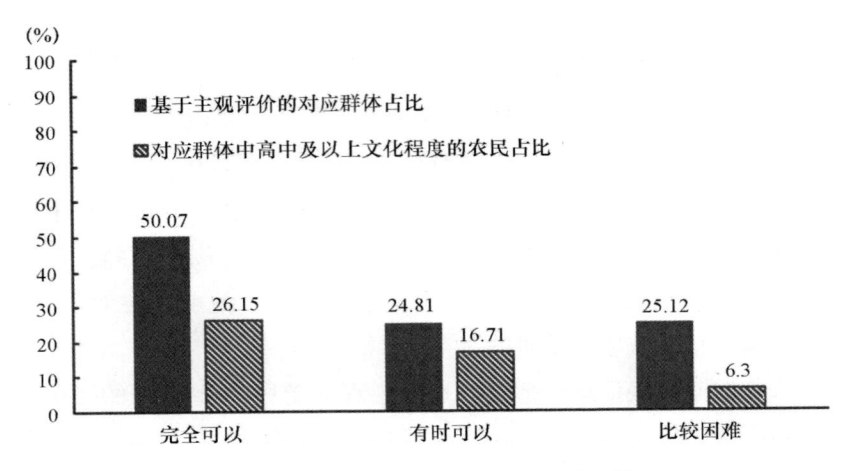

图 7-5 村民对于日常需求信息的获取情况

取日常需求信息比较困难的受访农民占 25.12%，其中高中及以上文化程度的占 6.30%，50 周岁及以下出生的占 14.78%。可以看出，手机使用能力与教育水平、年龄结构密切相关，教育水平较高以及中青年群体等能够较多地运用手机或者网络获取日常需求信息。

从在线交流互动来看，几乎全部的村庄（96.08%）都有通过微信等建立全村性信息发布和交流群（包括村民小组群）。从受教育程度来看，在高中及以上文化程度的农民群体中，67.56% 的农户经常或有时通过微信群就村内事务开展交流；而在初中及以下文化程度的农民群体中，该比例仅为 38.66%。因此，文化程度越高的农户越有可能通过微信积极参与村级事务的交流。一个原因与前文的分析结论相一致，受教育程度较高的农户使用智能设备的能力较强，进而参与在线交流的实现难度更低。

手机付费能够反映农户使用某类功能的特殊偏好，总体样本中 14.30% 的受访农民为手机 App 服务支付过费用。手机付费内容以社交（微信、微博、QQ、知乎、豆瓣等）、娱乐（游戏、直播、视频、音乐等）为主，在这两方面付费的农户约占付费农户总体的 70.14%。手机付费农户以中青年为主，50 周岁及以下的占 68.74%。与前文分析有所区别的是一定比例的学历较低的农户有手机付费需求，手机付费农户中初中文化程度的占比为48.90%。

三 在线的村庄治理参与

伴随信息化水平的不断提升，网络已成为农户获得村级信息、参与村内事务的重要渠道。本部分主要从农户层面考察了其所在村庄信息传递渠道的在线化程度、农户对村庄信息传递方式的偏好以及在线参与村内公共事务交流的情况，从而识别当前村庄信息交流的网络化水平以及农户的需求状况。

（一）所在村通过网络发布和传递信息的情况

77.21%的受访人表示所在村使用了网络及时发布和传递重要信息。约有10%的受访人表示所在村未通过网络发布和传递重要信息（无论是否及时），约有6%的受访人表示所在村的重要信息传递不及时（无论是否通过网络）（见图7-6）。这表明，网络的便捷性正在改变村庄过去依赖于奔走相告或逐一电话通知的信息传递模式，网络成为提升信息传递

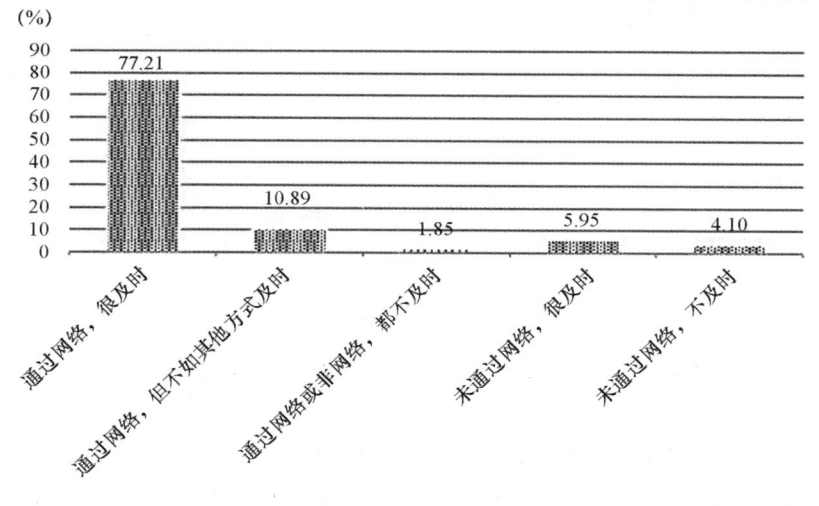

图7-6 所在村通过网络发布和传递重要信息的情况

效率、节约人力的重要方式；但同时也应注意到，未通过网络传递信息的村庄依然有 1/10，而且存在信息传递不及时的情况，村务治理信息化的差距已经开始显现。

在不同地区，受访人表示所在村会通过网络及时发布和传递重要信息的比例，从东部、中部、西部地区到东北地区依次上升，分别为 75.19%、76.01%、78.45% 和 80.22%（见图 7-7）。此比例的地区差异与通常认知并不相同。从西部、中部地区到东部地区，信息接入条件是越发优越的，但是数据中体现出的受访者所在村使用网络及时发布和传递重要信息的比例却是西部地区高于中部地区，中部地区高于东部地区，东北地区比例最高。虽然这一比例的地区差异与信息接入条件不相符，但是与后文将进一步分析的农户对村委会信息传递方式偏好的地区差异非常吻合。

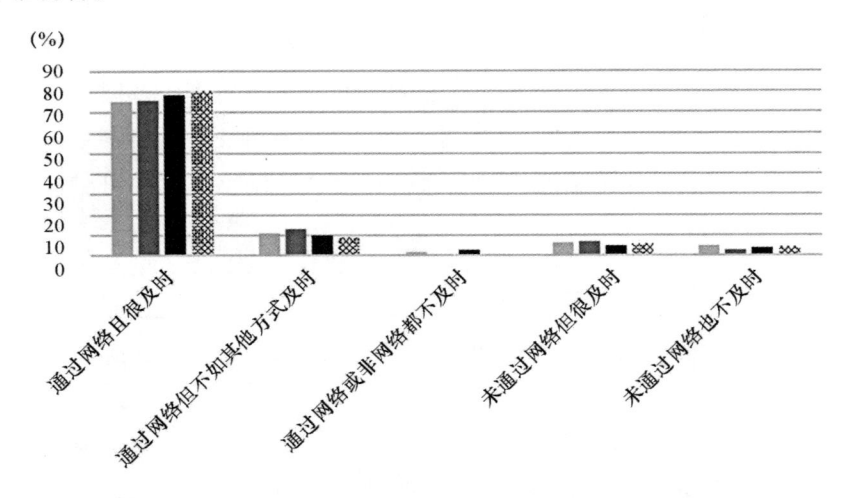

图 7-7 所在村通过网络发布和传递重要信息的地区差别

（二）对村委会重要信息传递方式的偏好

在对村委会重要信息传递方式的偏好中（见图 7-8），有 58.12% 的受访人选择了微信等网络手段；有 29.15% 的受访人选择了电话短信；有 14.91% 的受访人选择了广播；而公告、其他方式被提及的频率很小，占

第七章　信息接入条件、使用行为及线上行为参与

受访人的比例均不足3%。这表明微信等网络手段已经成为农户接收村委会信息的重要渠道；但同时，考虑到目前农村老龄化加重以及移动互联网应用大多缺乏适应老龄化和无障碍改造的状况，必然存在一部分家庭还需通过电话短信和广播等途径实现信息传递。

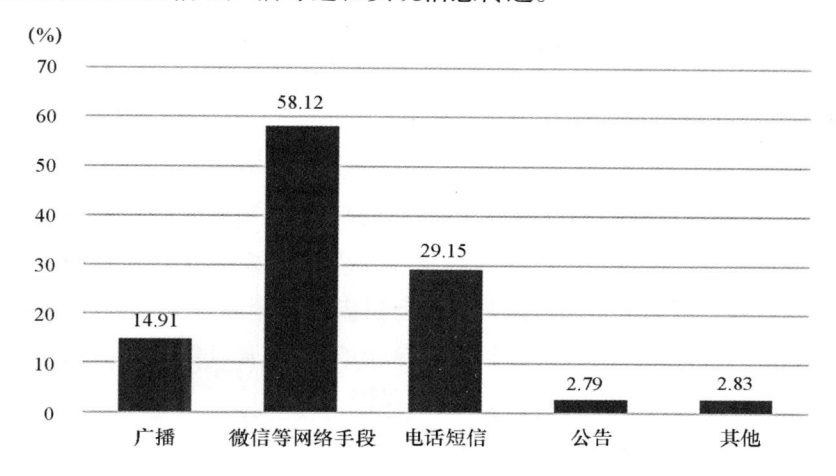

图7-8　对村委会重要信息传递方式的偏好

注：此题为多选，此处展示的是各类方式被受访人提及的频率。

从不同地区看（见图7-9），受访人对微信等网络手段的选择频率，

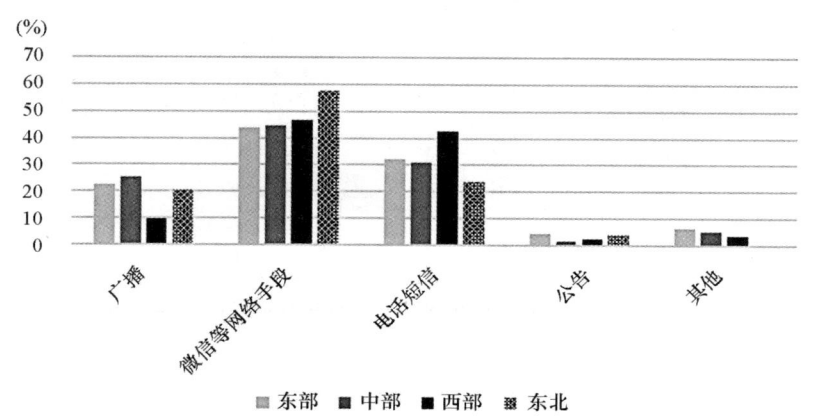

图7-9　对村委会重要信息传递方式偏好的地区差异

注：此题为多选，此处展示的是各类方式被受访人提及的频率。

◆ 第二篇 主报告

东北地区最高；对广播的选择频率，中部地区最高；对电话短信的选择频率，西部地区最高。在对微信等网络手段的偏好上，从东部、中部、西部地区到东北地区，受访人偏好的频率是逐次升高的，这与前文所在村通过网络发布和传递信息情况的地区差异具有一致性。当然，对微信等网络手段传递信息方式的偏好，不仅受信息接入条件的影响，还受村庄老龄化程度、受访人年龄层、村庄居住聚集度等多种因素影响，有待于具体情况具体分析。

（三）在线参与村内重要公共事务交流情况

整体来看，通过微信群这类线上模式参与村内重要公共事务交流已经相当普遍。从受访人通过微信群参与村内重要公共事务交流的情况看，有 31.10% 的受访人表示经常参与，24.10% 表示有时参与，而很少和从未参与的分别占 16.30% 和 28.49%（见图 7-10）。

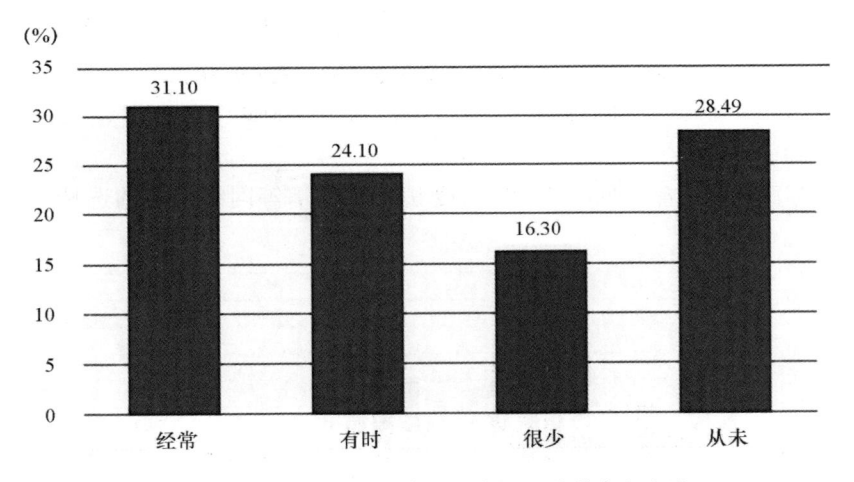

图 7-10 通过微信群参与村内重要公共事务交流

在东部、中部、西部、东北地区四大区域，受访人通过微信群这类线上方式参与村内重要公共事务交流的程度结构基本一致。受访人经常参与的占比，中部地区最高；经常和有时两类线上参与村内交流程度的受访人占比，也是中部地区最高。当然，这方面的差异也可能受到受访

第七章　信息接入条件、使用行为及线上行为参与

人年龄、信息接入条件等多种因素影响。

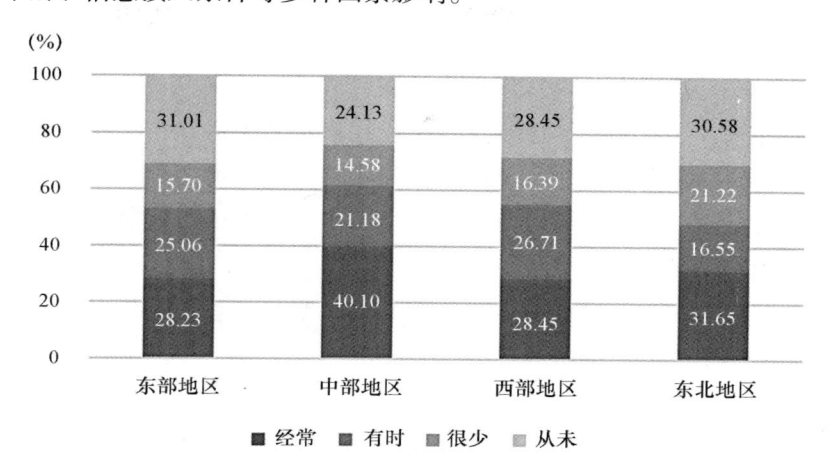

图 7-11　通过微信群参与村内重要公共事务交流的地区差异

东部地区：经常 28.23，有时 25.06，很少 15.70，从未 31.01
中部地区：经常 40.10，有时 21.18，很少 14.58，从未 24.13
西部地区：经常 28.45，有时 26.71，很少 16.39，从未 28.45
东北地区：经常 31.65，有时 16.55，很少 21.22，从未 30.58

在不使用4G/5G手机的受访人（大部分是老年人）中，绝大部分也就从未通过微信群参与过村内重要公共事务交流。而在使用4G/5G手机的受访人中，依然有约32%从未通过微信群参与村内重要公共事务交流。

使用4G/5G手机：从未，32.01
不使用4G/5G手机：从未，96.24

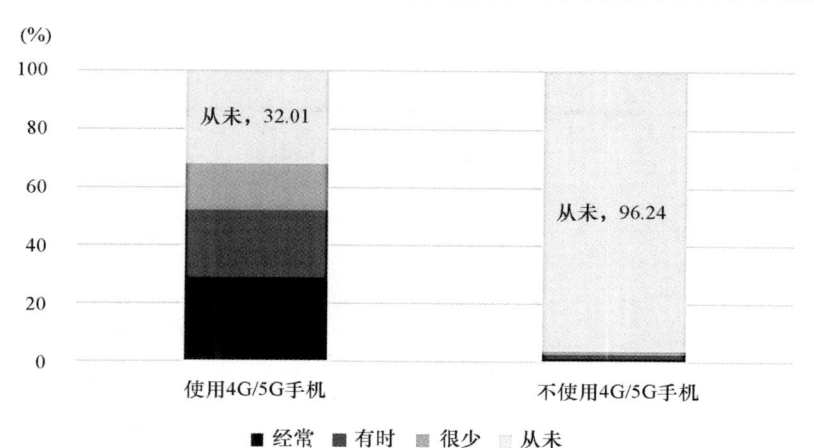

图 7-12　使用4G/5G手机与通过微信群参与村内重要公共事务交流情况

四 电商参与

近年来,伴随乡村信息条件改善和物流水平的提升,农村电商成为农户参与市场和自主就业的重要业态和增收渠道。本部分从电商参与比例、电商渠道的销售情况、电商参与过程中的经营困难等方面,考察当前农村电商的基本形势。

(一) 电商参与情况

有6.22%的受访人表示家里有产品通过网络交易。这意味着电商参与已经成为农户参与市场、与市场连接的重要途径。在东部、中部、西部和东北地区,这个比例分别占7.80%、6.08%、5.76%和3.85%。东部地区作为信息接入条件最优、农村电商产业集聚程度最高的地区,农户电商参与的比例也领先于其他地区。

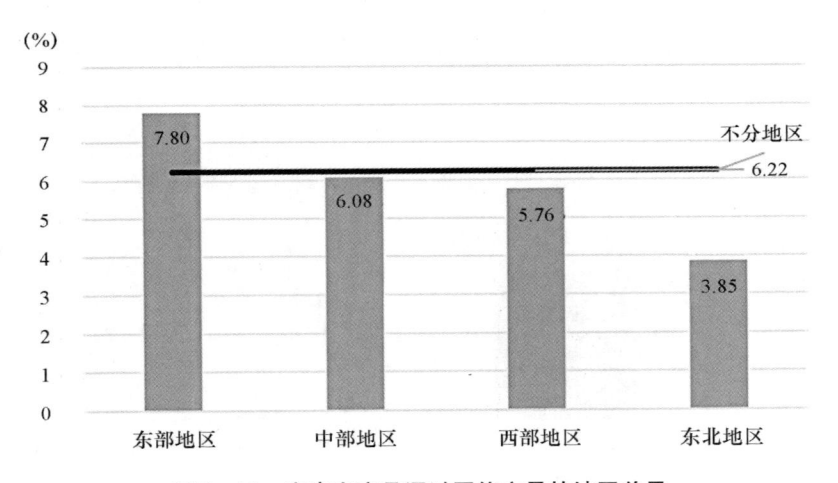

图7-13 家庭有产品通过网络交易的地区差异

(二) 电商渠道销售情况

从农户在电商渠道销售的品类来看,在有产品通过网络交易的受访户(231户)中,有64.50%销售了农产品,13.85%销售了初级加工品,

18.61%销售了农产品和初级加工品以外的产品（比如服装鞋帽等）。通过网络销售农产品的同时也销售了初级加工品、其他产品的分别占1.73%和1.30%（见图7-14）。这表明，农产品依然是农户电商参与的主要品类，但非农产品和初级加工品也已是大头。

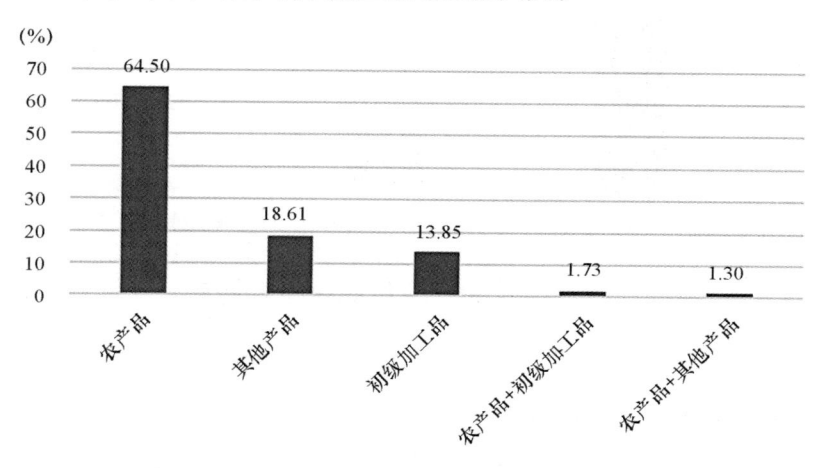

图7-14 通过网络销售的产品类型结构

在调查样本的网络交易中，有将近1/5（19.92%）的受访户使用了平台开店销售的渠道，有超过八成（84.86%）使用了微信朋友圈等方式的社交网络渠道（见图7-15）。社交网络以其灵活性、便利性和低门槛条件成为农户电商参与的重要渠道。

从电商参与户的首次网络销售年份来看，时间最早的是1997年，但是2000年之前实现首次网络销售的仅占4.44%，有3/4以上是2015年以来首次进入网络销售的，有一半以上是2017年以来首次进入网络销售的。

在电商参与的受访户中，其中有181户回答了2019年的网络销售额。平均销售额为6.56万元，最低的是200元，最高的是100万元。超过八成的受访户2019年家庭网络销售额在5万元及以下，超过九成的受访户2019年家庭网络销售额在15万元及以下。农户电商收益体现出小买卖的特征，但是也不乏大买卖，在促进灵活就业的同时也创造了创收的新空间。

◆ 第二篇 主报告

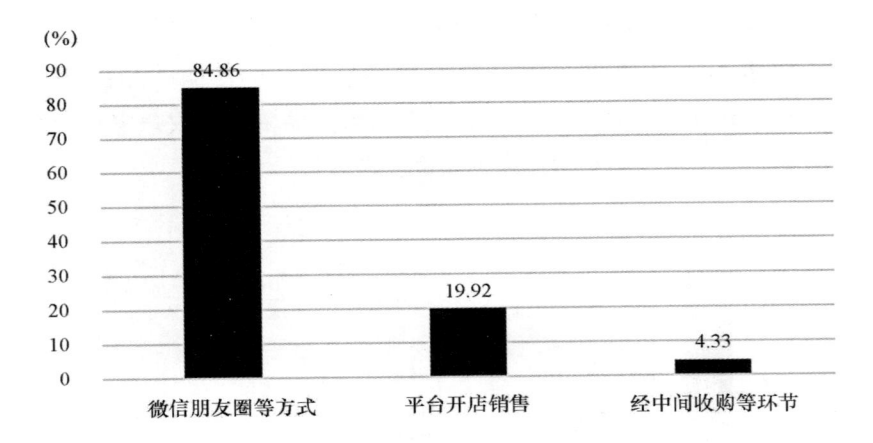

图 7-15 产品参与网络交易的方式/环节

注：此项为多选题。

（三）电商参与过程的经营困难

在电商参与户反映的最主要经营困难中，价格波动、资金周转和物流设施排在前三位，分别有18.82%、12.39%和11.02%的电商参与户提到这三项困难。此外，运营管理、品质控制、专业技能、雇工用人方面

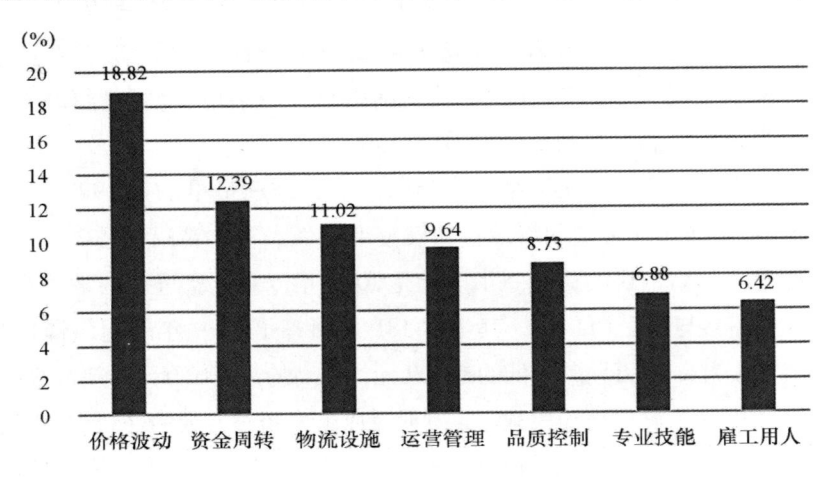

图 7-16 电商参与户目前最主要的经营困难

注：此项为多选题。

第七章 信息接入条件、使用行为及线上行为参与

均有6%—10%的受访户表示存在困难。这些问题与当前农村电商发展的困境具有一致性。这也表明，电商参与户从其自身条件而言，多数为小微电商参与户，价格波动风险承受能力弱、资金周转能力不足；从外在条件来看，物流基础设施不足的困扰还比较大。

五 本章小结

为更好地满足农户对信息的需求，充分发挥农村信息化在增强农民信息获取能力、提升乡村治理水平、促进农民致富等方面的作用，明确农村信息化的建设内容和重点方向，研究整合了分析结论并形成对应建议。

一是全国整体互联网入户率超过60%，九成农户的家庭拥有智能手机、平板电脑、笔记本电脑或台式电脑等上网设备。从信息接入的地域差异看，东部地区家庭网络条件较好，农民手机每日平均使用时长也明显高于全国。建议通过正规化和非正式的公共参与形式，提升对老年群体和低教育程度群体的信息接入能力。

二是农民更关注与生产生活联系密切的信息，村级信息获取及时性较好，高教育程度群体和中青年群体相对更善于通过网络获取日常需求信息。需要针对不同地区农民的差异化需求，特别是结合农村留守人口的信息使用特点，畅通农村信息传播渠道，加强农村地区人口使用信息资源的能力。

三是伴随信息化水平的不断提升，网络已成为农户获得村级信息、参与村内事务的重要渠道，但是未来还需着眼于缩小地区间的信息化水平差距，切实考察农户的信息化需求、障碍，并结合老龄化趋势改善网络应用场景，提升网络应用的适应老龄化和无障碍化水平，进一步提升网络在村庄治理中的积极成效。

四是伴随乡村信息条件改善，农村电商成为农户参与市场的重要途径，但农户电商参与体现出小买卖特征，价格波动风险承受能力弱、资金周转能力不足，同时物流基础设施不足的困境依然突出。从增进就业

◆ 第二篇 主报告

等角度出发,应创新和扩大保险、供应链金融等手段对小微电商参与户的支持,并在有条件地区优化物流条件、在条件受限地区通过组织化等方式化解物流条件和成本的障碍。

第八章　农村基本养老保险与医疗卫生服务

杨园争[*]

优化提升农村地区的基本养老保险、医疗保险及医疗服务等基本公共服务关系广大农村居民的民生福祉，是推进城乡基本公共服务均等化和实现全面乡村振兴的重要抓手。为全面、客观、准确地掌握情况，此次调查对农村居民的基本养老保险参保情况、基本医疗保险参保及待遇情况、日常就医场所选择等问题进行了专项分析。

一　基本养老保险

20世纪90年代初，国务院授权民政部在有条件的地区开展建立农村社会养老保险的试点，并确定了以县为基本单位开展农村社会养老保险的原则。1992年，民政部正式出台《县级农村社会养老保险基本方案（试行）》，农村社会养老保险在全国范围逐步发展起来。2006年，劳动和社会保障部发布的一号文件把积极稳妥地开展农村社会养老保险工作列为年度工作重点之一，变"个人缴费为主、集体补助为辅，国家政策扶持"为"个人、集体和政府三方共同筹资"，首次明确了公共财政在整个农村社会养老保障制度中所承担的供款责任，确立了新型农村养老保

---

[*] 杨园争，博士，中国社会科学院农村发展研究所助理研究员，研究方向为乡村治理。

◆ 第二篇 主报告

险制度筹资渠道的基本框架。2014年年初，国务院颁布了《国务院关于建立统一的城乡居民基本养老保险制度的意见》，将新农保和城居保合并实施，在全国范围建立统一的城乡居民基本养老保险制度，实现了制度名称、政策标准、管理服务和信息系统的统一，迈出了破除城乡二元结构的重要一步。随着城乡居民基本养老保险制度的不断发展，农村已具备较高的养老保险参保率，但同时也面临着参保率增速下降的现实情况。

（一）城乡居民基本养老保险具备较高的参保率

城乡居民基本养老保险的覆盖率在3208个有效样本中达到了78.90%。由表8-1的区域间对比可知，其参保率由高到低依次为中部、西部、东部和东北地区，分别为90.13%、83.02%、72.48%和58.66%。在养老保险参保率的性别差异方面，男性为79.58%，略高于女性的76.86%，差距较小。

表8-1　　　城乡居民基本养老保险参保情况　　（单位：人,%）

		参加人数	样本数	参保率
总体		2531	3208	78.90
区域	东部地区	661	912	72.48
	中部地区	557	618	90.13
	西部地区	1120	1349	83.02
	东北地区	193	329	58.66
性别	男性	1910	2400	79.58
	女性	621	808	76.86
老年人	老年人	1759	2243	78.42
	非老年人	772	965	80.00

注：合并家户与个人信息并删除养老保险关键信息缺失数据后，共得到有效样本3208个。

在年龄差异方面，有80%的年龄小于60周岁的个体参加了养老保

第八章　农村基本养老保险与医疗卫生服务

险，这要高于老年人[①]78.42%的参保率。从养老保险的发展态势上看，这种参保人群的年轻化有利于资金池的扩充和长期稳定，发展态势向好。

（二）城乡居民基本养老保险参保率已进入震荡调整期

从表8-2和图8-1中不难看出，样本人群参加养老保险的数量经历了较为明显的四个发展阶段。

表8-2　　　　城乡居民基本养老保险参保年份统计　　　（单位：人，%）

	参保人数	占总参保人数比重		参保人数	占总参保人数比重
1970 年	1	0.04	2002 年	13	0.51
1979 年	1	0.04	2003 年	19	0.75
1980 年	3	0.12	2004 年	29	1.15
1982 年	1	0.04	2005 年	100	3.95
1983 年	1	0.04	2006 年	50	1.98
1984 年	1	0.04	2007 年	62	2.45
1986 年	1	0.04	2008 年	145	5.73
1988 年	2	0.08	2009 年	167	6.6
1990 年	5	0.20	2010 年	451	17.82
1991 年	1	0.04	2011 年	314	12.41
1993 年	3	0.12	2012 年	271	10.71
1994 年	4	0.16	2013 年	150	5.93
1995 年	8	0.32	2014 年	144	5.69
1996 年	6	0.24	2015 年	195	7.7
1997 年	8	0.32	2016 年	82	3.24
1998 年	6	0.24	2017 年	106	4.19
1999 年	8	0.32	2018 年	56	2.21
2000 年	28	1.11	2019 年	53	2.09
2001 年	14	0.55	2020 年	22	0.87

---

① 根据惯例，老年人为年龄超过60周岁的个体。

◆ 第二篇 主报告

第一阶段为缓慢发展期（1970—2004 年）。此 35 年内，养老保险参保人数始终在低位徘徊，累计完成了现有参保人数的 6.47%。这一阶段农户收入水平有限，对保险的接受程度也较低，在预算约束和思想意识层面上都制约了参保率的上升。

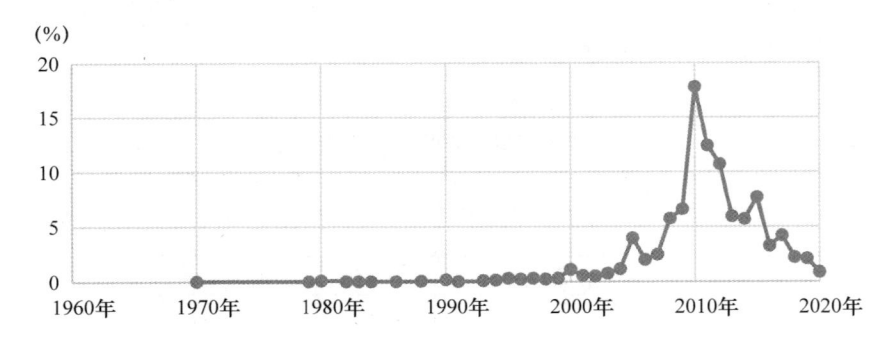

图 8-1 养老保险各年参保人数占总人数比重

第二阶段为快速上升期（2005—2010 年）。由图 8-1 可知，该阶段养老保险参保率①由 2005 年的 3.95% 逐步攀升至 2010 年的 17.82%。这主要是因为 2002 年党的十六大报告提出"有条件的地方，探索建立农村养老、医疗保险和最低生活保障制度"；2006 年，劳动和社会保障部发布的一号文件把积极稳妥地开展农村社会养老保险工作列为年度工作重点之一，变"个人缴费为主、集体补助为辅，国家政策扶持"为"个人、集体和政府三方共同筹资"，并且养老金还会随着生活水平的提高而相应增加。这是农村养老保险制度首次明确公共财政在整个农村社会养老保障制度中需要承担供款责任，确立了未来新型农村养老保险制度筹资渠道的基本框架。这一政策对于缓解农民的参保压力和提高参保意识具有重大的推进作用，故而参保人数在该阶段得以迅速增加。

第三阶段为缓慢下降期（2011—2014 年）。该阶段的参保率由 2011 年的 12.41% 不断降低到 2014 年的 5.69%。这一是因为参保意愿在前一

---

① 这里的参保率是指当年参保人数占调查样本 2020 年总参保人数的比例，而非当地的整体参保水平。

阶段得到了较大释放，会有一定的回落；二是因为城乡居民基本养老保险的保额多年来一直较低，参保的回报率有限，参保积极性很难有大幅提升。

第四阶段为震荡调整期（2015—2020 年）。该阶段的参保率有升有降。2015 年参保率为 7.7%，比 2014 年的 5.69% 有所增加，2016 年降至 3.24%，2017 年参保率再次上扬至 4.19%，但随后的三年又出现了持续的下降。这主要还是归因于养老金较低。近年来，城乡居民基础养老金最低标准虽然得以提高，但仍处于较低水平。这不仅受制于现实的经济发展速度和庞大的人口基数，同时也由于当时政府重点解决的是工薪劳动者两大群体（机关事业单位工作人员和其他工薪劳动者）之间养老金待遇差异的问题，故而在城乡居民基础养老金方面的投入确有不足。在城乡居民基本养老保险实施之后的 2016 年，全国参保人数为 50847 万人，比 2015 年增加 375 万人，其中实际领取待遇的有 15270 万人，基金支出 2150 亿元，全年人均领取额约为 1408 元，[①] 保障水平依然偏低。城乡居民基本养老保险水平还很难说已经具备了"保基本"的职能，所以不能稳定地调动参保积极性。

对个体样本不参保原因的统计结果也印证了上述分析。在 3208 个总样本中，未参保个体共计 677 人，除去原因空缺的样本后，共计 610 人。其中，认为养老保险性价比低（"不划算或者保费高"）的个体占了 44.75%，是首要原因；其次为个体参保意识较低（"认为没有参保的必要"），占比 32.46%；再次是因为对参保的具体情况不了解而未参保，占比为 22.79%；剩余为其他各不相同的具体原因。可见，提升农村养老保险参保率要合理提升养老保险的保障水平，同时还应不断提升农户参保意识，并简化参保流程。

二　基本医疗保险

城乡居民基本医疗保险的"前身"为新型农村合作医疗。在缩小城

---

① 资料来源于《2016 年度人力资源和社会保障事业发展统计公报》。

◆ 第二篇 主报告

乡差距的政策思路下，农村基本保险制度与城市相融合，城乡居民基本医疗保险由此产生。2016年《国务院关于整合城乡居民基本医疗保险制度的意见》（国发〔2016〕3号）指出，整合城镇居民基本医疗保险和新型农村合作医疗两项制度，建立统一的城乡居民基本医疗保险制度，是推进医药卫生体制改革、实现城乡居民公平享有基本医疗保险权益、促进社会公平正义、增进人民福祉的重大举措，对促进城乡经济社会协调发展、全面建成小康社会具有重要意义。城乡居民基本医疗保险在地方的实践中，基本做到了统一覆盖范围、统一筹资政策、统一保障待遇、统一医保目录、统一定点管理和统一基金管理，在一定程度上提升了农村居民的参保积极性，延续了新农合的高覆盖率，但同时也呈现出明显的区域性差异和年龄间差异。

（一）城乡居民基本医疗保险具备高覆盖率

一是城乡居民基本医疗保险在被调查地区具有极高的覆盖率。全样本中，只有0.71%的家户没有参加城乡居民基本医疗保险，即医保[①]的家户覆盖率达到了99.29%。在东部、中部、西部和东北地区，医保的家户覆盖率都分别高达99.12%、99.73%、99.49%和98.12%。

二是城乡居民基本医疗保险具备较高的家庭成员参保率。全样本中，家庭成员参保率超过50%的家庭占总家户数的94.91%，家庭成员参保率大于80%的家庭占87.23%，家庭成员参保率大于90%的参保户占85.74%。具体来看，有1名家庭成员未参保的家户占8.26%，有2名未参保的家户占3.38%，有3人及以上未参保的家户仅占2.62%。

在有非农就业人员的农户中，家庭成员全部参加医保的家庭占总家户数的84.11%，家庭成员参保率大于80%的参保户占总家户数的85.97%，大于50%的家庭占总家户数的94.69%。

在有残病家庭成员的农户中，家庭成员全部参保的家庭占总家户数的85.95%，家庭成员参保率大于80%的家庭占总家户数的87.03%，大

---

① 由于这里不涉及其他类型的医疗保险，故后文将城乡基本医疗保险统称为医保。

于 50% 的占总家户数的 96.22%。

（二）城乡居民基本医疗保险具备区域及个体差异性

一是医保实际报销额在地区间存在差异。个体参加城乡居民基本医疗保险后，会在就医时得到相应的报销金额。然而由于各地区（通常是各省、各县市）的报销政策不尽相同，且个体投保档次也存在不一致的情况，所以医保报销数额会在区域间及人际间呈现出差异。

由表 8-3 中城乡居民基本医疗保险人均报销金额的统计结果可知，2019 年全部调查对象的医保报销额均值为 1059.32 元。区域间进行比较，西部地区的平均医保报销额最高，为 1272.38 元，高于全国平均水平 20.11%；东北地区次之，平均报销金额为 1006.79 元，低于全国平均水平 4.96%；东部地区平均报销金额为 994.42 元，高于平均报销额最低的中部地区（726.36 元）约 37 个百分点。

表 8-3　　　2019 年城乡居民基本医疗保险人均报销金额　　（单位：元）

	个数	均值	标准差	最小值	最大值	中位数	第三四分位数
总体	2442	1059.32	4505.78	0	130000	0	483.33
东部地区	561	994.42	3761.00	0	50000	0	241.67
中部地区	534	726.36	3661.31	0	66667	0	333.33
西部地区	1073	1272.38	5476.03	0	130000	11	683.33
东北地区	274	1006.79	2860.73	0	18750	0	500.00

注：合并家户与个人信息并删除医保关键信息缺失数据后，共得到有效样本 2442 个。

二是医保实际报销占比在区域间存在差异。在全样本层面，医保平均可以报销 2019 年个体医疗总支出的 26.84%，其中门诊报销额占医疗总支出的 10.15%，住院报销额占医疗总支出的 16.69%，报销比例有限，低于《2019 年全国医疗保障事业发展统计公报》中全国 59.7% 的医保实际住院费用支付比例。这主要是由于此次调查对象为微观个体，在具体金额的核算及回忆上有可能出现偏差，较之统计公报中的医疗机构在精

◆ 第二篇 主报告

确度上有所不足。

从表8-4就医总支出中医保报销金额占比的分区域对比可知,门诊报销占比由大到小依次为东部地区的12.52%、西部地区的11.15%、中部地区的8.99%和东北地区的4.07%;住院报销占比由大到小依次为西部地区的20.26%、东北地区的15.50%、中部地区的14.71%和东部地区的11.52%;报销总额占比由大到小依次为西部地区的31.41%、东部地区的24.04%、中部地区的23.69%和东北地区的19.57%。

表8-4　　　　　　就医总支出中医保报销金额占比　　　　　（单位:%）

	类型	样本个数	均值	标准差	最小值	最大值
总体	门诊	2090	10.15	0.23	0	1
	住院	2090	16.69	0.28	0	1
	总和	2090	26.84	0.32	0	1
东部地区	门诊	448	12.52	0.24	0	1
	住院	448	11.52	0.24	0	0.93
	总和	448	24.04	0.30	0	1
中部地区	门诊	424	8.99	0.22	0	1
	住院	424	14.71	0.25	0	1
	总和	424	23.69	0.30	0	1
西部地区	门诊	967	11.15	0.25	0	1
	住院	967	20.26	0.30	0	1
	总和	967	31.41	0.34	0	1
东北地区	门诊	251	4.07	0.14	0	1
	住院	251	15.50	0.28	0	1
	总和	251	19.57	0.29	0	1

注:在分析就医支出时,剔除明显错误及缺失的样本后,剩余有效样本2090个。门诊一栏表示个人门诊医保报销额占全年医疗支出总和的比例,住院一栏表示个人住院治疗时医保报销额占全年医疗支出总和的比例,总和一栏表示个人门诊及住院时医保报销总额占全年医疗总支出的比例。

不同的报销占比与当地具体的报销政策高度相关，也与当地的经济发展情况相关。以西部地区为例，医保报销政策向低收入人口倾斜，而当地较高的低收入群体占有率则会拉升西部地区的总体报销率。

三是医保实际报销额在个体间存在差异。医保报销额度的均值分析说明的是整体的情况，然而具体到微观个体，就涉及所谓的医保公平性问题。同样是参保，有些人可能会得到报销，但有些人只支付保费，却得不到报销。从表 8-3 的中位数及第三四分位数的分析中可知，总样本中前 50% 的个体未获得医保报销款项，前 75% 的人所获得的报销额小于报销均值的一半。这种情况在东部、中部和东北地区尤为明显。

该现象的产生可能是由于这部分群体在 2019 年未就医，也可能是由于其就医花费未达到当地的报销起付线；但事实上该部分人的保费进入了医保资金池，用来支付另一部分人的报销经费。这一方面体现了保险共融共担的基本属性，也在另一方面提出了保险公平性的问题，应当予以一定的重视。

（三）老龄化倾向对基本医疗保险构成压力

无论是在总样本还是分区域的研究中，家庭中是否有老年人都会在医保报销方面呈现出明显区别。总样本中，老年人家庭的平均报销额为 1579.41 元，是非老年人家庭（841.86 元）的 1.88 倍，这一比例在东部、中部、西部和东北地区分别为 1.32、1.63、2.30 和 2.10。

表 8-5　医保报销金额在老年人家庭与非老年人家庭的差异　（单位：元）

	家庭类型	样本个数	均值	标准差	最小值	最大值	中位数	第三四分位数
总体	非老年人家庭	1722	841.86	3295.62	0	66666.66	0	300
	老年人家庭	720	1579.41	6522.58	0	130000.00	0	1000
东部地区	非老年人家庭	364	894.78	3317.74	0	36000.00	0	150
	老年人家庭	197	1178.52	4469.45	0	50000.00	0	500

◆ 第二篇 主报告

续表

	家庭类型	样本个数	均值	标准差	最小值	最大值	中位数	第三四分位数
中部地区	非老年人家庭	371	608.43	3813.50	0	66666.66	0	150
	老年人家庭	163	994.78	3284.11	0	35000.00	0	666.67
西部地区	非老年人家庭	787	944.32	3201.65	0	42833.33	0	425
	老年人家庭	286	2175.11	9132.78	0	130000.00	191.67	1300
东北地区	非老年人家庭	200	775.41	2484.27	0	18750.00	0	414.29
	老年人家庭	74	1632.12	3638.42	0	18000.00	0	800

注：年龄是否大于60周岁为判断是否为老年人的标准。若家中有老年人即为老年人家庭，否则为非老年人家庭。

由此可以得出两点结论。一是势不可当的老龄化浪潮给医疗和医保带来的压力不言自明。老年人会在更大概率上患病，其疾病的治疗难度也相对更大，花费及报销金额也更多。这可能会导致未来医保支出的持续攀升。二是前文所提出的医保公平性问题可能部分归因于年龄，前50%的年轻人"补贴"后25%的老年人。从这一层面来讲，年龄间的"补贴"比收入间的医疗利用率不公具有更加积极的社会效应。

与医保报销金额的情况相似，医保报销金额在总医药支出中的占比在不同区域和不同家庭类型中也存在差异。

表8-6　　医保报销占比在老年人家庭与非老年人家庭的差异　　（单位：%）

	家庭类型	样本个数	报销占比	标准差	最小值	最大值
全部	非老年人家庭	1452	25.18	0.32	0	1
	老年人家庭	638	30.64	0.33	0	1
东部地区	非老年人家庭	287	22.66	0.29	0	1
	老年人家庭	161	26.49	0.31	0	1

续表

	家庭类型	样本个数	报销占比	标准差	最小值	最大值
中部地区	非老年人家庭	284	21.78	0.29	0	1
	老年人家庭	140	27.57	0.31	0	1
西部地区	非老年人家庭	698	29.56	0.34	0	1
	老年人家庭	269	36.22	0.34	0	1
东北地区	非老年人家庭	183	17.67	0.27	0	1
	老年人家庭	68	24.67	0.33	0	1

全样本中，老年人家庭医保报销占比为30.64%，比非老年人家庭高出5.46个百分点。子样本中，西部地区的老年人家庭报销比例最高，为36.22%；中部地区次之，为27.57%；东部地区第三，为26.49%；东北地区最低，为24.67%。可见，西部地区在老龄化所构成的医保压力方面要高于其他三个地区。

同时，不论哪一区域的子样本，其老年人家庭都比非老年人家庭呈现出更高的报销占比。报销占比差异最大的是东北地区，为7个百分点；其次是西部地区，为6.66个百分点；中部地区和东部地区的差异分别为5.79个百分点和3.83个百分点。

三 基本医疗服务

（一）村卫生室在农村基层医疗中发挥重要作用

在医疗、医药和医保的"三医"联动中，所有"三医"都建立在医院的基础上。所以，要想更好地实现医保对就医质量的提升，就要更好地理解各级诊疗机构在分级诊疗和医保报销中的作用。

◆ 第二篇 主报告

表8-7　　　　　　　　农户主要就诊场所占比　　　　　（单位：人，%）

	人数	占比
村卫生所/卫生室	2287	59.93
乡（镇）卫生院	849	22.25
县级医院	461	12.08
市/省级医院	45	1.18
药店	139	3.64
其他	35	0.92
总计	3816	100.00

注：合并家户与个人信息并删除就医场所缺失数据后，剩余有效样本3816个。

从表8-7农户主要就诊场所占比中可知，有接近六成（59.93%）的人生病后的主要就诊场所为村卫生所或卫生室，占比最多。乡（镇）卫生院次之，占比达22.25%。排名第三的就诊场所为县级医院，比例达到12.08%。以上三种就诊场所占比之和高达94.26%，药店、市/省级医院及其他就诊场所合计占比5.74%。也就是说，村卫生室及乡（镇）卫生院承担着最主要的农村基层诊疗任务，是与村民接触最多的诊疗机构，其业务水平和服务质量直接关系着农村的医疗卫生水平，重要性不言而喻。

（二）老年人对村卫生室的利用程度更高

对于老年人家庭而言，村卫生室的利用比例比非老年人家庭高出3.87个百分点（见表8-8），其对于乡（镇）卫生院的利用程度也高于非老年人家庭。这说明，在老龄化趋势不断加重的今天，村卫生室的作用也随之增大，村卫生室在农村基层医卫服务的供给中起着重要的基础性作用。

表 8-8 主要就诊场所在老年人家庭与
非老年人家庭的差异 （单位：人，%）

	非老年人家庭		老年人家庭	
	人数	占比	人数	占比
村卫生所/卫生室	1501	58.66	786	62.53
乡（镇）卫生院	565	22.08	284	22.59
县级医院	337	13.17	124	9.86
市/省级医院	33	1.29	12	0.96
药店	104	4.06	35	2.79
其他	19	0.74	16	1.27

（三）村卫生室基石作用的原因分析

村卫生室的重要作用主要是由农村居民"轻保健、重治疗"的健康保健意识、"就近优先"的就诊行为习惯和缺乏陪伴就医者的较低就诊能力所决定的。

其一，农村地区"轻保健、重治疗"的健康保健逻辑较为常见，同时还表现出一定的特殊性。一是"轻保健"的程度较大，这主要包括保健知识的缺乏和保健知识混杂两大方面。首先，农村居民获取保健知识的主动性较低，对保健知识的关注程度也较低；其次，一些民间"偏方"和部分不科学的传统卫生习惯（如"捂月子"）在经济不发达的农村地区依旧具有一定的影响力，而真正科学的保健知识却缺乏市场和认同，农村居民保健知识缺乏；最后，在当今信息量及信息复杂程度较高的情况下，很多未经科学证明正确的或随意编造的"保健知识"通过网络和微信等各种渠道不断传播，农村居民对部分虚假保健知识缺乏判断力，保健知识混杂。二是"重治疗"只是看重对大病的治疗，对于一般疾病的处置态度多是自愈或就近治疗。在此健康保健逻辑下，农村居民较少关注一般性疾病，较少专程去大医院诊断治疗，而村卫生室可以"顺道"为农村居民提供诊疗服务，也可通过平时公共卫生服务的开展为农村居

◆ 第二篇 主报告

民普及科学的健康保健知识，发挥着医卫供给的基础性作用。

其二，有相当一部分农村居民的就诊行为逻辑是"就近优先"。调研发现，农村居民在选择就医时具备"就近优先"的就诊偏好，即农村居民的一般性就诊是先考虑去距离最近的村卫生室或乡（镇）卫生院，而非先从医院诊疗水平角度进行考量。这不仅是家庭预算条件约束、健康理念影响和农村客观医疗条件限制的结果，还是心理因素作用的结果。在调研中发现，"农民"这一称呼在农村居民自己看来，依旧被认为是一种身份而非职业。在就医决策和行为中，农村居民对医生存在"畏惧情绪"，他们不仅存在医患关系中的患方信息劣势，还存在"农民"的"身份劣势"，这导致他们更愿意在较为熟悉的圈子中完成就医行为，而非舍近求远去"大医院"就诊。

在这一层面，村卫生室具备"先天优势"。一是因为村卫生室可以对疾病进行初步判断并给出治疗建议，满足了农村居民对待一般性疾病"吃点药就好了"的健康保健意识。① 二是因为村卫生室在物理上具备较高的可及性。村卫生室通常距离农户家庭较近，在空间距离上有条件成为农村居民的主要就诊场所。三是因为村卫生室在心理上具备较高的可及性。村医与农村居民一样居住在农村，且较为熟悉，不会产生"畏惧情绪"，满足了农村居民"就近优先"的心理就诊习惯。

其三，农村居民尤其是老年人的现实就诊逻辑是陪伴就医者的缺乏。农村居民的实际就诊能力不仅受到家庭预算约束的影响，还受到陪伴就医者的影响。在农村老龄化、空心化进程的推动下，有相当一部分留守在农村的老年人和未成年人由于缺乏陪伴就医者而倾向于选择就近治疗或暂缓治疗。也就是说，他们由于自身行动能力不足而不具备远距离就医的能力。在这方面，村卫生室具备较大的区位优势，农村居民不需要陪伴就医者即可完成就医。近年来家庭医生签约率不断上升，村医均提供家庭医生上门服务，且索取的费用也在农村居民支付能力范围之内，成为其就诊的主要机构。

---

① 虽然这不一定是正确的，却是普遍存在的。

四　本章小结

（一）主要结论

在城乡居民基本养老保险方面，保险参保率已接近八成；区域间参保率由高到低依次为中部、西部、东部和东北地区；近两年养老保险参保率上升速度有限，已进入震荡调整期。

在城乡居民基本医疗保险方面，一是被调查地区具有极高的家户参保率和家庭成员参保率，有99.29%的农户参加了基本医保，家庭成员参保率大于90%的参保户占比超过八成。二是城乡居民基本医疗保险人均报销额存在区域性差异，由高到低依次为西部地区、东北地区、东部地区和中部地区；报销总额占比由大到小依次为西部地区、东部地区、中部地区和东北地区。三是城乡居民基本医疗保险人均报销额在个体间差异较大，总样本中前50%的个体未获得医保报销款项，前75%的人所获得的报销额小于报销均值的一半。四是老龄化浪潮给医疗和医保带来了巨大压力，老年人家庭的报销数额和占比明显高于非老年人家庭，未来医保支出可能持续攀升。

在基本医疗服务方面，村卫生室在农村基层医疗中发挥着重要的基础性作用，有接近六成的农村居民生病后的主要就诊场所为村卫生所或卫生室。村卫生室对老年人的作用尤其明显，有超过六成的老年人的主要就诊场所为村卫生室。这是农村居民"轻保健、重治疗"的就诊理念、"就近优先"的就诊逻辑以及陪伴就医者缺乏的就诊现实三者共同导致的。

（二）政策建议

1. 关注老龄化所带来的影响

农村人口明显的老龄化趋势和全国范围内老年抚养比的快速上升是中国社会不得不面对的现实困境。联合国经济和社会事务部人口司对中国人口的预测显示，中国65周岁及以上人口占比将从2005年的7.7%—

◆ 第二篇 主报告

路上升至 2020 年的 11.9%，而这一比例在 2050 年将会翻番至 23.7%。这说明劳动力占比将迅速下降，进而加重未来社会的养老负担。

老年人口占比上升除了给养老制度带来直接冲击，还会通过个体效应和群体效应增大医疗保险制度的负担。随着年龄增大到一定程度，疾病的发生概率和严重程度也会越来越大，不是简单医治或短期医治可以解决的。尤其在当今社会，慢性病和恶性病成为困扰老年人的典型病症，这些疾病需要长期服药或住院治疗，所需费用通常较高。这种由于老年个体医疗费用上升而对城乡居民基本医疗保险制度所产生的压力被称为老龄化的个体效应。如果社会老龄化程度较低，则这种个体效应并不会显著影响医疗保险体系的运行；只有当老年人占比达到一定程度时，这种个体效应才会累加至较高水平，从而对医疗保险构成明显的负担或压力，谓之群体效应。

基于此，中国的城乡居民基本养老保险制度和基本医疗保险制度都应当充分认识到这一点。合理确定养老金替代率，明确最低的警戒线，并在不过分加大在职人员缴费负担的情况下，适度提高养老金替代率；完善监管机制，防止医疗和养老保险基金的流失和挪用；拓宽投资渠道，提高医疗和养老金的投资回报率，确保资金保值增值；努力满足老年人的基本医疗需求，建立多层次的医疗保障体系；探索多种形式的健康保障方法，注重疾病预防体系的构建；完善城乡医疗救助制度，改善特困老年人的医疗条件。

2. 关注基层诊疗机构业务水平的提升

在农村三级医疗体系中，村卫生室和乡（镇）卫生院居于基础性地位，不应将其忽略。根据《中共中央 国务院关于进一步加强农村卫生工作的决定》，政府应提高公共卫生和基本医疗经费，并在房屋建设、设备购置等方面予以重点扶持，同时加大城市卫生支农力度，改善农村基层医疗卫生机构（尤其是村卫生室）的工作条件，落实村卫生室的标准化建设，构建完善的农村卫生服务网络体系。同时，要提高村医待遇，增强岗位吸引力，解决好村医的养老问题，肯定其贡献；完善村医的进入和退出机制，大力培养和吸引年轻的村医工作者，合理增加村医收入。

第九章　农村人居环境状况

黄　鑫　于法稳[*]

农村人居环境的提升，能够增进农村居民福祉、提高农民群众满意度，有利于建设生态宜居美丽乡村，为乡村振兴提供保障。党中央、国务院高度重视农村人居环境质量的改善，习近平总书记多次就农村人居环境整治做出批示，指出农村人居环境整治工作是特殊事情、特殊工作、特殊使命，必须采取特殊措施切实推进。本章重点从生活用水、生活污水处理、生活垃圾处理以及厕所革命四个方面入手，分析不同区域的农村生产生活环境状况以及农村居民对生产生活方式的满意度，以期为判断和检查农村人居环境整治实效和精准施策提供依据。

一　农村生活用水状况

安全的农村村级生活用水对维护农村居民的健康水平至关重要。党中央、国务院高度重视农村饮用水的安全问题，把保障饮水安全作为全国水利工作的首要任务，相继出台了《国务院办公厅关于加强饮用水安全保障工作的通知》《全国农村饮水安全工程"十一五"规划》《水利发展规划（2011—2015年）》《关于做好"十三五"期间农村饮水安全巩固

---

[*] 黄鑫，中国社会科学院大学农村发展系博士研究生，研究方向：农村生态治理；于法稳，管理学博士，中国社会科学院农村发展研究所研究员，研究方向：自然资源管理、农村生态治理、农业可持续发展。

◆ 第二篇　主报告

提升及规划编制工作的通知》。为了实现到 2020 年基本解决 3 亿多农村人口的饮水安全问题的目标,"十三五"时期,主要实施了农村饮水安全巩固提升工程、统筹布局农村饮水基础设施建设、在人口相对集中的地区推进规模化供水工程建设等措施,有条件的地区实现了城市管网向农村延伸。

(一) 农村日常饮水来源

日常饮用水包括个人卫生用水,即洗漱、洗澡水等。农村日常饮用水来源方式存在多元化。总体来看,六成以上的农村家庭日常饮用水主要来源于自来水厂;其次是井水 (20.92%)、山泉水 (11.73%)、窖水 (0.76%)、沟塘河等地表水 (0.71%);其他用水来源方式包括纯净水和过滤水、桶装水和矿泉水、地下水等,占比为 0.79% (见图 9-1)。

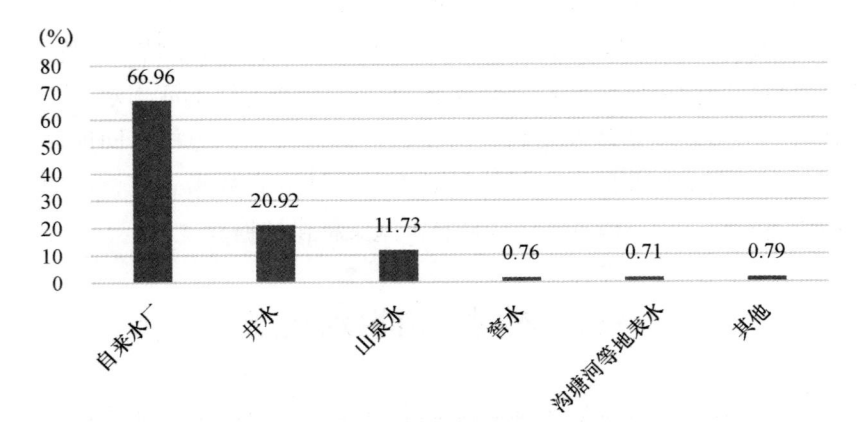

图 9-1　农村日常饮用水主要来源

注:此题为多选,该图统计的是各类方式在受访农户中提及的频率。

(二) 农村饮水水质安全

92.88% 的受访农户认为水质安全,仅有 6.73% 的受访农户认为水质不安全,0.39% 的受访农户不确定水质是否安全 (见图 9-2)。以上数据说明现阶段农村饮水水质得到了较高的保障,农户对水质安全的关心程度逐步提升。

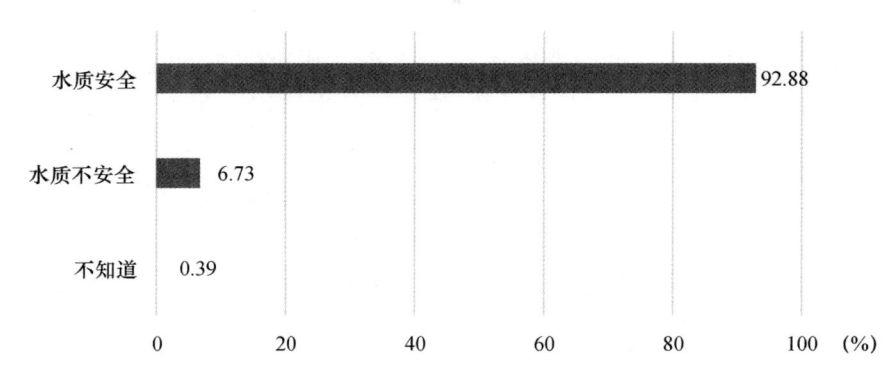

```
水质安全    92.88
水质不安全  6.73
不知道     0.39
         0   20   40   60   80   100 (%)
```

图 9 - 2　农村家庭饮水水质安全情况

（三）农村生活用水保障

农村生活用水保障主要体现在三个方面：一是家庭需水量满足情况；二是用水的方便程度；三是自来水的使用情况。首先关于农户家庭需水量满足方面，95.97%的受访农户认为能够满足，仅有4.03%的受访农户认为不能够满足。其次关于用水或取水的方便程度方面，98.43%的受访农户认为用水方便，1.57%的受访农户认为不方便。最后关于自来水的使用方面，86.83%的受访农户表示已经使用自来水，13.17%的受访农户表示还没有使用自来水。该问题与前面设置的日常饮水主要来源问题是相衔接的，13.17%的没有使用自来水的农户可能主要使用的是山泉水、井水、沟塘河等地表水、窖水以及其他用水（纯净水和过滤水、桶装水和矿泉水、地下水）等。

（四）不同区域农村日常饮水差异

农户日常饮用水来源存在多样性的同时也存在区域差异性（见表9-1）。一是各地区日常饮用水的最主要来源是自来水，呈现出"东部地区和西部地区高、中部地区和东北地区低"的特征。西部地区占比高于中部地区和东北地区的原因可能在于，近些年国家实施的脱贫减贫多举措帮扶促进了西部地区农村饮水基础设施的提升和完善，有效保障了农户的日常饮用水。二是除了自来水作为主要用水来源,各个区域还有其他的多种用水来源。东部地区和中部地区一致,使用的还有山泉水、井水和沟塘河等地表水,东部地区使用山泉水(10.89%)高于使用井水(8.69%),中部地区使用井水(30.35%)高于使用山泉水(9.07%);东北地区主要用水除了自来水(51.21%),还有井水(49.06%);对于西部地区来说,用水来源更加多元化,包括山泉水(17.37%)、井水(17.08%)、窖水(2.10%)、沟塘河等地表水(0.80%)。西部地区是唯一把窖水作为农村日常饮用水主要来源的地区,东部地区、中部地区和东北地区都不使用窖水。

表9-1　　　　　　　不同区域农村用水来源情况　　　　　　(单位:%)

	自来水厂	山泉水	井水	沟塘河等地表水	窖水	其他
东部地区	80.16	10.89	8.69	0.35	0	1.93
中部地区	61.56	9.07	30.35	1.30	0	0.32
西部地区	63.97	17.37	17.08	0.80	2.10	0.36
东北地区	51.21	0	49.06	0	0	0

注:此题为多选,该表统计的是各类方式在不同地区被受访农户提及的频率。

二　农村生活污水处理

农村生活污水存在面广量大的特点,治理难度较大,是农村人居环境整治的主要难题之一。随着国家污染防控力度的加大,农村生活污水处理得到了一些有建设性的污水处理技术和处置模式的支持,但结合不同地区农村的规划布局、经济水平和环境条件,生活污水技术和处理模式也存在多种方式。

(一)农村生活污水排放方式

农村生活污水处置方式存在简单模式,例如直接排放;也存在一些其他排放模式,例如进入城市污水管网、沼气池处理或人工湿地处理等。

选择"直接排放"的受访农户占比为57.21%；选择"进入城市污水管网"的受访农户占比为28.07%；选择"沼气池处理"的受访农户占比为5.68%；选择"人工湿地处理"的受访农户占比为1.18%；选择"其他"生活污水处置方式的受访农户占比为7.99%（见图9-3）。

关于其他排放方式，受访农户主要选择"自建化粪池、污水井""进入村网、污水处理站，由村里统一处理"，其占比分别为48.52%、38.36%，还有农户选择"倒在地沟里浇菜"等方式。通过农户的自主性回答，可以获取两方面的情况：一是随着农村生活水平的提高和农民环境保护意识的提升，一部分农户采用自建化粪池、污水井的方式处理污水，有效避免了环境污染；二是在村集体经济条件允许的情况下，一些村庄能够提供多元化的公共服务，通过完善村网、村庄污水处理站，统一处置生活污水。

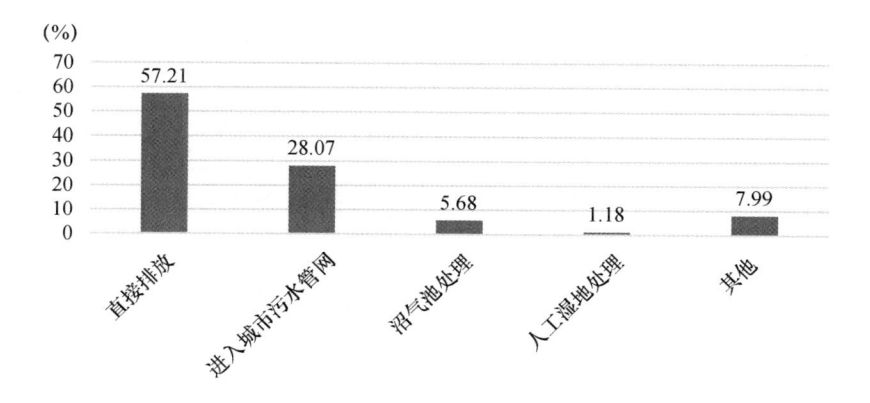

图9-3 农村生活污水主要排放方式

注：此题为多选，该图统计的是各类方式在受访农户中被提及的频率。

（二）不同区域农村生活污水处置差异

东部地区有超过一半的受访农户（55.27%）生活污水处置方式选择"进入城市污水管网"，选择"直接排放"的占33.66%；中部地区、西部地区和东北地区均有超过六成的受访农户生活污水处置方式选择"直接排放"，占比分别为69.28%、65.27%和60.91%。除此之外，东北地

◆ 第二篇　主报告

区 25.27% 的受访农户生活污水处置方式选择"进入城市污水管网",中部地区占比为 19.09%,西部地区占比为 13.75%（见表 9-2）。需要注意的是,不同区域农村生活污水直接排放占比依然较高。

在选择"其他"方式的受访农户中,较多采用的是"进入村网、污水处理站,由村里统一处理""自建化粪池、污水井""倒在地沟里浇菜"等污水处理方式。其中,东部地区的受访农户除了选择"进入城市污水管网",还选择"进入村网、污水处理站,由村里统一处理";而中部地区、西部地区和东北地区的受访农户较多选择的是"自建化粪池、污水井"等污水处理模式。

表 9-2　　　　　不同区域农村生活污水处置情况　　　　　（单位:%）

	直接排放	进入城市污水管网	沼气池处理	人工湿地处理	其他
东部地区	33.66	55.27	3.51	1.32	6.50
中部地区	69.28	19.09	3.62	1.00	7.24
西部地区	65.27	13.75	9.84	1.59	9.91
东北地区	60.91	25.27	4.75	1.19	8.21

注:此题为多选,该表统计的是各类方式在受访农户中被提及的频率。

三　农村生活垃圾处理

农村垃圾造成的农村环境"脏乱差"是农村人居环境整治最迫切的工作。基于农户调查数据展开分析,一方面可以明晰当前农村人居环境整治在农村生活垃圾处理方面的效果,另一方面也可以为进一步改善农村生活环境提供例证。

(一) 农村生活垃圾分类方式

根据图 9-4,近一半（54.88%）的受访农户没有进行生活垃圾分类,仅有 45.12% 的受访农户进行了生活垃圾分类。当前,全民全社会开展生活垃圾分类。通过问卷数据的对比可以看出,农村地区生活垃圾分类治理工作推进仍然较慢。

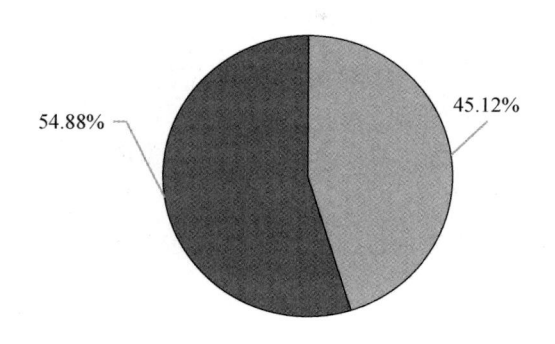

图 9-4 农村生活垃圾"户分类"情况

村庄是农村生活垃圾治理的直接责任主体。目前，大多数村庄生活垃圾处置主要采用的是"村庄收集、乡（镇）转运、县市处理"的模式，根据图 9-5，90.94% 的村庄进行了生活垃圾统一处理，7.94% 的村庄未进行生活垃圾统一处理，1.13% 的受访农户不清楚状况。

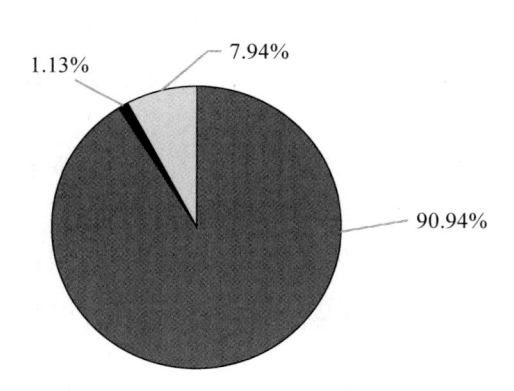

图 9-5 农村生活垃圾"村收集"情况

(二) 不同区域农村生活垃圾处置差异

分区来看,东部地区农村生活垃圾分类覆盖面较广,已经有60.90%的受访农户进行了垃圾分类,39.10%的受访农户没有进行垃圾分类;对于中部地区、西部地区和东北地区来说,超过一半的农户都没有进行生活垃圾分类,中部地区为64.92%,东北地区为61.02%,西部地区为59.55%(见图9-6)。中部地区、西部地区和东北地区的农村生活垃圾分类覆盖率远不及东部地区。

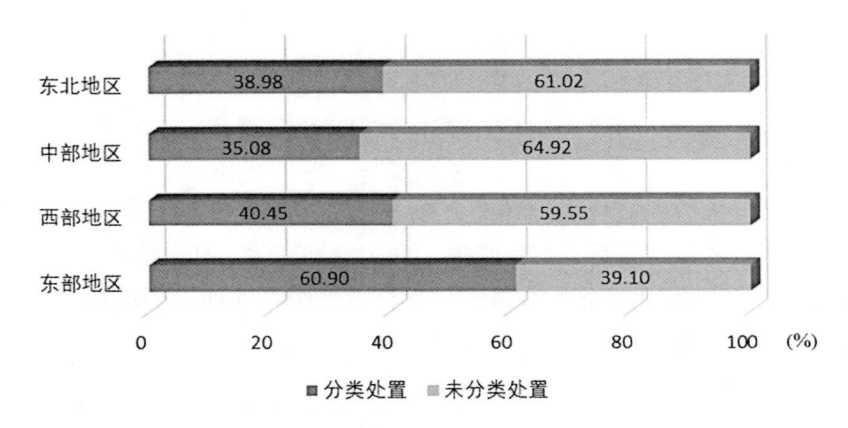

地区	分类处置	未分类处置
东北地区	38.98	61.02
中部地区	35.08	64.92
西部地区	40.45	59.55
东部地区	60.90	39.10

图9-6 不同区域农村生活垃圾"户分类"情况

不同地区农村生活垃圾处理方式不同,东部地区村庄进行垃圾收集的占比最高,为94.90%;中部地区为93.62%;东北地区为89.25%;西部地区为86.32%。总体来看,各地区均有八成以上的村庄进行了生活垃圾处置,由此可见全国范围内"村收集"垃圾处置工作推广力度较大(见图9-7)。

通过区域对比,东部地区生活垃圾"户分类""村收集"处置模式覆盖面最广,西部地区"户分类"覆盖面高于中部地区和东北地区,但是"村收集"覆盖面却低于中部地区和东北地区。值得注意的是,"户分类"与"村收集"如果无法实现有效衔接,就会直接影响农村生活垃圾处理效率。

第九章 农村人居环境状况

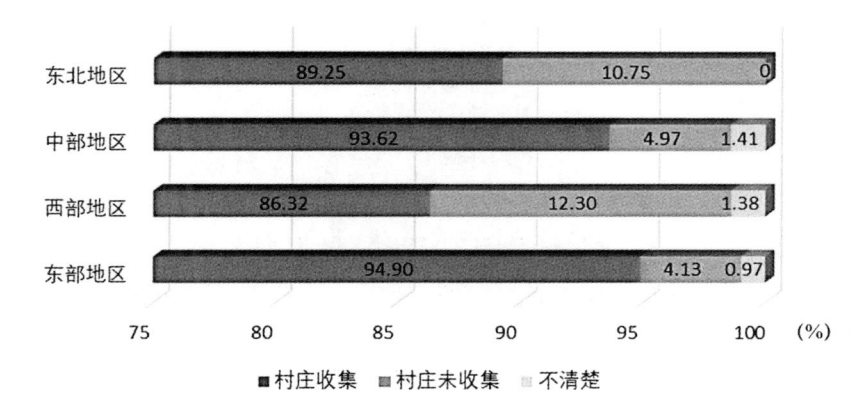

区域	村庄收集	村庄未收集	不清楚
东北地区	89.25	10.75	0
中部地区	93.62	4.97	1.41
西部地区	86.32	12.30	1.38
东部地区	94.90	4.13	0.97

图9-7 不同区域农村生活垃圾"村收集"情况

四 农村厕所革命

农村厕所革命的推进是对传统观念、生活方式和人居环境的变革。分析无害化卫生厕所的建设和使用实况，可以为农村人居环境整治行动的推进提供更多的科学依据。

（一）农村卫生厕所使用情况

74.44%的受访农户修建了无害化卫生厕所，25.56%的受访农户还没有修建（见图9-8），在已经修建无害化卫生厕所的2770户受访农户中，2603户表示厕所能够日常使用，无害化厕所建成并且日常使用率达93.97%。总体来说，农村无害化卫生厕所修建后的投入使用率较高。对未日常使用无害化卫生厕所的原因进行分析，主要包括"不习惯""其他质量问题影响使用""新建房不需改造"等。

（二）农村改厕及其模式

农村改厕模式主要根据各村和各户的实际情况进行规划和投建。总体来看，选择"三格化粪池式"的占47.95%，选择"双瓮式化粪池式"

◆ 第二篇 主报告

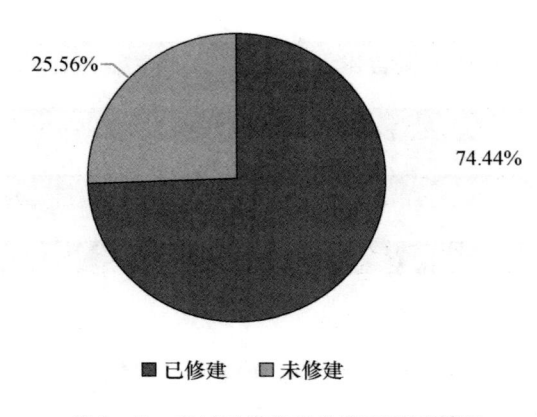

■ 已修建　■ 未修建

图9-8　农村无害化卫生厕所修建情况

的占10.61%，选择"三联沼气池式"的占5.52%，选择"粪尿分集式"的占2.94%（见图9-9）。还有一些农户对改厕不清楚或不愿意回答，可能受到其他影响因素的干扰未进行改厕。

关于选择改厕"其他"模式的主要有这样几种：受某种因素影响无法选择改厕模式，如所在住处尚未改造或正在改造，占比为39.36%；拆迁房已经修建，占比为21.90%；选择自建化粪池等模式，占比为20.06%。

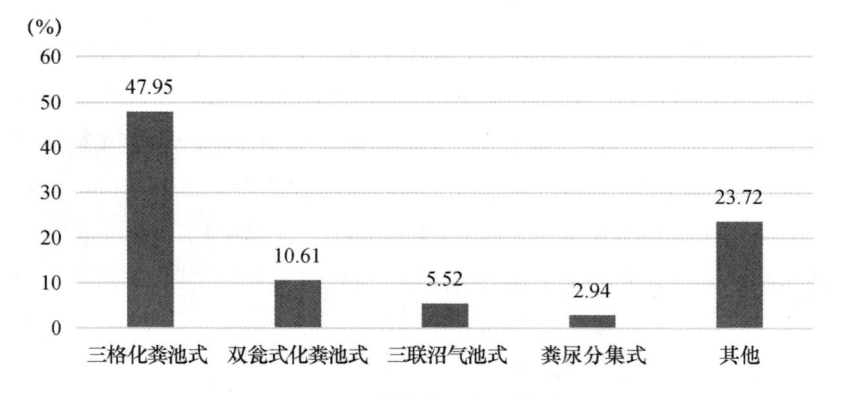

图9-9　农村改厕主要模式

注：此题为多选，该表统计的是各类方式在受访农户中被提及的频率。

第九章 农村人居环境状况

（三）不同区域农村建厕和改厕差异

由于不同区域地方政府的推进力度不同，农村厕所革命取得的进展也不相同，呈现出一定的区域差异性。当前大多数受访农户所在农村修建了无害化卫生厕所，东部地区占 93.68%，覆盖面最大；中部地区占 77.19%；西部地区占 67.00%；东北地区覆盖面最小，占 34.41%（见图 9-10）。总体来说，农村建厕区域间存在较大差距。

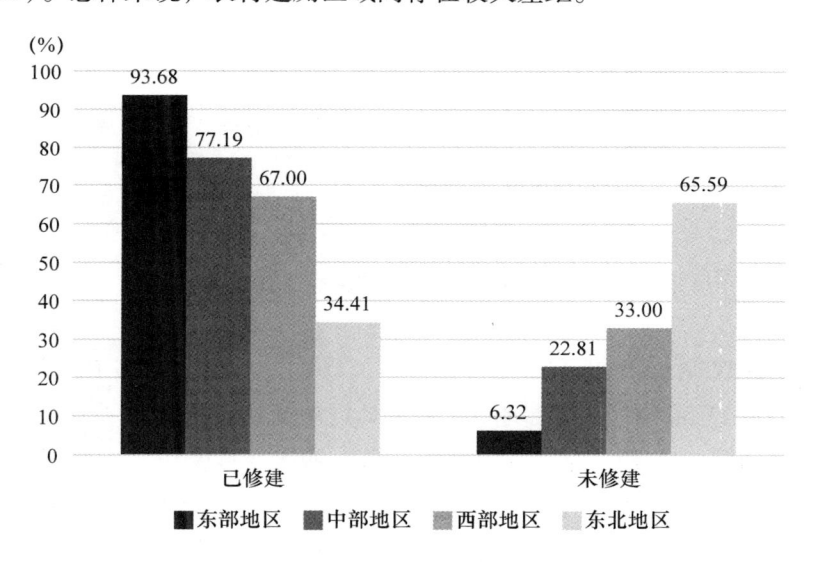

图 9-10 不同区域农村修建无害化卫生厕所情况

在已经修建无害化卫生厕所中，能够日常使用的，东部地区占 98.12%，改厕后投入使用率最高；中部地区和西部地区的占比分别为 96.97%、93.09%；东北地区占比为 75.81%，主要原因在于东北地区已修建的无害化卫生厕所原本就少，厕所日常使用占比偏低（见图 9-11）。

不同区域农村地区会根据其自身的自然环境条件、经济发展水平等选择相匹配的厕改模式。厕所改造模式多样，主要包括"三格化粪池式""双瓮式化粪池式""三联沼气池式""粪尿分集式"等模式。分区域来看，西部地区和中部地区均有超过一半的受访农户选择"三格化粪池

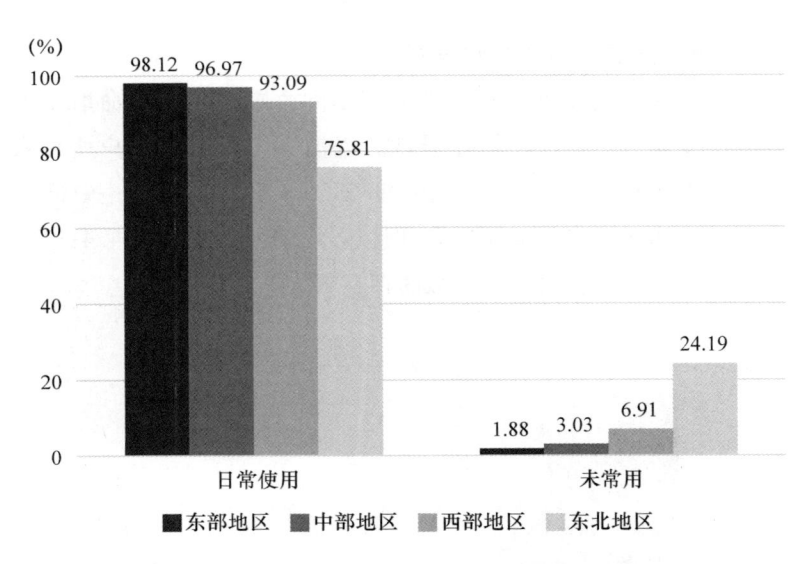

图9-11 不同区域无害化卫生厕所日常使用情况

式";其次是东部地区,占比为41.51%;东北地区占比最少,为17.51%。东部地区、西部地区和中部地区的受访农户选择"双瓮式化粪池式"的占比相同,维持在10%—12%;四大区域受访农户选择"三联沼气池式"和"粪尿分集式"的占比均在10%以下(见表9-3)。

除了目前主要推广的四种厕改模式,还有其他各种厕改模式,如新建房的新式厕所模式、自建化粪池模式、单独的大桶模式、未改厕或正在改厕等其他模式。分区域来看,东北地区、东部地区和中部地区的受访农户选择其他厕改模式的占比较高,均超过了10%,东北地区最高,占比为66.36%。

表9-3 不同区域厕所改造模式 (单位:%)

	三格化粪池式	双瓮式化粪池式	三联沼气池式	粪尿分集式	其他
东部地区	41.51	11.28	2.48	0.93	37.58

续表

	三格化粪池式	双瓮式化粪池式	三联沼气池式	粪尿分集式	其他
中部地区	54.74	10.80	6.42	5.55	10.36
西部地区	57.18	11.75	9.15	2.60	8.47
东北地区	17.51	2.30	1.38	5.07	66.36

五 农村居民对生产生活方式满意度

农村居民是农村人居环境主要的使用主体和受益主体。把农村居民作为主体，分析其对生产生活方式的满意度，能够从侧面反映农村人居环境整治效果。

（一）关于饮水安全状况的满意度

由图 9-12 可知，农村居民对饮水安全的满意度整体较高。其中，高达 80.42% 的受访农户对饮水安全状况感到"满意"或者"非常满意"，12.85% 的受访农户对饮水安全状况感到"不太满意"或者"非常不满

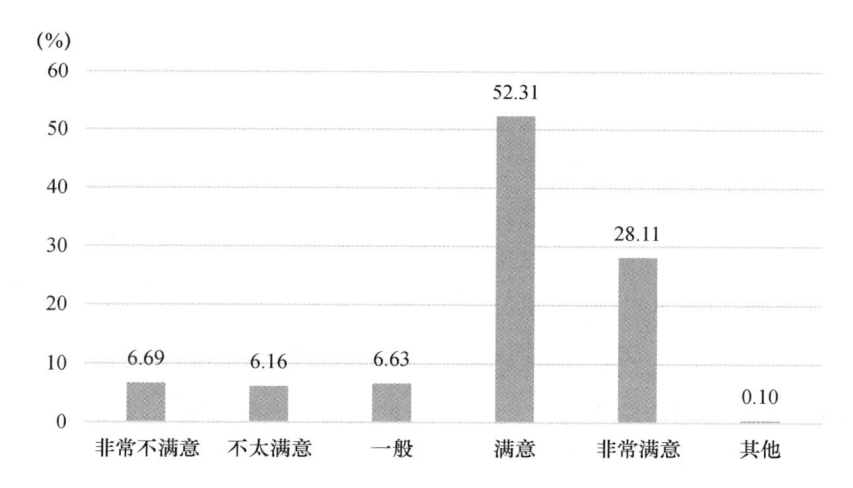

图 9-12 农村居民对饮水安全的满意度

意",6.63%的受访农户对饮水安全状况感到"一般",还有0.10%的受访农户不知道情况。

农村居民对饮水安全的满意度存在区域差异。如表9-4所示,对比中部地区和西部地区,东部地区和东北地区农村居民对饮水安全的满意程度相对更高。东部地区和东北地区农村居民对饮水安全感到"满意"或者"非常满意"的占比分别为83.26%、80.37%,而感到"不太满意"或者"非常不满意"的占比分别为10.04%、10.22%。中部地区和西部地区农村居民对饮水安全感到"满意"或者"非常满意"的占比分别为79.90%、78.44%,而感到"不太满意"或者"非常不满意"的占比分别为13.08%、15.70%。

表9-4 不同区域农村居民对饮水安全状况的满意度 (单位:户,%)

	样本数	非常不满意 数量	非常不满意 比例	不太满意 数量	不太满意 比例	一般 数量	一般 比例	满意 数量	满意 比例	非常满意 数量	非常满意 比例	其他 数量	其他 比例
东部地区	1135	45	3.96	69	6.08	75	6.61	552	48.63	393	34.63	1	0.09
中部地区	925	68	7.35	53	5.73	64	6.92	488	52.76	251	27.14	1	0.11
西部地区	1382	125	9.04	92	6.66	80	5.79	730	52.82	354	25.62	1	0.07
东北地区	372	17	4.57	21	5.65	34	9.14	225	60.48	74	19.89	1	0.27
合计	3814	255	6.69	235	6.16	253	6.63	1995	52.31	1072	28.11	4	0.10

(二) 关于生活垃圾处理状况的满意度

由图9-13可知,农村居民对生活垃圾处理状况的满意度整体较高。其中,高达82.68%的受访农户表示对生活垃圾处理状况感到"满意"或者"非常满意",仅有17.7%的受访农户对生活垃圾处理状况感到"不太满意"或者"非常不满意",8.39%的受访农户对生活垃圾处理状况感到"一般",0.08%的受访农户不知道情况。

农村居民对生活垃圾处理状况的满意度存在区域差异。如表9-5所示,相对于东北地区、西部地区,东部地区和中部地区农村居民对生活

第九章 农村人居环境状况

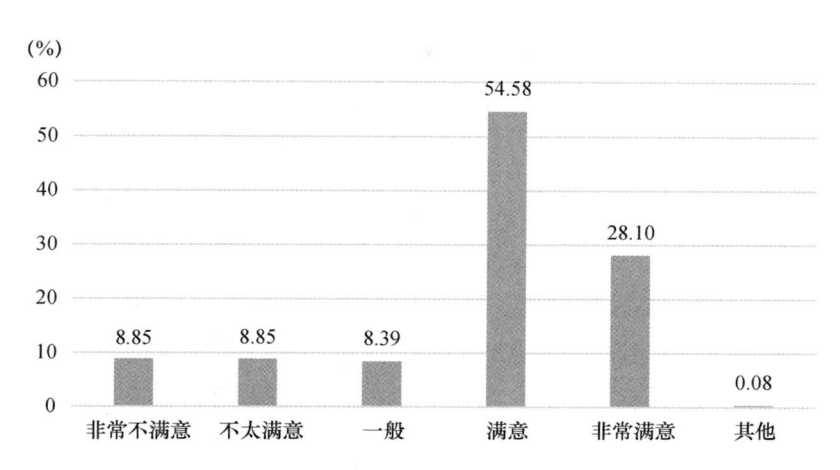

图 9-13 农村居民对生活垃圾处理状况的满意度

垃圾处理状况的满意程度较高，分别有 88.43% 和 84.26% 的农村居民对生活垃圾处理状况感到"满意"或者"非常满意"，分别有 4.01% 和 7.49% 的农村居民对生活垃圾处理状况感到"不太满意"或者"非常不满意"。对于东北地区和西部地区来说，分别有 80.33% 和 77.46% 的农村居民对生活垃圾处理状况感到"满意"或者"非常满意"，分别有 10.25% 和 13.42% 的农村居民对生活垃圾处理状况感到"不太满意"或者"非常不满意"。

表 9-5 不同区域农村居民对生活垃圾处理状况的满意度 （单位：户，%）

	样本数	非常不满意 数量	非常不满意 比例	不太满意 数量	不太满意 比例	一般 数量	一般 比例	满意 数量	满意 比例	非常满意 数量	非常满意 比例	其他 数量	其他 比例
东部地区	1124	23	2.05	22	1.96	85	7.56	567	50.44	427	37.99	0	0.00
中部地区	921	41	4.45	28	3.04	75	8.14	537	58.31	239	25.95	1	0.11
西部地区	1349	90	6.67	91	6.75	122	9.04	725	53.74	320	23.72	1	0.07
东北地区	371	10	2.70	28	7.55	34	9.16	226	60.92	72	19.41	1	0.26
合计	3765	164	4.36	169	4.49	316	8.39	2055	54.58	1058	28.10	3	0.08

(三) 关于村庄道路状况的满意度

由图9-14可知，农村居民对村庄道路状况的满意度整体较高。其中，高达78.86%的受访农户表示对村庄道路状况感到"满意"或者"非常满意"，13.54%的受访农户对村庄道路状况感到"不太满意"或者"非常不满意"，7.60%的受访农户对村庄道路状况感到"一般"。

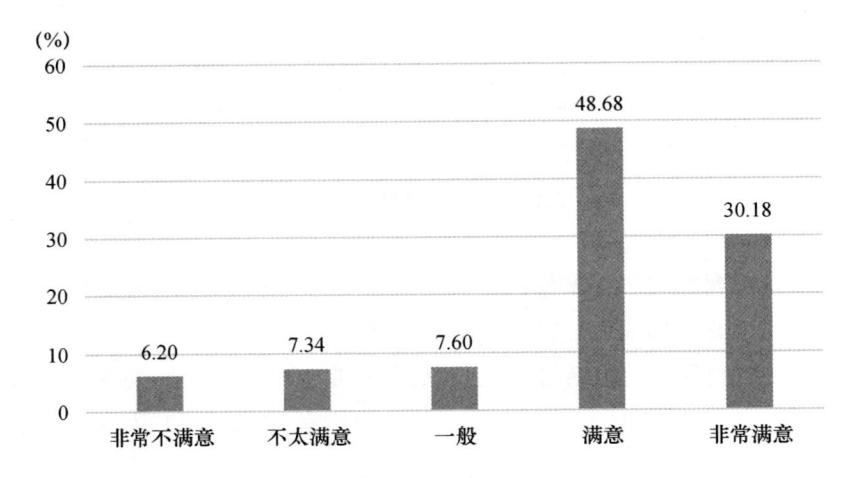

图9-14 农村居民对村庄道路状况的满意度

农村居民对村庄道路状况的满意度存在显著的区域差异。如表9-6所示，对比西部地区和东北地区，东部地区和中部地区农村居民对村庄道路状况的满意程度相对更高，分别有81.90%和81.75%的农村居民对村庄道路状况感到"满意"或者"非常满意"，分别有10.37%和11.01%的农村居民感到"不太满意"或者"非常不满意"。对于西部地区和东北地区来说，分别有76.31%和71.85%的农村居民对村庄道路状况感到"满意"或者"非常满意"，分别有16.81%和17.43%的农村居民感到"不太满意"或者"非常不满意"。

表9-6 不同区域农村居民对村庄道路状况的满意度 （单位：户，%）

	样本数	非常不满意		不太满意		一般		满意		非常满意		其他	
		数量	比例	数量	比例	数量	比例	数量	比例	数量	比例	数量	比例
东部地区	1138	42	3.69	76	6.68	88	7.73	490	43.06	442	38.84	0	0.00
中部地区	926	49	5.29	53	5.72	67	7.24	483	52.16	274	29.59	0	0.00
西部地区	1380	123	8.91	109	7.90	95	6.88	681	49.35	372	26.96	0	0.00
东北地区	373	23	6.17	42	11.26	40	10.72	204	54.69	64	17.16	0	0.00
合计	3817	237	6.20	280	7.34	290	7.60	1858	48.68	1152	30.18	0	0.00

（四）关于村庄整体生活环境的满意度

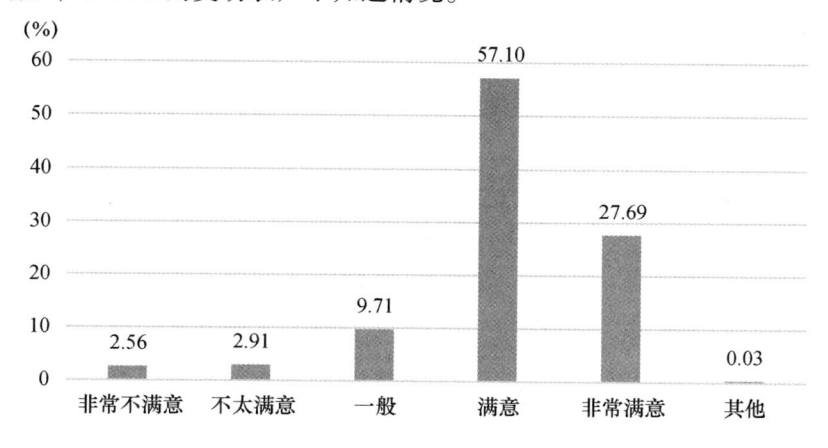

由图9-15可知，农村居民对村庄整体生活环境的满意度较高。其中，高达84.79%的受访农户表示对村庄整体生活环境感到"满意"或者"非常满意"，仅有5.47%的受访农户对村庄整体生活环境感到"不太满意"或者"非常不满意"，9.71%的受访农户对村庄整体生活环境感到"一般"，0.03%的受访农户不知道情况。

图9-15 农村居民对村庄整体生活环境的满意度

根据表9-7，四大区域超过八成的农村居民对村庄整体生活环境感到"满意"或者"非常满意"。东部地区88.49%的受访农户对村庄整体生活环境感到"满意"或者"非常满意"，3.75%的受访农户感到"不太满意"或者"非常不满意";中部地区87.09%的受访农户对村庄整体生活环境感到"满意"或者"非常满意",4.34%的受访农户感到"不太满意"或者"非常不满意";东北地区81.95%的受访农户对村庄整体生活环境感到"满意"或者"非常满意",5.44%的受访农户感到"不太满意"或者"非常不满意";西部地区81.11%的受访农户对村庄整体生活环境感到"满意"或者"非常满意",7.57%的受访农户感到"不太满意"或者"非常不满意"。

表9-7　　不同区域农村居民对村庄整体生活环境的满意度（单位：户,%）

	样本数	非常不满意 数量	非常不满意 比例	不太满意 数量	不太满意 比例	一般 数量	一般 比例	满意 数量	满意 比例	非常满意 数量	非常满意 比例	其他 数量	其他 比例
东部地区	1069	13	1.22	27	2.53	83	7.76	561	52.48	385	36.01	0	0.00
中部地区	852	23	2.70	14	1.64	73	8.57	503	59.04	239	28.05	0	0.00
西部地区	1334	48	3.60	53	3.97	151	11.32	761	57.05	321	24.06	0	0.00
东北地区	349	8	2.29	11	3.15	43	12.32	233	66.76	53	15.19	1	0.29
合计	3604	92	2.55	105	2.91	350	9.71	2058	57.10	998	27.69	1	0.03

六　本章小结

（一）农村生活用水情况比较稳定

在农村日常饮水主要来源方面,六成以上的农户家庭日常饮用水主要来源于自来水厂,同时还有山泉水、井水等多种其他用水来源。在农村饮水水质和用水保障方面,92.88%的受访农户认为农村水质安全,95.97%的受访农户认为家庭需水量基本能够获得满足,98.43%的受访农户认为当前用水或取水方便,86.83%的受访农户表示已经使用自来水。分区域来看,东部地区主要使用自来水;中部地区和东北地区主要使用自来水和井水;西部地区主要使用自来水,使用井水和山泉水的比例维持在17%,此外个别农村地区使用窖水。从家庭用水需水量、用水便利程度和自来水的使用来分析农村用水保障情况:各区域农村吃水难、用水难的问题已经基本得到解决，正在由"有水吃"向"吃好水"转变。但需要注意的是西部地区地形复杂，农村居民点分散，尤其是一些深度贫困山区的农村村庄，其用水和取水难度仍然较大，这也是一个不容忽视的问题。

（二）农村生活污水仍以直排居多

在全国层面，有超过一半的受访农户选择"直接排放"这种简单的生活污水排放方式，造成农村地区环境污染问题有增无减。在分区层面，东部地区受访农户主要选择的是"进入城市污水管网"污水处理模式，而中部地区和西部地区有六成以上的受访农户直接排放生活污水，东北地区甚至有九成的受访农户直接排放生活污水。农村生活污水排放方式存在区域性差异的主要原因：东部地区城镇化程度高于中部地区和西部地区，其农村生活污水能够直接进入城市污水管网或者进入村网、污水处理站，大幅减少了直接排放造成的环境污染。从农村整体发展的状况和农民生活质量的角度来看，开展污水治理仍是现阶段农村人居环境整治的重要任务，尤其是东北地区、中部地区和西部地区。一方面需要完善污水处理基础设施，对于有能力的村庄可以建立村庄污水管网、村庄污水处理站等；另一方面在结合本区实际的基础上，积极借鉴东部地区的污水处理模式，采用一些先进的污水治理技术，例如建设沼气池处理、人工湿地处理等模式，以此减少污水直排带来的污染。

（三）农村生活垃圾处置推行"户分类"较低，"村收集"较高

现阶段农村普遍采用的是"户分类、村收集、镇转运、县处理"的垃圾处理运作模式，要提高农村生活垃圾治理效率，每一个环节都必须衔接好。从全国来看，45.12%的受访农户家庭进行了生活垃圾"户分类"，90.94%的农户所在村庄进行了生活垃圾"村收集"。很显然，"村收集"覆盖面高于生活垃圾"户分类"覆盖面。对比四大区域，东部地区生活垃圾"户分类"和"村收集"占比最高，主要原因是东部地区经济发达，农户环保意识较强，农村生活垃圾分类示范试点的村庄居多，垃圾分类减量、日常日清效率较高,有效提升了农村生活垃圾治理效益。对于中部地区、西部地区和东北地区来说,还要继续加大农村生活垃圾的分类处理力度,结合区域实际高效推行垃圾处置运作模式,充分发挥农户和村庄在生活垃圾处理中的重要角色作用。

(四)农村厕所革命的推进初见成效

有七成以上的受访农户进行了改厕,九成以上的受访农户表示改厕后能够日常使用,三格化粪池改厕模式得到了较好的推广和使用。当前农村厕所革命取得了较好的进展,改厕覆盖面较广。但同时也需要在改厕中注意一些问题,传统改厕模式注重的是厕所内部的"改",而没有关注厕所之外的"治"。① 也就是说,改厕过程中收集到化粪池内的粪便没有得到有效治理,导致还有一部分农户已改厕但未日常使用。对于这些农户来说,主要受到"其他质量问题影响使用""不习惯""新建在改"等因素的影响。如此改厕,事实上解决的只是厕所内的环境问题,而没有将改厕与生活污水处理实现一体化,需要重点关注。

(五)农村居民对生产生活方式的满意度随着乡村振兴战略的实施而提升

农民是政策目标的直接受益群体,分析作为需求方和受益主体的农民的满意度,可以观照和反思现阶段实施相关政策的成效。② 因此,从饮水安全状况、生活垃圾处理状况、村组道路状况等方面来分析农村居民对生产生活方式的满意度,达到"满意"或者"非常满意"的优先序为生活垃圾处理(82.68%)>生活饮水安全(80.42%)>村路状况(78.86%)。整体而言,农村居民对村庄整体生活环境感到"满意"或者"非常满意"的为84.79%,其中东部地区农村居民满意度最高,其次是中部地区、西部地区、东北地区。调查数据显示大多数农户对生活方式

---

① 于法稳:《农村厕所革命:路在何方?》,《群言》2019年第9期。
② 陈秋红:《美丽乡村建设的困境摆脱:三省例证》,《改革》2017年第11期。

第九章　农村人居环境状况

的满意度评价较高，这主要得益于农村实施的全面乡村振兴战略，改善了农村居民的生产、生活和生态环境。下一步还需加强和修缮农村村组道路、提升农村生活饮水安全、强化生活垃圾处理，进一步增强民生福祉。

第十章 农村家庭食物消费与健康

杨 鑫 全世文[*]

民生无小事,食物消费升级、营养改善与健康属于民生之基石;百政农为首,农村地区是中国现代化的稳定器和蓄水池。近年来,中国人民生活水平不断提高,食物供给和保障能力显著增加,农村家庭食物消费量提高,消费结构持续优化,营养健康状况明显改善。但是,农村居民仍面临食物消费结构单一、营养知识尚未普及等问题。随着城镇化推进,农村家庭出现大量人户分离、青年劳动力外流等现象,食物消费与健康的分化越来越明显。综上所述,及时了解农村家庭食物消费以及健康现状及变化规律具有重要意义。

本章采用 30 日回溯法计算在家的食物消费与支出,调查对象是吃饭长期在一起的全部家庭成员,主要食物包括谷物、豆类、肉类、蛋类、奶制品、蔬菜、酒与饮料共 7 个类型,具体种类有 15 种(见表 10-1)。需要指出的是,食品类型缺少薯类和淀粉类制品、坚果种子类制品、菌藻类制品、虾蟹贝类、水果类、某些植物油、休闲食品等,得到的能量和营养素摄入量存在低估问题。

---

[*] 杨鑫,博士,中国社会科学院农村发展研究所助理研究员,研究方向为食物与农业经济;全世文,博士,中国社会科学院农村发展研究所副研究员,研究方向为食物经济与农业经济。

第十章 农村家庭食物消费与健康

表 10-1　　　　　　　　食物类型与成分表编码　　　　　　　（单位：%）

种类	种类	食物成分表编码	可食比重	备注
谷物	稻米	012001x	100	
谷物	面粉	011206	100	
谷物	玉米	013101	46	
豆类	豆制品	031101	100	用豆腐、豆腐干、腐竹、豆浆折算，占大豆消费量的 17.5%
豆类	大豆油	192004	100	大豆油占大豆消费量的 82.5%
肉类	鲜猪肉	081101x	91	平均值
肉类	鲜鸡肉	091101x	63	平均值
肉类	鲜鱼肉	0121101	59	平均值
肉类	鲜牛羊肉	082101x，083101x	100	平均值
蛋类	鸡蛋	111101x	87	
奶制品	液态乳	101101x	100	
奶制品	奶粉	102130x	100	
蔬菜	生鲜蔬菜	043208，021101，045101x，043119，044302，043221，042104，045216，044206	95	采用消费量最多蔬菜的平均值，包括黄瓜、土豆、大白菜、番茄、洋葱、冬瓜、豆角、菜花、大葱
酒与饮料	白酒	以 50 度计算	100	消化热量取值 7 千卡/克
酒与饮料	含糖饮料	以可口可乐计算	100	消化热量取值 43 千卡/百毫升

资料来源：杨月欣：《中国食物成分表标准版》（第 6 版/第一册），北京大学医学出版社 2018 年版；杨月欣：《中国食物成分表标准版》（第 6 版/第二册），北京大学医学出版社 2019 年版。

◆ 第二篇 主报告

一 农村家庭食物消费与营养摄入

(一) 食物消费与营养基本情况

由图 10-1 可知，7 个食品类型的消费量均呈现正偏态的分布结构，偏态系数均大于 0，峰态系数均大于 3。换言之，对同一类食品，存在较多家庭大量消费，也存在较少家庭极少消费。在食用相关类型食品人群中，分布相对均衡的是蔬菜、谷物和奶制品，偏态系数分别为 1.12、1.23 和 1.44。从平均数看，农村居民日人均消费稻米 211.36 克、面粉 156.43 克、玉米 7.01 克、大豆 48.24 克、猪肉 44.03 克、鸡肉 21.82 克、鱼肉 13.78 克、牛羊肉 9.49 克、鸡蛋 42.59 克、液态乳 30.88 克、奶粉 1.41 克、蔬菜 288.44 克、白酒 28.91 克、含糖饮料 20.50 克。

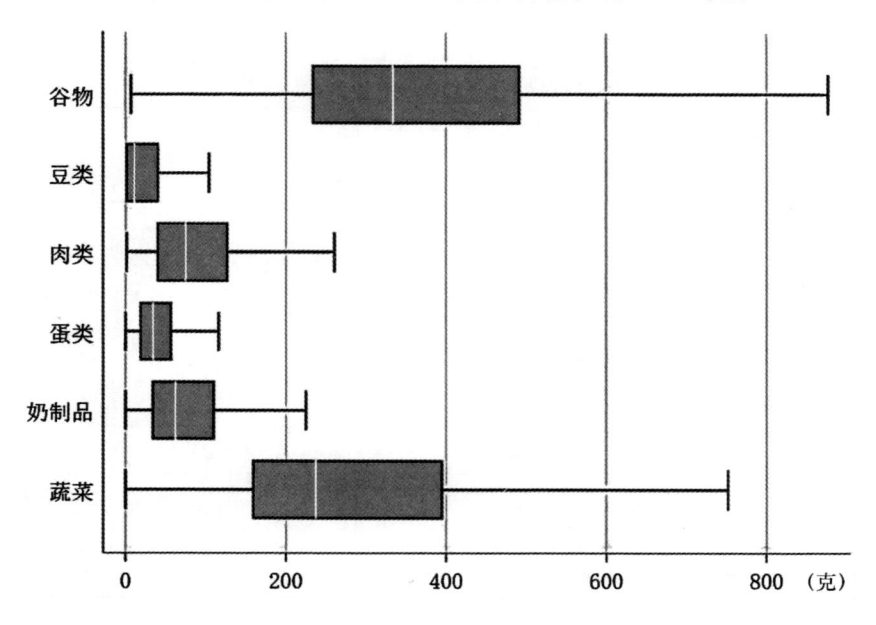

图 10-1 不同食物类型的人均日消费量分布

经过生活单位换算，1 个农户每日典型食物消费模式：4 两米饭、2 碗面条、大约 1 个掌心的肉类、1 个较小的鸡蛋、0.5 斤豆腐或 2 两豆腐干、双手捧起3次的蔬菜量、1/5的盒装牛奶、1两酒与饮料。在与《中国居民膳食指南（2016）》提出的平衡膳食模式对比之下，发现农村居民的奶制品和蔬菜摄入不足问题最为突出。

由于食物消费呈现正偏态分布，须进一步从中位数进行分析。从中位数看，农户家庭每日消费稻米166.76克、面粉111.11克、大豆11.11克、猪肉30.33克、鸡肉14.00克、鱼肉3.93克、鸡蛋34.80克、蔬菜237.50克。值得注意的是超过六成农村家庭尚没有建立奶制品消费习惯。与平衡膳食模式对比，超过50%的农村居民仅谷物摄入充足，而豆类、肉类、蛋类、奶制品和蔬菜均没有达到合理膳食的标准（见表10-2）。

表10-2　　　　　主要食物类型的统计分析　　　　（单位：克,%）

	平衡膳食模式	样本平均数	样本中位数	样本未消费比重
谷物	250—400	374.8	277.87	4.21
豆类	25—35	48.24	11.11	9.08
肉类	80—150	89.12	48.26	9.76
蛋类	40—50	42.59	34.80	5.86
奶制品	300	32.29	0	62.26
蔬菜	300—500	288.44	237.50	11.18
酒与饮料	—	49.41	0	58.05

能量摄入方面，人均日能量摄入为1757.03千卡，碳水化合物为308.92克，蛋白质为69.59克，脂肪为36.95克。从中位数看，能量摄入为1632.79千卡，人均碳水化合物为283.98克，蛋白质为62.80克，脂肪为30.08克。平衡膳食模式推荐成年人日摄入能量为1600千卡—2400千卡，对应样本分位数为48%—81%，大部分农村居民日能量摄入基本处于合理范围，但至少有20%的农村居民能量摄入过多。

《中国居民营养与慢性病状况报告（2015）》显示，2012年居民人均能量摄入量为2172千卡，碳水化合物摄入量为301克，蛋白质摄入量为

65 克，脂肪摄入量为 80 克。调查中缺少了部分食物类型，尤其低估了每日脂肪摄入量，无法直接对比。若按脂肪摄入量 80 克进行调整，人均日能量摄入大约为 2234 千卡，即农村居民食物能量摄入得到有效保障。

从营养素角度看，2020 年农村居民碳水化合物和蛋白质摄入量有一定增加。然而，成年人日蛋白质摄入推荐量为 60 克，样本中仍有近 50% 的农村居民没有满足该标准。综上所述，当前农村居民能量摄入基本充足，但也存在营养过剩与不足的现象。

（二）食物营养摄入的结构

根据食物来源，膳食结构可分为三种类型：第一，以动物性食物为主型，特征是高能量、高蛋白、高脂肪、低膳食纤维；第二，以植物性食物为主型，谷物消费较多，蛋白质和脂肪的摄入量均较低，蛋白质来源以植物为主，但某些矿物质和维生素摄入不足；第三，动植物食物平衡型，植物性食物占较大比重，但蛋白质中动物性来源约占 50% 以上，该膳食模式既可满足营养素的需求，又可预防慢性病。

在调查中，农村居民植物性食物供能比重为 84.2%，动物性食物供能比重 15.8%，呈现明显的以植物性食物为主的膳食类型。在调整人均日脂肪摄入量为 80 克的情况下，2020 年农村居民膳食结构有所改善，蛋白质供能比重有一定提高，各营养素占能量的比重均在可接受范围（见表 10-3）。

表 10-3　　　　　　　　三大营养素占能量比重对比　　　　　　（单位：%）

	占能量的比重（可接受范围）	占能量的比重（2012 年）	占能量的比重（样本）	占能量的比重（样本调整）
碳水化合物	50—65	55.13	66.35	55.31
蛋白质	10—20	11.90	15.09	12.46
脂肪	20—30	33.07	18.56	29.40

从三大营养素来看，碳水化合物、蛋白质和脂肪的能量供应占比分别为 66.35%、15.09% 和 18.56%。在碳水化合物来源方面，谷物为 89.39%，豆类为 1.21%，肉类为 0.24%，蛋类为 0.53%，奶制品为 1.34%，蔬菜为 6.71%，酒与饮料为 3.19%。在蛋白质来源方面，谷物为 58.99%，豆类为 4.33%，肉类为 23.23%，蛋类为 8.64%，奶制品为 2.52%，蔬菜为 5.47%。在脂肪来源方面，谷物为 21.73%，豆类为 17.52%，肉类为 42.33%，蛋类为 11.85%，奶制品为 4.99%，蔬菜为 6.29%（见图 10-2）。

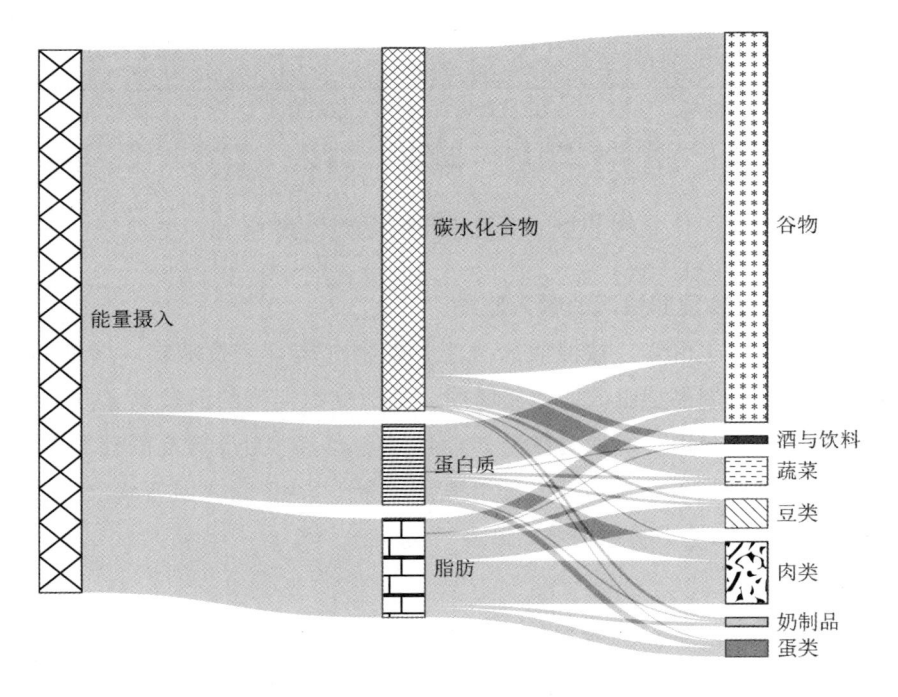

图 10-2 食物能量摄入的流向

在能量供给结构上，每种食物的供能比重分别为谷物供能 72.14%，豆类供能 2.61%，肉类供能 12.83%，蛋类供能 3.93%，奶制品供能 2.22%，蔬菜供能 6.22%，酒与饮料供能 3.24%。从食物细类看（见图 10-3），稻米消费贡献了最多的碳水化合物，比重为 52.05%；面粉消费贡献了最多的蛋白质，比重为31.62%；猪肉消费贡献了最多的脂肪，比重为33.71%。

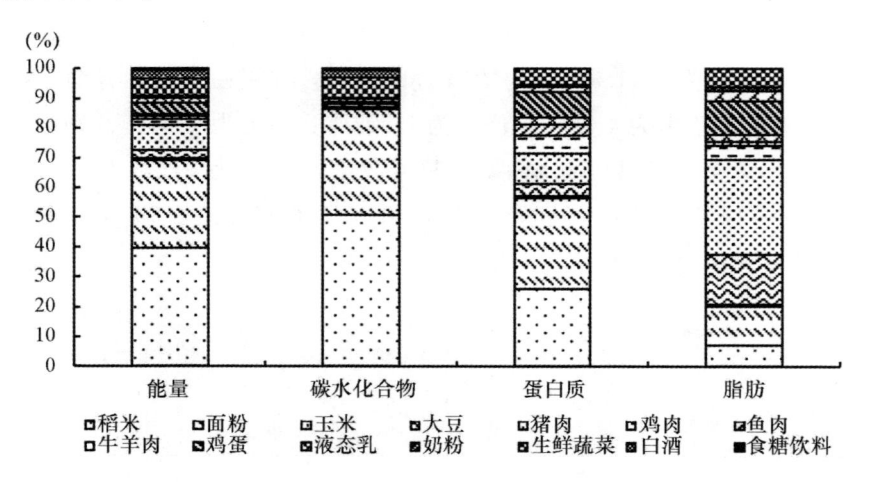

图10-3 食物营养摄入的来源结构

（三）食物营养摄入的收入差异

由表10-4可知，按照收入分组，谷物人均日消费随收入增加而下降，肉类和奶制品随收入增加而增加，其他食物类型的消费差异并不大。高收入户人均日肉蛋奶消费量为211.47克，已基本处于较高的营养水平。相比之下，低收入户人均日肉蛋奶消费量为128.80克，仅为高收入户的60.91%，尤其是奶制品相差1倍多。

表10-4　　主要食物类型人均日消费的收入和地区分组对比　　（单位：克）

	谷物	豆类	肉类	蛋类	奶制品	蔬菜	酒与饮料
按照收入分组							
低收入户	389.85	49.77	65.16	42.28	21.36	282.54	44.72
中等偏下收入户	387.44	49.68	75.85	40.00	25.37	284.81	41.35
中等收入户	371.35	51.03	85.82	41.72	31.22	270.70	49.30
中等偏上收入户	380.30	99.57	102.82	44.48	38.28	306.89	55.32
高收入户	351.26	45.02	120.76	44.57	46.14	297.82	56.75

第十章 农村家庭食物消费与健康

续表

	谷物	豆类	肉类	蛋类	奶制品	蔬菜	酒与饮料
按照地区分组								
东部地区	343.24	24.27	88.84	41.77	33.94	289.86	50.35
中部地区	364.32	52.62	73.01	52.74	32.13	271.23	56.82
西部地区	393.29	22.39	102.12	37.73	36.13	284.18	46.08
东北地区	419.63	216.22	70.92	45.51	12.16	342.79	46.88

按照地区分组，东部地区农村居民的谷物、豆类人均日消费量最低，其他食物消费量也较低，可能与在家食物消费比重较低有关；除肉类和奶制品外，东北地区农村居民所有食物消费量均较高；中部地区农村居民的蛋类人均日消费量最高；西部地区农村居民受到饮食习惯的影响，肉类和奶制品人均日消费量最高，牛羊肉消费量明显高于其他地区。

从食物营养摄入看（见表10-5），高收入、中等偏上收入、中等收入、中等偏下收入、低收入农户人均日能量摄入为1751千卡—1792千卡，说明不同收入分组在家食物消费的能量摄入差异不大。然而，不同收入组之间营养素供能结构存在明显的变化规律。随着收入的提高，碳水化合物的供能比重单调下降，蛋白质和脂肪的供能比重单调上升，与李晓云等[1]的研究一致。总体上，收入提高使农村居民膳食结构中的动物性食物比重增加，正在发生从以植物性食物为主到动植物平衡的膳食结构转变。

表10-5　　食物营养摄入的收入和地区分组对比　　（单位：千米,%）

	人均每日能量摄入	碳水化合物	蛋白质	脂肪	植物性食物	动物性食物
按照收入分组						
低收入户	1761.24	69.33	14.52	16.15	85.39	14.61

---

[1] 李晓云、张晓娇：《收入与农业生产类型对中国农村居民营养的影响》，《华中农业大学学报》（社会科学版）2020年第4期。

◆ 第二篇 主报告

续表

	人均每日能量摄入	碳水化合物	蛋白质	脂肪	植物性食物	动物性食物
中等偏下收入户	1751.78	67.95	14.68	17.37	83.48	16.52
中等收入户	1751.86	66.59	14.93	18.47	81.75	18.25
中等偏上收入户	1791.87	65.41	15.27	19.32	79.14	20.86
高收入户	1757.03	62.31	16.09	21.61	75.06	24.94
按照地区分组							
东部地区	1579.6	66.67	15.24	18.08	78.56	21.54
中部地区	1698.9	66.11	15.49	18.39	82.56	17.44
西部地区	1838.0	67.74	15.02	17.24	80.23	19.77
东北地区	2045.5	59.91	14.11	25.97	87.61	12.39

在农村居民食物营养摄入的地区差异上，人均日能量收入从高到低为东北地区、西部地区、中部地区和东部地区，与气候条件、农业劳动力贡献度、在外饮食比重有关。除东北地区外，地区间营养素供能结构不存在明显差异。不过，从动物性食物供能比重角度出发，东部地区农村居民膳食结构最为合理，不存在隐性的营养不良问题。

如前文所述，蛋白质是农村居民摄入不足、亟须优化结构的营养素，在地区间、收入组间差异性最突出（见图10-4）。分地区来看，东部和东北地区的谷物蛋白质比重已降低到60%以内，区别是东北地区更依赖豆类等植物蛋白；中部地区可同时生产小麦和水稻，河南、安徽等省份的主食文化突出，蛋白质来源较单一；西部地区的谷物和肉类蛋白质消费量均较高，需要提高植物蛋白比重。在收入分组方面，谷物、肉类和奶制品是蛋白质比重差异最大的三个食物类型。随着农村居民收入的提高，肉类和奶制品具有较大的消费增长空间，口粮安全压力将转变为食物营养安全压力。

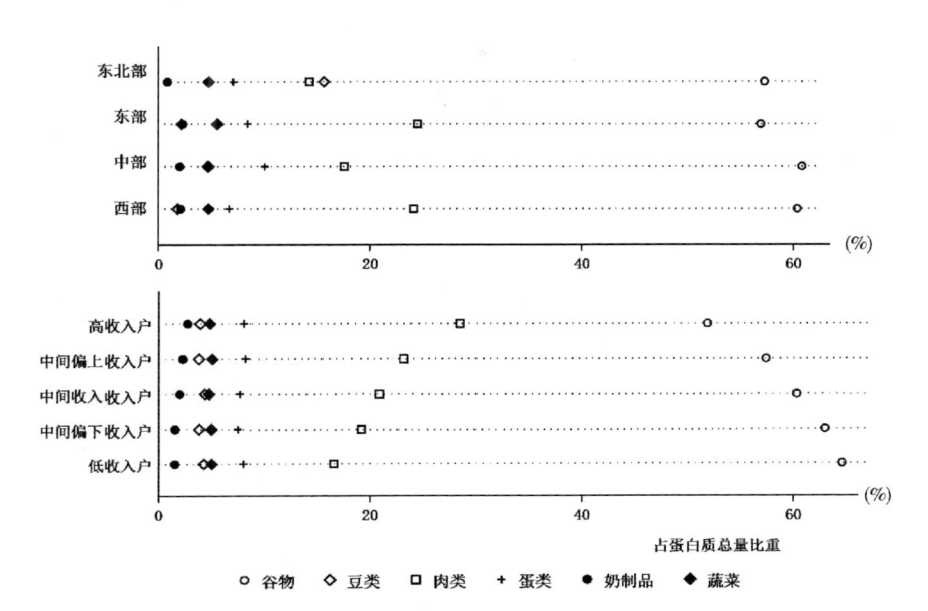

图 10-4 食物蛋白质摄入的来源结构

二 农村家庭食物支出

(一) 食物支出基本情况

人均（月）在家食物支出的平均值为 214.25 元（占人均可支配收入的比重为 23.37%），中位数为 175.33 元；人均（月）食物在外支出的平均值为 38.62 元，75% 分位数为 15 元；人均（月）食物总支出为 252.87 元（占人均可支配收入的比重为 25.26%），中位数为 19.60 元。因此，食物支出同样呈现正偏态分布。

从结构上看，人均（月）在家食物支出中，水稻为 19.39 元，面粉为 13.82 元，玉米为 0.64 元，豆类为 4.92 元，猪肉为 54.58 元，鸡肉为 11.81 元，鱼肉为 9.23 元，牛羊肉为 14.49 元，鸡蛋为 8.64 元，液态乳为 9.57 元，奶粉为 8.25 元，蔬菜为 17.26 元，白酒为 10.69 元，含糖饮料为 2.33 元。

农村居民食物支出中，肉蛋奶支出比重为 54.41%，意味着获取蛋白质的困难程度较高；供能比重为72.14%的谷物，支出比重却仅为15.80%。稳定、廉价的口粮供给是保障农村居民基本生活的重要基础，肉类支出增加（尤其是猪肉）是农村居民改善生活的重要标志，这与政府对猪肉生产高度重视的现实相一致。

在市场购买比重中，稻米为77.44%，面粉为84.99%，玉米为48.07%，大豆88.37%，猪肉为90.83%，鸡肉为64.95%，鱼肉为86.73%，蛋类为75.84%，蔬菜为42.75%，白酒为88.47%，饮料为96.80%。因此，蔬菜是农户食物自给率最高的食品。当市场价格发生波动时，农村居民的蔬菜、玉米和鸡肉支出具有一定的稳健性，可利用稳定的自产缓解市场风险。

（二）食物支出的地区和收入差异

由表10-6可知，人均在家食物支出从大到小为东部、西部、中部和东北地区，人均在外食物支出从大到小为东部、中部、东北和西部地区。利用食物支出比重得到市场加权购买率，西部地区食物市场加权购买率最低（78.22%），主要是猪肉、牛羊肉和白酒的市场购买率最低。东北地区的稻米、大豆、鸡肉、鱼肉、液态乳、蔬菜市场购买率均为最低，其中蔬菜仅有9.1%在市场购买，可见东北地区农业经营作物类型的多样性和丰富性。

表10-6　　　　　　　　食物支出的分地区对比　　　　　　　（单位：元,%）

	东部地区	中部地区	西部地区	东北地区
人均在家食物支出	229.03	203.50	218.93	171.86
人均在外食物支出	53.53	41.42	27.67	35.14
市场加权购买比重	85.64	86.07	78.22	81.88
食物支出比重				
稻米	10.10	9.25	10.34	15.18
面粉	6.01	7.06	7.53	13.13
玉米	0.31	0.38	0.29	0.68

第十章　农村家庭食物消费与健康

续表

	东部地区	中部地区	西部地区	东北地区
食物支出比重				
大豆	1.65	3.17	1.59	10.65
猪肉	29.89	23.30	32.43	26.70
鸡肉	5.90	7.45	6.82	2.78
鱼肉	7.72	3.63	3.59	5.12
牛羊肉	4.71	5.05	11.12	7.64
鸡蛋	4.86	6.10	4.04	4.10
液态乳	5.59	5.96	4.92	2.29
奶粉	4.62	6.56	3.58	3.15
生鲜蔬菜	12.35	10.03	8.37	1.51
白酒	5.03	10.53	4.15	6.44
含糖饮料	1.26	1.53	1.22	0.64

从地区间食物支出比重看，主要表现为两点：第一，固有的饮食偏好对膳食模式影响较大，例如东部地区鱼肉支出比重最大、西部地区牛羊肉支出比重最大、东北地区豆类支出比重最大等；第二，部分食物类型存在价格较高、获得性较差的问题，例如中部地区液态乳消费量属于中等水平，但是液态乳支出比重较大，意味着河南、安徽等省份农村居民购买鲜牛奶的价格较高。

利用多项式拟合曲线验证食物支出占收入比重与人均可支配收入的关系，即恩格尔定律。随着农村居民人均可支配收入的增加，食物支出占收入比重先直线下降然后趋缓，且趋缓明显，呈现倒"U"形曲线特征。考虑在外饮食消费，食物总支出占收入比重下降速度相对更缓慢，说明收入提高刺激了在外食物消费。

从低收入户到高收入户，食物支出、市场加权购买比重依次增加，但不同收入间食物支出差异较大。对于高收入户，人均食物总支出为390.90元，分别是中高、中、中下、低收入户的1.45倍、1.67倍、2.01倍、2.25倍，且人均在外食物支出占食物总支出的26.38%，而低收入户

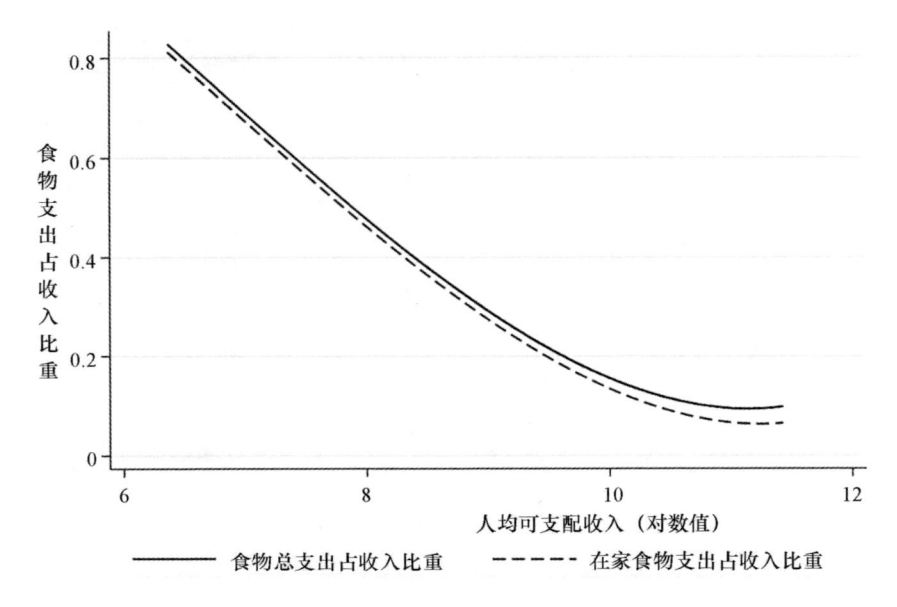

图 10-5 恩格尔曲线

这一比值仅为 6.61%。所以，人均支配收入持续提高，农村居民会倾向于从市场上获得食物，也会增加在外食物支出。一方面提高了食物消费多样性，另一方面可能会更容易受到市场价格波动的影响。

表 10-7　　　　　　　　食物支出的分收入组对比　　　　（单位：元，%）

	低收入户	中等偏下收入户	中等收入户	中等偏上收入户	高收入户
人均在家食物支出	162.56	180.65	210.33	229.84	287.77
人均在外食物支出	11.5	15.09	23.39	40.16	103.13
市场加权购买比重	79.9	80.3	81.2	82.7	84.7
食物支出比重					
稻米	11.91	12.75	10.43	10.22	8.37
面粉	10.15	9.38	8.11	6.55	4.88
玉米	0.41	0.33	0.29	0.34	0.36

第十章　农村家庭食物消费与健康

续表

	低收入户	中等偏下收入户	中等收入户	中等偏上收入户	高收入户
食物支出比重					
大豆	3.48	2.75	2.82	2.52	2.08
猪肉	27.48	30.14	30.32	30.99	28.19
鸡肉	6.39	5.91	6.61	5.98	6.77
鱼肉	4.29	4.33	4.24	5.00	6.28
牛羊肉	4.56	5.22	6.93	7.71	11.80
鸡蛋	5.41	4.85	5.09	4.31	4.06
液态乳	4.30	4.07	4.78	5.52	6.31
奶粉	3.78	4.20	4.08	4.75	4.97
生鲜蔬菜	10.19	9.79	8.94	9.67	8.53
白酒	6.81	5.31	6.09	4.97	5.89
含糖饮料	0.83	0.98	1.26	1.44	1.50

不同收入组的食物支出结构与食物消费结构变化类似，收入提高使得谷物和豆类比重下降、肉蛋奶比重上升。在肉类中，中高收入户的鱼肉和牛羊肉支出比重增加明显、猪肉和鸡肉支出比重变化较大。在奶制品中，收入越高的农户越倾向于消费液态乳而非奶粉。需要警惕的是高收入户的生鲜蔬菜支出比重明显下降，意味着膳食纤维和微量元素摄入减少。此外，白酒支出比重在低收入户中是最高的，达到了6.81%。饮酒不利于身体健康，但 Zhu 等[1]的研究表明农户"借酒消愁"可能有利于心理健康。

---

[1] C. Zhu et al., "Alcohol Use and Depression: A Mendelian Randomization Study from China", *Frontiers in Genetics*, 2020.

三 农村居民的食品安全认知与购买行为

(一) 食品安全认知

由图10-6可知,农村居民对食品安全的安心程度整体上低于关心程度。其中,高达85.97%的居民表示对食品安全"非常关心"或者"比较关心",仅有7.48%的居民对食品安全问题"不太关心"或者"很不关心"。相比之下,仅有45.36%的居民对当前的食品安全状况"非常安心"或者"比较安心",高达30.84%的居民则对食品安全状况"不太安心"或者"很不安心"。

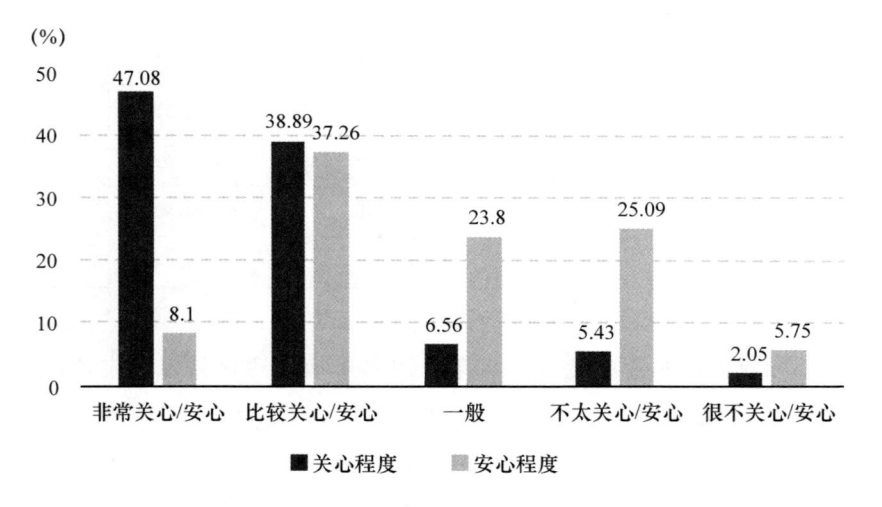

图10-6 农村居民对食品安全的关心与安心状况

食品安全状况的安心程度存在明显的地区差异。如图10-7所示,相对于西部和东北地区,东部和中部地区农村居民对食品安全状况的安心程度相对更高。东部和中部地区分别有50.18%和48.22%的居民对食品安全状况"比较安心"或者"非常安心",分别有24.03%和26.99%的居民对食品安全状况"不太安心"或者"很不安心"。而在西部和东北地区,分别有44.72%和27.77%的居民对食品安全状况"比较安心"或者

第十章 农村家庭食物消费与健康

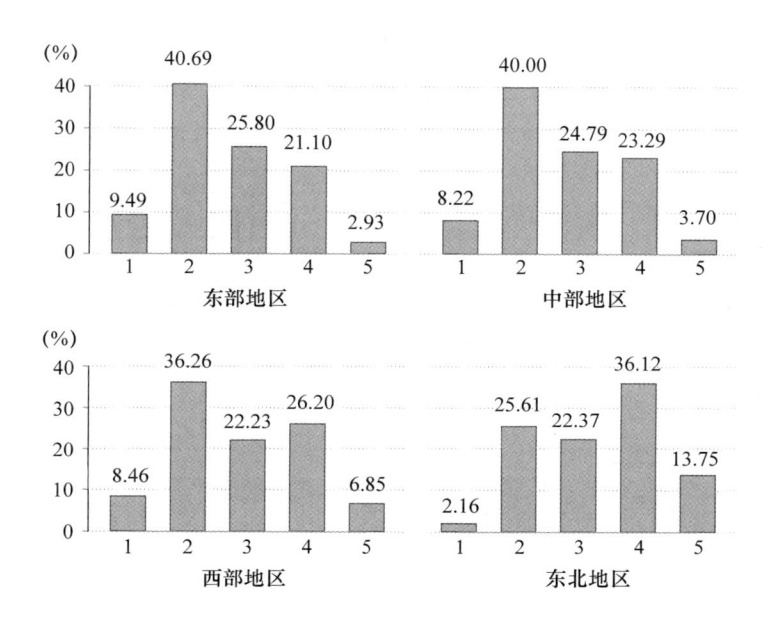

图 10-7 不同地区农村居民对食品安全的安心程度

注：食品安心程度：1 = 非常安心，2 = 比较安心，3 = 一般，4 = 不太安心，5 = 很不安心。

"非常安心"，分别有 33.05% 和 49.87% 的居民对食品安全状况"不太安心"或者"很不安心"。

表 10-8 列示了农村居民关心的与食品安全相关的主要问题。从统计结果来看，关心程度最高的食品安全问题主要是食品变质和农药、杀虫剂等化学残留，分别有 47.6% 和 43.8% 的居民对此表示关心；分别有 6.4% 和 6.7% 的居民关心是否使用了转基因等生物技术和盐、糖、脂肪等含量超标问题，关心程度较低。从不同收入组的对比来看，随着收入水平的提高，居民关注各种类型的食品安全问题的概率都会有所提高。其中，是否使用了转基因等生物技术和盐、糖、脂肪等含量超标问题关注概率的提高幅度最为明显。

表10-8　　　　　农村居民关心的主要食品安全相关问题　　　（单位：%）

	农药、杀虫剂等化学残留	防腐剂、色素等添加剂的使用	食品变质问题	掺杂使假等伪劣食品问题	是否使用了转基因等生物技术	盐、糖、脂肪等含量超标
按照收入分组							
低收入户	42.6	28.9	46.5	24.1	7.1	5.9
中等偏下收入户	42.5	30.6	45.5	24.1	4.1	5.8
中等收入户	44.2	32.8	47.3	25.9	5.5	6.8
中等偏上收入户	42.9	32.0	49.8	26.9	6.0	6.7
高收入户	46.6	33.1	48.6	27.1	9.3	8.2
按照地区分组							
东部地区	47.8	31.3	39.2	23.6	6.5	4.8
中部地区	43.8	36.6	58.1	31.3	7.6	6.5
西部地区	41.3	25.7	47.9	21.9	3.4	7.9
东北地区	41.8	46.1	50.9	36.2	16.4	7.5
总计	43.8	31.5	47.6	25.6	6.4	6.7

从不同地区样本和总样本的对比来看，东部地区有更多的农村居民关注化学残留问题，中部地区有更多的农村居民关注食品变质问题、添加剂使用和转基因生物技术问题，西部地区有更多的农村居民关注盐、糖和脂肪含量超标问题，东北地区有更多的农村居民关注添加剂使用、伪劣食品、转基因生物技术问题。

（二）对安全认证食品的购买行为

在农业生产中，农村居民会有意识地对商品化和自留消费的农产品进行区分。调查结果显示，67.99%的农户会采取"更安全"的生产方式为自己留存一部分农产品。随着收入水平的提高，留存"安全农产品"的农户比重有所下降。东部、中部、西部和东北地区农户留存"安全农产品"的比重分别为58.16%、68.84%、68.47%和94.37%。

表10-9列示了农村居民购买认证食品（有机产品认证或绿色产

第十章 农村家庭食物消费与健康

认证）的情况。结果显示，分别有 25.4%、19.2% 和 19.9% 的农村居民购买过认证蔬菜、认证猪肉和认证奶制品。在购买过认证食品的居民中，认证蔬菜购买量占蔬菜消费总量的比重为 30.4%，认证猪肉购买量占猪肉消费总量的比重为 61.0%，认证奶制品占奶制品消费总量的比重为 73.8%。随着收入水平的提高，居民购买认证食品的概率和数量均有所提高。高收入居民购买认证食品的比重达到低收入居民的两倍以上，且高收入居民认证食品的购买量在食品消费总量中的比重也比低收入居民更高。从区域差异来看，东北地区居民购买认证食品的比重和数量都大幅低于全国平均水平。相比之下，中部地区居民购买认证蔬菜的比重最高且购买量最多，西部地区居民购买认证奶制品的比重最高且购买量最多。

表 10-9　　　　　农村居民对认证食品的购买情况　　　　（单位：%）

	购买过认证蔬菜的比重	认证蔬菜购买量比重	购买过认证猪肉的比重	认证猪肉购买量比重	购买过认证奶制品比重	认证奶制品购买量比重
按照收入分组							
低收入户	17.6	27.4	13.1	53.1	12.7	71.7
中等偏下收入户	21.3	25.1	15.7	62.1	12.6	71.5
中等收入户	22.9	30.8	19.5	59.7	19.5	71.8
中等偏上收入户	27.9	30.7	21.5	61.8	22.8	75.1
高收入户	37.0	34.4	26.3	64.4	32.1	75.9
按照地区分组							
东部地区	24.0	30.4	17.0	66.0	18.3	74.0
中部地区	30.2	36.5	20.7	73.9	19.2	74.2
西部地区	26.8	29.3	22.1	56.1	24.7	74.4
东北地区	13.9	12.5	11.0	29.6	6.2	59.8
总计	25.4	30.4	19.2	61.0	19.9	73.8

注：购买过认证蔬菜的居民比重＝购买过认证蔬菜的样本/总样本，认证蔬菜购买量比重＝购买过认证蔬菜的居民过去一个月购买认证蔬菜的数量/蔬菜消费总量，猪肉和奶制品同理。

四 农村老人体质与健康状况

(一) 农村老人的体质状况

农村 60 周岁以上老人的体质指数 (BMI) 的统计结果显示 (见图 10-8),农村老人身高平均为 162.36 (±8.26) 厘米,体重平均为 61.30 (±14.28) 千克,体质指数的平均值为 23.25 (±5.09)。其中,男性平均身高为 165.89 (±7.36) 厘米,平均体重为 64.22 (±14.77) 千克,体质指数均值为 23.34 (±5.12);女性平均身高为 158.24 (±7.29) 厘米,平均体重为 57.88 (±12.87) 千克,体质指数均值为 23.15 (±5.05)。农村老人超重率 (BMI>24) 为 34.91%,肥胖率 (BMI>29) 为 6.69%,营养不良比重 (BMI<18.5) 为 10.21%。其中,男性超重率为 35.31%,肥胖率为 6.16%,营养不良比重为 8.47%;女性超重率为 34.45%,肥胖率为 7.30%,营养不良比重为 12.26%。

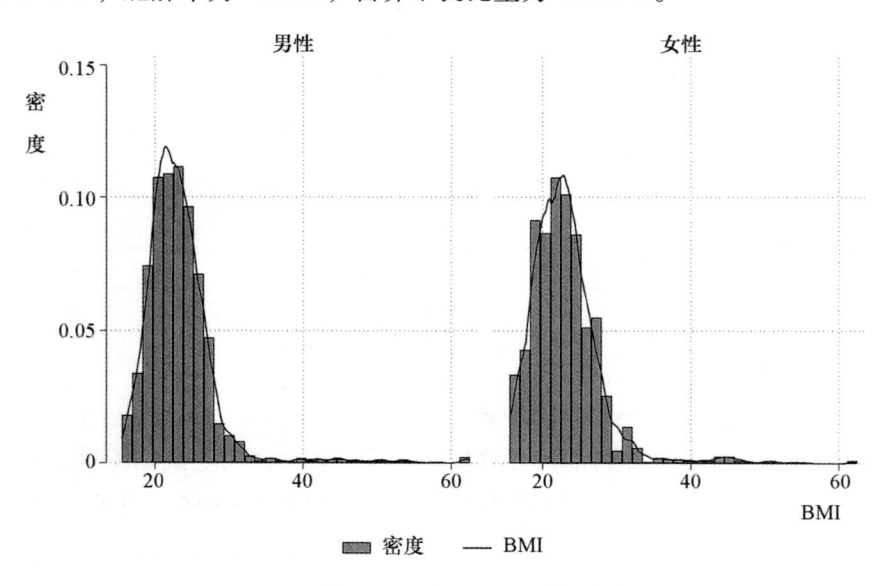

图 10-8 农村 60 周岁以上老人体质指数分布

表 10-10 统计了不同样本组的体质状况。从收入分组来看,收入与

体质指数呈现出非线性正相关关系。其中，高收入户老人的超重率和肥胖率最高，分别达到40.9%和8.2%，营养不良率最低，仅有8.0%；低收入户老人的超重率和肥胖率最低，分别为32.3%和5.5%；中等偏下收入户的营养不良率最高，达到12.9%。从地区分组来看，东部地区农村老人的超重率最高，达到38.6%；中部地区农村老人的肥胖率最高，达到10.0%；西部地区农村老人的营养不良率最高，达到13.3%。

表10-10　　农村60周岁以上老人的体质状况　（单位：厘米，千克,%）

	平均身高	平均体重	BMI均值	超重率	肥胖率	营养不良率
按照收入分组							
低收入户	162.1	60.1	22.9	32.3	5.5	11.6
中等偏下收入户	162.1	61.2	23.2	34.7	7.3	12.9
中等收入户	162.3	61.3	23.3	35.0	7.2	9.9
中等偏上收入户	162.4	61.1	23.1	33.5	5.9	8.2
高收入户	163.3	63.7	23.9	40.9	8.2	8.0
按照地区分组							
东部地区	162.1	61.5	23.4	38.6	7.0	9.2
中部地区	163.3	63.9	23.9	37.9	10.0	7.4
西部地区	161.7	59.5	22.8	29.4	5.1	13.3
东北地区	164.3	63.0	23.3	37.5	6.1	8.7
总计	162.4	61.3	23.3	34.9	6.7	10.4

（二）农村老人患病与健康自评

在表10-11中，农村居民存在躯体残疾、智力障碍、视觉障碍、听力障碍和语言障碍的比重分别为5.45%、1.52%、3.68%、3.68%和0.39%，有13.16%的居民至少存在一种上述功能性障碍。在表10-11中所列八种主要的疾病类型中（不包括其他慢性疾病），患高血压的样本比重最高，其次主要是心脏疾病和血糖异常，有53.68%的老人至少患有一种表10-11中所示的疾病。

第二篇 主报告

与低收入家庭相比,农村高收入家庭的老人在绝大多数功能性障碍和疾病上的发生概率都相对更低,但高收入家庭的老人患有高血压的概率明显高于低收入家庭。在地区差异上,西部地区农村老人存在躯体残疾和视觉障碍的比重更高,存在语言障碍的比重更低;东北地区农村老人存在智力障碍、听力障碍和语言障碍的比重相对更高。东部地区农村老人患高血压、血脂异常、血糖异常的比重更高,中部地区农村老人患血脂异常、血糖异常、心脏疾病的比重更高,西部地区农村老人患肝、肾、胃病的比重更高,东北地区农村老人患心脏疾病、精神类疾病和记忆类疾病的概率相对更高。

表 10-11 农村 60 周岁以上老人的主要功能性障碍与疾病状况 (单位:%)

	按照收入分组					按照地区分组				总样本
	低	中等偏下	中等	中等偏上	高	东部	中部	西部	东北	
功能性障碍										
躯体残疾	6.26	4.89	6.14	5.74	3.67	2.51	4.29	8.60	5.76	5.45
智力障碍	1.79	1.58	1.29	1.48	1.30	1.30	1.97	1.18	2.88	1.52
视觉障碍	3.83	3.88	3.39	2.78	4.54	3.81	3.22	3.96	2.88	3.68
听力障碍	4.09	4.03	2.75	3.33	4.10	3.71	2.68	3.71	5.40	3.68
语言障碍	0.38	0.58	0.16	0.56	0.22	0.46	0.36	0.08	1.44	0.39
疾病状况										
高血压	27.84	29.50	29.73	30.74	35.21	31.94	29.87	29.85	25.54	30.19
血脂异常	4.73	5.04	3.72	2.59	5.40	5.01	5.01	3.71	2.88	4.32
血糖异常	8.94	9.06	7.11	6.48	8.21	8.82	11.63	5.56	8.63	8.06
心脏疾病	8.68	9.50	10.18	6.85	7.34	5.66	10.02	7.25	23.38	8.65
癌症、恶性肿瘤	1.02	1.44	0.48	0.74	0.65	0.93	1.07	0.84	0.72	0.90
肝、肾、胃病	6.39	7.05	4.85	4.07	4.97	5.01	4.83	6.49	5.76	5.61
精神类疾病	1.79	2.59	1.94	0.74	1.30	0.93	1.97	1.85	3.96	1.74
记忆类疾病	1.02	0.86	0.48	0.56	1.08	0.65	0.89	0.59	2.16	0.81
其他慢性疾病	10.34	13.24	12.76	9.44	9.29	6.31	11.09	14.59	15.47	11.16

图 10-9 展示了农村 60 周岁以上老人的健康自评状况。总体来看，有 45.55% 的老人认为身体健康状况"很好"或者"较好"，23.78% 的老人认为身体状况"较差"或者"很差"。收入水平与自评健康状况之间存在正相关关系。低收入家庭和中等偏下收入家庭中老人健康自评状况的平均得分为 2.79 和 2.84，而中等偏上收入家庭和高收入家庭中老人健康自评状况的平均得分则为 2.58 和 2.47。在调查样本中，分别有 10.51%、55.76%、33.73% 的样本表示身体状况在过去的一年时间里"变好""不变""变差"。

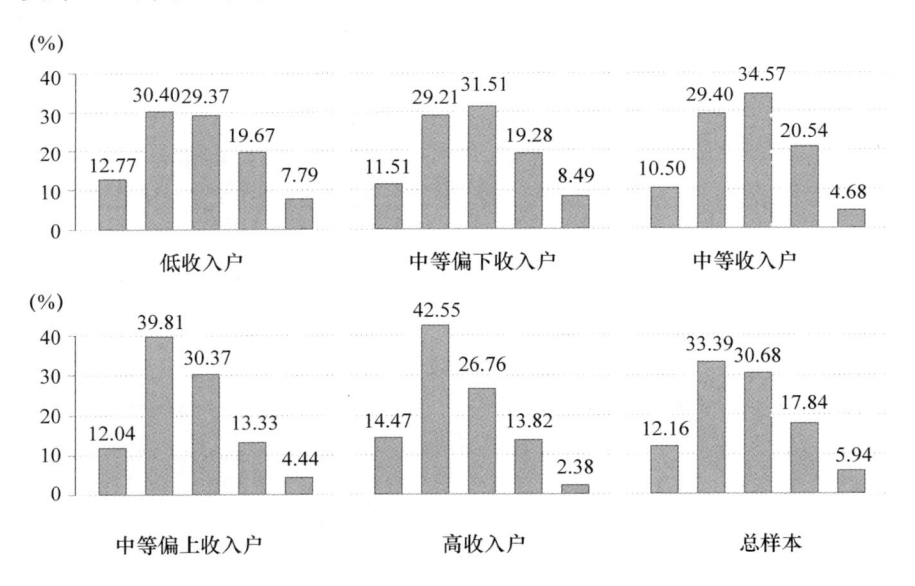

图 10-9 农村 60 周岁以上老人健康自评状况

注：当农村老人不是被调查对象（一般是户主）时，其健康状况由调查对象进行评价。
健康自评：1=很好；2=较好；3=一般；4=较差；5=很差。

农村老人已采取了多种健康投资行为（见表 10-12）。有 8.6% 的老人购买了商业医疗保险，日常生活中进行有意识地健身和锻炼的样本比重为 51.5%，有 74.5% 的老人在最近 1 年内参加过体验，37.7% 的老人会主动学习健康和养生知识。分别有 61.7%、62.9% 和 60.2% 的老人在日常饮食中会有意识地控制糖、盐和油的摄入量。另外，有 17.7% 的老人在日常生活中消费过保健品。家庭收入水平与多数健康投资行为之间存在显著的正相关关系。在区域差异上,中部地区农村老人购买商业医疗保险、学习健康和养生知识的比重更高,东部地区农村老人参加健身锻炼、参加体检、注意饮食控制和消费保健品的比重相对更高,东北地区农村老人采取各类健康投资行为的比重都最低。

表 10-12　　农村 60 周岁以上老人的健康投资行为　　（单位：%）

	购买商业医疗保险	健身、锻炼活动	最近1年参加体检	学习健康和养生知识	控制糖摄入量	控制盐摄入量	控制油摄入量	消费保健品
按照收入分组									
低收入户	9.6	46.5	74.2	33.7	58.6	59.8	55.8	12.8
中等偏下收入户	7.8	51.1	70.6	36.1	61.2	62.2	59.1	18.1
中等收入户	6.9	51.2	68.8	35.2	60.3	62.8	58.8	18.6
中等偏上收入户	10.0	53.5	78.5	41.3	63.1	63.9	62.8	22.0
高收入户	8.9	58.3	83.8	46.0	68.3	68.0	67.8	19.4
按照地区分组									
东部地区	8.8	53.5	78.3	41.7	66.9	67.5	67.5	22.7
中部地区	13.8	51.9	76.7	45.1	66.9	67.1	65.7	16.5
西部地区	6.7	50.3	75.6	31.7	55.6	58.3	54.0	16.0
东北地区	5.4	47.8	50.7	33.1	57.6	55.8	47.1	8.3
总计	8.6	51.5	74.5	37.7	61.7	62.9	60.2	17.7

五　本章小结

（一）研究结论

在食物消费与营养方面,农村居民的食物消费依然以植物性食物为主,谷物大约分别贡献了 70% 的能量、90% 的碳水化合物、60% 的蛋白质、20% 的脂肪,保障"口粮安全"政策具有食物营养的依据。当前,膳食模式主要存在的问题是蛋白质消费不足,尤其是奶制品等优质蛋白摄入量极低。从群体异质性看，农村家庭食物营养摄入分化较严重，超过 2 成的农村居民能量过剩，而 50% 左右的农村居民仅能保证谷物的足量摄入，容易出现微量元素、矿物质、蛋白质摄入不足引发的慢性疾病。

在食物支出方面，人均食物在家月支出平均值为 214.25 元，在外支出平均值为 38.62 元。在食物支出结构中，肉蛋奶支出比重为 54.41%，蔬菜、玉米和鸡肉是农户自给比重较高的食品类型，抵抗市场风险的能力较强。随着收入的提高，食物支出与收入将同步增长，在外食物支出比重以及肉类和奶制品支出比重明显增加。在地区间，固有饮食习惯和食物可得性对食物支出结构有重大影响。

在食品安全与健康方面，农村居民关心程度最高的食品安全问题是食品变质和化学残留。农村居民会有意识地对商品化和自留消费的农产品进行区分生产，有近 20% 的农村居民曾购买过认证蔬菜、认证猪肉和认证奶制品。针对农村老人健康，超重率超过了营养不良率，高血压、心脏疾病和血糖异常等是常见的慢性病。随着收入的提高，农村居民对各类食品安全问题关注的概率都有所提高，收入与体质指数呈现出非线性正相关关系。此外，日常生活中有意识地健身和锻炼的老人比重超过 5 成，74.5% 的老人在最近 1 年内曾参加过体检。分地区看，中部、东部地区的农村居民的食品安全意识和老年人健康处于较高水平。

（二）政策建议

第一，增强农村居民的健康膳食意识，降低营养相关慢性病的发生率。2019 年发布的《国务院关于实施健康中国行动的意见》提出，到"2030 年，全民健康素养水平大幅提升，健康生活方式基本普及，居民主要健康影响因素得到有效控制，因重大慢性病导致的过早死亡率明显降低"。当前部分农村居民膳食结构中谷物供能比例过高，可能引发微量元素缺乏、身体素质较差等营养不良问题，还有一部分农户每日膳食能量已超标，可能引发高血脂、肥胖等营养过剩疾病。因此，亟须在农村建立从幼儿到老人的健康膳食教育体系，主要依靠中小学、驻村医生、村委会等主体开展，主要目的是在农村居民中树立"病从口入"的理念，

◆ 第二篇 主报告

既要增加饮食多样性又不能随心所欲地暴饮暴食。在所有群体中，应对农村老年人、生活水平降低的群体进行营养干预，例如提供微量元素补剂、低钠食盐等，还可以通过孙辈或子辈将在学校受到的食育知识反向传递给上述群体。

第二，建设高效率的乡村特色冷链物流体系，提高农村居民对水果、肉类、奶制品等生鲜食物的物理可得性。实际上，存在很多农村居民"想吃肉、奶、水果吃不到的现实问题"，主要原因是缺少合适的冷链运输和冷藏零售设施，使农村居民缺少饮食结构升级的物理可得性。结合乡村建设计划，相关部门应出台"乡村食物冷链建设计划"，重点是区别于城市的食物冷链体系，形成包括低成本设施、地区中心供应商业体、本地生鲜食品振兴和定量化供应等特点的乡村食物冷链供应体系。同时，应把城市中已有的经验进行推广，减少农村居民购买生鲜食品的不确定性，避免一次性消费过多或长期购买不足等问题。此外，对于身体不方便、村庄距离较远等现实情况，地方政府应补贴设立"流动生鲜销售中心"，满足边缘农村居民对吃得更好的向往和需求。

第三，引导农村居民减少成瘾性食物消费，包括烟草、酒类和添加糖等，尤其控制多量食盐的摄入。农村居民对烟、糖、酒的依赖性消费存在合理性，对于缓解精神压力和改善单调的生活具有实际价值，在各种宴席上也发挥了重要的社会功能，但是对于长期身体健康具有极大危害性，最终增大了整个社会的医疗成本。相关部门需要在村卫生室增设心理医生或者由居委会工作人员兼职，发放一定工资进行支持，还要定期开展村级的心理普查工作，丰富农村居民日常娱乐生活，进而减少对烟、糖、酒的依赖心理。另外，钠的过度摄入容易引起高血压、肾脏代谢疾病等，农村居民受到之前体力活动较多的影响，习惯性摄入较多食盐，强制改变这一行为往往效果不好。从行为经济学的"助推"视角看，可以采用推广低钠盐、定量化盐勺、普及调味品和控制加工食品含盐量、增加驻村医生回访频率等综合软干预方式，降低农村居民由于钠的过度摄入而引起慢性疾病的概率。

第十一章　农村贫困与福祉状况

谭清香　杨　穗　檀学文*

2020 年，中国实现了建档立卡贫困户全部脱贫，消除了现行标准下农村绝对贫困，取得了打赢脱贫攻坚战的历史性胜利，农村脱贫人口收入和福祉水平获得大幅度提升。与此同时，随着乡村振兴战略的推进，中国城乡居民收入差距趋于缩小，脱贫地区农村居民收入增长快于全国平均水平。在此背景下，本章对调查样本中建档立卡户的基本情况和脱贫状况，[1] 基于特定标准的相对贫困户基本情况和相对贫困状况，以及不同类型样本户的居民福祉状况进行了分类分析。

一　农村建档立卡户基本情况和脱贫状况

（一）建档立卡样本户比例及分布

调查样本中，共有建档立卡样本户 550 户 2033 人。总体来看，建档立卡户占全部调查样本户的比例为 14.4%（见表 11-1）。其中，西部地区的建档立卡样本户比例最高，为 22.8%；其次是东北地区的 16.1%；中部为 10.1%；东部地区的建档立卡样本户比例最低，为 5.1%。[2] 从地

---

* 谭清香，硕士，中国社会科学院农村发展研究所助理研究员，研究方向：贫困与福祉；杨穗，经济学博士，中国社会科学院农村发展研究所副研究员，研究方向：收入分配与社会保障、贫困与福祉、劳动力流动等；檀学文，经济学博士，中国社会科学院农村发展研究所研究员，研究方向：贫困与福祉、城镇化与农民工问题、农业可持续发展等。

[1] 本章结果仅代表此次抽样调查结果，与官方公布的有关数据不完全可比。
[2] 东部地区建档立卡以各省自行制定的贫困标准为依据，明显高于国家扶贫标准，与中西部地区不具有可比性，特此说明。

区分布来看，65.1%的建档立卡样本户分布在西部地区，13.5%在中部地区，东部地区和东北地区比例分别为10.6%和10.9%。

表 11 - 1　　　　　建档立卡样本户比例及地区分布　　　（单位：%）

	建档立卡户比例	建档立卡户地区分布
总计	14.4	100
东部地区	5.1	10.6
中部地区	10.1	13.5
西部地区	22.8	65.1
东北地区	16.1	10.9

（二）建档立卡样本户基本特征

表 11 - 2、表 11 - 3 和表 11 - 4 分别从家庭平均人口数、年龄、性别、民族、受教育程度、就业状况、低保获取状况、家庭人均宅基地面积、家庭人均经营耕地面积和家庭人均收入共计 10 个方面来反映调查样本中建档立卡户的人口与经济等特征。

1. 人口学特征

样本中建档立卡户的平均家庭人口数为 4.4 人，其中中部和西部地区建档立卡户的平均家庭人口数略高，为 4.5 人，东部地区略低，为 4.3 人，而东北地区建档立卡户的平均家庭人口数仅为 3.4 人。非建档立卡户的平均家庭人口数为 4.7 人，高于建档立卡户的平均家庭规模。

建档立卡人口平均年龄为 41 周岁，高于非建档立卡人口的平均年龄（39.7 周岁）。建档立卡人口在东北地区偏向老龄化，平均年龄为 47.1 周岁；在西部地区最年轻，为 39.7 周岁；东部地区和中部地区分别为 43 周岁和 42 周岁。从年龄分组来看，建档立卡人口在 16—30 周岁的最多，在 70 周岁以上的最少。中部、西部地区年龄分组特点与全国特点一致，东部地区建档立卡人口在 16—30 周岁的最多，在 31—40 周岁的最少，东北地区建档立卡人口在 51—60 周岁的最多，在 0—15 周岁的最少。

在建档立卡和非建档立卡人口中，男性占比均超过一半。建档立卡人口中男性占比51.7%，非建档立卡人口中男性占比51.4%，两者几乎一致。除东部地区建档立卡人口中男女比例相等外，其他地区男性占比均高于女性，东北地区男性占比最高，为53.6%。

建档立卡人口中少数民族占比为27.6%，高于非建档立卡人口中的少数民族比例（11.1%）。西部地区建档立卡人口中少数民族占比最高，为38.7%；中部地区建档立卡人口中少数民族占比最低，为1.4%。

表11-2　　　　　建档立卡样本户的人口学特征　（单位：人，周岁,%）

	建档立卡人口					非建档立卡人口
	总计	东部地区	中部地区	西部地区	东北地区	
家庭平均人口数	4.4	4.3	4.5	4.5	3.4	4.7
平均年龄	41.0	43.0	42.0	39.7	47.1	39.7
年龄分组占比						
0—15周岁	14.4	16.3	13.7	15.2	6.6	17.1
16—30周岁	22.3	18.4	19.4	24.0	17.4	18.9
31—40周岁	10.4	9.2	12.0	10.2	10.2	13.9
41—50周岁	15.8	14.3	16.2	16.1	13.8	14.7
51—60周岁	16.7	15.8	16.2	16.0	24.6	16.7
61—70周岁	11.9	10.2	14.1	10.7	19.8	12.1
70+周岁	8.6	15.8	8.5	7.7	7.8	6.6
男性占比	51.7	50.0	53.3	51.5	53.6	51.4
少数民族占比	27.6	5.5	1.4	38.7	7.7	11.1

2. 教育和就业

在受教育程度方面，建档立卡人口中接受小学教育的比例最高，为35.4%，非建档立卡人口中接受初中教育的人口比例最高，为34.9%，建档立卡和非建档立卡人口中接受研究生教育的比例均最低，建档立卡人口中未上过学的人口比例明显高于非建档立卡人口。不同地区建档立卡人口受教育程度分布相似，主要为初中、小学教育程度，接受研究生教育的人口比例最低。东北地区建档立卡人口中未上过学的比例明显高于其他地区。

表11-3　　　　　　　建档立卡样本户教育和就业状况　　　　（单位：%）

	建档立卡人口					非建档立卡人口
	总计	东部地区	中部地区	西部地区	东北地区	
受教育程度						
幼儿园	1.8	4.5	2.1	1.5	0.6	3.3
未上过学	15.5	13.5	10.5	15.8	23.5	10.4
小学	35.4	36.0	28.9	37.5	28.3	27.6
初中	29.1	32.5	40.1	26.0	31.9	34.9
高中	7.5	6.5	8	7.2	10.2	10.6
中专	1.3	2.0	1.1	1.3	0.6	2.3
职高技校	1.4	0.5	0.4	1.9	0.6	1.3
大学专科	3.5	1.0	5.6	3.6	1.8	5.3
大学本科	4.5	3.5	3.1	5.3	1.8	4.2
研究生	0.1	0	0.4	0	0.6	0.3
劳动力就业状况						
全职务农	38.1	33.0	23.5	41.8	38.2	30.1
非农就业	33.5	35.1	45.1	32.0	23.6	44.9
兼业（农和非农）	20.2	18.1	21.5	19.3	27.0	17.3
其他	0.2	0	0	0.3	0	0.4
无业或待业	8.0	13.8	9.9	6.6	11.2	7.3

在就业方面，建档立卡户劳动力从事农业的比例高于非建档立卡户，表现在前者全职务农（38.1%）、务农兼非农就业（20.2%）的比例均高于非建档立卡户劳动力；相反，非建档立卡户劳动力完全非农就业的比例（44.9%）远高于建档立卡户劳动力（33.5%）。建档立卡户劳动力就业结构的地区差异较大，西部地区全职务农的劳动力比例最高，中部地

第十一章 农村贫困与福利状况

区完全非农就业比例最高，而东北地区全职务农、务农兼非农就业合计比例最高，除西部外，其他地区都有接近或超过10%的劳动力无业或在家待业。

3. 经济条件

建档立卡户中低保户比例为38.0%，远超过非建档立卡户中低保户的比例（4.3%）。此比例在东北地区明显高于其他地区，为47.6%，其他地区建档立卡户中低保户占比差异不大，东部地区略低，为36.0%，中部地区为39.8%，西部地区为36.8%。

建档立卡户家庭人均宅基地面积为69.7平方米，略高于非建档立卡户人均面积（64.0平方米）；建档立卡户人均宅基地面积在不同地区差异明显，其中东北地区几乎是其他地区的2—3倍，为134.6平方米，东部地区建档立卡户人均宅基地面积仅为39.7平方米，中部和西部地区分别为59.9平方米和68.0平方米。

表11-4　　　　　建档立卡样本户经济条件

	建档立卡人口					非建档立卡人口
	总计	东部地区	中部地区	西部地区	东北地区	
低保户（%）	38.0	36.0	39.8	36.8	47.6	4.3
家庭人均宅基地面积（平方米）	69.7	39.7	59.9	68.0	134.6	64.0
家庭人均经营耕地面积（亩）	3.8	1.1	1.6	3.6	12.0	5.3
家庭人均收入（元）	12858	9432	10145	13830	13709	21280

建档立卡户家庭人均经营耕地面积为3.8亩，明显小于非建档立卡户的家庭人均经营耕地面积（5.3亩）。建档立卡户人均经营耕地面积在不同地区差异巨大。东北地区人均面积为12亩，远远超过其他地区；西部地区人均面积与全国建档立卡户人均经营耕地面积持平；中部、东部地区之间相差不大，都处于全国较低水平。

第二篇 主报告

建档立卡户的家庭人均收入为12858元,①而非建档立卡户的家庭人均收入为21280元,比前者高65.5%。西部和东北地区建档立卡户的家庭人均收入高于13000元,东部地区建档立卡户的家庭人均收入最低,仅为9432元,后者可能与仍未脱贫的建档立卡户比例较高有关,这将在后文分析。

(三) 建档立卡户脱贫进展

根据调查数据,在被登记为建档立卡户的样本户中,80.6%的样本户表示已脱贫,自述未脱贫的占13.8%,另外有5.6%的建档立卡户对脱贫情况表示不清楚(见表11-5)。这与现实差距较大,截至2019年年底,全国现行标准下的贫困人口已低于1%。由于调查在2020年8—9月进行,离2019年履行脱贫程序已有近一年时间,部分受访对象因各种原因,可能对脱贫情况不是很清楚。

分年份来看,2019年脱贫的建档立卡户占比最高,为18.6%;2013年脱贫的建档立卡户占比最低,为0.2%;2016—2018年和2020年脱贫的建档立卡户比例相近。全国范围内2013—2014年脱贫的建档立卡户占比较低,2015年中部地区脱贫的建档立卡户占比明显高于其他地区,2016年西部地区脱贫的建档立卡户占比明显高于其他地区,2017年中西部地区脱贫的建档立卡户占比明显高于其他地区,2018年中部地区脱贫的建档立卡户占比高于其他地区,2019年中西部地区脱贫的建档立卡户占比明显高于其他地区,2020年东北地区脱贫的建档立卡户占比远远高于其他地区。从各地区自身来看,中部和西部地区2019年脱贫的建档立卡户占比最高,分别为21.6%和20.1%;东北地区2020年脱贫的建档立卡户占比最高,为30%。东部地区未脱贫建档立卡户占比最高,为51.7%。②

---

① 全部样本3821户15517人中,排除缺失收入的74户326人,本章用于测算收入和相对贫困水平的有效样本为3747户15191人。

② 东部地区的建档立卡户和中部、西部地区不一样,脱贫门槛和时间要求也不同。比如浙江省主要是低保户和低保边缘户,2018年认定后纳入《低收入农户高水平全面小康计划(2018—2022年)》。

表 11－5　　　　　　　　建档立卡样本户脱贫情况　　　　　　（单位：%）

	总计	东部地区	中部地区	西部地区	东北地区
未脱贫	13.80	51.70	9.50	6.70	25.00
2013 年脱贫	0.20	0	0	0.30	0
2014 年脱贫	6.20	0	4.10	8.10	3.30
2015 年脱贫	8.00	1.70	14.90	8.90	0
2016 年脱贫	12.00	1.70	8.10	15.90	3.30
2017 年脱贫	12.60	5.20	14.90	14.50	5.00
2018 年脱贫	11.60	8.60	16.20	12.30	5.00
2019 年脱贫	18.60	6.90	21.60	20.10	16.70
2020 年脱贫	11.50	15.50	6.80	8.70	30.00
回答不知道	5.60	8.60	4.10	4.50	11.70

二　农村相对贫困状况

根据乡村振兴战略规划以及党的十九届四中全会提出的建立解决相对贫困长效机制的建议，本章基于调查样本数据，暂不讨论相对贫困标准自身，而是利用国际通行的相对贫困标准，对中国农村的相对贫困状况进行描述性分析。鉴于欧盟和 OECD 普遍采用中位数收入的 50% 或 60% 作为相对贫困标准，并用其他比例数值作为参考值，本章分别采用全国农村居民中位数收入的 40%、50% 和 60% 作为相对贫困衡量标准。

（一）相对贫困发生率

总体来看，全体样本户以 40% 中位数收入衡量的相对贫困发生率为 23.1%；若标准提高到中位数收入的 50%，相对贫困发生率提高到 29.8%；若进一步以中位数收入的 60% 衡量，相对贫困发生率高达 36.1%（见表 11－6）。分地区来看，无论以哪条标准衡量，东北地区的

◆ 第二篇 主报告

相对贫困发生率最高，其次是中部地区，最低是东部地区。①

表 11-6　　　　　　　分地区样本人口相对贫困发生率　　　　　　（单位：%）

	总计	东部地区	中部地区	西部地区	东北地区
40% 中位数收入衡量	23.1	20.0	28.0	21.7	28.9
50% 中位数收入衡量	29.8	25.0	33.7	29.7	36.6
60% 中位数收入衡量	36.1	32.2	39.0	35.9	43.1

以 40% 中位数收入衡量，当前建档立卡人口中，有 26.6% 属于相对贫困人口，其比例比总样本高 3.5 个百分点；若相对贫困标准提高到中位数收入的 50%，建档立卡人口中有 36.5% 属于相对贫困人口；若提高到中位数收入的 60%，建档立卡人口中相对贫困的比例为 45.5%（见表 11-7）。

表 11-7　　　　　　不同类型样本人口相对贫困发生率　　　　　　（单位：%）

	建档立卡户中相对贫困人口比例	已脱贫建档立卡户中相对贫困人口比例	未脱贫建档立卡户中相对贫困人口比例	非建档立卡样本户中相对贫困人口比例
40% 中位数收入衡量	26.6	24.1	44.1	22.1
50% 中位数收入衡量	36.5	33.6	59.1	28.0
60% 中位数收入衡量	45.5	42.0	69.6	33.8

在已脱贫的建档立卡人口中，不同相对贫困标准衡量之下，其比例分别为 24.1%、33.6% 和 42.0%，仍略高于总样本比例，较明显高于非建档立卡样本比例。整体来看，若相对贫困标准较低，当前 75% 以上的脱贫人口已在相对贫困标准之上；若相对贫困标准较高，则仍有超过 40% 的脱贫人口属于相对贫困人口。

---

① 分地区结果仅限于此次调查样本，不代表全国总体的分地区状况。

（二）相对贫困人口分布

表 11-8 列示的是不同标准衡量下的相对贫困人口的地区分布情况。以不同的中位数收入衡量，分布情况大体一致。西部地区相对贫困人口占比最高，达到 40% 左右，东北地区相对贫困人口占比最低，为 10% 左右，中部和东部地区占比相近。

表 11-8　　　　　样本户相对贫困人口地区分布　　　　　（单位：%）

	40% 中位数收入衡量	50% 中位数收入衡量	60% 中位数收入衡量
东部地区	25.1	24.4	25.9
中部地区	25.7	24.1	22.9
西部地区	38.9	41.4	41.3
东北地区	10.3	10.2	9.9

（三）相对贫困户基本特征

表 11-9、表 11-10 和表 11-11 从家庭平均人口数、年龄、性别、民族、受教育程度、就业状况、低保获取状况、家庭人均宅基地面积、家庭人均经营耕地面积和家庭人均收入共计 10 个方面来反映相对贫困人口（以 50% 中位数收入衡量）的基本特征。

1. 人口学特征

相对贫困户的平均家庭人口数为 4.8 人，非相对贫困人口平均家庭人口数为 4.6 人。中部地区相对贫困户的家庭人口数略高，为 5.1 人，东北地区最低，为 4.1 人，东部和西部地区分别为 4.9 人和 4.7 人。

相对贫困人口平均年龄为 41.1 周岁，非相对贫困人口平均年龄为 39.4 周岁；相对贫困人口平均年龄在东部和东北地区偏向老龄化，略高于总体平均数，在西部地区最小，为 39.5 周岁。从年龄分组来看，相对贫困人口在 16—30 周岁的最多，在 70 周岁以上的最少。中西部地区年龄分组特点与全国特点一致，东部地区相对贫困人口在 0—15 周岁的最多，在 41—50 周岁的最少，东北地区相对贫困人口在 41—50 周岁的最多，在

◆ 第二篇 主报告

70 周岁以上的最少。

表 11-9　　样本户相对贫困人口的人口学特征（单位：人，周岁,%）

	相对贫困					非相对贫困
	总计	东部地区	中部地区	西部地区	东北地区	
家庭平均人口数	4.8	4.9	5.1	4.7	4.1	4.6
平均年龄	41.1	43.3	40.3	39.5	44.1	39.4
年龄分组占比							
0—15 周岁	16.4	16.1	17.3	17.8	9.5	16.9
16—30 周岁	18.8	15.8	19.1	20.2	19.5	19.6
31—40 周岁	12.8	14.2	13.9	12.0	9.8	13.7
41—50 周岁	13.8	10.5	13.7	14.3	20.0	15.3
51—60 周岁	15.4	14.8	13.3	16.1	19.1	17.2
61—70 周岁	13.4	15.9	13.2	11.9	14.4	11.6
70+周岁	9.4	12.8	9.6	7.6	7.8	5.9
男性占比	51.0	50.0	51.2	51.8	49.6	51.6
少数民族占比	12.4	1.1	0.9	27.6	4.4	13.7

注：小数点后的数字因四舍五入可能存在误差。

在相对贫困和非相对贫困人口中，男性占比均略高于女性。相对贫困人口中男性占比 51.0%，非相对贫困人口中男性占比 51.6%。东部地区相对贫困人口中男女比例相等，东北地区女性占比略高于男性，其他地区男性占比均高于女性，西部地区男性占比最高，为 51.8%。

相对贫困人口中少数民族占比为 12.4%，略低于非相对贫困人口中的少数民族比例 13.7%。西部地区相对贫困人口中少数民族占比最高，为 27.6%。

2. 教育和就业

在受教育程度方面，相对贫困人口中接受初中教育的比例最高，为 34.2%，这明显优于建档立卡人口中接受小学教育占比最高的情况；同样，非相对贫困人口中接受初中教育的人口比例最高，为34.1%，相对贫困和非相对贫困人口中接受研究生教育的比例均最低，与建档立卡的情况基本一致；相对贫困人口中未上过学的人口比例明显高于非相对贫困人口，非相对贫困人口中接受中专及以上教育的比例明显高于相对贫困人口。不同地区相对贫困人口受教育程度分布相似，主要接受过中小学教育，接受研究生教育的人口比例相对很低。东北地区相对贫困人口中未上过学的比例明显高于其他地区，中部地区接受高中教育的人口比例明显高于其他地区。

表 11-10　　　　　　　相对贫困人口教育和就业状况　　　　　（单位：%）

	相对贫困人口					非相对贫困人口
	总计	东部地区	中部地区	西部地区	东北地区	
受教育程度						
幼儿园	3.0	3.5	3.5	2.8	1.5	3.1
未上过学	13.8	12.0	10.6	15.4	18.5	9.9
小学	30.3	29.3	27.0	32.2	32.3	27.9
初中	34.2	37.5	38.1	30.3	32.8	34.1
高中	8.9	7.8	12.1	7.9	8.4	10.8
中专	1.6	1.7	1.5	1.9	0.4	2.4
职高技校	0.9	1.3	0.7	1.0	0.2	1.5
大学专科	3.3	3.3	3.8	3.5	1.5	5.7
大学本科	3.8	3.4	2.6	4.7	3.7	4.4
研究生	0.2	0.2	0.1	0.3	0.7	0.3
劳动力就业状况						
全职务农	36.5	30.7	29.1	41.6	44.9	29.1
非农就业	39.9	48.0	45.2	36.2	26.8	44.5
兼业（农和非农）	15.2	11.6	17.8	14.9	18.1	18.9
其他	0.3	0	0	0.6	0	0.4
无业或待业	8.1	9.7	7.9	6.7	10.1	7.2

在就业方面，相对贫困户劳动力全职务农的比例（36.5%）高于非相对贫困户（29.1%）；相反，非相对贫困户劳动力从事非农就业或兼业的比例均高于相对贫困户。分地区看，东北地区相对贫困户劳动力全职务农、兼业的比例均高于其他地区，而中部地区完全非农就业及兼业的合计比例最高。

3. 经济条件

相对贫困人口中低保户比例为13.3%，几乎是非相对贫困人口中低保户比例的2倍。此比例在东北和西部地区明显高于中东部地区，东部地区最低，为7.1%。

相对贫困人口中家庭人均宅基地面积为58.4平方米，明显低于非相对贫困人口的人均面积67.4平方米。相对贫困人口家庭人均宅基地面积在不同地区差异明显，其中东北地区几乎是其他地区的2—3倍，为110.9平方米；东部地区相对贫困人口人均宅基地面积最小，仅为44.8平方米。此分布特点与建档立卡户相似。

表 11-11　　　　　　　　相对贫困人口经济条件

	相对贫困人口					非相对贫困人口
	总计	东部地区	中部地区	西部地区	东北地区	
低保户占比（%）	13.3	7.1	10.5	17.6	17.2	6.8
家庭人均宅基地面积（平方米）	58.4	44.8	52.1	56.9	110.9	67.4
家庭人均经营耕地面积（亩）	3.5	1.0	2.8	2.3	15.6	5.8
家庭人均收入（元）	3534	3271	3602	3911	2464	27762

相对贫困人口家庭人均经营耕地面积为3.5亩，明显小于非相对贫困人口的家庭人均经营耕地面积（5.8亩）。相对贫困人口家庭人均经营耕地面积在不同地区差异巨大，东北地区人均面积为15.6亩，远远超过其他地区；东部地区人均面积最小，为1.0亩；中西部地区之间相差不大，

都处于较低水平。此分布特点与建档立卡户相似。

相对贫困人口的家庭人均收入为3534元，而非相对贫困人口的家庭人均收入为27762元。分地区看，东北地区相对贫困人口的家庭人均收入最低；西部地区人均收入最高，为3911元。

三 农民福祉状况

基于课题组已有关于农民福祉指标体系研究成果和数据可得性，我们选取八类居民福祉指标，包括健康、教育、就业、居住条件、安全、政治参与、收入以及生活满意度。根据居民福祉基本原理，前七类都是客观指标，本书对部分指标选取了相关的主观满意度作为替代。[①]

（一）健康

考虑到数据可得性，本部分仅从被访者个人角度考察农民健康状况。结果显示，农民自评健康状况总体良好，超过56%的受访者认为自己的健康状况好于同龄人，而认为不如同龄人的不到14%（见表11-12）。实际上，37.3%的受访者反映患有慢性病，7.4%存在残疾问题。患病比例较高，与受访群体以中老年人为主有关，其中超过1/3为60周岁及以上，55.3%为40—60周岁。

分地区看，东部地区的农民自评健康状况稍好于其他地区，虽然其老年受访者占比较高（42%）；而东北农民患慢性病比例较高（43.5%），自评健康状况也较差，大约有20%认为不如同龄人。

分群体看，无论是建档立卡户还是相对贫困户，健康状况均比非贫困户差，如建档立卡户受访者残疾比例高达15.9%，超过非建档立卡户10个百分点；相对贫困户受访者患慢性病比例比非相对贫困户高8个百分点；在自评健康状况上，建档立卡户和相对贫困户受访者认为不如同

---

① 在相同领域内，福祉指标与经济社会发展指标可能存在较大差异，本次调查在多个领域内的采集指标都与福祉衡量指标相差较远。例如，在就业领域，福祉指标包括工资率、就业充分性与安全性、工作场所福祉等，而本次调查仅采集了就业类型（务农、非农就业等）指标。

龄人的比例分别为 23.7% 和 21%，至少高出非贫困户 10 个百分点。

表 11 - 12　　　　　　　　受访者健康状况　　　　　　（单位：周岁,%）

	总计	分地区				建档立卡户		相对贫困户	
		东部	中部	西部	东北	是	否	是	否
被访者平均年龄	54.8	56.4	54.9	53.8	54.0	55.2	54.7	58.1	53.4
各年龄段占比									
40 周岁以下	10.7	10.7	10.9	10.4	11.5	9.7	10.9	5.4	12.7
40—60 周岁	55.3	47.3	55.4	60.3	58.7	55.6	55.3	50.8	57.5
60 周岁及以上	34.0	42.0	33.7	29.3	29.8	34.8	33.9	43.8	29.7
与同龄人相比的健康状况占比									
很好	18.9	21.0	23.9	16.5	12.3	14.2	19.7	15.4	20.5
好	37.7	40.2	35.9	38.1	31.9	30.1	39.0	34.0	39.3
一般	29.5	28.3	28.3	29.5	35.9	32.1	29.1	29.5	29.2
差	11.5	8.7	10.1	13.0	16.1	19.3	10.1	16.5	9.4
很差	2.4	1.8	1.8	2.9	3.8	4.4	2.1	4.5	1.6
是否残疾占比	7.4	6.0	5.0	10.0	5.1	15.9	5.9	9.7	6.4
是否患慢性病占比	37.3	36.5	35.8	37.2	43.5	43.7	36.3	43.0	35.0

（二）教育

表 11 - 13 列示了调查样本的户主及家庭劳动力受教育程度。总体来看，户主平均受教育年限为 7.8 年，其中接受初中教育的比例最高，为 45.5%，其次为小学、高中和未上学，所占比例分别为 30.9%、11.3% 和 8.5%，接受大专及以上教育的比例最低，为 2.1%。分地区来看，户主平均受教育年限差异不大，东部和中部地区稍领先于西部和东北地区。

从贫困户维度来看，建档立卡户的户主平均受教育年限低于非建档立卡户，且建档立卡户中未上学和仅上小学的户主比例分别为 14.7% 和 43.8%，明显高于非建档立卡户，而建档立卡户中接受高中及以上教育程度的户主比例则明显低于非建档立卡户。相对贫困户与非相对贫困户之间，户主受教育程度也呈现类似的差异。

总体来看，样本家庭劳动力平均受教育年限为9.2年。在地区差别和贫困、非贫困群体差别上，家庭劳动力教育状况与上述户主情况类似。

表11-13　　　　　**户主及家庭劳动力受教育程度**　　　（单位：%，年）

	总计	分地区				建档立卡户		相对贫困户	
		东部	中部	西部	东北	是	否	是	否
户主受教育程度占比									
未上学	8.5	6.7	5.6	10.2	13.1	14.7	7.5	10.3	7.8
小学	30.9	29.6	24.5	34.6	31.6	43.8	28.7	34.8	29.5
初中	45.5	42.9	51.6	45.4	41.8	35.8	47.1	44.0	45.9
高中	11.3	14.3	15.8	7.4	9.1	4.4	12.4	9.0	12.3
中专职高	1.7	2.7	1.5	1.0	2.1	0.5	1.9	1.0	1.9
大专及以上	2.1	3.8	1.1	1.4	2.1	0.7	2.4	0.9	2.6
户主平均受教育年限	7.8	8.2	8.3	7.4	7.3	6.5	8.0	7.4	8.0
家庭劳动力受教育程度占比									
未上学	4.5	2.2	2.5	6.5	6.7	10.5	3.6	5.9	3.9
小学	21.3	16.4	16.6	25.6	27.9	31.2	19.9	24.3	20.4
初中	45.8	44.5	51.8	43.2	48.5	40.3	46.6	48.0	45.1
高中	10.9	13.2	13.9	8.7	7.1	6.5	11.5	9.0	11.5
中专职高	4.8	6.9	3.9	4.3	2.6	3.0	5.0	3.5	5.2
大专及以上	12.7	16.8	11.4	11.7	7.1	8.6	13.2	9.4	13.8
家庭劳动力平均受教育年限	9.2	9.9	9.5	8.7	8.3	7.9	9.4	8.7	9.3

（三）就业

表11-14列示了调查样本户的劳动力就业结构。总体来看，样本户

第二篇 主报告

劳动力以非农就业为主，占比43.5%，全职务农比例为31.1%，务农兼非农就业比例为17.7%。分地区来看，东部地区劳动力非农就业比例最高，为56.8%；东北地区全职务农比例最高，达44.9%；东北和中部地区兼业比例接近，约为22%，高于其他两个区域。

建档立卡贫困户劳动力以全职务农为主，且全职务农及兼业比例，均高于非建档立卡户，而非农就业比例比非建档立卡户低11.4个百分点。相对贫困户劳动力虽然以非农就业为主，但非农就业及兼业比例，均低于非贫困户。

表11-14 劳动力就业结构 （单位：%）

	总计	分地区				建档立卡户		相对贫困户	
		东部	中部	西部	东北	是	否	是	否
全职务农	31.1	22.3	27.2	36.1	44.9	38.1	30.1	36.5	29.1
非农就业	43.5	56.8	43.2	38.6	24.4	33.5	44.9	39.9	44.5
兼业	17.7	11.6	22.1	18.7	22.0	20.2	17.3	15.2	18.9
其他	0.3	0.3	0.3	0.4	0.1	0.2	0.3	0.3	0.4
无业或待业	7.4	9.1	7.2	6.2	8.6	8.1	7.3	8.1	7.2

（四）居住条件

表11-15列示了调查样本户的住房、饮水、网络、厕所、垃圾处理、道路和环境等居住条件状况。总体来看，农民住房满意度较高，反映非常满意或比较满意的受访农户比例为77%，不满意的比例仅为7.3%（不太满意5.8%、非常不满意1.5%）。地区间住房满意度差异不大，贫困户与非贫困户之间住房满意度差别也不明显。

全部样本中使用自来水的农户占比为86.9%，东北地区农村自来水覆盖率最高，达95.2%，其次为东部地区（91.8%），中部和西部地区也均在80%以上。贫困户与非贫困户的自来水覆盖率无明显差别。饮水安全方面，在水质、水量、用水方便性、供水保证率上均达标的农户比例为88.5%，即有11.5%的农户饮水安全性可能存在问题，主要表现为反

第十一章 农村贫困与福祉状况

映水质不安全的比例为6.8%、2019年缺水天数超过30天的比例为4%,[①]还有少数农户认为水量不能满足家庭饮水需求。对饮水安全整体状况表示非常不满意、不太满意的样本农户比例分别为6.7%和6.2%。分地区看,西部地区样本农户对饮水安全状况不满意的比例略高,非常不满意和不太满意合计占比为15.8%。而贫困户与非贫困户之间无明显差异。总体来看,农民安全饮水状况仍需持续改善。

在网络方面,报告家庭有上网设备(含智能手机、平板电脑、笔记本电脑或台式电脑等)的农户比例高达90.7%。在这些农户中,认为网络条件可以或非常好的比例接近85%,仅有约10%的农户反映网络条件较差。网络条件的地区差别并不明显,而贫困户拥有上网设备的比例比非贫困户低6—10个百分点,但在网络条件方面无明显差别。

家庭有无害化厕所的样本农户占比为75.1%,其中东部和中部地区该比例分别为93.7%和82.7%,明显高于西部和东北地区(分别为67.7%和34.6%)。贫困户家庭拥有无害化厕所的比例要低于非贫困户。农户厕所设施的地区差异和群体差异较为明显。

村庄生活垃圾普遍得到统一处理,农民满意度较高。92%的样本农户报告其所在村内生活垃圾进行了统一处理,其中东部和中部地区该比例(分别为95.8%和96.8%)明显高于西部和东北地区(分别为87.6%和89.2%)。超过82%的样本农户对村内生活垃圾处理状况表示满意,而反映不满意(不太满意或非常不满意)的农户不到10%,其中西部地区较高,反映不满意的农户比例约占13%。

村内道路硬化率较高,接近95%的样本村反映村与组之间道路已硬化,[②]近80%的受访农户对通村组道路、入户道路路面条件表示满意,但仍有13.5%的农户反映不满意(不太满意或非常不满意),村内道路仍需进一步改善。分地区看,西部和东北地区村内道路硬化覆盖比例较低,7%—8%的样本村未实现通组道路硬化,17%—18%的样本农户不满意

---

① 饮用水四个方面的评价结果来源于受访农户的自我报告,未经问卷调查者或专业部门查证,因饮用水质量和安全性的严谨评估需要较多的专业知识,故该结果需要谨慎对待。

② 根据本次村调查数据统计。

◆ 第二篇 主报告

村内道路的路面条件。

总体而言，农民对其所在村生活环境满意度较高。近85%的受访农户表示满意，约10%反映一般，不满意的比例仅有5.5%。其中，西部地区农民对村生活环境不满意的比例较高，约为8%。

表11-15　　　　　　　住房、饮水、网络、厕所、
垃圾处理、道路、环境等居住条件状况　　（单位：%）

	总计	分地区				建档立卡户		相对贫困户	
		东部	中部	西部	东北	是	否	是	否
住房满意度									
非常满意	29.1	29.2	35.2	27.9	21.4	31.8	28.6	25.7	30.7
比较满意	47.9	46.5	46.9	48.0	53.9	47.3	48.0	46.2	48.8
一般	15.7	15.4	13.2	17.0	16.4	14.4	15.9	18.9	14.2
不太满意	5.8	7.8	3.5	4.9	7.5	5.3	5.8	7.0	5.1
非常不满意	1.5	1.1	1.1	2.2	0.8	1.1	1.6	2.2	1.2
使用自来水	86.9	91.8	84.1	82.6	95.2	87.1	86.8	85.5	87.1
饮水安全维度									
水质安全	93.2	94.0	95.1	92.0	92.4	95.3	92.9	91.4	93.9
水量充足	96.5	96.0	96.3	96.8	97.1	97.8	96.3	96.2	96.8
用水方便	99.1	99.1	99.2	99.0	98.7	99.3	99.0	98.9	99.1
2019年缺水天数少于30天	96.0	95.5	94.9	96.7	96.5	97.6	95.7	94.8	96.5
饮水安全	88.5	88.6	89.3	88.1	87.8	92.3	87.8	86.2	89.5
饮水安全状况满意度									
非常不满意	6.7	4.0	7.1	9.0	4.6	8.6	6.4	7.3	6.5
不太满意	6.2	6.1	5.2	6.8	5.7	3.8	6.6	7.1	5.7
一般	6.6	6.6	7.4	5.7	9.2	4.4	7.0	6.4	6.6
满意	52.4	48.7	49.5	54.4	60.6	56.6	51.6	52.8	52.2
非常满意	28.1	34.7	30.8	24.1	19.9	26.6	28.4	26.3	29.0

第十一章 农村贫困与福祉状况

续表

	总计	分地区				建档立卡户		相对贫困户	
		东部	中部	西部	东北	是	否	是	否
有上网设备	90.7	87.3	93.1	92.6	89.0	84.9	91.7	83.5	93.6
家庭网络条件									
非常好	47.4	57.0	55.5	40.9	30.4	38.3	48.8	37.2	51.1
可以，偶尔断网	37.2	29.2	33.4	41.1	51.8	43.3	36.3	40.8	35.8
较差，经常断网	10.6	9.2	6.7	13.0	12.3	12.2	10.4	13.5	9.7
不清楚	4.8	4.6	4.4	4.9	5.4	6.2	4.5	8.6	3.3
有无害化厕所	75.1	93.7	82.7	67.7	34.6	66.9	76.5	70.8	76.6
村生活垃圾统一处理	92.0	95.8	96.8	87.6	89.2	90.6	92.2	89.5	92.9
村生活垃圾处理状况满意度									
非常不满意	4.4	2.0	4.9	6.2	2.7	5.5	4.2	5.5	3.9
不太满意	4.5	2.0	1.5	7.0	7.6	4.6	4.5	5.7	4.0
一般	8.4	7.6	6.4	9.8	9.2	6.1	8.8	9.3	8.0
满意	54.6	50.4	57.5	54.8	61.1	59.6	53.8	52.1	55.7
非常满意	28.1	38.0	29.7	22.3	19.5	24.3	28.8	27.4	28.3
村内道路状况满意度									
非常不满意	6.2	3.7	4.9	8.7	6.2	7.3	6.0	8.5	5.3
不太满意	7.3	6.7	4.4	8.3	11.3	6.7	7.4	9.1	6.7
一般	7.6	7.7	7.2	6.9	10.7	6.2	7.8	7.4	7.5
满意	48.7	43.1	50.3	50.5	54.7	51.6	48.2	47.5	49.1
非常满意	30.2	38.8	33.2	25.6	17.2	28.2	30.5	27.4	31.3
村生活环境满意度									
非常不满意	2.6	1.2	2.5	3.6	2.3	2.9	2.5	4.2	1.9
不太满意	2.9	2.5	0.4	4.2	3.2	1.9	3.1	4.0	2.4
一般	9.7	7.8	8.0	11.2	12.4	7.9	10.0	12.6	8.5
满意	57.2	52.5	57.0	58.2	67.0	61.5	56.4	53.4	58.8
非常满意	27.6	36.0	32.0	22.8	15.2	25.7	28.0	25.8	28.3

（五）安全

远离疾病、年老失养、饥饿、危险等威胁，获得更多的安全感，历来是人民孜孜以求的。表 11-16 列示了样本农户在医疗、养老、最低生活、社会治安、食品等方面的安全保障状况。总体来看，绝大多数农民都参加了城乡居民基本医疗保险，少部分农民还同时购买了商业医疗保险。受访家庭参加城乡居民基本医疗保险的比例为 97.6%，这在地区间、贫困户和非贫困户间都无明显差别；与此同时，16.3% 的受访者个人还购买了商业医疗保险，其中中部和东北地区购买比例较高，非贫困户比例相对高于贫困户。对于乡村两级医疗服务，近 84% 的农户表示满意，不满意的比例不到 4%。相对来说，因从健康扶贫政策中受益较多，建档立卡户对乡村医疗服务满意度略高于非建档立卡户。

受访者个人参加养老保险比例高达 87.6%，其中 40—60 周岁的参保率约 85%，40 周岁以下的参保率也超过 60%。分地区看，东北地区受访者参加养老保险比例较低，为 76.7%。贫困户和非贫困户的养老保险参保率无明显差别。

10% 的样本农户获得低保待遇。低保覆盖率在地区间特别是人群间差别较大，体现了它针对低收入人群的特性，如西部和东北地区样本户获低保比例较高，建档立卡户（40.4%）远高于非建档立卡户（4.9%），相对贫困户（15.2%）高于非相对贫困户（8%）。

地方社会治安总体上非常好，农民满意度很高。超过 93% 的受访农户对当地社会治安表示满意，认为一般的占 5%，不满意的比例仅为 1.2%。

近年来食品安全问题引起人们越来越多的关注，部分农民对市场销售的食品不太放心。根据此次调查，对于市场销售的食品，从食品安全角度评价，超过 30% 的受访者反映不放心，其中很不放心的比例为 5.8%。分地区看，东北地区约一半的受访者表示不放心，远超过反映比较放心或非常放心的比例（27.8%）。这需要引起有关部门重视。

第十一章 农村贫困与福祉状况

表 11-16　　　医疗、养老、最低生活、社会治安、
食品等安全保障情况　　　　　　　　（单位：%）

	总计	分地区				建档立卡户		相对贫困户	
		东部	中部	西部	东北	是	否	是	否
家庭参加城乡居民医疗保险	97.6	96.7	98.6	98.2	95.4	98.0	97.5	97.2	97.7
个人购买有商业医疗保险	16.3	15.1	23.8	13.2	18.5	9.5	17.5	11.7	18.4
最近村医务室或乡（镇）卫生院服务满意度									
非常满意	31.9	32.4	38.9	29.5	26.8	36.7	31.1	31.9	32.2
比较满意	52.0	51.0	48.8	53.9	53.7	52.7	51.9	50.5	52.8
一般	12.4	13.2	10.1	12.7	12.7	8.4	13.0	13.2	11.6
不太满意	2.7	2.5	1.6	2.7	5.4	1.6	2.9	3.2	2.5
很不满意	0.9	0.8	0.5	1.1	1.4	0.5	1.0	1.2	0.8
被访者参加养老保险	87.6	86.3	95.4	87.5	76.7	89.6	87.2	88.8	87.1
属于低保户	10.0	4.1	6.9	14.7	13.9	40.4	4.9	15.2	8.0
本地社会治安满意度									
非常满意	48.1	51.7	51.0	47.0	35.9	51.1	47.6	47.1	48.6
比较满意	45.7	43.1	45.4	44.9	57.9	42.5	46.3	44.9	46.0
一般	5.0	4.2	3.0	6.6	4.6	4.7	5.0	6.2	4.4
不太满意	0.8	0.9	0.3	1.0	0.5	0.9	0.7	1.1	0.6
很不满意	0.4	0.1	0.3	0.6	1.1	0.7	0.4	0.7	0.3
对市场食品放心程度									
非常放心	8.1	9.5	8.2	8.5	2.2	11.0	7.6	8.6	8.0
比较放心	37.3	40.7	40.0	36.3	25.6	40.0	36.8	37.8	37.3
一般	23.8	25.8	24.8	22.2	22.4	22.8	24.0	23.5	23.5
不太放心	25.1	21.1	23.3	26.2	36.1	20.1	25.9	22.9	26.0
很不放心	5.8	2.9	3.7	6.9	13.7	6.1	5.7	7.1	5.3

（六）政治参与

参与村委会选举和村民大会是农民实现政治权利的主要途径之一。表 11-17 列示了调查样本户对村庄治理参与及评价情况。仅在 2019 年，受访农户中就有 37.1% 反映参与了村委会选举，[①] 参与户对选举程序满意的比例超过 90%，明确表示不满意的比例仅为 2.3%，少部分受访者可能因未参与选举故没做具体评价。反映调查村在 2019 年召开了村民大会的受访户比例为 70.6%，这些召开了村民大会的村中，受访者本人参与过村民大会的比例高达 87.2%。

调查结果显示，村民对村干部的信任程度和村委会工作的满意度都相当高，均超过 87%，明确表示对村干部不信任或村委会工作不满意的比例不超过 3%。村庄治理参与和评价情况在四大区域间、贫困户和非贫困户之间并不存在明显差别。

表 11-17　　　　　　　村庄治理参与和评价　　　　　　（单位：%）

	总计	分地区				建档立卡户		相对贫困户	
		东部	中部	西部	东北	是	否	是	否
2019 年家中是否有人参加村委会选举									
是	37.1	30.7	36.1	45.3	24.1	40.4	36.5	40.5	35.9
否	58.9	67.4	63.3	47.2	74.3	54.9	59.6	55.2	60.4
未回答	4.0	1.9	0.7	7.6	1.6	4.7	3.9	4.3	3.8
参与户对选举程序满意度									
满意	90.3	90.3	90.5	90.3	89.9	94.1	89.6	88.0	91.4
不满意	2.3	2.9	1.9	2.3	1.1	0.9	2.5	2.7	2.1
不好说	7.4	6.9	7.6	7.5	9.0	5.0	7.9	9.3	6.5

[①] 受数据可得性限制，2019 年调查村是否开展了村委会换届选举并不明确，因此这里的村民参与选举比例，并不反映实际参与程度的高低。

第十一章 农村贫困与福祉状况

续表

	总计	分地区				建档立卡户		相对贫困户	
		东部	中部	西部	东北	是	否	是	否
2019年是否召开村民大会									
是	70.6	72.5	63.4	78.8	44.5	76.2	69.6	65.3	72.8
否	24.1	21.3	31.4	16.3	50.4	20.0	24.7	28.7	22.3
未回答	5.4	6.2	5.2	4.9	5.1	3.8	5.6	5.9	5.0
本人参加村民大会	87.2	86.4	88.6	87.2	86.7	86.6	87.3	87.4	87.1
对村干部信任程度									
非常信任	46.1	48.3	51.2	45.6	31.7	54.3	44.8	43.7	47.1
比较信任	41.7	39.7	38.2	41.3	56.0	34.6	42.9	41.5	41.8
一般	7.9	6.7	7.8	8.9	8.0	8.6	7.8	8.3	7.7
不太信任	1.9	2.7	0.8	1.7	1.9	1.5	1.9	2.7	1.6
非常不信任	0.7	0.6	0.3	1.0	0.5	0.4	0.7	1.0	0.6
无所谓信任与否	1.7	2.0	1.8	1.5	1.9	0.7	1.9	2.7	1.3
村委会工作满意度									
非常满意	43.9	44.4	48.9	44.3	30.4	47.7	43.2	42.4	44.6
比较满意	45.9	46.0	43.7	43.8	58.8	44.4	46.2	44.3	46.7
一般	7.4	7.0	6.7	7.9	8.1	6.0	7.7	9.7	6.2
不太满意	1.8	1.6	0.4	2.6	1.9	0.9	2.0	2.5	1.6
很不满意	1.0	0.9	0.3	1.4	0.8	0.9	1.0	1.1	0.9

（七）收入

这里从绝对收入水平、相对收入水平和收入满意度三个方面考察农民的收入获得感。表11-18列示了调查户的收入水平及满意度。总体来看，2019年样本农户家庭人均收入为20173元。分地区看，东部和西部地区人均收入分别为25663元和20049元，高于中部和东北地区的15085元和14558元。①

---

① 此次调查样本户，特别是西部地区样本户人均收入较大幅度地高于国家统计局公布的结果，这与实地调查执行情况和缺少权重有一定关系。与第十章有所不同，本章在计算收入和相对贫困水平时，仅排除了收入缺失户（74户326人）。因此二者分析样本数量不同，结果存在差别。

◆ 第二篇 主报告

和同村居民相比，受访农户自评收入水平居中的较多。超过64%的农户认为自己的家庭人均收入位于村内中等水平，而处于村内上游水平和下游水平的农户分别约占11%和25%。相对收入分布情形在四大区域中基本差不多。根据已有文献资料，与身边人特别是同村居民的收入比较，也会在一定程度上影响农民收入满意度。

总体来看，约55%的受访农户对自己家庭的收入水平表示比较满意或很满意，23%认为一般，其余约22%反映不满意。分地区看，东北地区受访农户对自己家庭收入满意度较低，反映不满意（比较不满意或非常不满意）的比例高达35%，满意（比较满意或非常满意）的比例约为45%。

贫困户绝对收入和相对收入水平均明显低于非贫困户，但建档立卡户收入满意度与非建档立卡户无明显差别，而相对贫困户对收入的满意度则明显低于非相对贫困户。根据调查结果，建档立卡户的家庭人均收入（12858元）和相对贫困户的人均收入（3534元）明显低于非建档立卡户（21280元）和非相对贫困户（27762元）。前两者反映其收入在村内处于下游水平的比例分别为38.4%和39.5%，超出后两者15个百分点以上。但在收入水平评价上，建档立卡户表示满意（比较满意或非常满意）的比例约为57%，与非建档立卡户的54.4%相当；但相对贫困户可能因绝对收入水平普遍很低，对当前收入表示满意的比例（44.7%）远低于非相对贫困户（59.1%）。因此，从绝对收入水平、相对收入水平和收入满意度衡量的收入获得感来看，贫困户（尤其是以收入水平衡量的相对贫困户）远低于非贫困户。

表11-18　　　　　　　　收入水平及满意度　　　　　　（单位：元,%）

	总计	分地区				建档立卡户		相对贫困户	
		东部	中部	西部	东北	是	否	是	否
家庭人均收入	20173	25663	15085	20049	14558	12858	21280	3534	27762

续表

	总计	分地区				建档立卡户		相对贫困户	
		东部	中部	西部	东北	是	否	是	否
收入在村内水平									
非常高	0.8	0.7	1.1	0.8	1.1	0.7	0.9	0.5	1.0
比较高	10.0	10.3	11.3	9.9	7.2	6.0	10.7	3.8	12.7
中等水平	64.3	65.5	69.1	62.0	60.9	54.9	65.9	56.3	67.2
比较低	19.8	19.0	16.3	20.7	25.7	27.1	18.6	29.1	16.3
非常低	5.0	4.4	2.2	6.7	5.1	11.3	4.0	10.4	2.8
对当前收入满意度									
非常满意	14.3	15.7	16.3	13.5	9.1	14.7	14.2	11.0	15.5
比较满意	40.5	40.8	44.6	39.4	35.7	42.4	40.2	33.7	43.6
一般	23.0	25.8	21.5	22.3	20.1	24.0	22.8	24.9	21.9
比较不满意	18.2	15.1	14.8	19.7	27.9	15.1	18.7	23.5	16.1
非常不满意	4.1	2.6	2.7	5.1	7.2	3.8	4.2	6.9	2.9

（八）生活满意度

表 11-19 列示了调查户的生活状况满意度，受访者的生活满意度（非常满意与比较满意之和）超过 80%，中部地区的生活满意度最高（85.2%），东北地区的生活满意度最低（74.2%），贫困户与非贫困户的生活满意度无明显差别。

超过 85% 的受访者认为 5 年后的生活会变好，这在地区间和贫困户与非贫困户之间都无明显差别。仅有极少数（低于 4%）受访者认为 5 年后生活会变差。对于生活幸福程度的评价，有超过 80% 的农户反映非常幸福或比较幸福，西部和东北地区的农民生活幸福程度（77.2%、75.8%）略低于东部和中部地区，整体来看相对贫困户生活幸福程度略低于非贫困户。

表 11-19　　生活状况满意度　　（单位：%）

	总计	分地区				建档立卡户		相对贫困户	
		东部	中部	西部	东北	是	否	是	否
生活满意度									
非常满意	32.3	33.4	37.9	32.2	18.1	34.3	31.9	30.4	33.1
比较满意	48.4	46.6	47.3	48.4	56.1	46.7	48.7	44.9	49.9
一般	14.5	15.2	13.4	13.8	17.5	14.6	14.5	17.1	13.2
不太满意	3.6	3.8	1.0	4.1	5.9	3.1	3.7	5.4	2.9
很不满意	1.3	1.0	0.5	1.5	2.4	1.3	1.3	2.2	0.9
5年后生活变化预期									
好很多	42.9	42.9	53.6	39.8	34.9	41.1	43.2	38.9	45.0
好一些	42.7	42.3	36.4	44.2	49.7	44.0	42.4	42.6	42.4
差不多	12.0	12.8	9.2	12.8	12.4	12.7	11.9	14.9	10.7
差一些	1.8	1.3	0.7	2.5	2.7	1.3	1.9	2.5	1.6
差很多	0.6	0.7	0.1	0.7	0.3	0.9	0.5	1.1	0.3
生活幸福程度									
非常幸福	38.9	38.7	48.7	35.8	33.3	42.0	38.4	35.1	40.4
比较幸福	41.3	42.9	38.2	41.4	42.5	35.9	42.2	38.6	42.5
一般	16.7	16.2	11.7	18.5	20.4	17.9	16.5	20.6	15.0
不太幸福	2.6	1.9	1.4	3.5	3.2	3.6	2.4	4.4	1.8
非常不幸福	0.5	0.4	0	0.8	0.5	0.5	0.5	1.2	0.2

四　本章小结

本章对调查样本中建档立卡户的基本情况和脱贫状况，基于特定标准的相对贫困户基本情况和相对贫困状况，以及不同类型样本户的居民福祉状况进行了描述分析。结果显示，样本中建档立卡人口占比为14.1%，高于全国平均水平，表明住户抽样有意地偏向于建档立卡户；

建档立卡样本户自我报告脱贫比例为80%左右，明显低于实际情况，可能是间隔时间较久导致记错、误报等。农村的相对贫困不容忽视，以全国农村居民人均收入中位数40%衡量的相对贫困人口比例为23.1%，且主要分布于西部地区。已脱贫人口中仍有24.1%属于相对贫困人口，若提高衡量标准，相对贫困的比例更高。

在健康、教育、就业、居住条件、安全、政治参与、收入及生活满意度八个福祉维度上，贫困人口（建档立卡人口或相对贫困人口）与非贫困人口之间存在不同程度的差异。与非贫困人口相比，贫困人口在健康、教育、就业、收入等方面有较明显的劣势，但在对当前生活满意度、对未来生活预期和生活幸福程度方面，无明显差别或仅有很小的差别。

第十二章 乡村治理组织建设与治理参与

张延龙　刘　津[*]

乡村治理组织建设与乡村治理参与是乡村治理的重要内容，完善乡村治理组织建设与推进乡村治理参与是实现乡村善治的重要环节。本章首先就调查地区的乡村治理组织建设与治理参与的现状进行比较说明，随后指出这些地区存在的问题，最后就发现的问题提出完善乡村治理组织与推进治理参与的建议。

一　乡村治理组织建设状况

（一）乡村治理组织的运行

村民委员会于1980年首先出现在广西合寨村，在1982年写入宪法，这为其合法性提供了依据，而1988年6月1日试行的《中华人民共和国村民委员会组织法》为村委会的规范化发展提供了重要的指导，该法于1998年修订并正式颁布实施。村民委员会是村民自我管理、自我教育、自我服务的基层群众性自治组织。村民委员会由主任、副主任和委员等3—7人组成。领导班子的产生依赖于民主选举，每五年选举一次，没有终身制，任何组织或者个人不得指定、委派或者撤换村民委员会成员。

---

[*] 张延龙，博士，中国社会科学院农村发展研究所助理研究员，研究方向：制度经济学和农业经济管理；刘津，经济学博士，中国社会科学院农村发展研究所博士后，研究方向：乡村治理。

第十二章　乡村治理组织建设与治理参与

《中华人民共和国村民委员会组织法》第二条规定，村民委员会主要负责办理本村的公共事务和公益事业，调解民间纠纷，协助维护社会治安，向人民政府反映村民的意见、要求和提出建议。

从所调查区域的表现来看，基层治理组织的运行基本上能够符合国家的相关规定，并且在实际的运行效果上获得了村民们的认可。但是，随着现实环境的变化，国家在基层治理组织建设上加大了投入，更多的行政力量加入基层治理组织的运行中。

（二）乡村治理组织建设的现状

村民委员会从出现至 2020 年已有四十年，基层治理组织参与乡村治理的历史则更长。那么，这些基层治理组织当前的建设状况如何？下面基于调查数据，通过总体情况的介绍与区域之间的比较来进行说明。

1. 乡村治理组织建设的评价

治理区别于统治，它的特点在于信任和参与，而治理组织作用的有效发挥则在于信任和参与下对村民共识的凝聚。信任不仅包含村民对乡（镇）行政组织、村级自治组织的信任，还包含村民之间的相互信任。在乡村治理组织建设中，影响信任的主要因素有基层干部的腐败及村民和治理组织之间信息的不对称。

从调查数据来看，2019 年调查地区的村民对县（市、区）干部的信任度（评分为 1 和 2 所占的比重）达到了 71.01%，但仍有 17.91%（评分为 4、5 和 6 的村民占比）的村民对县（市、区）干部的信任度不高。村民对乡（镇）干部的信任度为 75.38%，这要高于对县（市、区）干部的信任度，有 13.71% 的村民对乡（镇）干部的信任度不高。村民对村干部的信任度达到了 85.51%，这要明显高于对乡（镇）干部以及县（市、区）干部的信任度，并且村民对村干部的非常信任水平达到了 46.25%，这要高于比较信任人数的比重，村民对村干部非常信任所占人数的比重要高于对乡（镇）干部非常信任的人数所占的比重（33.68%），也要高于对县（市、区）干部非常信任的人数所占的比重（27.27%）。村民对周边的人的信任度为 83.93%，这个水平与对村干部的信任度较为

◆ 第二篇 主报告

接近，要高于村民对县（市、区）干部的信任度以及对乡（镇）干部的信任度。从数据对比来看，存在村民对越熟悉了解的人越信任的趋势。就村民对基层治理组织的信任水平而言，存在村民越熟悉、参与度越高，村民的信任水平就越高的趋势。

从调查数据来看，有55.47%的村民认为基层——乡（镇）、村干部的腐败问题不严重；但是有31.36%的村民不了解基层干部的腐败情况，这是值得重视的问题。因为无论基层干部腐败与否，村民对基层干部情况的不了解都会影响村民对基层治理组织的信任，影响基层组织的公信力。另外，村民对于基层事务具有知情权。尤其是有关腐败的问题，这直接关系到村民的利益。有近1/3的村民不了解村干部的腐败情况，说明基层治理组织在信息的透明度上有待加强。这一点在村民对"基层干部容易在哪些方面出现腐败"的回答上略见一斑。从调查数据来看，有52.38%的村民并不清楚基层干部会在哪些方面出现腐败。其他占比较大的回答是"未经集体讨论自行决定大额资金的用度""截留、贪污、挪用公款""利用职权为自己或亲朋谋取利益"，这些回答的共同点在"基层权力的行使上"。就如何预防农村腐败问题的回答上（见图12-1），有31.85%的村民不清楚如何有效预防腐败，其他占比较大的回答是依靠"上级政府和党组织""村务监督委员会""村务公开"来预防腐败。结合村民不清楚基层干部在哪些方面会出现腐败以及不清楚如何有效预防腐败，可以大致得出村民对基层干部及治理组织建设缺乏了解，村民也缺乏行动上的积极性与主动性，因为对腐败和基层干部最好的监督和约束来自村民自身！

村民与基层治理组织之间的信息交流是建立信任的重要基础，也是提高基层组织治理效率的重要渠道。从宣传避难（防灾减灾）信息的调查数据（见图12-2）来看，村民主要是通过村"两委"与政府部门来获取相关信息。在获取预警减灾的消息渠道上，农村广播占到了43.07%，村委会人员到家通知的比重则占到了27.20%（见图12-3）。这两组数据一方面说明了基层组织在发挥着自己信息传递的功能，履行着自己的职责；但也从另一方面说明了村民获取信息渠道的单一。在获取预警减灾信息上，村民回答通过

第十二章　乡村治理组织建设与治理参与

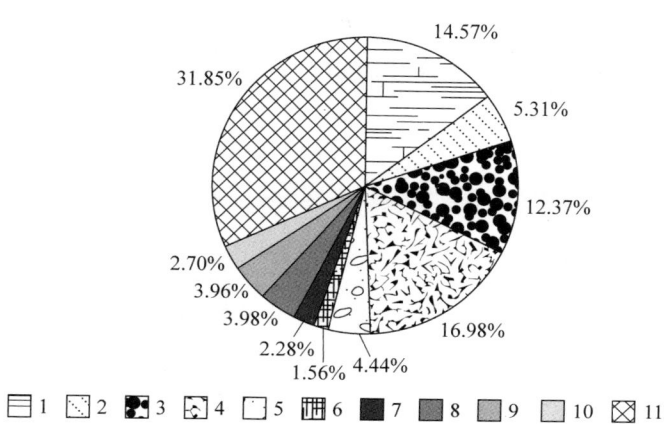

图 12 - 1　预防农村腐败的有效措施

注：1 = 上级政府和党组织，2 = 村党支部建设，3 = 村务监督委员会，4 = 村务公开，5 = 村民选举，6 = 村财乡理，7 = 审计，8 = 巡查，9 = 民主决策，10 = 其他，11 = 不清楚。

微信、手机和电视等渠道的比重不高于 21.35%。在社会不断数字化的当下，如何利用数字化的手段进行乡村治理组织建设，让村民从数字化中获得便利与实惠是一个值得深入思考并积极实践的课题。

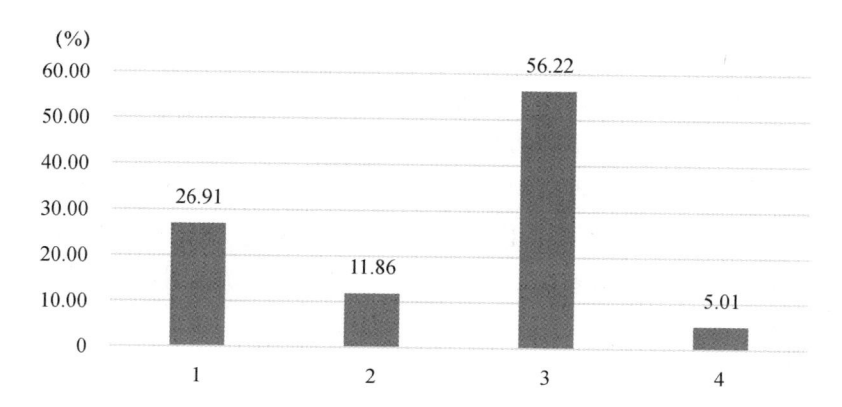

图 12 - 2　避难（防灾减灾）知识宣传组织

注：1 = 政府，2 = 学校，3 = 村"两委"，4 = 其他。

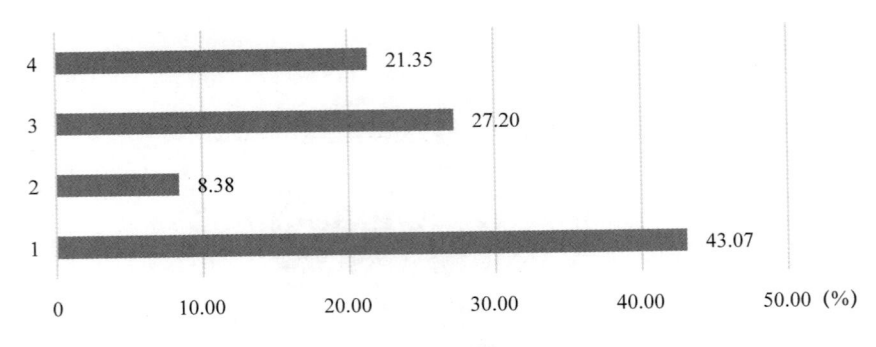

```
4  ████████ 21.35
3  ██████████ 27.20
2  ███ 8.38
1  ████████████████ 43.07
   0    10.00   20.00   30.00   40.00   50.00 (%)
```

图 12-3　获取预警减灾信息途径

注：1=农村广播，2=邻居通知，3=村委会人员到家通知，4=其他。

2. 乡村治理组织建设的区域差异

首先分析村民对基层干部以及周围人信任程度的区域差异。依据表12-1的数据，东部地区的村民对县（市、区）干部以及乡（镇）干部的信任度要低于中部和西部地区，西部地区最高，而东北地区的这两个指标值是最低的。东部、中部、西部、东北地区的村民对村干部以及周围人的信任度差距不大，并且信任度都高于对县（市、区）干部以及乡（镇）干部的信任度。四大区域中，村民对县（市、区）干部的信任度最低，其次是乡（镇）干部，村干部是乡村治理组织中受信任度最高的。结合村民对周围人的信任度评价，可以大致得出：与村民关系距离越近的基层治理组织受到的信任程度越高。信任的建立在于信息的交流与沟通，并且通过实际行动来获得村民的认可，接受村民的监督。从中国的行政层级来看，村级治理组织是与村民互动最多、信息交流最为充分的一层。这也可以解释为何村干部会相较其他两级干部更受村民的信任。这也启发乡村治理组织未来要加强与村民的沟通交流，让政策更加贴合村民的需求。

表 12-1　　　　　　村民对基层干部及周围人的信任度　　　　　　（单位：%）

	县（市、区）干部	乡（镇）干部	村干部	周围人
东部地区	68.58	73.87	88.11	87.33

第十二章 乡村治理组织建设与治理参与

续表

	县（市、区）干部	乡（镇）干部	村干部	周围人
浙江	66.91	68.36	88.41	82.85
山东	71.28	77.39	92.29	96.28
广东	67.68	76.52	83.43	83.15
中部地区	69.25	74.46	89.29	87.35
安徽	62.86	69.51	85.57	85.87
河南	75.13	79.14	92.78	88.77
西部地区	74.51	78.26	86.84	82.77
贵州	81.01	82.21	85.58	76.44
四川	74.44	80.95	90.73	87.22
陕西	71.82	74.03	86.74	82.32
宁夏	70.20	75.25	84.34	85.35
东北地区：黑龙江	64.61	69.44	87.67	86.33

其次分析村民对基层腐败问题认知的区域差异。在对基层干部腐败严重程度认知的调查中（见表12-2），四大区域半数以上的村民都表示基层干部腐败问题不严重。这项数据与前述的村民对基层干部的信任度较为吻合，但是都低于对基层干部的信任度。此外，四大区域中的村民对于基层干部腐败是否严重表示不了解的比例都较高（明显高于"非常严重""比较严重""一般"的占比），这是值得关注的问题。

表12-2　　　　　村民对基层干部腐败严重程度认知　　　　　（单位：%）

	东部地区	中部地区	西部地区	东北地区
不严重	56.42	59.73	56.77	54.69
不了解	31.08	31.29	30.26	28.15

在调查村民认为基层干部在哪些方面最容易出现腐败时，各地区大部分村民对于哪些方面容易出现腐败表示不清楚，而选择其他选项的共

◆ 第二篇 主报告

同特点在于"以权谋私",并且主要集中在基层权力的行使上,从表12-3中所列举的信息可以大致证实这一点。

表12-3　　　　　基层干部哪些方面容易出现腐败　　　　（单位：%）

	东部地区	中部地区	西部地区	东北地区
不清楚	61.20	65.17	59.76	61.39
未经集体讨论自行决定大额资金的用度	6.86	6.39	5.85	10.99
截留、贪污、挪用公款	9.03	5.31	6.74	6.43
利用职权为自己或亲朋谋取利益	4.51	3.81	5.79	1.88

注：表中所列举的是村民所选择的事项中占比靠前的几项。

当问及预防农村腐败的有效措施时,四大区域平均有45.64%的村民表示不清楚。但是从表12-4中列出的占比靠前的几项回答来看,村民较为认可的措施有三项：第一,上级组织的监督。按照中国行政层级设置,上级有责任管理好下级组织,这种观点下所采取的是一种传统措施。第二,村民监督与信息公开。如表12-4中所列的村务监督委员会,村务监督委员会成员由村民会议或者村民代表会议在村民中推选产生。信息公开也是村民和上级监督的一种手段。第三,党组织与党支部建设。无论是上级监督还是村民监督,都是被动预防腐败的手段。只要干部有腐败动机,他们就会找各种机会"以权谋私",发生腐败。而党组织建设与党支部建设可以主动预防腐败,通过党组织建设与党支部建设来提高党员干部的思想觉悟,并通过党的纪律来严格预防腐败。

表12-4　　　　　　　预防腐败的有效措施　　　　　　（单位：%）

	东部地区	中部地区	西部地区	东北地区
不清楚	45.05	45.44	43.55	48.53

第十二章 乡村治理组织建设与治理参与

续表

	东部地区	中部地区	西部地区	东北地区
上级政府和党组织	20.23	21.22	20.22	17.16
村务监督委员会	9.98	11.29	10.04	6.17
村务公开	11.81	7.07	12.78	12.60

最后分析基层治理组织中信息渠道建设的区域差异。从调查数据来看（见表12-5），各地区宣传避难（防灾减灾）的主要组织是政府和村"两委"，其中大部分地区村"两委"发挥的作用要大于政府。就村民传递重要信息的渠道来看（见表12-6），电话仍然占主导地位，其次是手机网络，直接去村委会的比重也不低（东部地区最高，西部地区最低），这种区域差异可能与地域环境以及村庄布局有关。从村民获取预警减灾信息的渠道数据来看（见表12-7），各地区村民获取信息的主要渠道是农村广播和村委会人员到家通知，村民回答的其他渠道如微信、电视、手机短信等占比则较小。当村内发生危机时，各地区大部分村民都能够第一时间参与救援（占比在65%以上），但是仍然有20%以上的村民回答"等待村委会通知"。从基层治理组织的信息渠道建设调查数据来看，可以得出以下结论：第一，政府和村"两委"在基层事务上发挥了积极的作用；第二，乡村内普遍建立了信息传递渠道，村民们也普遍知道了乡村内的信息传递渠道，并且能够在事件发生时使用；第三，信息传递渠道过于传统与单一，信息传递的成本较高，在推进乡村数字化治理的过程中要积极思考并改进。

表12-5　　　　**基层宣传避难（防灾减灾）的主要组织**　　　（单位：%）

	东部地区	中部地区	西部地区	东北地区
政府	38.89	36.87	45.65	19.84
村"两委"	48.44	52.11	45.07	56.84

表12-6　　　　　　　村民传递重要信息的渠道　　　　　　（单位：%）

	东部地区	中部地区	西部地区	东北地区
电话	50.69	55.24	61.54	67.56
手机网络	16.32	16.46	17.86	16.35
去村委会	16.32	13.61	10.17	11.26

表12-7　　　　　　　村民获取预警减灾信息的渠道　　　　　（单位：%）

	东部地区	中部地区	西部地区	东北地区
农村广播	50.61	67.35	42.15	61.93
村委会人员到家通知	21.61	14.56	27.34	9.92

通过对乡村基层治理组织建设调查数据的分析可以较为全面地了解基层治理组织建设的现状。就村民对基层治理组织信任度的调查数据来看，基层治理组织获得了村民们认可性的评价，基层党组织也发挥了积极的作用，但是村民对基层治理组织的信任度存在区域性差异，并存在一个共同性的特征，即村民们普遍对自己了解的、有更多沟通的基层干部信任度更高。就村民对基层组织中腐败相关问题的回答来看，大部分村民认为基层干部的腐败问题不严重，但也有很大一部分村民对于基层干部的腐败严重性程度表示不了解，对基层干部在哪些方面容易发生以及如何有效预防腐败问题表示不清楚。这是一个很值得关注并反思的问题，对基层干部腐败最好的预防与监督手段就是依靠村民，村民积极主动地了解以及跟踪监督基层干部如何行使权力是对权力滥用、"公权私用"最好的限制！在乡村治理组织的信息渠道建设上，基层组织和党组织都发挥了积极作用，但是也存在渠道单一、过于依赖基层治理组织的问题。在基层治理提倡"数字治理"的当下，如何让村民以及基层治理人员头脑中有"数字"意识或许更为关键！

第十二章　乡村治理组织建设与治理参与

二　乡村治理参与状况

（一）治理参与的主要方式

在此所讨论的治理参与主要是指村民参与村内事务的治理，参与的主要方式和事项主要有村委会的选举、村内事务的决策参与和投票、村内相关社会活动的参与等。本次调查基本上覆盖了这些事项。对村民参与乡村治理的分析主要是基于调查的数据先从总体的视角进行，随后根据调查数据对各地的差异进行比较。

（二）治理参与的现状

1. 治理参与度

根据调查数据，调查地区的村民2019年有37.22%的人参与了村委会选举投票，有58.76%的村民没有参与投票，未投票人数远远高于参与投票人数。投票人数中，95.72%的村民是家人自己投票，极少委托他人投票。在所调查的地区，有70.58%左右的村召开过村民大会，召开的次数以1—3次居多，占比达到了52.32%；但是在举行过村民大会的村中有14.33%的村民一次都没有参加，村民中参与次数最多的是两次，占比是22.29%。通过数据对比可以发现，村民参与村民大会的积极性甚至比参与村委会选举的积极性还低。根据调查数据，80.33%的村民表示他们所在的社区（村）建立了微信群作为公共交流平台。以此来看，微信已经成为村民在社区（村）内进行信息交流的最主要渠道。在调查村民参与村内公共活动时，41.50%的村民在最近一年自愿参与了村内的相关公共事务活动（修路、出劳动力或捐款），54.98%的村民选择了其他，但是在选择其他的村民中63.94%的村民表示没有参加过。当被问及村级事务中哪些人比较重要时，88.84%的村民选择了村书记，73.21%的村民选择了村主任，村书记与村主任在村级事务中具有绝对的话语权和影响力，16.80%的村民选择了"有公心、能仗义执言的人"，紧随其后的则是村里的能人大户（9.99%）以及村里的有钱人（8.92%）。在村级事务

◆ 第二篇 主报告

的处理上，村民思维中仍然存在"精英"与"权威"取向。

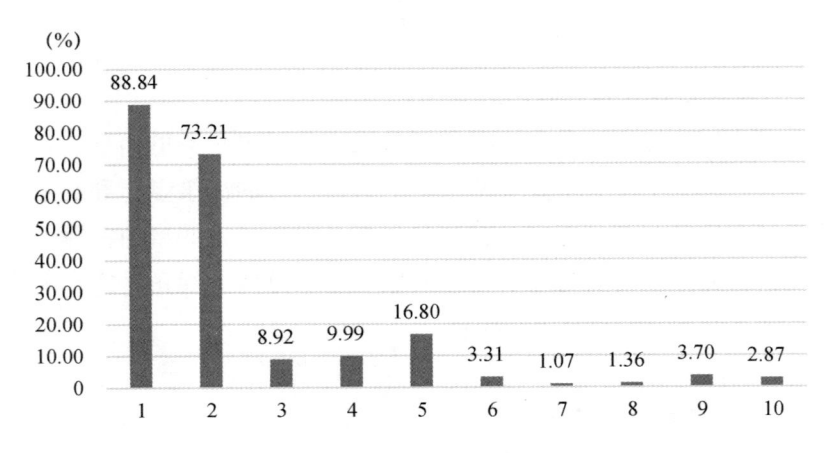

图 12-4 村级事务中重要的人物

注：1=村书记，2=村主任，3=村里的有钱人，4=村里的能人大户，5=有公心、能仗义执言的人，6=离退休后回到村里的公家人，7=宗教组织的领袖，8=宗族的族长，9=各类经济合作组织的领导者，10=其他。

2. 选举程序满意度

选举程序满意度主要根据村民对于村委会选举程序满意度及其村委会干部在村级事务中所发挥的作用来分析。之所以将村民对村委会干部在村级事务中发挥作用的认识放在对选举程序的满意度当中进行说明，是因为村委会干部是通过村级选举决定的。他们在村级事务中发挥了怎样的作用可以视为对选举结果的一种侧面评估，从而发现村民对选举结果的满意程度。

调查数据显示，49.25%的村民表示在第一轮选举时有 2 名候选人，25.39%的村民表示有 3 名候选人。从数据占比来看，村级第一轮选举时有 2—3 名候选人的村占绝大多数。在对选举程序满意度的调查中，有 84.18%的村民表示满意。当问及村主任与村书记是两个人担任还是一个人"双肩挑"时，54.56%的村民表示两个人担任好，26.37%的村民表示一个人担任好，其余则表示说不清楚或者没有对这一问题进行回答。从这一问题的调查数据来看，大部分村民还是支持村主任与村书记由两个人担任。在村委会和党支部在哪些方面发挥了重要作用的调查中，72.05%的村民认为村委会和党支部在带领村民发展致富中发挥了重要作用，66.84%的村民认为在宣传上级政策文件上发挥了重要作用，65.45%的村民认为在促进社会稳定上发挥了重要作用，另外有少部分村民认为没有作用或者不清楚。

从村民对选举程序满意度的调查来看，村民对于村级选举程序基本上是满意的，对村委会和党支部在村级事务中发挥的作用也是基本认可的，但是就当前实行的村主任与村书记由一人"双肩挑"与当前村民的观点有矛盾之处，其中的原因值得进一步了解。

3. 村规民约

村规民约是村民群众在村民自治的起始阶段，依据党的方针政策和国家法律法规，结合本村实际，为维护本村的社会秩序、社会公共道德、村风民俗、精神文明建设等方面制定的约束规范村民行为的一种规章制度。村规民约的内容主要分为两方面，一方面是规定村民的行为，应该怎么做；另一方面则是规定村民违反和破坏规章制度的处罚条款，主要有进行教育、给予批评、作出书面检查等内容。

在调查中，60.46%的村民认为村规民约在乡村治理中非常重要，涉及村民生活的多方面并且经常使用；17.01%的村民认为村规民约在某些方面会有作用，会经常用到；但也有11.58%的村民表示不清楚。在调查村规民约的作用时，73.92%的村民认为村规民约对农民有约束力，33.23%的村民认为对基层干部有约束力，21.91%的村民认为对基层党组织有约束力。从对村规民约的调查来看，绝大部分的乡村都有村规民约，并且在乡村治理中发挥了积极作用，能够对乡村内大部分事务和人群起到约束作用。

（三）治理参与的区域差异

1. 治理参与度

2019年，东部地区有家人参加村委会选举投票的比例是31.25%，96.88%的是由家人自己填写的；中部地区有家人参加村委会选举投票的比例是36.05%，95.49%的是由家人自己填写的；西部地区这两个指标的数值为48.21%、95.51%，东北地区的数值为24.39%、98.90%。从数据对比来看，东北地区村民参与选举投票的比例最低，但是由家人自己投票的比例最高，其次是东部地区，投票参与率最高的是西部地区，但是选票由自己填写的比例较低。总体而言，村民参与投票选举的比例较低。

2019年召开村民大会的调查数据显示（见表12-8），各地区均会召开村民大会，并且以1—3次为主，大部分村民都能够参加。从区域数据的对比来看，村民参加村民大会的次数要普遍低于大会召开的次数，村民参与村民大会的积极性有待提高。

表12-8　　　　2019年村民大会召开与村民参与次数　　　　（单位：%）

	东部地区	中部地区	西部地区	东北地区
召开过村民大会	77.39	66.86	82.82	44.50
村民大会召开1次	18.61	24.14	15.38	28.08
村民大会召开2次	25.11	34.96	23.49	23.29
村民大会召开3次	15.23	14.53	20.13	19.18
村民参加1次	18.82	25.48	18.73	30.25
村民参加2次	22.69	27.84	22.71	18.52
村民参加3次	11.22	11.99	16.14	12.35
没有参加过	16.08	14.35	14.68	14.20

目前，四大区域的社区（村）80%以上都建立了微信群，可以通过微信交流村内事务。在2019年，东部地区有68.91%的村民表示没有参加过村里的自愿活动，中部地区为74.36%，西部地区为77.12%，东北地区为74.23%。比较来看，村民自愿参加村内活动的积极性普遍很低。从村民对村级事务重要人群的认识来看（见表12-9），村主任和村书记在村级事务的处理和决定上发挥着决定性作用，其他比较重要的则是村里的有钱人和有公心、能仗义执言的人。

第十二章　乡村治理组织建设与治理参与

表 12-9　　　　　　村级事务中比较重要的人群　　　　（单位：%）

	东部地区	中部地区	西部地区	东北地区
村书记	89.32	93.06	86.14	90.62
村主任	73.87	76.87	71.84	69.97
村里的有钱人	11.54	8.98	10.62	12.60
有公心、能仗义执言的人	15.54	16.05	19.07	12.60

2. 选举程序满意度

从区域数据的对比来看（见表 12-10），四大区域的村庄都以 2—3 个候选人为主，并且村民对于选举程序的满意度都比较高。但是东部地区的村民对于选举程序表示不好说的比例最高，其次是东北地区，中部和西部地区表现最好，这是值得引起基层治理组织重视的问题。结合前文所论述的村民低投票参与率以及参与村庄事务的低积极性，此处却对选举程序有着很高的满意度，可以得出一个猜测性的原因，即村民对于参与村民选举的积极性不高，因为他们认为自己在村级事务中普遍不具有话语权。只要通过村民选举出来的村干部能够在村级事务中积极发挥作用，并且满足村民的基本需求，村民都会对此表示满意。其中更加确切的原因需要作进一步的调查和分析。

表 12-10　　　　　村主任候选人数及选举满意度　　　　（单位：%）

	东部地区	中部地区	西部地区	东北地区
1 人	11.98	4.55	2.26	3.97
2 人	38.22	58.18	50.82	55.23
3 人	22.64	19.45	31.61	19.86
选举满意度	81.06	86.74	85.22	84.41
不好说	16.16	10.66	11.16	12.65

◆ 第二篇 主报告

党支部书记和村主任是否由同一个人担任的调查中（见表 12-11），四大区域大部分村民都认为村主任和村书记由两个人担任好，村民比例最高的是西部地区，其次是中部地区，随后是东北地区和东部地区。就村委会和党支部在哪些方面发挥了作用的调查中，各地区村民回答比例前三位的是"带领村民发展致富""促进社会稳定""宣传上级政策文件"。比较来看，村委会和党支部在乡村治理中所发挥的作用能够被村民正确地发现，说明村委会与党支部所做的工作获得了村民们的认可。

表 12-11　　　　　村书记和村主任由几人担任　　　　（单位：%）

	东部地区	中部地区	西部地区	东北地区
1 人	31.51	23.27	22.38	33.51
2 人	44.53	56.87	61.03	50.13

从四大区域的数据比较来看，村民们对基层选举以及村委会、党支部的运行是满意的，说明中国乡村治理组织能够积极地发挥作用，但是仍有一部分村民对于基层选举持保留态度，尤其是经济发展水平较高的东部地区，这是值得重视的问题。此外，从村民对村主任与村书记由几个人担任的回答来看，绝大多数村民认为村书记与村主任应该由两个人担任，这与中国当前所推行的政策存在矛盾。

3. 村规民约

从调查数据来看，四大区域的大部分村民（80% 以上）都认为村规民约在乡村治理中能够发挥作用，并且能够在实际生活中运用到村规民约。在村规民约对哪些组织和人群具有约束力的调查中，各地区村民回答比例靠前的是农民、本地工作但非本地户籍的人、基层干部以及村委会，此外还有部分村民认为村规民约对基层党组织有约束力。

从村规民约的数据对比来看，各地区大部分村民都认为村规民约有作用，并且在生活中能够用到，但是不同地区的村民就村规民约对哪些人群具有约束力则存在一定的差异。从调查数据来看，首先，村规民约对农民有约束力这点获得了四大区域村民普遍的认可，东部地区和中部

· 258 ·

第十二章　乡村治理组织建设与治理参与

地区的村民认可度要高于东北地区和西部地区；其次，在村规民约对本地非户籍人口的约束力的认识上，东部地区和中部地区也要高于东北地区和西部地区；最后，东部地区和中部地区村民还在一个点上的认可度要明显高于东北地区和西部地区，那就是村规民约对党组织有约束力。村规民约的制定与实施是要用来规范所在乡村中所有村民、组织和部门的，这点在不同区域村民的认知上可能会有所差别，但是这些认识是应该建立起来的。

根据调查数据的比较分析可以得出三点认识。第一，参与度方面。村民在乡村选举中的参与度不够高，参与方式较为单一。目前，大部分乡村都会召开村民大会，召开次数以1—3次为主；但是村民参与村民大会的次数偏低，参与村民大会的积极性不高，并且自愿参与村内公共事务的积极性也偏低。第二，满意度方面。村民普遍对选举程序比较满意，对村干部在乡村社会事务当中所发挥的作用也给予了肯定，并且认识到乡村内部有钱人与能人在乡村社会事务当中的积极作用。但是有三点需要注意，其一，所有村民都可以而且需要在乡村事务当中发挥积极的作用，并且村民在态度上应该主动；其二，在村书记和村主任是否由同一个人担任的问题上，大部分村民还是认为应该由两个人来担任，这是与中国当前政策有冲突的地方；其三，村民选举参与度偏低但对选举的满意度却很高，其中的原因需要作进一步的调查和分析。第三，村规民约方面。在调查中，大部分村民认为村规民约重要，并且可以在生活中用到，但是在制定并实施村规民约的过程中，应该让所有村民与乡村组织都认识到村规民约是乡村社会中所有个人、群体与组织都需要遵守的制度规范。

三　本章小结

从调查数据的对比分析可以看到，中国乡村治理组织建设与治理参与已经取得了不错的成绩，但是依然存在一些问题。在此根据前文的分析做出总结性的说明。第一，村民对基层治理组织有较好的信任度，对

◆ 第二篇 主报告

周围的村民的信任度也较高,但是村民们的信任仍然带有"差序格局"的特征,即村民们普遍对自己了解的、有更多沟通的基层干部的信任度更高。第二,村民普遍认为基层干部的腐败问题不严重,但是就哪些问题容易出现腐败以及如何预防,大部分村民对此表示不清楚。腐败是影响村民对基层治理组织及干部信任的重要因素之一,对村民的利益有直接的影响,并且预防腐败最好的措施就是村民积极主动地监督。如果大部分村民对此表示不清楚,那么可能存在以下问题:一是村民的认识不够到位,二是基层干部的行为较为隐蔽,三是基层组织信息公开程度不够。第三,乡村基层组织及党员干部在乡村的信息建设以及带领村民致富等事务中发挥了积极作用,并获得了村民的关注与认可,但是乡村仍然存在信息渠道单一、对村干部过于依赖的问题。第四,村民对乡村的投票选举满意度较高,但是在参加选举投票、参加村民大会以及村内公共性事务时的积极性较低。第五,根据调查数据,大部分村民认为村书记与村主任由两个人担任较好,而中国当前的政策方向是由一人"双肩挑",这两者之间的不匹配值得进一步探索。针对上述问题,我们认为可以通过沟通来巩固信任、通过村民的积极参与构筑基层防腐网、建立多元化的农村信息传递网络、建立选举满意度评价体系等措施来解决。

第十三章 农村居民收入与收入分配

杜 鑫[*]

"三农"问题始终是贯穿中国现代化建设和实现中华民族伟大复兴进程的基本问题，而提高农民收入又是"三农"工作的核心。党的十八大提出了 2020 年全面建成小康社会的一系列目标要求，其中包括实现国内生产总值和城乡居民人均收入相比 2010 年翻一番，人民生活水平全面提高，收入分配差距缩小。党的十九大提出实施乡村振兴战略，加快推进农业农村现代化。考察当前农村居民的收入水平、收入结构及收入分配状况，有助于了解全面建成小康社会的目标完成情况，也可以为全面实施乡村振兴战略、做好"十四五"时期"三农"工作提出相关的政策建议。为此，本章对当前中国农村居民的收入状况进行考察，将其与 2010 年农村居民的收入状况进行对比，从收入角度考察农村地区全面建成小康社会的目标完成情况，并为 2020 年后全面实施乡村振兴战略、切实提高农民收入、实现共同富裕提供一些思考和建议。[①]

---

[*] 杜鑫，博士，中国社会科学院农村发展研究所副研究员，主要研究方向为区域发展经济学。

[①] 2020 年中国乡村振兴综合调查共抽取了 10 个省（自治区）、50 个县（市、区）、156 个乡（镇）、308 个行政村、3833 个农户样本开展问卷调查。在本章的分析中，依次舍弃分项收入数据缺失的 273 个农户样本以及收入数据异常的 107 个农户样本，最后使用了 2453 个农户样本、13958 个农村居民样本。

一 全国农村居民收入水平、收入结构及收入分配状况

根据2020年中国乡村振兴综合调查的农户调查数据，本部分考察了2019年中国农村居民收入水平、收入构成及收入分配状况，如表13-1所示。下面分别对其进行解释说明。

首先来看农村居民总体收入水平。表13-1显示，2019年，全国农村居民人均纯收入17371元；按照同期农村居民消费物价指数折算后，以2010年不变价格水平表示的2019年农村居民人均纯收入为13892元。根据国家统计局发布的数据，2010年全国农村居民人均纯收入为5919元。两者相比，2019年全国农村居民人均纯收入比2010年实际增长了135%，提前实现了党的十八大所提出的2020年农村居民收入相比2010年翻一番的目标。

其次来看农村居民收入的构成。根据表13-1，在构成总收入的各分项收入中，工资性收入数额最高，为7943元；其次是家庭经营性净收入，为7131元；财产性收入为522元；转移性收入为1775元。工资性收入、家庭经营性净收入、财产性收入和转移性收入分别占总收入的45.72%、41.05%、3.01%和10.22%，工资性收入与家庭经营性净收入是当前农村居民收入的两大主要来源。在家庭经营性净收入中，家庭农业经营性净收入占有较多份额，为人均4722元，家庭非农经营净收入为人均2410元，二者分别占总收入的27.18%和13.87%。

近年来，中国农地流转市场得到了较快的发展，根据农业农村部统计数据，2018年全国集体所有耕地面积159332万亩。其中，家庭承包耕地流转总面积达53902万亩，占全国集体所有耕地总面积的33.83%。[①]与这一现象相对应的是，在2019年农村居民总收入中，来自土地流转的

[①] 农业农村部农村合作经济指导司、农业农村部政策与改革司编：《中国农村经营管理统计年报2018年》，中国农业出版社2019年版。

第十三章 农村居民收入与收入分配

人均收入达到227元。虽然仅占总收入的1.31%，但已是农村居民最重要的一项财产性收入。除土地流转收入外，在财产性收入中，人均资产收益分红为79元，人均其他财产性收入为216元。根据国家统计局发布的数据，2010年农村居民财产性收入为202.25元，在全部人均纯收入5919.01元中仅占3.42%；① 在2019年全国居民可支配收入中，财产净收入占8.52%，其中城镇居民财产净收入占其可支配收入的10.37%，农村居民财产净收入占其可支配收入的2.35%。② 虽然本章关于农村居民财产性收入及其占比的计算结果与国家统计局所发布的数据略有不同，但两者都表明，经历近十年的发展后，中国农村居民的财产性收入依然处于较低的水平。

2019年农村居民人均转移性收入达到1775元，其中大部分为公共转移支付性质的各种政府补贴收入，达到1486元；私人净转移支付数额较少，为289元。在政府补贴收入中，最多的社保收入达到908元，包括种植业补贴、养殖业补贴、生产资料购置补贴、土地流转补贴、退耕还林补贴等在内的各种农业补贴为429元，其他政策性补贴为149元。农村居民所收到的各种政府补贴收入占其全部转移性收入的83.72%和全部收入的8.55%。根据国家统计局发布的数据，2010年农村居民人均转移性收入约为453元，占农村居民收入总额的7.65%。③ 近十年来，农村居民所获得的转移性收入无论是绝对数额还是相对比例都有较大幅度的提高，反映了多年来政府努力完善农村社会保障体系、实现基本公共服务均等化及持续加强支农惠农的政策对农民群众增收产生了显著的效果。

最后是农村居民收入分配状况以及各分项收入对总收入分配的贡献度。根据表13-1，2019年，表示农村居民收入分配均等程度的基尼系数为0.4591，说明当年中国农村居民的总体收入分配状况是比较不均等

---

① 国家统计局编：《中国统计年鉴2014》，中国统计出版社2014年版。
② 国家统计局编：《中国统计年鉴2020》，中国统计出版社2020年版。
③ 国家统计局编：《中国农村住户调查年鉴2011》，中国统计出版社2011年版。

的。① 根据国家统计局发布的数据，2010 年农村居民人均纯收入基尼系数为 0.3783。② 近十年来，伴随中国农村居民收入水平的大幅提高，农村居民收入分配的基尼系数也有了较大幅度的提高，2019 年比 2010 年提高了大约 20%，这一现象值得高度重视。

表 13-1 还显示，在构成农村居民总收入的各分项收入中，家庭经营性净收入——无论是家庭农业经营净收入还是家庭非农经营净收入——对总收入分配起到了扩大收入差距的作用，而工资性收入、财产性收入、转移性收入均对总收入分配起到了缩小收入差距的作用，其对农村居民收入分配基尼系数的贡献度分别为 48.86%、43.10%、2.45% 和 5.59%。就各项财产性收入来说，其中的土地流转收入与资产收益分红均缩小了收入差距，其他财产性收入则扩大了收入差距。就转移性收入来说，其中的各项政府补贴收入和私人净转移支付都缩小了农村居民收入差距，表明具有公共转移支付性质的各项政府补贴在实现政府各项政策目标、实现农民增收的同时，还有利于缩小农村居民收入差距，对改善农村居民经济福利产生了积极作用。

表 13-1　　　　　　2019 年全国农村居民收入水平、
　　　　　　　　　　收入构成及收入分配状况　　　　（单位：元,%）

	收入数额	收入份额	集中率或基尼系数	基尼系数贡献度
工资性收入	7943	45.72	0.4328	43.10
家庭经营性净收入	7131	41.05	0.5465	48.86
家庭农业经营净收入	4722	27.18	0.4869	28.83
家庭非农经营净收入	2410	13.87	0.6631	20.03
财产性收入	522	3.01	0.3733	2.45

---

① 一般认为，一个国家或社会的基尼系数超过 0.4 的时候，其收入分配状况是比较不均等的，超过 0.5 就是非常不均等的。参见姚洋《发展经济学》，北京大学出版社 2013 年版。
② 国家统计局编：《中国农村住户调查年鉴 2011》，中国统计出版社 2011 年版。

续表

	收入数额	收入份额	集中率或基尼系数	基尼系数贡献度
土地流转收入	227	1.31	0.1861	0.53
资产收益分红	79	0.45	0.3611	0.35
其他财产性收入	216	1.24	0.5739	1.55
转移性收入	1775	10.22	0.2509	5.59
政府补贴收入	1486	8.55	0.2604	4.85
政府农业补贴	429	2.47	0.2585	1.39
社保收入	908	5.23	0.2784	3.17
其他政策性补贴	149	0.86	0.1558	0.29
私人净转移支付	289	1.66	0.2015	0.73
人均纯收入	17371	100	0.4591	100

二 分收入组农村居民收入水平与收入结构差异比较

本部分将全部农村居民按照收入高低分成低收入组、中等偏下收入组、中等收入组、中等偏上收入组、高收入组五组，对其收入水平与收入结构差异进行比较分析。表13-2列出了各收入组的收入水平及收入结构差异，下面对其进行简要分析。

首先看各收入组之间的收入水平差距。表13-2下半部分列出了各较高收入组与低收入组之间的收入差距绝对数额及其构成。2019年，低收入组、中等偏下收入组、中等收入组、中等偏上收入组、高收入组农村居民平均收入分别为3080元、7444元、12700元、20232元、43367元；在绝对数额上，中等偏下收入组、中等收入组、中等偏上收入组、高收入组分别比低收入组高4364元、9620元、17152元、40287元；在相对收入倍数差距上，中等偏下收入组、中等收入组、中等偏上收入组、高收入组大约分别是低收入组的2.4倍、4.1倍、6.6倍、14.1倍。根据国家统计局发布的数据，2010年，农村居民中等偏下收入组、中等收入组、

◆ 第二篇 主报告

中等偏上收入组、高收入组人均纯收入分别比低收入组高 951 元、1784 元、2936 元、6680 元，大约分别是低收入组的 1.9 倍、2.7 倍、3.8 倍、7.3 倍。[①] 显然，与 2010 年相比，各收入组农村居民之间的收入差距已有显著扩大。图 13-1 进一步画出了各收入组农村居民占有全部农村居民收入的比例。从图 13-1 中可见，低收入组农村居民仅获得了全部收入总额的不到 5%，中等偏下收入组、中等收入组和中等偏上收入组依次获得了全部收入总额的大约 9%、15% 和 23%，而高收入组则获得了全部收入总额的大约 50%。由此可见，虽然农村居民人均纯收入从 2010 年的 5919 元大幅提高到 2019 年的 17371 元，但是，与前文关于农村居民收入基尼系数大幅提高的趋势一致，各收入组之间的收入差距（无论是绝对收入差距还是相对收入差距）都在同步大幅扩大。[②]

其次来看各收入组之间收入差距的构成。从表 13-2 可以看出，在中等偏下收入组、中等收入组、中等偏上收入组与低收入组之间的收入差距中，工资性收入差距一直占有最大的比例，占到组别收入差距的 55%—60%；其次是家庭经营性净收入差距，大约占到组别收入差距的 1/3；剩余的大约 10% 是财产性收入差距和转移性收入差距。但是，在高收入组与低收入组之间的收入差距中，家庭经营性净收入差距占有最高的比例，基本上占到了全部收入差距的一半；其次才是工资性收入差距，在全部收入差距中占了大约 40%；财产性收入差距和转移性收入差距的占比也都比较低，两者之和不到 10%。

最后来看各收入组之间的收入结构差异。从表 13-2 可以看出，各收入组之间的收入结构差异主要表现在三个方面。第一，除高收入组之外，随着收入水平的提高，工资性收入在低收入组、中等偏下收入组、中等收入组、中等偏上收入组农村居民收入中所占的比例逐渐上升。工资性

---

① 国家统计局编：《中国农村住户调查年鉴 2011》，中国统计出版社 2011 年版。
② 值得指出的是，根据国家统计局公布的宏观统计数据，2017—2019 年，虽然五等份分组农村居民的组间绝对收入差距还在扩大，但以收入倍数衡量的组间相对收入差距已出现缩小的趋势。这表明，国家近年来推进大规模脱贫攻坚及实施乡村振兴战略，对提高贫困及低收入农村居民收入水平、遏制农村居民收入差距扩大的趋势已经产生了积极作用。

收入在低收入组所占比例最低，仅为 33.51%，中等偏下收入组提高到 46.00%，中等收入组提高到 52.97%，中等偏上收入组则进一步提高到 52.73%。这说明，对于农村居民的广大中等收入群体（包括中等偏下收入组、中等收入组、中等偏上收入组）来说，工资性收入是最大比例的收入来源，占到总收入的一半左右。第二，除高收入组之外，家庭经营性净收入在低收入组、中等偏下收入组、中等收入组、中等偏上收入组农村居民收入中所占的比例大体相等，保持在总收入的 1/3 左右。第三，随着收入水平的提高，财产性收入在各收入组农村居民收入中所占的比例逐渐降低，但都保持在较低的水平。第四，随着收入水平的提高，转移性收入在各收入组农村居民收入中所占的比例有显著的下降，从低收入组的 27.60% 下降到高收入组的 7.37%。这说明相较于高收入群体，农村居民中的低收入群体更多地依赖于以各种政府补贴收入为主体的转移性收入。第五，与其他各收入组工资性收入占比最高不同，高收入组农村居民收入中家庭经营性净收入占比最大，[①] 达到将近一半的水平，其次才是工资性收入，财产性收入与转移性收入占比在各收入组中都是最低的。这说明，相较于低收入群体，农村居民中的高收入群体更多地从家庭经营活动而非雇用劳动活动中获取收入。

表 13-2　2019 年分收入组农村居民收入水平及收入结构差异比较

（单位：元,%）

	工资性收入		家庭经营性净收入		财产性收入		转移性收入		总收入	
	数额	百分比	数额	百分比	数额	百分比	数额	百分比	数额	百分比
全部	7943	45.73	7131	41.05	522	3.01	1775	10.22	17371	100
低收入组（Ⅰ）	1032	33.51	1006	32.66	182	5.92	850	27.60	3080	100

---

① 在高收入组的家庭经营性净收入中，家庭农业经营净收入为 12818 元，家庭非农经营净收入为 8380 元，都远高于其他各收入组的家庭农业经营净收入和家庭非农经营净收入。

◆ 第二篇 主报告

续表

	工资性收入		家庭经营性净收入		财产性收入		转移性收入		总收入	
	数额	百分比	数额	百分比	数额	百分比	数额	百分比	数额	百分比
中等偏下收入组（Ⅱ）	3424	46.00	2412	32.40	287	3.85	1321	17.74	7444	100
中等收入组（Ⅲ）	6727	52.97	4054	31.92	412	3.25	1507	11.86	12700	100
中等偏上收入组（Ⅳ）	10669	52.73	6969	34.45	590	2.92	2003	9.90	20232	100
高收入组（Ⅴ）	17839	41.13	21198	48.88	1135	2.62	3194	7.37	43367	100
（Ⅱ）—（Ⅰ）	2392	54.81	1406	32.22	105	2.40	471	10.78	4364	100
（Ⅲ）—（Ⅰ）	5695	59.20	3048	31.68	230	2.39	657	6.82	9620	100
（Ⅳ）—（Ⅰ）	9637	56.19	5963	34.77	408	2.38	1153	6.73	17152	100
（Ⅴ）—（Ⅰ）	16807	41.72	20192	50.12	953	2.37	2344	5.82	40287	100

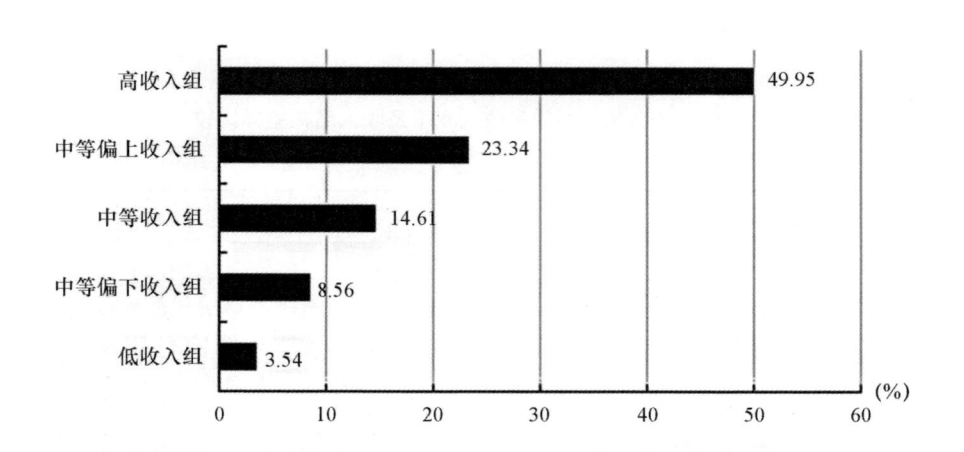

图13-1 2019年农村居民各收入组占全部收入的比例

- 高收入组：49.95
- 中等偏上收入组：23.34
- 中等收入组：14.61
- 中等偏下收入组：8.56
- 低收入组：3.54

三 本章小结

本章利用2020年中国乡村振兴综合调查的农户调查数据，考察了当前中国农村居民的收入水平、收入结构及收入分配状况，主要得到以下研究结论。

第一，2019年全国农村居民人均纯收入达到17371元，以2010年不变价格水平表示的2019年农村居民人均纯收入为13892元，比2010年农村居民收入水平实际提高了135%，业已实现党的十八大所提出的2020年农村居民收入相比2010年翻一番的目标。但是，2010—2019年伴随农村居民收入水平的大幅提高，农村居民收入分配的基尼系数也在大幅提高，缩小农村居民收入差距的任务依然任重而道远，农村居民收入差距不断扩大的现象值得高度重视。

第二，就收入结构来看，工资性收入与家庭经营性净收入是当前农村居民的两大主要收入来源。农村居民的财产性收入依然处于较低的水平，在总收入中所占比例不足5%，要在农村地区实现党的十八大提出的"多渠道增加居民财产性收入"目标要求任务还十分艰巨。近年来，以各项政府农业补贴、社会保障收入为主要内容的转移性收入数额及其在农村居民总收入中的占比均有显著提高，反映了多年来政府各项支农惠农政策对农民群众增收产生了显著的效果。

第三，分收入组来看，2010—2019年，与农村居民收入基尼系数大幅提高的趋势一致，各收入组之间的收入差距都在同步大幅扩大。在各收入组与低收入组之间的收入差距绝对数额中，主要是工资性收入差距和家庭经营性净收入差距。工资性收入在较低的各收入组农村居民收入中占有最高的比例，并且随着收入水平的提高，工资性收入占比还在逐渐上升，家庭经营性净收入所占比例大体不变，转移性收入在各收入组所占的比例则有显著的下降；但对高收入组来说，其家庭经营性净收入占比最高，其次才是工资性收入，其财产性收入与转移性收入占比在各收入组中都是最低的。

◆ 第二篇 主报告

根据研究结论，可以得到以下几方面的政策启示。

首先，工资性收入与家庭经营性净收入是农村居民的两大主要收入来源，也是各收入组农村居民之间收入差距的主要构成部分，为持续提高农村居民收入，改善其收入分配状况，需要继续加强农村劳动力就业创业工作，改善其就业创业环境，持续推进劳动力转移就业进程，并从政策、资金、技术、信息等方面支持农户开展多种形式的家庭经营。

其次，在"十四五"及以后一段时期，在稳步提高农村居民收入的同时，还应采取政策措施，努力扭转农村居民收入差距不断扩大的发展趋势，最终实现共同富裕。鉴于转移性收入具有增加农民收入、改善农民收入分配的双重功效，加强政府对"三农"领域特别是中西部地区低收入农村居民的转移支付力度应当成为一项优先的政策选择。

最后，鉴于当前农村居民财产性收入处于较低的水平，通过提高财产性收入实现农民增收依然存在较大的潜力。未来可以通过深化农村集体产权制度改革、农村土地制度改革，实现农村资源、资产的自由流动和优化配置，既可以为实施乡村振兴战略提供改革动力，也为增加农村居民财产性收入提供渠道。

（二）村庄篇

第十四章　村庄分类、农民收入与多元化乡村振兴

苏红键*

中国的大国特征决定了乡村振兴战略的实施应当是多元化的，《乡村振兴战略规划（2018—2022 年）》将村庄分为集聚提升类村庄、城郊融合类村庄、特色保护类村庄、搬迁撤并类村庄四类，并提出了分类振兴举措。在此文件发布前后，出现一些村庄分类研究，比如李裕瑞等[①]提出了村庄分类方法和指标，但由于缺乏系统性的村庄数据，基于村庄分类的多元化乡村振兴研究较少。本章利用调查的村庄数据，分析了样本村庄的总体和分类特征，结合统计描述和计量检验分析了村庄特征与农民收入之间的关系，借此对以上四类村庄以及粮食主产区村庄提出多元化乡村振兴的建议。

一　村庄分类特征

基于科学的抽样方法，本部分调查的村庄分类特征基本反映了中国村庄总体和各地区的特征。本部分对样本村庄特征进行分类统计，主要

---

* 苏红键，经济学博士，中国社会科学院农村发展研究所副研究员，研究方向为城镇化与城乡发展。

① 李裕瑞等：《面向乡村振兴战略的村庄分类方法与实证研究》，《自然资源学报》2020 年第 2 期；王梦婧等：《国土空间规划背景下的县域村庄分类模式研究——以山东省莱州市为例》，《城市发展研究》2020 年第 9 期。

◆ 第二篇 主报告

分地区从地势、是否城郊、是否隶属省会三个地理特征，原来是否为贫困村、农村电商发展情况、乡村旅游发展情况以及主要农作物类别等经济和产业发展特征方面进行分析，并对村庄总体的人口、就业和土地流转情况进行统计分析。

（一）村庄基本分类特征

分地区来看，在305个样本村中，东部地区91个，占29.8%；中部地区60个，占19.7%；西部地区124个，占40.7%；东北地区30个，占9.8%（见表14-1）。分地势来看，平原村134个，占43.9%；丘陵村65个，占21.3%；山区村101个，占33.1%；半山区村5个，占1.6%。其中，东北地区平原村比重最高，达70.0%，其次是东部和中部地区。各地丘陵村比重接近，在20%左右。西部地区山区村比重最大，占50.8%；其次是中部地区，占30.0%。这一分地区、分地势的村庄比重也反映了中国总体和各地区的地势特征。按是否为城郊村分，城郊村62个，占20.3%；非城郊村243个，占79.7%。按是否隶属省会分，有47个样本村隶属省会，占15.4%；84.6%为非省会村。原贫困村87个，占28.5%，均已脱贫；非贫困村216个，[①] 占70.8%。

（二）村庄产业发展特征

关于村庄产业发展特征，主要从农村电商发展情况、乡村旅游发展情况以及主要农作物类别进行分类统计（见表14-1）。

农村电商发展方面，147个村庄有农户经营电商，占48.2%。其中，以10户以下的电商村庄为主，占74.1%；50户以上电商村庄仅10个，占6.8%。分地区来看，东部和西部地区的电商户较多，东部地区是因为电商发展较早、基础较好，西部地区是因为特色农产品外销的需求以及电商扶贫的促进作用。其中，东部地区10户以上电商的比重最高，占33.4%（约1/3），其次为中部（24.0%）和西部地区（21.9%），东北

---

① 有两个样本缺失该数据。

第十四章　村庄分类、农民收入与多元化乡村振兴

地区样本村庄的电商户均在 10 户以下。

乡村旅游发展方面，97 个村庄发展乡村旅游，占 31.8%。其中，乡村旅游带动 50 户以上农户的比重较高，占 35.1%，带动 10—50 户和带动 10 户以下的均占 29.9%，还有 5 个村庄（5.2%）的乡村旅游未带动农户。分地区来看，东部地区发展乡村旅游的村庄占其样本村庄的比重最高（37.4%），占总体发展乡村旅游的村庄比重约 35.1%，比东部地区村庄样本比重高 5.3 个百分点，其次为中西部地区，东北地区乡村旅游村庄很少。这与中国乡村旅游村庄布局的结构特征基本一致。从带动户数来看，中西部地区带动 50 户以上农户的比重较高，对农户的带动作用较大、农户的参与度较高。

村庄主要农作物类别方面，以粮食作物面积与经济作物播种面积、设施农业生产和林果茶露天生产的总面积进行比较分析，发现以粮食为主的村庄和以其他作物为主的村庄数量接近，分别为 156 个（51.1%）和 149 个（48.9%）。其中，东北地区村庄以粮食作物为主，占 90.0%，仅 10.0% 的村庄以其他作物为主；东部地区村庄其他作物的比重更高，占 58.2%，粮食作物为主的村庄占 41.8%；中西部地区粮食作物和其他作物为主的村庄比重接近，均在 50% 左右。

表 14-1　　　　　　　　样本村庄基本特征　　　　　　（单位：个,%）

		东部地区		中部地区		西部地区		东北地区		合计	
		数量	比重	数量	比重	数量	比重	数量	比重	数量	比重
总体		91	29.8	60	19.7	124	40.7	30	9.8	305	100
地势	平原	44	48.4	29	48.3	40	32.3	21	70.0	134	43.9
	丘陵	24	26.4	13	21.7	20	16.1	8	26.7	65	21.3
	山区	19	20.9	18	30.0	63	50.8	1	3.3	101	33.1
	半山区	4	4.4	0	0	1	0.8	0	0	5	1.6

第二篇　主报告

续表

		东部地区 数量	东部地区 比重	中部地区 数量	中部地区 比重	西部地区 数量	西部地区 比重	东北地区 数量	东北地区 比重	合计 数量	合计 比重
是否城郊	城郊村	21	23.1	12	20.0	28	22.6	1	3.3	62	20.3
	非城郊村	70	76.9	48	80.0	96	77.4	29	96.7	243	79.7
是否隶属省会	省会	13	14.3	6	10.0	22	17.7	6	20.0	47	15.4
	非省会	78	85.7	54	90.0	102	82.3	24	80.0	258	84.6
是否贫困村（均脱贫）	原贫困村	15	16.5	15	25.0	43	34.7	14	46.7	87	28.5
	非贫困村	76	83.5	45	75.0	81	65.3	16	53.3	216	70.8
农村电商	有农村电商的村庄	54	36.7	25	17.0	64	43.5	4	2.7	147	48.2
	50 户以上	5	9.3	3	12.0	2	3.1	0	0	10	6.8
	10—50 户	13	24.1	3	12.0	12	18.8	0	0	28	19.0
	10 户以下	36	66.7	19	76.0	50	78.1	4	100.0	109	74.1
乡村旅游	有乡村旅游的村庄	34	35.1	19	19.6	42	43.3	2	2.1	97	31.8
	带动 50 户以上	8	23.5	9	47.4	16	38.1	1	50.0	34	35.1
	带动 10—50 户	10	29.4	4	21.1	14	33.3	1	50.0	29	29.9
	带动 10 户以下	13	38.2	6	31.6	10	23.8	0	0	29	29.9
	未带动农户	3	8.8	0	0	2	4.8	0	0	5	5.2
主要农作物类别	粮食为主	38	41.8	32	53.3	59	47.6	27	90.0	156	51.1
	其他作物为主	53	58.2	28	46.7	65	52.4	3	10.0	149	48.9

注：（1）总体比重为各地区样本占总样本的比重；（2）分地区四列中的比重为各类型村庄占该地区的比重；（3）最后合计中的比重为该类型村庄占总体村庄的比重；（4）农村电商和乡村旅游的合计列中，分类统计为该项占其总数的比重；（5）其他作物为主的村庄，指经济作物播种面积、设施农业生产和林果茶露天生产的总面积大于粮食作物面积的村庄；（6）贫困村和非贫困村总量少于村庄总量，因为两个村庄该问题数据缺失。

（三）村庄就业和土地流转特征

根据调查数据，① 进一步对各类村庄的就业、外出务工和耕地流转等情况进行分析（见表14-2）。

村庄就业结构方面，农村一产就业比重②平均约为45.7%，二三产就业比重平均约为22.7%，其余约1/3的劳动力为外出务工人员。分地区来看，东北地区村庄劳动力一产就业比重最高，达50.9%，二三产就业比重仅为5.3%；东部地区二三产就业比重最高，达35.8%；中西部地区村庄劳动力就业结构相似，一产就业为46.7%，二三产就业在20%左右。

外出务工方面，以外出务工数量与总户籍人口的比重进行衡量（故比值小于占总劳动力的比重）。总体来看，外出务工3个月以上比重约为20.6%，常年外出务工比重约为14.0%。分地区来看，东部地区外出务工比重最小，外出务工3个月以上比重和常年外出务工比重分别仅为17.2%和11.2%；东北地区外出务工3个月以上的比重最高（23.2%），但其常年外出务工的比重较小（12.7%），仅略高于东部地区，表现出季节性外出务工的特征。中西部地区外出务工比重和特征类似，外出务工3个月以上的比重分别为21.1%、22.0%，常年外出务工比重分别为15.4%、15.7%。

表14-2　　　　　　　　样本村庄人口、就业与
　　　　　　　　　　　　土地流转等情况　　（单位：%，元/亩，元/日）

		东部地区	中部地区	西部地区	东北地区	总体
就业结构	一产就业比重	41.8	46.7	46.7	50.9	45.7
	二三产就业比重	35.8	20.4	18.7	5.3	22.7

---

①　由于常住人口中的性别特征、年龄特征的调查数据质量问题，未汇报；由于宅基地的闲置和流转的调查质量问题，未汇报。

②　个别一产就业数大于劳动力数（存在对村庄总人口和劳动力总量的区别问题），这里对比重大于1的数按1处理。虽然存在小的偏差，但总体可以反映各地的就业情况。

第二篇 主报告

续表

		东部地区	中部地区	西部地区	东北地区	总体
外出务工特征	外出务工3个月以上比重	17.2	21.1	22.0	23.2	20.6
	常年外出务工比重	11.2	15.4	15.7	12.7	14.0
外来人口情况	外来人口比重	11.1	3.8	5.0	3.4	6.5
	城郊村外来人口比重	27.7	5.8	6.2	0.8	13.6
耕地流转情况	耕地流转率	34.5	25.8	28.1	37.1	30.5
	流转均价	891.6	766.0	627.5	416.6	708.7
	标准差	539.9	418.1	635.0	135.1	548.3
	变异系数	0.6055	0.5458	1.0120	0.3244	0.7737
	最大值	3000	2550	4550	800	4550
	最小值	100	250	100	153	100
农忙时雇工工资		144.7	122.5	133.7	198.3	141.6

注：调整或删除了部分异常值，比如个别一产就业比重大于1的数调整为1，个别耕地流转价格20—60元/亩的删除。

外来人口比重方面，村庄的外来人口比重较小，总体为6.5%。其中，城郊村外来人口比重略高，约13.6%。分地区来看，东部地区发展较好的村庄（或者城郊村），外来人口比重略高（11.1%），东部地区城郊村外来人口比重达27.7%，这与一些东部地区外来务工人口在城郊村居住或者务工有关。其他地区村庄的外来人口比重较少，均在5%以内。中西部地区城郊村外来人口的比重略高于其总体水平，但依然不高。

村庄耕地流转方面，以"耕地流转总面积/耕地总面积"进行计算，总体流转率为30.5%。其中，东北地区流转率最高，达37.1%，且占"耕地中承包到户的总面积"比重更高（达68.1%），其次是东部地区（34.5%），中部地区流转比重最低，仅为25.8%。从流转价格看，全国样本总体均价在700元/亩左右，其中，东部地区最高，约为900元/亩，东北地区最低，仅为400元/亩左右，这与土地收益和供求关系、市场化程度紧密相关。结合标准差和变异系数来看，东北地区耕地流转价格的差异较小，西部地区流转价格差异较大，这与其土地用途

第十四章 村庄分类、农民收入与多元化乡村振兴

的多样性有关，东北地区以粮食为主、比较单一，西部地区在粮食、特色农业（花卉、蔬菜等）等方面均有用地，故价差较大（最高为4550元/亩，最低仅为100元/亩）。

各地农村雇工工资方面，全部样本村庄的农村雇工在农忙时平均约140元/日。其中，东北地区雇工工资最高，约为200元/日，这与东北地区以粮食为主、播种面积大，农忙时劳动力供求关系比较紧张有关；东部地区次之，为140—150元/日；中西部地区最低，为120—140元/日。

二 村庄居民平均收入分类统计特征

结合村庄分类特征，对各类村庄居民收入水平进行统计分析（见表14-3）。总体来看，村庄人均收入水平约为14418元，与当年农村居民人均可支配收入中位数（14389元）接近，略低于2019年全国农村居民人均可支配收入（16021元[1]）。分地区来看，东部地区农村居民人均收入水平最高，约为19493元，远高于中西部地区和东北地区。结合变异系数来看，中部地区村庄收入差距最大（变异系数为0.7198），东北地区村庄的收入均等化水平较高（变异系数仅为0.2917），这与东北地区村庄以粮食生产为主、同质性较高有关。

表14-3　　　　　各类村庄居民收入情况　　　　　（单位：元）

		平均值	标准差	变异系数	最大值	最小值
总体		14418	8996	0.6239	73200	3400
地区	东部地区	19493	11262	0.5777	73200	5000
	中部地区	12478	8982	0.7198	71000	4400
	西部地区	12462	6353	0.5098	35000	3400
	东北地区	11367	3315	0.2917	18000	5000

---

[1] 《2019年居民收入和消费支出情况》，2020年1月17日，国家统计局网站，http://www.stats.gov.cn/tjsj/zxfb/202001/t20200117_1723396.html。

续表

		平均值	标准差	变异系数	最大值	最小值
总体		14418	8996	0.6239	73200	3400
地势	平原	15583	9580	0.6148	71000	4400
	丘陵	16741	10286	0.6144	73200	5400
	山区	11491	6420	0.5587	42000	3400
	半山区	11300	2225	0.1969	14000	8500
是否城郊	城郊村	17539	11177	0.6373	71000	5500
	非城郊村	13638	8206	0.6017	73200	3400
是否隶属省会	省会	22129	11682	0.5279	71000	7300
	非省会	12986	7612	0.5862	73200	3400
是否贫困村	原贫困村	10143	3214	0.3169	20000	3400
	非贫困村	15993	9884	0.6181	73200	3997
是否有电商	有电商	15942	10034	0.6294	73200	3400
	无电商	12676	7481	0.5902	71000	3997
是否有乡村旅游	有乡村旅游	17859	8984	0.5031	41858	5400
	无乡村旅游	12630	8492	0.6724	73200	3400
主要农作物类别	粮食为主	12982	7873	0.6065	71000	3400
	其他作物为主	15913	9837	0.6182	73200	3997

结合表14-3和表14-4对不同地区不同类别村庄收入情况进行分析。分地势来看，平原和丘陵地区的村庄人均收入水平较高，分别为15583元和16741元，显著高于山区和半山区的收入水平，高约40%—50%。其中，东部地区存在少量收入水平较低的半山区村庄，西部地区平原和丘陵的收入水平显著高于山区和半山区村庄。不同的是，东北地区的山区村庄收入水平高于其平原和丘陵地区村庄，这与其山区特色农产品优势（比如干果、中草药等）有关。从是否为城郊村来看，城郊村的收入水平显著高于非城郊村，高出约30%。其中，东部地区城郊村和

非城郊村的收入差别不大，中部地区城郊村和非城郊村的收入差别显著，分别为19101元和10787元。从是否隶属省会来看，隶属省会的村庄收入水平大幅高于其他城市下辖的村庄，收入水平高出70%左右。这一差别在东部、中部、西部地区均很显著，在东北地区的差别不显著。与贫困村的界定一致，原贫困村的收入显著低于非贫困村，虽然在2020年均已脱贫，其人均收入水平依然显著低于非贫困村。农村电商和乡村旅游的发展与农村人均收入水平显著相关，其中，有农村电商的村庄居民平均收入水平高于无电商的村庄约25%，有乡村旅游的村庄居民平均收入水平高于无乡村旅游的村庄约40%。由于粮食作物的净收入较低，以粮食作物为主的村庄平均收入水平显著低于以其他作物为主的村庄，约低20%。

表14-4　　　　分地区、分类别村庄平均收入情况　　　　（单位：元）

		东部地区	中部地区	西部地区	东北地区
地势	平原	19271	12365	16151	11220
	丘陵	21388	14310	14982	11423
	山区	19414	11439	9293	14000
	半山区	11375	—	11000	—
是否城郊	城郊村	20772	19101	14765	9000
	非城郊村	19117	10787	11814	11448
是否隶属省会	省会	29473	28333	18801	12216
	非省会	17763	10683	11081	11154

三　村庄特征与农民收入的关系检验

收入分类统计反映了村庄特征与农民收入水平的基本关系，本部分结合相关理论，对其关系进行计量检验。计量分析过程中，先考虑村庄类别虚拟变量，之后陆续加入其他变量（见表14-5）。

表14-5　　　　　　　　　村庄特征与农民收入关系检验

	模型（1）	模型（2）	模型（3）	模型（4）	模型（5）	模型（6）	模型（7）
	东部地区						
中部地区	-0.3585*** (0.0762)	-0.2790*** (0.0783)	-0.2809*** (0.0812)	-0.2642*** (0.0837)	-0.2508*** (0.0877)	-0.2552*** (0.0870)	-0.2539*** (0.0894)
西部地区	-0.3120*** (0.0626)	-0.2358*** (0.0655)	-0.2327*** (0.0682)	-0.1941*** (0.0703)	-0.1770** (0.0752)	-0.1713** (0.0740)	-0.1732** (0.0767)
东北地区	-0.3392*** (0.0863)	-0.2267** (0.0894)	-0.2299** (0.0916)	-0.1639* (0.0959)	-0.1716* (0.1002)	-0.1848* (0.0989)	-0.2101** (0.0997)
	平原						
丘陵	0.0487 (0.0627)	0.0655 (0.0602)	0.0699 (0.0614)	0.0448 (0.0585)	0.0521 (0.0592)	0.0517 (0.0595)	0.0624 (0.0613)
山区	-0.1771*** (0.0583)	-0.1693*** (0.0590)	-0.1487** (0.0598)	-0.1068 (0.0660)	-0.1158* (0.0676)	-0.1227* (0.0670)	-0.1287* (0.0666)
半山区	-0.2288*** (0.0800)	-0.1700** (0.0690)	-0.1583** (0.0722)	-0.1824*** (0.0610)	-0.1628** (0.0630)	-0.1457** (0.0722)	-0.1100 (0.0713)
城郊村	0.0522 (0.0558)	0.0170 (0.0530)	0.0116 (0.0527)	022 (0.0581)	0.0144 (0.0612)	0.0020 (0.0619)	0.0193 (0.0615)
省会村	0.3808*** (0.0637)	0.3500*** (0.0605)	0.3501*** (0.0607)	0.3287*** (0.0643)	0.3333*** (0.0665)	0.3348*** (0.0685)	0.3486*** (0.0692)
原贫困村	-0.1757*** (0.0526)	-0.1498*** (0.0523)	-0.1467*** (0.0537)	-0.1596*** (0.0597)	-0.1428** (0.0619)	-0.1388** (0.0606)	
电商10户以上村	0.1136 (0.0753)	0.1163* (0.0699)	0.1223* (0.0702)	0.1369* (0.0741)	0.1597** (0.0776)	0.1556** (0.0780)	0.1778** (0.0794)
旅游村	0.2115*** (0.0550)	0.1829*** (0.0566)	0.1775*** (0.0571)	0.1486** (0.0637)	0.1298** (0.0645)	0.1294** (0.0638)	0.1325** (0.0659)

第十四章 村庄分类、农民收入与多元化乡村振兴

续表

	模型（1）	模型（2）	模型（3）	模型（4）	模型（5）	模型（6）	模型（7）
二三产业就业比重		0.3785 *** (0.1072)	0.3511 *** (0.1101)	0.4233 *** (0.1269)	0.4123 *** (0.1339)	0.4043 *** (0.1308)	0.4258 *** (0.1339)
常年外出务工比重			-0.3170 (0.2463)	-0.2803 (0.2570)	-0.3450 (0.2601)	-0.3654 (0.2510)	-0.4253 * (0.2512)
耕地流转价格				8.87e-5 ** (3.55e-5)	8.86e-5 ** (3.72e-5)	7.81e-5 ** (3.71e-5)	8.07e-5 ** (4.27e-5)
耕地流转率					0.0454 (0.0304)	0.0458 (0.0286)	0.0532 * (0.0292)
村书记学历						0.0287 ** (0.0144)	0.0299 ** (0.0148)
常数项	9.6169 *** (0.0653)	9.4769 *** (0.0733)	9.5188 *** (0.0755)	9.4249 *** (0.0829)	9.4015 *** (0.0920)	9.2647 *** (0.1124)	9.2105 *** (0.1199)
样本量	300	294	292	240	232	232	232
R^2	0.4033	0.4276	0.4322	0.4656	0.4598	0.4695	0.4560

注：括号中为系数标准误，*、* *、* * *分别表示在10%、5%、1%水平显著。

对村庄分类与农民收入的关系检验可以发现：第一，与统计描述一致，地区虚拟变量中，以东部地区为参照组时，中部、西部、东北地区虚拟变量与收入水平均表现出显著的负相关关系，大部分系数均在1%水平显著。第二，地势虚拟变量中，以平原为参照组时，丘陵村虚拟变量的系数不显著，平原村和丘陵村虚拟变量的系数显著为负，这与统计描述中平原村和丘陵村的收入水平显著高于山区和半山区村庄相符。第三，城郊村虚拟变量的正相关关系不显著，结合统计描述来看，这是由于城郊村的影响主要在中西部地区，东部和东北地区城郊村和非城郊村的收入差别不大。第四，隶属省会村庄虚拟变量表现出显著的正相关关系，在7个模型中均在1%水平显著，可见，农村的发展水平与其所在

城市的发展水平、辐射带动作用紧密相关。第五，贫困村虚拟变量与收入水平显著负相关，这与贫困村的界定一致，因而在模型（7）中不考虑贫困村虚拟变量，其他系数变化不大。第六，为考察是否发展电商对农民收入的影响，模型中设定电商户数大于 10 户的村庄为 1，发现其对收入水平的影响在 5%—10% 水平显著，表现出显著的正相关关系。需要说明的是，农村电商发展也会受到资源禀赋、发展基础和市场环境等因素的影响，因而其与村庄收入水平之间存在内生关系。[①] 第七，是否有乡村旅游与收入水平显著正相关，7 个模型中均在 1%—5% 水平显著，显著性较强。乡村旅游的发展主要与其旅游资源禀赋和区位条件有关，与收入水平之间的内生关系较弱。第八，主要农作物类别虚拟变量系数不显著，故未汇报，这与该变量与其他变量的相关性有关，比如地区变量中东北地区的粮食作物比重显著更高。

在此基础上，逐步加入其他变量进行检验。第一，考虑乡村产业和就业结构对收入水平的影响，加入村庄居民二三产业就业比重变量，模型（2）—（7）中发现该变量与收入水平显著正相关，且在 1% 水平显著，可见村庄二三产业就业比重越高，农民收入水平越高。这与农村居民人均可支配收入结构的关系一致。近年来，农民工资性收入比重不断提高，且与农民收入的正相关关系显著。第二，考虑外出务工收入与农村居民收入水平的关系，加入常年外出务工比重进行检验，分析结果为不太显著的负相关关系。可以认为，这是因为收入低的村庄往往外出务工比重较高，统计描述的中西部地区外出务工比重较高、东部地区外出务工比重较低证明了这一点；同时，在模型（7）不考虑贫困村影响时，该变量系数更加显著，表明贫困村具有更高的外出务工比重，进一步证明了这一点。因而，可以认为，收入水平较低的村庄外出务工比重

[①] 本章旨在考察总体的村庄特征与农民收入的关系进而提出多元化乡村振兴的建议，故这里主要说明其相关关系，不对该变量的内生性做进一步处理。后文村级领导人力资本水平与村庄发展关系的情况类似。

较高,这与人口迁移理论的观点是一致的。① 第三,耕地流转率和流转价格与当地农业生产的规模化水平以及农业生产的增值水平显著相关。同时,土地流转可以让更多人从事非农就业,提高外出务工收入,② 因而可以认为其与收入水平正相关,模型(4)—(7)验证了这一点。其中,耕地流转价格在各个模型中均在5%水平显著。第四,考虑村级领导对村级发展和村民增收可能的带动作用,比如通过引进外部投资以及与上级政府部门加强交流争取帮扶等,③ 当然也存在发展水平较高的村庄往往比欠发达地区村庄的村级领导的人力资本水平更高的情况,加入村级领导个体特征检验发现,村级领导的学历水平与村庄居民收入水平显著正相关(年龄、性别等变量不显著,故未汇报)。在模型(6)和模型(7)中,在控制其他指标的情况下,该指标依然在5%水平显著。

四 本章小结

根据前文分析,各类村庄特征显著且不同类型的村庄表现出显著的收入差异,东部地区村庄、平原与丘陵村庄、隶属省会的村庄、发展乡村旅游的村庄农民收入水平显著更高;非农产业就业比重越高、耕地流转率和流转价格越高的村庄农民收入水平越高;此外,农村电商的发展、村书记的人力资本水平等与农民收入水平显著正相关,但不能排除其内生关系。常年外出务工比重与收入水平的负相关关系,表明收入水平越低的村庄外出务工比重越高。

基于村庄特征描述及其与农民收入的关系,对应《乡村振兴战略规划(2018—2022年)》中的村庄分类,新增粮食主产区村庄。未来在全

---

① J. R. Harris, M. P. Todaro, "Migration, Unemployment & Development: A Two – Sector Analysis", *American Economic Review*, No. 1, 1970.

② 陈斌开、马宁宁、王丹利:《土地流转、农业生产率与农民收入》,《世界经济》2020年第10期。

③ 赵仁杰、何爱平:《村干部素质、基层民主与农民收入——基于CHIPS的实证研究》,《南开经济研究》2016年第2期。

◆ 第二篇 主报告

面推进乡村振兴的过程中，需要采取多元化的举措。

第一，集聚提升类村庄主要包括各地的平原和丘陵地区村庄、省会村庄等，也包括一些城郊村。对于这一类村庄，一方面要充分发挥其区位和地势优势，积极提高耕地流转率，提高农业规模化经营水平和收益水平，因地制宜发展农村二三产业以及农村电商、乡村旅游等新兴融合型业态，促进农村一二三产业融合发展，进一步释放农业劳动力、提高农村居民的非农就业和收入水平。另一方面，对于发展水平较高、城乡融合水平较高的村庄，要加快推进、创新探索农村土地制度改革，加快建立城乡统一的建设用地市场，优化土地资源配置，提高城乡土地利用效率。

第二，城郊融合类村庄，以各地的城郊村为主。在统计描述中，这类村庄的收入较高，特别在中西部地区优势明显；因为东部地区城郊村与非城郊村的收入水平均较高，差别不大，故在计量检验中没有表现出显著性。对于这类村庄，一要与集聚提升类村庄类似，在产业发展方面，要积极提高农业规模化经营水平，促进农村一二三产业融合发展。二要充分发挥城郊优势，积极发展乡村旅游、都市休闲农业等业态，充分发挥城郊村的生态功能和休闲功能。三要考虑城市增长和扩张态势，分类推进城郊村发展。对于城市增长较快的东部地区城市或省会的城郊村，要积极推进各领域城乡融合和一体化发展，适时推进城郊村城区化；对于中西部地区城市规模稳定的城郊村，以发挥生态休闲功能为主。

第三，特色保护类村庄主要是一些存在历史文化资源、乡村旅游资源的村庄，主要包括历史文化名村、传统村落、少数民族特色村寨、特色景观旅游名村等。① 统计描述和计量检验均发现，发展乡村旅游的村庄农民收入水平显著高于没有发展乡村旅游的村庄。对于这类村庄，一方面要坚持保护式开发，以不破坏资源环境、促进文化传承为前提，加强基础设施和配套建设，科学适度开发旅游资源；另一方面要积极发挥

---

① 这一特色保护类的旅游村庄分类根据《乡村振兴战略规划（2018—2022 年）》。

其对农户的带动作用，让利于民，实现政府、社会资本、村庄村民的利益共享。

第四，搬迁撤并类村庄，主要包括各地人口稀少（外出务工比重较高）的山区和半山区村庄。《乡村振兴战略规划（2018—2022年）》中主要包括生存条件恶劣、生态环境脆弱、自然灾害频发等地区的村庄以及人口流失特别严重的村庄。这类村庄重点需要明确搬迁撤并的思路、原则及其实施举措，包括易地扶贫搬迁、生态宜居搬迁、农村集聚发展搬迁等方式。要以农民自愿为前提，在选址、新建、安置过程中充分尊重农民意愿，杜绝强制性的搬迁移民、合村并居等现象；按要求推进原址复垦还绿；创新搬迁安置补偿机制，将搬迁撤并与建设用地指标流转挂钩，全面提高搬迁农民的利益及就业、公共服务等保障水平。

第五，除了以上四类村庄，对于东北地区及其他地区的粮食主产区村庄，要考虑其特殊性。统计描述发现，以生产粮食为主的村庄，收入水平往往低于以其他类型农作物为主的村庄，不过由于其与地区、地形地貌的内生关系，在计量检验中不显著。对于这类村庄，一要从粮食安全角度出发，通过利益补偿、基础建设等，大力支持其粮食生产，落实新形势下国家粮食安全战略，确保"中国饭碗任何时候都要牢牢端在自己的手上"；二要积极推进耕地流转，促进粮食主产区农业规模化、机械化、现代化发展，提高农业生产效率和效益；三要积极推进粮食生产与二三产业的融合发展，促进粮食加工业高质量发展，促进粮食生产与农村电商、乡村旅游等融合创新发展，丰富农业功能、提升其附加值。

第十五章　农村生活环境状况

白　描　卢宪英　罗万纯[*]

虽然中国政府始终将"三农"作为工作的重心，但发展不平衡不充分的问题在农村仍为突出，这其中就包括农村生活环境方面的问题。只有建设环境宜居、生活便捷、乡风文明的乡村，农民才能安居乐业。随着乡村振兴战略的实施，美丽宜居乡村建设扎实推进，涵盖人居环境、物流环境、灾害与污染在内的农村居住环境质量稳步提升，涵盖人情往来的农村社会环境改善明显。

一　农村居住环境状况

（一）人居环境方面

人类社会发展面临一个共性课题，即如何协调好人与环境的关系。乡村振兴战略的一项重要任务是以农村垃圾、污水治理和村容村貌提升为主攻方向，改善农村人居环境，建设美丽宜居乡村。

1. 垃圾处理方面

根据此次调查，97.38%的村设置了垃圾桶，平均每个村有垃圾桶

---

[*] 白描，博士，中国社会科学院农村发展研究所副研究员，研究方向为福祉与贫困；卢宪英，博士，中国社会科学院农村发展研究所副研究员，研究方向为社会组织和乡村治理；罗万纯，博士，中国社会科学院农村发展研究所副研究员，研究方向为农村公共服务、乡村治理、农产品市场。

255个，平均每百户有垃圾桶40个。垃圾清运方面，93.44%的村庄设有专人负责。从保洁员数量来看，平均每个村设有保洁员9.78人，每百户共有保洁员1.81人。2019年，所调查村庄含垃圾清运在内的环保支出平均达到7.16万元，占当年村集体支出的平均比重为13.30%。综合来看，农村生活垃圾的收容与处理能力正稳步提升

从区域角度来看，各地区垃圾处理能力存在较大差距。

首先，东部地区和中部地区设有垃圾桶的村庄比重达100%；西部地区和东北地区分别有4.84%和6.67%的村庄尚未在村内设置专门的垃圾桶。在数量上，东部村庄拥有垃圾桶个数最多，平均达到445个；其次是东北地区和中部地区，各村庄平均拥有垃圾桶的个数分别达到306个和240个；西部地区平均每村拥有垃圾桶个数最少，为111个。由于每个村庄户数与人口总数不同，所以上述数据并不能完全表征各地区的垃圾处理能力。从户均与人均层面来看，东部地区各村庄平均每百户有垃圾桶73个，每百人有垃圾桶22个；东北地区平均每百户和每百人分别有垃圾桶54个和66个；中部地区平均每百户和每百人分别有垃圾桶35个和11个；西部地区平均每百户有垃圾桶16个，每百人有垃圾桶8个。由此可见，无论从总量还是户均还是人均水平来看，东部和东北地区各村庄设置的垃圾桶个数较多，西部地区最少。

表15-1　　　　　　　农村垃圾桶设置情况　　　　　（单位：个,%）

	全国		东部地区		西部地区		中部地区		东北地区	
	频数	比例	频数	比例	频数	比例	频数	比例	频数	比例
是	297	97.38	91	100	118	95.16	60	100	28	93.33
否	8	2.62	0	0	6	4.84	0	0	2	6.67
合计	305	100	91	100	124	100	60	100	30	100

注：部分样本存在个别信息缺失的情况，因各问题之间相互独立，为最大限度利用调查样本展开分析，本章并未将这类样本作为无效样本删除，所以具体到不同问题有效样本略有差别，下同。

表 15-2　　　　　　　　　农村垃圾桶数量　　　　　　　　（单位：个）

	全国	东部地区	西部地区	中部地区	东北地区
村庄平均	255	445	111	240	306
每百户平均	40	73	16	35	54
每百人平均	18	22	8	11	66

其次，垃圾清运方面，中部地区和东部地区有专人负责垃圾清运的村庄占比很高，分别达98.33%和97.80%；这一比例在西部地区亦达到90.32%；而在东北地区则较低，为83.33%。从各村垃圾清运等环保支出情况来看，东部地区平均达10.49万元，占当年村集体支出的平均比重为13.65%；西部地区、中部地区和东北地区平均支出为4.39万元、7.60万元和8.26万元，占当年村集体支出的平均比重分别为13.69%、9.72%和17.67%。

表 15-3　　　　　农村设置专人负责垃圾清运的情况　　　　（单位：个,%）

	全国		东部地区		西部地区		中部地区		东北地区	
	频数	比例	频数	比例	频数	比例	频数	比例	频数	比例
是	285	93.44	89	97.80	112	90.32	59	98.33	25	83.33
否	20	6.56	2	2.20	12	9.68	1	1.67	5	16.67
合计	305	100	91	100	124	100	60	100	30	100

再次，村庄保洁员人数设置方面，西部地区和中部地区平均每村设有保洁员11位左右；其次是东北地区，平均每村有保洁员10.34位；东部地区最少，平均每村有保洁员6.54位。同样，基于各村户数与人口总数不同的考量，计算各地区户均与人均拥有的保洁人数，东部地区村庄平均每百户有保洁员1.35位，平均每百人有保洁员0.50位；西部地区村庄平均每百户和每百人分别有保洁员2.06位和0.87位；中部地区村庄平均每百户和每百人分别有保洁员2.11位和0.69位；东北地区

村庄每百户有保洁员1.51位,每百人有保洁员1.26位。单从维护村庄日常清洁的人员配备角度看,西部地区和中部地区各村保洁岗位设置人数较多,东部地区各村保洁员人数则最少。

表15-4　　　　　　　　农村保洁员人数　　　　　　　（单位：人）

	全国	东部地区	西部地区	中部地区	东北地区
村庄平均	9.78	6.54	11.44	10.97	10.34
每百户平均	1.81	1.35	2.06	2.11	1.51
每百人平均	0.76	0.50	0.87	0.69	1.26

最后,生产垃圾方面,除东北地区外,其他地区设有废旧农膜或农药包装物回收点的村庄占比均未达到一半。西部地区、中部地区和东部地区分别有25.81%、40.00%和38.46%的村庄设有这类垃圾的回收点;而在东北地区,这一比例则达到了83.33%。可见作为粮食主产区的东北地区对生产垃圾的处理比较重视,在生产垃圾整治方面已先于其他地区做出部署。

表15-5　　农村设有废旧农膜或农药包装物回收点的情况　　（单位：个,%）

	全国		东部地区		西部地区		中部地区		东北地区	
	频数	比例	频数	比例	频数	比例	频数	比例	频数	比例
是	116	38.03	35	38.46	32	25.81	24	40.00	25	83.33
否	189	61.97	56	61.54	92	74.19	36	60.00	5	16.67
合计	305	100	91	100	124	100	60	100	30	100

2. 生活污水处理方面

此次调查结果显示,设有生活污水管网设施的村只占49.84%,目前农村生活污水处理仍以渗渠或随意排放的方式为主。从地区角度来看,东北地区和西部地区有生活污水管网的村庄占比较低,分别为16.67%和33.87%;而中部地区和东部地区则分别有60.00%和75.82%的村庄铺设了生活污水管网。可见,在生活污水处理方面,各地区差异较为明显。

表15-6　　　　　　　农村生活污水管网建设情况　　　　　（单位:个,%)

	全国		东部地区		西部地区		中部地区		东北地区	
	频数	比例	频数	比例	频数	比例	频数	比例	频数	比例
是	152	49.84	69	75.82	42	33.87	36	60.00	5	16.67
否	153	50.16	22	24.18	82	66.13	24	40.00	25	83.33
合计	305	100	91	100	124	100	60	100	30	100

3. 村庄道路建设方面

在村容村貌提升方面,乡村振兴战略的目标之一是加快通村组道路、入户道路建设,解决村民出行不便等问题。根据调查,目前村与组之间是硬化路的村占比达94.43%。各村道路建设与维护年度支出平均达21.64万元,占当年村集体支出的平均比重为13.10%。

现阶段,各地区村与组之间通硬化路的村庄占比均较高。其中,中部地区最高,达98.33%;东部地区和东北地区次之,村组硬化路覆盖率分别达95.60%和93.33%;西部地区相对低一些,但也达到了91.94%。从各地区道路建设与维护支出情况来看,东部地区各村年平均支出金额最高,达55.40万元,占当年村集体支出的平均比重为12.45%;西部地区道路建设与维护支出金额虽明显低于东部地区,但其在当年村集体支出中所占比重最高,达17.39%;四大区域中,中部地区道路建设与维护支出占比最低,为6.73%;东北地区道路建设与维护支出金额最低,为5.33万元。

表 15 - 7　　　　　各地区村与组间道路硬化情况　　　　（单位：个,%）

	全国		东部地区		西部地区		中部地区		东北地区	
	频数	比例	频数	比例	频数	比例	频数	比例	频数	比例
是	288	94.43	87	95.60	114	91.94	59	98.33	28	93.33
否	17	5.57	4	4.40	10	8.06	1	1.67	2	6.67
合计	305	100	91	100	124	100	60	100	30	100

4. 饮用水方面

目前，农村居民安全饮水得到有效保障，各村饮用安全卫生水的农户平均占比达93.18%。从地区角度来看，东部地区和中部地区饮用安全卫生水的农户平均占比分别达98.04%和99.24%；西部地区低一些，亦达到90.70%；东北地区最低，为77.84%。整体而言，在饮水安全方面，东北地区与其他地区相比，差距明显。

（二）物流环境方面

物流体系的完善程度关系农村居民生活的便捷性。从调查情况看，超过半数的村物流条件较好。具体来说，将近55%的村实现了快递到户。其中所有户都能到的村占30.49%，仅到部分户的村占24.26%，不能到户和仅到部分户的，超过65%的村有提货点。分地势看，平原地区快递能到户的村占比超过60%，高于其他类型地区；其后是丘陵地区，占比将近60%；山区、半山区占比都不到50%。这和不同类型地区的交通条件密切相关，一般来说，平原地区、丘陵地区交通条件要好于山区、半山区，物流企业更愿意到这些地区拓展业务。

表 15 - 8　　　　　不同类型地区物流条件　　　　（单位：个,%）

	全国		平原		丘陵		山区		半山区	
	频数	比例	频数	比例	频数	比例	频数	比例	频数	比例
所有户都能到	93	30.49	53	39.55	18	27.69	21	20.79	1	20.00

续表

	全国		平原		丘陵		山区		半山区	
	频数	比例	频数	比例	频数	比例	频数	比例	频数	比例
仅到部分户	74	24.26	28	20.90	20	30.77	25	24.75	1	20.00
不能到户	138	45.25	53	39.55	27	41.54	55	54.46	3	60.00
合计	305	100	134	100	65	100	101	100	5	100

分地区看，东部地区快递到户的村占比将近70%，西部地区占比略高于50%，中部地区和东北地区占比都不到50%。其中，东部地区快递所有户都能到的村占比超过了41%，西部地区将近24%，中部地区将近27%，东北地区将近34%；快递不能到户和仅到部分户的，东部地区有提货点的村占比超过76%，西部地区、中部地区在65%左右，东北地区只有45%。总的来看，东部地区农村物流环境要好于其他地区。

表15-9 农村实现快递到户的情况 （单位：个,%）

	东部地区		西部地区		中部地区		东北地区		合计	
	频数	比例	频数	比例	频数	比例	频数	比例	频数	比例
所有户都能到	38	41.76	29	23.39	16	26.67	10	33.33	93	30.49
仅到部分户	25	27.47	34	27.42	12	20.00	3	10.00	74	24.26
不能到户	28	30.77	61	49.19	32	53.33	17	56.67	138	45.25
合计	91	100	124	100	60	100	30	100	305	100
部分到户或不能到户中										
有提货点	40	76.92	61	64.21	28	65.12	9	45.00	138	65.71
无提货点	12	23.08	34	35.79	15	34.88	11	55.00	72	34.29
合计	52	100	95	100	43	100	20	100	210	100

随着互联网信息技术和现代社交媒介的发展，信息交流、传播更为

第十五章 农村生活环境状况

便捷、迅速。从调查情况看，超过96%的村有交流群。分地区看，有交流群的村占比从大到小依次为西部地区、东北地区、中部地区和东部地区，最低的东部地区也超过91%。是否建群受多种因素影响，例如当地的文化、管理交流群的难度等。

表15-10　通过微信等建立全村信息发布和交流群的情况　（单位：个，%）

	东部地区		西部地区		中部地区		东北地区		合计	
	频数	比例	频数	比例	频数	比例	频数	比例	频数	比例
有交流群	83	91.21	123	99.19	58	96.67	29	96.67	293	96.07
无交流群	8	8.79	1	0.81	2	3.33	1	3.33	12	3.93
合计	91	100	124	100	60	100	30	100	305	100

（三）灾害与污染方面

农村居住环境改善的内容除与上述层面有关外，还包括遭受污染和自然灾害的情况。此次调查显示，8.85%的村庄近五年有过工业污染，54.43%的村庄近三年遭受过自然灾害。从区域角度来看，东北地区所调查村庄近五年基本上没有工业污染情况；中部地区和西部地区工业污染村庄占比均在6%左右；东部地区工业污染村庄占比较高，达16.48%。近三年，东北地区有83.33%的村庄遭受过自然灾害；这一比例在西部和中部地区很接近，为57%左右；东部地区受自然灾害的村庄占比最低，为37.36%。

表15-11　　　　各地区村庄近五年工业污染情况　　　（单位：个，%）

	全国		东部地区		西部地区		中部地区		东北地区	
	频数	比例	频数	比例	频数	比例	频数	比例	频数	比例
是	27	8.85	15	16.48	8	6.45	4	6.67	0	0
否	278	91.15	76	83.52	116	93.55	56	93.33	30	100
合计	305	100	91	100	124	100	60	100	30	100

表 15-12　　　各地区村庄近三年遭受自然灾害情况　　（单位：个,%）

	全国		东部地区		西部地区		中部地区		东北地区	
	频数	比例	频数	比例	频数	比例	频数	比例	频数	比例
是	166	54.43	34	37.36	73	58.87	34	56.67	25	83.33
否	139	45.57	57	62.64	51	41.13	26	43.33	5	16.67
合计	305	100	91	100	124	100	60	100	30	100

二　农村社会环境状况

（一）人情往来方面

近年来，中央一直把移风易俗、抵制婚丧嫁娶大操大办作为推动乡风文明、构建良好农村社会环境的重要工作。所调查样本平均每个村一年红白喜事的数量是 30.68 个，每起红白喜事的平均喜酒规模是 19.57 桌，平均礼金水平为 220.75 元。因每村操办红白喜事所获礼金收入总额即为村民礼金支出总额，因此，以每桌酒席 10 人随礼计算，对样本村户年均红白喜事礼金支出总额进行估算，[①] 结果为 1733.3 元，占人均纯收入的 13.9%。

表 15-13　　　　　中国农村红白喜事规模　　　（单位：个，桌，元）

	红白喜事数量	每件红白事平均酒席规模	每件红白事的平均礼金水平
样本量	303	303	302
各村均值	30.68	19.57	220.75

从区域角度来看，东部地区农村红白喜事的平均礼金水平和礼金支出总额均远高于其他地区，东北地区农村礼金支出最少。数据显示，东

---

① 计算公式：户年红白喜事礼金支出总额 = 村年红白喜事数量 * 酒席规模 * 礼金水平 * 10/户数。

部地区农村人均礼金水平为282.61元,其次是中部地区,为220元,西部和东北地区大致相当,分别为184.15元和186.67元,仅约占东部地区的65%和66%。户均全年红白喜事礼金支出总额东部地区农村为2133.79元,西部和中部大致相当,分别为1717.90元和1635.36元,东北地区最少,仅为974.29元,不到东部地区的一半。

表15-14　　　　　农村红白喜事礼金水平　　　　（单位：元,%）

	礼金		红白事		酒席		户均礼金支出		户礼金支出/人均纯收入	
	样本	金额	样本	数量	样本	规模	样本	总额	样本	占比
东北地区	30	186.67	30	18.37	30	16.47	30	974.29	30	9.29
东部地区	90	282.61	89	30.83	90	12.82	89	2133.79	88	9.9
西部地区	123	184.15	124	34.74	123	27.09	122	1717.90	123	17.82
中部地区	59	220	60	28.2	60	15.85	59	1635.36	59	14.04

从红白喜事给农民造成的负担情况来看,西部和中部地区较高,东部和东北地区较低。西部地区农村每年户均红白喜事礼金支出总额占人均纯收入的17.82%；中部次之,占14.04%；东部和东北地区红白喜事礼金支出给农民造成的负担都较轻,仅分别占人均纯收入的9.9%和9.29%。

（二）宗教信仰方面

农村宗教的发育情况也是农村社会环境的重要方面。所调查的有效样本中,有宗教信仰的农民共64010人,占样本村总人口数的9.11%。宗教信仰人数为0的村占46.9%,小于50人的村占30.8%,宗教信仰人数大于且等于100人的村占16.7%,有宗教信仰的农民占所在村总人数超过20%的村占10.5%。样本村有宗教信仰的农民中,佛教信众占43.10%,伊斯兰教信众占38.49%,基督教占6.16%,其他宗教[①]

---

① 其他宗教的主要类型等相关调查信息未录入数据库,故未作分析。

占 12.24%。伊斯兰教具有典型的地域特点。调查样本中，有伊斯兰教信众的村仅占样本村的 7.9%，但信众平均规模约 1120 人。其中，63.64% 的村信众规模在 500 人以上，信众占所在村人口总数的 63%。调查发现，伊斯兰教信众主要集中于宁夏，占样本村中总信众人数的 99.72%。伊斯兰教信众较多的地方大多是回民聚居地。佛教是所调查的 10 个省（自治区）中都有其信众的唯一一种宗教，有信众的村平均信众规模为 378 人，调查样本中 9.57% 的村信众大于等于 100 人。其中，浙江、宁夏和四川 3 个省（自治区）的信众总数占样本村全部信众总数的 71.12%。基督教覆盖范围较广。调查样本中，无人信仰佛教的村有 209 个，无人信仰伊斯兰教的村有 257 个，无人信仰基督教的村只有 186 个。但有基督教信众的村平均信众规模相比佛教和伊斯兰教明显要小，为 36.2 人。样本村中，大于等于 50 个信众的村有 26 个，大于等于 20 个小于 50 个信众的村有 32 个，大于等于 1 个且小于 20 个信众的村有 51 个。

表 15 - 15　　　　　　　　中国农村宗教发育情况　　　　　（单位：人，%）

	基督教	佛教	伊斯兰教	其他宗教
样本量	295	282	279	278
信众人数	3946	27587	24639	7838
有信众的村平均信众规模	36.2	378	1120	712.55
各宗教信众占总信众	6.16	43.10	38.49	12.24

此外，农村宗教的地区分布差异也较为显著。西部地区农村信教人员占农村总人口的比例为 15.73%；东部次之，为 8.72%；中部地区和东北地区农村有宗教信仰的人分别仅占村庄人口总数的 1.38% 和 1.01%。各地区农村主要的宗教信仰也有较大差别，东部地区农村信教农民中有 93.28% 的人信奉的是佛教，6.72% 的人信仰基督教，没有人信仰伊斯兰教或者其他宗教。西部地区农村 61.83% 的信教农民所信仰宗教为伊斯兰教，17.45% 的人信仰佛教，1.17% 的人信仰基督教，

19.55%的人信仰其他宗教。中部地区农村基督教信徒占全部有宗教信仰农民数的80.94%，佛教所占比例为17.37%，伊斯兰教和其他宗教的信奉比例分别是1.06%和0.59%。东北地区农村基督教信众占全部信徒的85.22%，其他宗教和佛教信众分别占9.85%和4.93%，无人信仰伊斯兰教。

表15-16　　　　　各地区农村宗教发育情况　　（单位：个，人,%）

	基督教			伊斯兰教			佛教			其他宗教		
	样本	人数	占比	样本	人数	占比	样本	人数	占比	样本	人数	占比
东北地区	30	346	85.22	30	0	0	30	20	4.93	30	40	9.85
东部地区	87	1459	6.72	78	0	0	82	20261	93.28	79	0	0
西部地区	119	464	1.17	119	24617	61.83	117	6946	17.45	117	7785	19.55
中部地区	59	1677	80.94	52	22	1.06	53	360	17.37	52	13	0.59

三　农村生活环境存在的问题

虽然农村生活环境建设取得了显著成效，但还存在一些问题和短板，需要不断完善和加以解决。

（一）农村居住环境方面存在的问题

1. 人居环境方面

首先，虽然从硬件设施、人员配置来看，农村整体的生活垃圾收容能力正在稳步提升，但相关工作还有待加强。一方面，除作为粮食主产区的东北地区对生产垃圾的处理比较重视外，其他地区普遍不重视废旧农膜或农药包装物等不利于环境的生产垃圾的处理，设有这类垃圾回收点的村庄只占38.03%。另一方面，农村在垃圾处理硬件设施的建设上缺少统筹规划与整体布局，表现在有的地方出现了重复建设的现象，有的地方则硬件设施明显不足。

其次，目前农村地区污水管网铺设比例整体较低，生活污水处理仍以渗渠或随意排放为主。有的村庄"等""看"现象比较严重，工作不积极，污水管网建设规划尚未排上议程；有的村庄则是缺乏整体布局的思路，污水管网搭建不够合理。除此之外，在污水管网铺设方面，各村庄普遍存在投入不足、缺乏科学技术指导的问题。

最后，在道路建设和饮水安全方面还存在一些问题。一方面，各地在村庄道路质量与饮水安全水平方面存在明显差异；另一方面，有的村庄在这两项民生工程上依然存在不少突出问题，例如，在村庄道路养护、饮水安全工程巩固方面存在明显不足。

2. 物流环境方面

总体上，农村物流环境还有待进一步改善。尤其是山区、半山区和东北地区改善状况落后于其他地区，要加快改善进度，以更好地满足城乡居民的物流需求。

3. 灾害与污染方面

从此次调查来看，农村地区遭受自然灾害的情况时有发生，不仅影响农村居民的生命安全，还影响农业生产发展，但多数农村地区抵御灾害的能力明显不足，缺少相应的预防和应对机制。

此外，一些基层组织环境意识淡薄，盲目追求经济效益，回避可能产生的工业污染，环境预防与治理工作不到位，从而对农业以及农民生活环境造成了负面影响。

（二）农村社会环境方面存在的问题

在人情往来支出方面，仍有个别村的礼俗负担较重。调查有效样本村中，有7.62%的村平均礼金水平在500元及以上，16.8%的村户均礼金支出总额在3000元及以上，13.3%的村户均礼金支出总额占人均纯收入的30%及以上。

四 本章小结

改善农村居住环境和社会环境是乡村振兴战略下美丽宜居乡村建设

第十五章 农村生活环境状况

的内容，目的在于协调人与环境的关系、解决农村环境发展不平衡不充分的突出问题，使农民安居乐业，安享幸福生活。从对村级层面乡村振兴数据的分析中，本章主要得出以下结论与建议。

第一，农村整体生活垃圾收容能力正在稳步提升，东部地区和东北地区在垃圾处理硬件设施建设方面推进较大。但是，各村普遍对废旧农膜或农药包装物等不利于环境的生产垃圾的处理重视程度不够，这必然给实现绿水青山的美好愿景带来挑战。从而，一方面东部地区和东北地区宜完善垃圾处理人员设置，西部地区和中部地区宜加强垃圾处理硬件设施的建设；另一方面，各地区宜普遍提升对生产垃圾的重视程度和处理能力，加强生产垃圾的科学处理，以期多方位解决农村各类垃圾对人居环境的不利影响。此外，在农村垃圾处理硬件设施建设方面，宜以大局观做到规划先行，统筹布局，避免重复建设或建设空白的现象。

第二，针对目前中国农村污水管网铺设比例整体较低且地区差异明显的情况，宜加快完成建设规划与整体布局，加大投入，循序推进乡村污水处理硬件设施建设。针对有些基层组织对生活污水处理不太重视，"等""看"现象严重的问题，应从以下两个方面着手：一是从治理角度落实并强化主体责任；二是尽快制定并出台村庄污水治理考核标准，重点防范工作态度不积极所引发的各类问题。此外，加强对农村污水管网建设的科学指导，提倡对科学处理技术的应用，并积极引导科研机构、社会力量共同助力乡村污水处理工程建设和环境治理。

第三，在脱贫攻坚的基础上，随着乡村振兴战略的接续推进，中国人居环境整治在道路建设与饮水安全方面成效显著。下一步要将在道路建设与饮水安全方面尚存在突出问题的村庄作为工作重点，因地制宜补短板，循序提升这些村庄的道路质量与饮水条件。

第四，各地区遭受自然灾害的情况比较普遍，东部地区受工业污染相对严重，这给农村人居环境建设带来了挑战。由此，一方面要增强农村地区抵御自然灾害的能力；另一方面宜强化环保意识、协调各部门做好乡村工业污染防治工作，减少灾害与污染对农村生活环境的负面影响。

◆ 第二篇 主报告

第五，在物流环境方面，超过半数的村庄物流条件较好，农民生活便捷程度提升。分区域看，东部地区物流条件好于西部地区、中部地区和东北地区；分地势看，平原地区的物流条件好于丘陵地区、山区和半山区。另外，绝大部分村建立了信息交流群，加速了信息交流和传递。考虑到交通条件对物流的重要影响，应继续推进各地区（尤其是山区、半山区）交通条件的改善，为物流企业到这些地区拓展业务提供外在保障。同时，物流还与信息技术和现代社交媒介发展息息相关，应重视并发挥信息技术在改善农村物流环境方面的积极作用。

第六，整体上，当前中国农村红白喜事数量、酒席规模和礼金的平均水平较为合理，但个别村礼俗负担仍比较重。从地区差异来看，东部地区红白喜事的礼金水平和支出总额均远高于其他地区。从红白喜事给农民造成的负担情况来看，西部地区最高，东北地区最低。今后，还应积极倡导礼轻情意重的理念，降低广大农村地区和农民，尤其是西部地区人情往来给农民造成的经济负担。当然，构建良好社会环境是一个复杂工程，它既受当地历史发展与风俗习惯的影响，又与当地群众的受教育程度和社会事业的推进力度有关，并非一朝一夕可以改变。因此，需要因地制宜，循序推进。

总而言之，随着乡村振兴战略的实施，中国农村居住环境与社会环境正在逐渐改善，但仍存在不少短板，且各地区环境建设进展不平衡，施策时需要因地制宜，尽快补齐短板，以实现美丽宜居乡村建设战略目标。

第十六章　农村基层党组织建设

胡　祎[*]

习近平总书记指出，农村工作千头万绪，抓好农村基层组织建设是关键。农村基层党组织是确保党的路线方针政策在农村得到贯彻落实的领导核心，是推动农村改革发展、促进农村经济社会进步的坚强保证和有力支撑。长期以来，由于缺乏系统性数据，对农村基层党组织建设的讨论大多停留在理论与政策层面，缺少对宏观现状的准确把控。本章[①]分析了我国农村基层党组织发展规模、党员结构、干部任职、活动开展、经费保障等方面的最新情况，对当前农村基层党组织建设的最新动向进行了研判，对农村基层党建工作中取得的成效和存在的问题进行了探讨，为有关部门制定政策强化农村基层党组织建设提供了微观基础与现实依据。

一　农村基层党组织规模与党员结构

（一）农村基层党支部规模

调查发现，各村基层党支部规模差异较大，最小的村党支部只有6名党员，而最大的村党支部多达232名党员，样本村党员数量的中位数为54人，均值为66.58人。

---

[*] 胡祎，博士，中国社会科学院农村发展研究所编辑，研究方向：农村区域发展、劳动力流动。
[①] 总样本共覆盖了308个行政村的农户，因其中两个行政村的数据缺失严重，本章在分析时只选取了306个行政村。

◆ 第二篇 主报告

村庄户籍人口中党员的比例是反映基层党组织发展水平的重要指标。在党员比例上，比例最低的村只有0.66%的村民是党员，而比例最高的村有16.10%的村民是党员，村党员比例的均值为3.38%。

分区域来看，东部地区最低的村党员比例为1.47%，最高的村为11.94%，均值为3.81%；中部地区最低的村党员比例为1.80%，最高的村为7.61%，均值为3.22%；西部地区最低的村党员比例为0.66%，最高的村为16.10%，均值为3.32%；东北地区最低的村党员比例为1.10%，最高的村为6.44%，均值为2.68%。可以看到，东部地区的村庄的党员比例较高，而东北地区较低。

表16-1　　　　　　不同地区村庄党员比例　　　　　　（单位：%）

	最低党员比例	最高党员比例	平均党员比例
全国平均	0.66	16.10	3.38
东部地区	1.47	11.94	3.81
中部地区	1.80	7.61	3.22
西部地区	0.66	16.10	3.32
东北地区	1.10	6.44	2.68

分规模[①]来看，小规模村最低的村党员比例为1.51%，最高的村为16.10%，均值为5.02%；中小规模村最低的村党员比例为1.19%，最高的村为7.75%，均值为3.51%；中等规模村最低的村党员比例为1.20%，最高的村为6.43%，均值为3.08%；中大规模村最低的村党员比例为0.89%，最高的村为5.63%，均值为2.74%；大规模村最低的村党员比例为0.66%，最高的村为5.52%，均值为2.56%。可以看到，村庄规模与党员比例密切相关，人口规模越大的村党员比例越小。

---

① 小规模村、中小规模村、中等规模村、中大规模村、大规模村根据2019年村户籍人口数按五等份划分。

表 16 - 2　　　　　　　　不同规模村庄党员比例　　　　　（单位：%）

	最低党员比例	最高党员比例	平均党员比例
小规模村	1.51	16.10	5.02
中小规模村	1.19	7.75	3.51
中等规模村	1.20	6.43	3.08
中大规模村	0.89	5.63	2.74
大规模村	0.66	5.52	2.56

分收入水平[①]来看，低收入村最低党员比例为 0.89%，最高为 12.56%，均值为 2.87%；中低收入村最低党员比例为 1.10%，最高为 11.28%，均值为 2.88%；中等收入村最低党员比例为 1.15%，最高为 8.11%，均值为 3.37%；中高收入村最低党员比例为 1.10%，最高为 16.10%，均值为 3.71%；高收入村最低党员比例为 1.47%，最高为 11.94%，均值为 4.19%。可以看到，村庄经济发展水平与基层党支部建设密切相关，收入越高的村党员比例越高。

表 16 - 3　　　　　　　不同收入水平村庄党员比例　　　　（单位：%）

	最低党员比例	最高党员比例	平均党员比例
低收入村	0.89	12.56	2.87
中低收入村	1.10	11.28	2.88
中等收入村	1.15	8.11	3.37
中高收入村	1.10	16.10	3.71
高收入村	1.47	11.94	4.19

（二）基层党员性别结构

调查发现，各村级基层党组织中，男性党员占了绝大多数。总体来

---

① 低收入村、中低收入村、中等收入村、中高收入村、高收入村根据 2019 年村人均可支配收入按五等份划分。

看，参与调查的样本村中男性党员比例最低的为45.95%，最高的为100%，中位数为82.35%，均值为80.82%。当前中国农村参加公共治理的群体依然以男性为主。

分地区来看，东部地区的村庄男性党员比例最低的为45.95%，最高的为100%，均值为78.80%；中部地区村庄男性党员比例最低的为65.85%，最高的为95.24%，均值为84.02%；西部地区村庄男性党员比例最低的为53.77%，最高的为96.72%，均值为79.19%；东北地区男性比例最低的为72.41%，最高的为96.34%，均值为87.18%。对比可以发现，东部地区和西部地区的农村基层的党组织中，女性党员比重相对更高，女性参与村庄公共事务决策的声音相对更大。

表16-4　　　　　不同地区村庄男性党员比例　　　　　（单位：%）

	最低男性党员比例	最高男性党员比例	平均男性党员比例
全国平均	45.95	100	80.82
东部地区	45.95	100	78.80
中部地区	65.85	95.24	84.02
西部地区	53.77	96.72	79.19
东北地区	72.41	96.34	87.18

分收入水平来看，低收入村中最低的男性党员比例为57.32%，最高的为96.34%，均值为83.95%；中低收入村中最低的男性党员比例为53.76%，最高的为100%，均值为83.75%；中等收入村中最低的男性党员比例为54.22%，最高的为95.00%，均值为80.93%；中高收入村中最低的男性党员比例为58.89%，最高的为94.87%，均值为78.72%；高收入村中最低的男性党员比例为45.95%，最高的为97.22%，均值为76.47%。对比各组均值可以发现，村庄收入水平与村党组织中党员性别结构密切相关。总体来看，收入越高的村女性党员比例越高。这说明随着农村经济发展水平提高，女性参与村庄治理的意识和热情在被逐渐唤醒，女性在农村社会中的地位也在不断提升。

表 16-5　　　　　　**不同收入水平村庄男性党员比例**　　　　（单位：%）

	最低男性党员比例	最高男性党员比例	平均男性党员比例
低收入村	57.32	96.34	83.95
中低收入村	53.76	100	83.75
中等收入村	54.22	95.00	80.93
中高收入村	58.89	94.87	78.72
高收入村	45.95	97.22	76.47

（三）基层党员年龄结构

调查发现，各村级基层党组织中，党员年龄普遍偏大。总体来看，全村党员平均年龄最小的村只有 30 周岁，最大的村为 69 周岁，均值为 51.11 周岁。在所有样本村中，40 周岁以下党员比重为 25.34%，41—59 周岁党员比重为 36.12%，60 周岁以上党员比重为 38.54%。

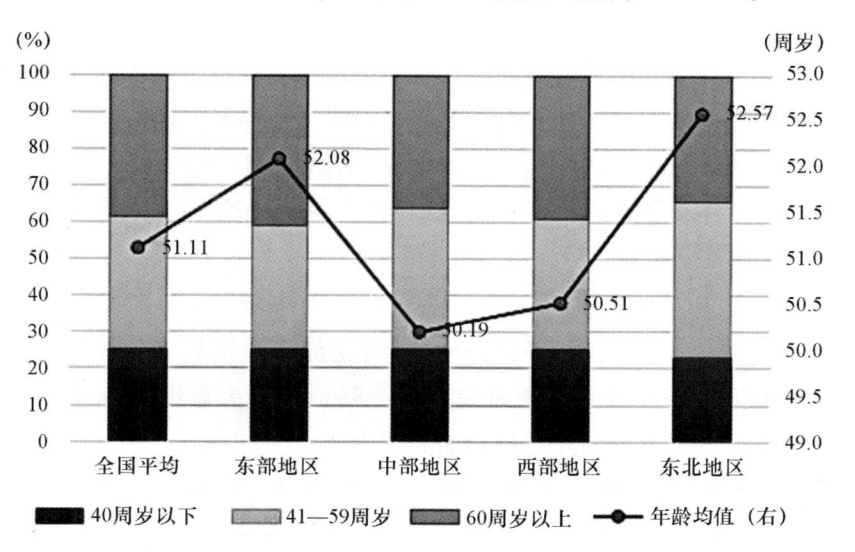

图 16-1　不同地区村庄党员年龄结构

分地区来看，东部地区农村党员平均年龄为 52.08 周岁，40 周以下党员比重为 25.67%，41—59 周岁党员比重为 33.42%，60 周岁以上党员比重为 40.90%；中部地区农村党员平均年龄为 50.19 周岁，40 周岁以下党员比重为 25.38%，41—59 周岁党员比重为 38.54%，60 周岁以上党员比重为 36.09%；西部地区农村党员平均年龄为 50.51 周岁，40 周岁以下党员比重为 25.57%，41—59 周岁党员比重为 35.40%，60 周岁以上党员比重为 39.03%；东北地区农村党员平均年龄为 52.57 周岁，40 周岁以下党员比重为 23.17%，41—59 周岁党员比重为 42.46%，60 周岁以上党员比重为 34.36%。对比可以发现，各地区党员年龄结构差异不大，党员年龄整体偏大。东北地区近年经济增长速度放缓，农村对优秀年轻人吸引力下降，40 周岁以下党员比重较低。

（四）近年新发展党员情况

2017 年以来，申请入党人数最多的村有 48 人递交了入党申请书，实际发展党员最多的村有 14 人入党。申请入党和实际入党的人数与村庄人口规模有很大关系，申请入党、实际入党人数占村户籍人口的比重更能反映近年来农村基层党组织的发展态势。总体来看，近年基层党组织发展最慢的村庄，2017 年以来没有申请入党和实际入党的村民；发展最快的村庄，分别有 3.26% 和 2.29% 的村民递交了入党申请书和正式入党。递交入党申请书的村民比重均值为 0.47%，正式入党的村民比重为 0.21%。2017 年后新发展的党员年龄普遍较小。新党员平均年龄最小的村仅为 20 周岁，所有样本村新党员平均年龄均值为 35.96 周岁。这说明当前农村基层党组织比较有活力，有大量群众积极争取入党，党组织对优秀年轻人有较强的吸引力。

分地区来看，东部地区村庄申请入党村民比重的均值为 0.53%，实际入党比重的均值为 0.19%，新党员年龄均值为 37.53 周岁；中部地区村庄申请入党村民比重的均值为 0.49%，实际入党比重的均值为 0.17%，新党员年龄均值为 36.05 周岁；西部地区村庄申请入党村民比重的均值为 0.43%，实际入党比重的均值为 0.24%，新党员年龄均值为 34.24 周

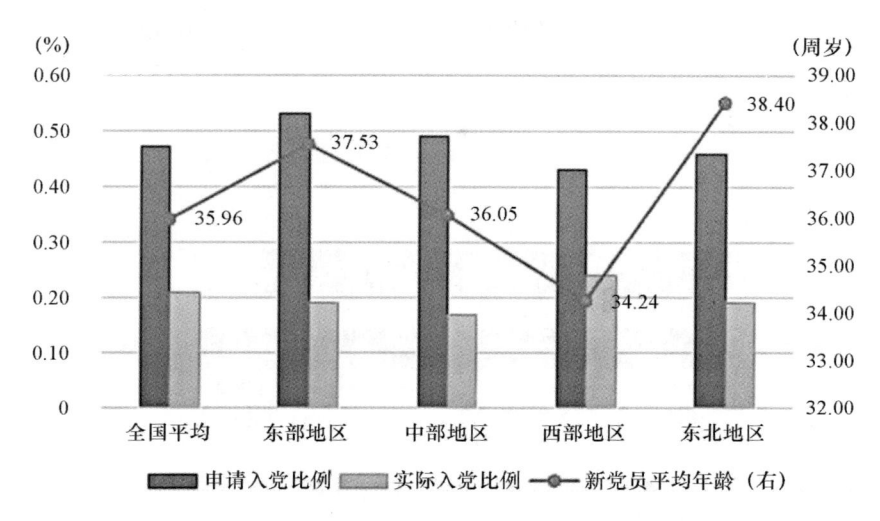

图 16-2　不同地区村庄申请入党、实际入党人数比重和新党员平均年龄

岁;东北地区村庄申请入党村民比重的均值为 0.46%,实际入党比重的均值为 0.19%,新党员年龄均值为 38.40 周岁。可以发现,经济发达的东部地区农民入党意愿较强,而相对不发达的西部和东北地区农民入党意愿较弱。从年龄上看,则是经济发达地区的新党员年纪较大,但东北地区例外,2017 年后的东北地区新党员平均年龄显著高于其他地区。

二　农村基层党组织干部状况

(一) 村支书性别、年龄与学历特征

从性别上看,在农村基层党组织担任村支书的绝大多数是男性,所有村样本中男性村支书的比重达到 94.77%;从年龄上看,年龄最小的村支书为 24 周岁,最大的为 70 周岁,全样本村支书年龄的均值为 50.02 周岁。从学历上看,村支书学历最低的为小学学历,最高的为本科学历,其中小学学历的村支书比重为 1.96%,初中学历的为 21.90%,高中学历的为 23.86%,中专学历的为 12.42%,大专学历的为 35.62%,本科学历的为 4.25%。

◆ 第二篇 主报告

分地区来看，东部地区男性村支书的比例为94.57%，中部地区为91.67%，西部地区为95.97%，东北地区为96.97%。可见，在全国范围内，基层党组织领导职务中都是男性占主导地位；相对而言，中部地区的女性村支书比例较高，是西部地区和东北地区的两倍以上。

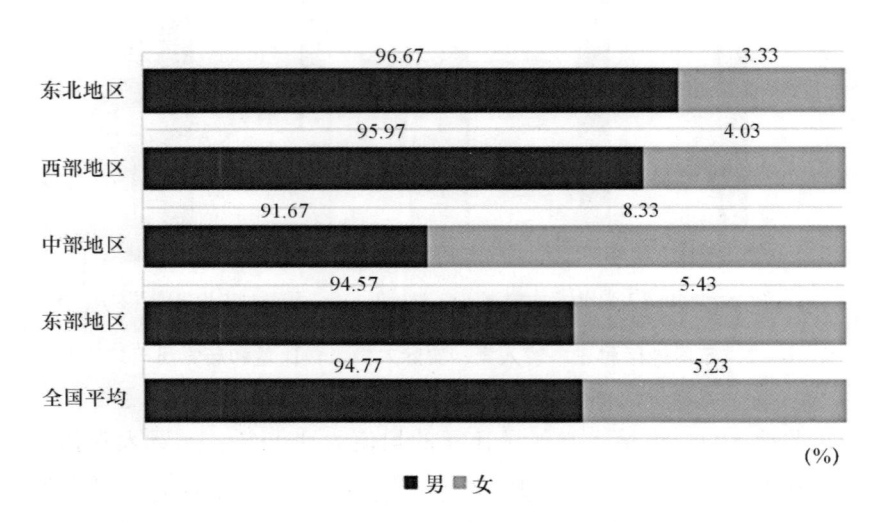

地区	男 (%)	女 (%)
东北地区	96.67	3.33
西部地区	95.97	4.03
中部地区	91.67	8.33
东部地区	94.57	5.43
全国平均	94.77	5.23

图16-3 不同地区村支书性别结构

东部地区村支书年龄均值为50.66周岁，其中40周岁以下比例为11.96%，41—59周岁比例为76.08%，60周岁以上比例为11.96%；中部地区村支书年龄均值为51.68周岁，其中40周岁以下比例为13.33%，41—59周岁比例为80.00%，60周岁以上比例为6.67%；西部地区村支书年龄均值为48.50周岁，其中40周岁以下比例为21.77%，41—59周岁比例为74.20%，60周岁以上比例为4.03%。东北地区村支书年龄均值为51.03周岁，其中40周岁以下比例为6.67%，41—59周岁比例为83.33%，60周岁以上比例为10.00%。可见，当前村支书年龄大多集中在41—59周岁的年龄段。相对来说，西部地区村支书有非常明显的年轻化趋势：40周岁以下的村支书比例达到21.77%，远高于其他地区；村支书平均年龄仅为48.50周岁，明显低于其他地区和全国平均水平。

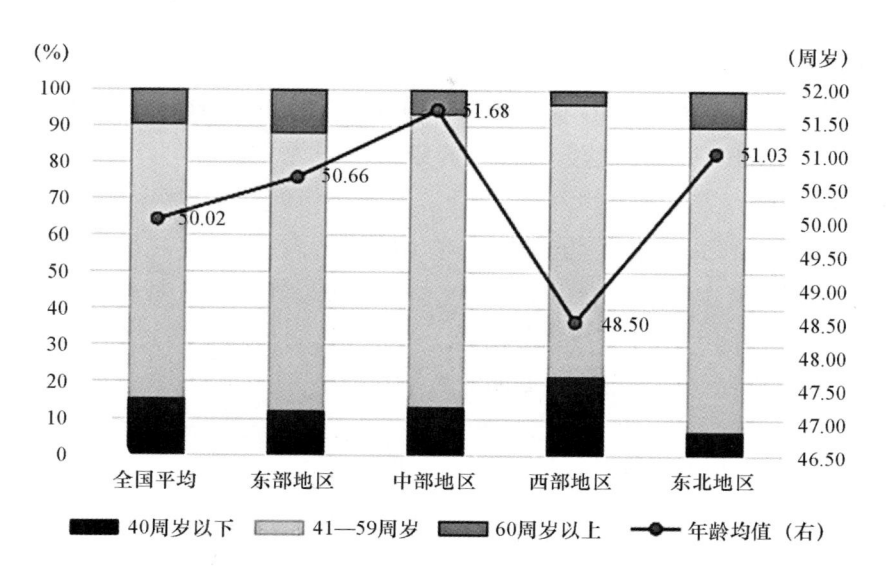

图 16-4　不同地区村支书年龄结构

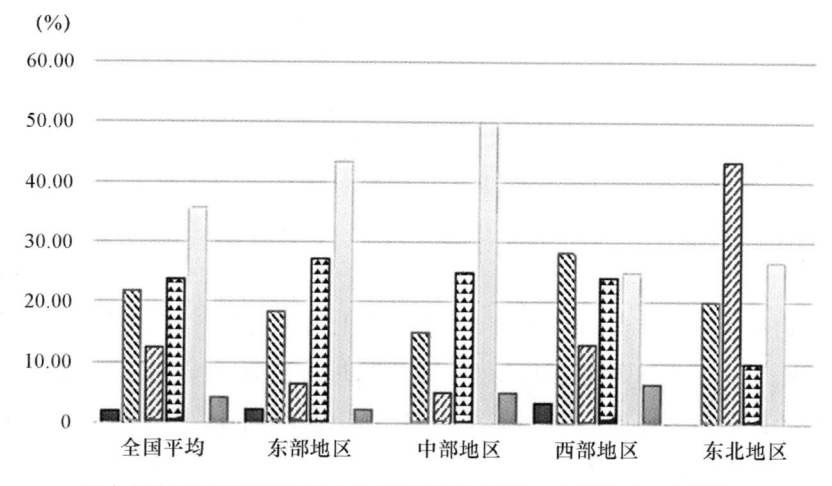

图 16-5　不同地区村支书学历结构

东部地区小学学历的村支书比重为 2.17%，初中学历的为 18.48%，高中学历的为 27.17%，中专学历的为 6.52%，大专学历的为 43.48%，本科学历的为 2.17%；中部地区初中学历的村支书比重为

· 311 ·

15.00%，高中学历的为25.00%，中专学历的为5.00%，大专学历的为50.00%，本科学历的为5.00%；西部地区小学学历的村支书比重为3.23%，初中学历的为28.23%，高中学历的为24.19%，中专学历的为12.91%，大专学历的为25.00%，本科学历的为6.45%；东北地区初中学历的村支书比重20.00%，高中学历的为10.00%，中专学历的为43.33%，大专学历的为26.67%。对比可以发现，经济相对发达的东部和中部地区，村支书学历较高，大部分达到了大专以上水平；东北地区中专学历的村支书比例要明显高于其他地区。

（二）村支书任职情况

调查发现，当前在任的村支书，最短的任职时间只有半年，而最长的达到31年，村支书任职时长的均值为7.51年。其中，51.31%的村支书任职时间在5年之内，24.18%的任职时间在6—10年，还有24.51%的任职时间在10年以上。

分地区来看，东部地区村支书任职时长的均值为7.94年，43.48%的村支书任职时间在5年以内，29.35%的任职时间在6—10年，27.17%的任职时间在10年以上；中部地区村支书任职时间的均值为7.94年，41.67%的村支书任职时间在5年以内，23.33%的任职时间在6—10年，35.00%的任职时间在10年以上；西部地区村支书任职时间的均值为7.94年，58.87%的村支书任职时间在5年以内，23.39%的任职时间在6—10年，17.74%的任职时间在10年以上；东北地区村支书任职时间的均值为7.94年，63.33%的村支书任职时间在5年以内，13.34%的任职时间在6—10年，23.33%的任职时间在10年以上。对比发现，发展相对落后的西部和东北地区，新上任的村支书较多；而在发展较快的东部和中部地区，连任多届的村支书比例相对更高。

2019年，中央发布多个文件，全面推行村党组织书记、村委会主任"一肩挑"。调查发现，当前有58.82%的村支书兼任村主任。分地区来看，东部地区"一肩挑"的村支书比重为47.83%，中部地区为58.33%，西部地区为58.06%，东北地区为96.67%。东北地区"一肩

第十六章　农村基层党组织建设

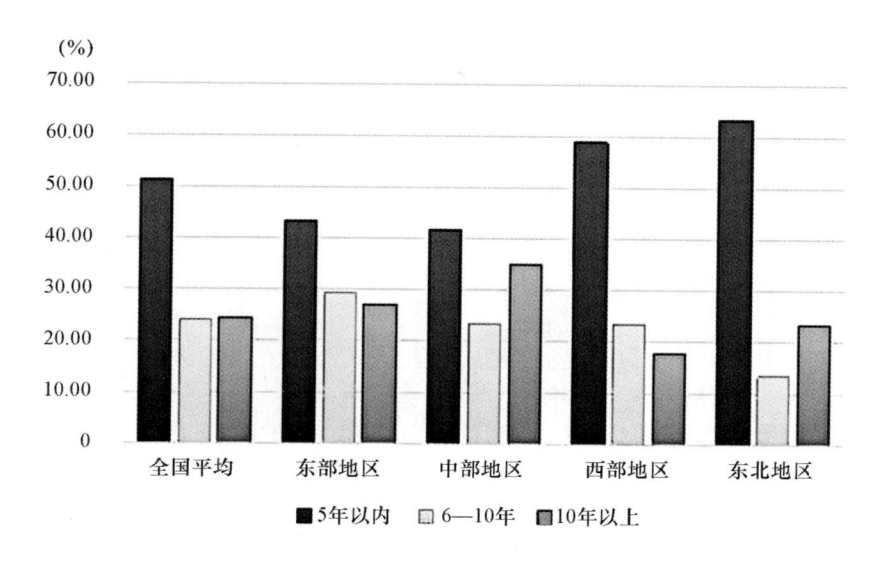

图 16-6　不同地区村支书任职时间结构

挑"的村支书比重大幅高于其他地区，说明在东北地区，村支书在村集体中的威望更高，村内权力更加集中。

村支书"一肩挑"的时间差异很大，时间最短的村支书是 2020 年才开始兼任村主任，而时间最长的已经兼任了 25 年。目前已经"一肩挑"的村支书平均兼任时间为 4.65 年。其中，21.79% 的村支书 2020 年开始兼任，28.49% 的村支书 2019 年开始兼任，26.81% 的村支书兼任时间在 3—5 年，10.62% 的村支书兼任时间在 6—10 年，12.29% 的村支书兼任时间在 10 年以上。

分地区来看，东部地区 18.18% 的村支书 2020 年开始兼任村主任，6.82% 的 2019 年开始兼任，29.55% 的兼任时间在 3—5 年，20.45% 的兼任时间在 6—10 年，25.00% 的兼任时间在 10 年以上；分地区来看，中部地区 8.57% 的村支书 2020 年开始兼任村主任，2.86% 的 2019 年开始兼任，54.28% 的兼任时间在 3—5 年，17.15% 的兼任时间在 6—10 年，17.14% 的兼任时间在 10 年以上；西部地区 30.99% 的村支书 2020 年开始兼任村主任，42.25% 的 2019 年开始兼任，16.90% 的兼任时间在 3—5 年，5.63% 的兼任时间在 6—10 年，4.23% 的兼任时间在

第二篇 主报告

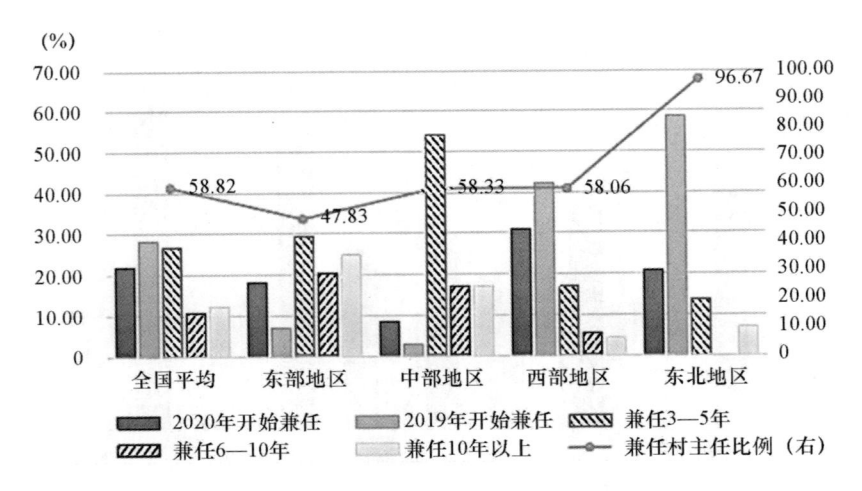

图 16-7 不同地区村支书"一肩挑"比重与兼任时间

10 年以上；东北地区 20.69% 的村支书 2020 年开始兼任村主任，58.62% 的 2019 年开始兼任，13.79% 的兼任时间在 3—5 年，6.90% 的兼任时间在 10 年以上。各地区都有大量村支书在 5 年内开始兼任村主任，这说明中央鼓励村支书"一肩挑"的政策起到了良好的效果。

（三）村支书任职前工作经历

村支书在任职之前的职业经历有较大差别。调查发现，11.11% 的村支书以前是生产经营大户，19.28% 是个体工商户，6.21% 是企业主，11.44% 是退伍军人，56.21% 是"村两"委干部，1.63% 是村医或农技等专业人员，6.86% 是政府干部。此外，38.94% 的村支书都有过外出务工经历。一半以上的村支书任职之前都有过在村"两委"工作的经历，可见当前村支书培养有着比较合理的程序，在就任村支书之前会有一段时间适应工作内容、积累工作经验。

分地区来看，东部地区 9.78% 的村支书以前是生产经营大户，31.52% 是个体工商户，6.52% 是企业主，6.52% 是退伍军人，54.35% 是村"两委"干部，2.17% 是村医或农技等专业人员，5.43% 是政府干部；39.56% 的村支书有外出务工经历。中部地区 5.00% 的村支书以前是生产经营大户，11.67%是个体工商户，5.00%是企业主，11.67%是退伍军人，61.67%是村"两委"干部，5.00%是政府干部；30.00%的村支书有外出务工经历。西部地区13.71%的村支书以前是生产经营大户，16.94%是个体工商户，8.06%是企业主，12.90%是退伍军人，52.42%是村"两委"干部，1.61%是村医或农技等专业人员，10.48%是政府干部；46.72%的村支书有外出务工经历。东北地区16.67%的村支书以前是生产经营大户，6.67%是个体工商户，20.00%是退伍军人，66.67%是村"两委"干部，3.33%是村医或农技等专业人员；23.33%的村支书有外出务工经历。对比可以发现，在全国各地区，先在村"两委"工作都是培养村支书的主要途径。在经济发达的东部地区，个体工商户和企业主担任村支书的比例较高；在发展相对落后的西部和东北地区，退伍军人担任村支书的比例较高。这说明在不同文化区域，农村里有威信的群体类型存在明显差别。调查还发现，外出务工经历并不是造就村支书的重要因素，当前各地区村支书中有外出务工经历的比例并不高。

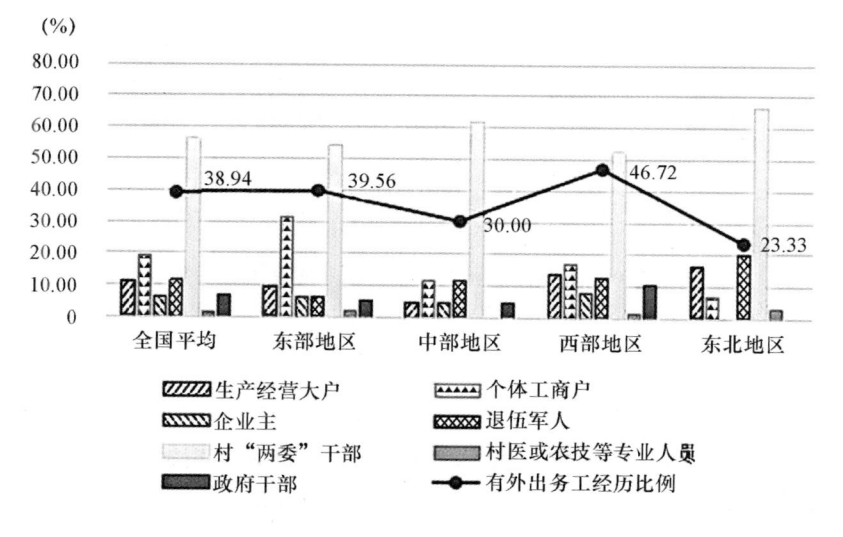

图 16-8 不同地区村支书任职之前工作经历

三 农村基层党组织活动与经费状况

(一) 村党组织支委会召开情况

调查发现,各基层党组织召开支委会的频率不一。召开会议最少的村一年只召开 2 次支委会,而最多的村一年召开了多达 60 次支委会,均值为 14.44 次。大部分基层党组织保持了一月一次的频率,一年召开 12 次支委会。在所有村样本中,17.67% 的村党组织一年召开支委会次数不到 12 次,51.33% 的村正好为 12 次,还有 31.00% 的村超过了 12 次。

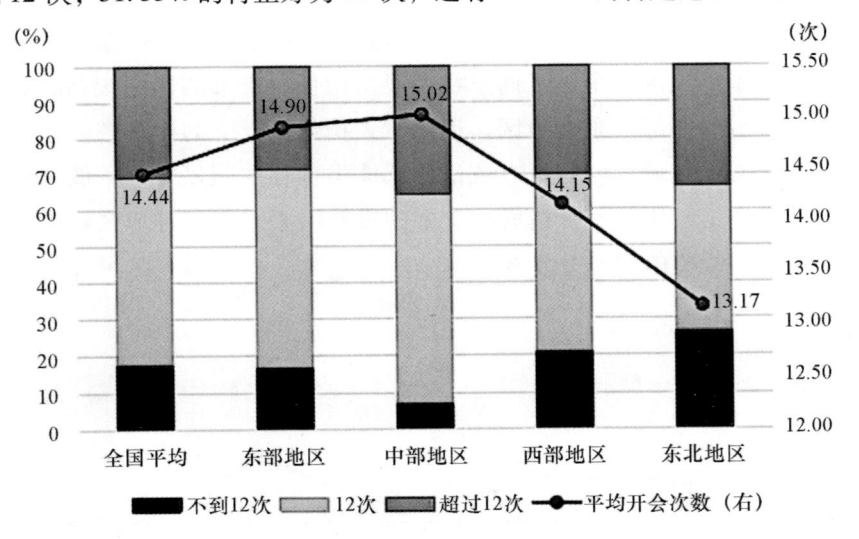

图 16-9 不同地区村党组织每年支委会召开频率

分地区来看,东部地区村党组织每年开会次数均值为 14.90 次,17.50% 的村开会次数不到 12 次,54.55% 的村正好为 12 次,28.41% 的村超过了 12 次;中部地区村党组织每年开会次数均值为 15.02 次,6.78% 的村开会次数不到 12 次,57.63% 的村正好为 12 次,35.59% 的村超过了 12 次;西部地区村党组织每年开会次数均值为 14.15 次,21.14% 的村开会次数不到 12 次,48.78% 的村正好为 12 次,30.08% 的村超过了 12 次;东北地区村党组织每年开会次数均值为 13.17 次,

26.67%的村开会次数不到 12 次，40.00%的村正好为 12 次，33.33%的村超过了 12 次。对比发现，经济比较发达的东部和中部地区，村党组织召开会议更为频繁。

（二）村党组织活动经费情况

各基层党组织活动经费总量差距非常大。一方面，仅有 78.45%的村党组织有活动经费，还有 21.55%的村党组织完全没有经费；另一方面，经费最充裕的村每年党组织活动经费达 20 万元。所有样本村每年党组织经费的均值为 2.41 万元。有党组织活动经费的村庄中，89.96%的村党组织经费全部来源于上级财政拨款，仅有 10.04%的村有少量的村集体经费补充。

分地区来看，东部地区有活动经费的村党组织比重为 71.43%，每年经费均值为 2.87 万元，其中有 16.95%的村党组织有额外经费补充；中部地区有活动经费的村党组织比重为 90.00%，每年经费均值为 2.85 万元，其中有 3.70%的村党组织有额外经费补充；西部地区有活动经费的党组织比重为 78.86%，每年经费均值为 2.14 万元，其中有 11.70%的村党组织有额外经费补充；东北地区有活动经费的党组织比重为 73.33%，每年经费均值为 1.38 万元，所有村党组织的经费全部来自上级财政拨款。对比发现，经济发达的东部和中部地区，村党组织活动经费显著高于经济相对落后的西部和东北地区；中部地区虽然经济水平不及东部地区，有补充经费的村党组织比例很小，但胜在财政支持村党组织活动经费覆盖率高，因此各村党组织的活动经费均值基本与东部地区持平。

表 16-6　　　　　　**不同地区村庄党组织活动经费情况**　　（单位：%，万元）

	有活动经费的村比例	每年经费均值	有补充经费的村比例
全国平均	78.45	2.41	10.04
东部地区	71.43	2.87	16.95
中部地区	90.00	2.85	3.70

◆ 第二篇 主报告

续表

	有活动经费的村比例	每年经费均值	有补充经费的村比例
西部地区	78.86	2.14	11.70
东北地区	73.33	1.38	0

（三）村支书收入及经费来源情况

调查发现，各村村支书的年收入差距非常大。在所有村样本中，收入最低的村支书年收入只有1.29万元，收入最高的村支书年收入为21.12万元，村支书年收入的均值为4.21万元，中位数为3.50万元。24.31%的村支书年收入在2.6万元以下，26.36%的村支书年收入在2.6万—3.5万元（含3.5万元），24.32%的村支书年收入在3.5万—4.6万元（含4.6万元），25.00%的村支书年收入在4.6万元[①]以上。村支书的收入绝大多数来自上级财政拨款，仅有16.95%的村党组织会给村支书额外支付工资。

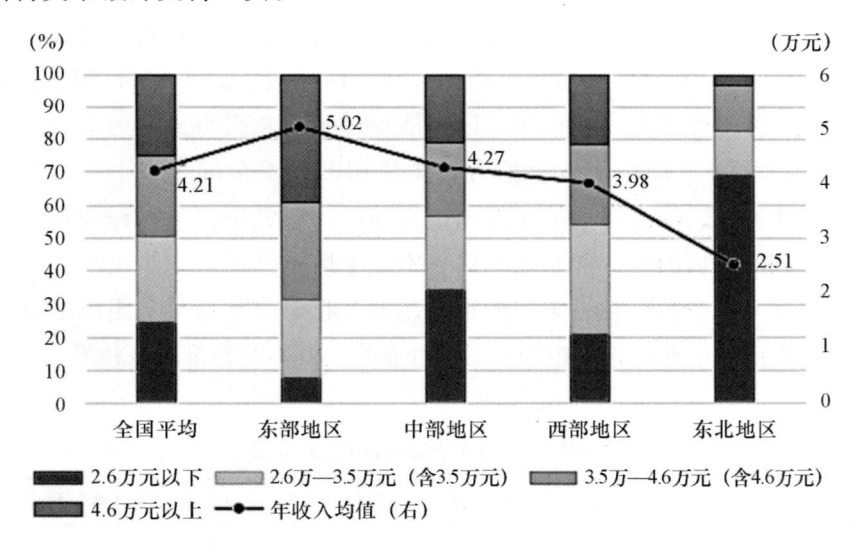

图16-10 不同地区村支书收入

---

① 2.6万、3.5万、4.6万分别是全样本村支书年收入的四分位点。

分地区来看，东部地区村支书的收入均值为5.02万元，76.14%的村支书收入全部来自上级财政拨款，7.87%的村支书年收入在2.6万元以下，23.59%的村支书年收入在2.6万—3.5万元（含3.5万元），29.21%的村支书年收入在3.5万—4.6万元（含4.6万元），39.33%的村支书年收入在4.6万元以上；中部地区村支书的收入均值为4.27万元，81.03%的村支书收入全部来自上级财政拨款，34.48%的村支书年收入在2.6万元以下，22.42%的村支书年收入在2.6万—3.5万元（含3.5万元），22.41%的村支书年收入在3.5万—4.6万元（含4.6万元），20.69%的村支书年收入在4.6万元以上；西部地区村支书的收入均值为3.98万元，87.50%的村支书收入全部来自上级财政拨款，20.83%的村支书年收入在2.6万元以下，33.34%的村支书年收入在2.6万—3.5万元（含3.5万元），24.16%的村支书年收入在3.5万—4.6万元（含4.6万元），21.67%的村支书年收入在4.6万元以上；东北地区村支书的收入均值为2.51万元，89.66%的村支书收入全部来自上级财政拨款，68.97%的村支书年收入在2.6万元以下，13.79%的村支书年收入在2.6万—3.5万元（含3.5万元），13.79%的村支书年收入在3.5万—4.6万元（含4.6万元），3.45%的村支书年收入在4.6万元以上。可见，经济越发达的地区，村支书收入越高，村支书收入水平与村庄经济发展水平密切相关。

四　本章小结

基于中国社会科学院农村发展研究所乡村振兴村级调查数据的分析，本章对中国农村基层党组织建设的最新动向进行了研判，得出以下基本结论。

第一，农村基层党组织健康、稳定发展。农村党支部平均党员数量为66.58人，党员占村户籍人口比重平均为3.38%。农村党员以男性为主，各村男性党员占比平均达到80.82%。党员性别结构与经济发展水平高度相关，收入越高的村女性党员比例越大。农村党员年龄总体偏

第二篇 主报告

大，年龄均值为 51.11 周岁，40 周岁以上党员比例占比达到 74.66%。农村基层党组织对优秀年轻人有较大吸引力，2017 年后入党的新党员平均年龄为 35.96 周岁。

第二，农村基层党组织干部结构合理、权能集中。村支书 94.77% 为男性，平均年龄为 50.02 周岁，74.83% 的村支书年龄在 41—59 周岁，处于经验与精力兼备的年龄段。基层党组织干部普遍学历偏高，76.14% 的村支书有中专以上学历。近年来村支书"一肩挑"的情况越发普遍，58.82% 的村支书都兼任村主任，其中 81.09% 的村支书都是近 5 年内才开始兼任。村支书任职前经历差异较大，但大都有在村"两委"工作的经历，通过在村"两委"工作积累经验再担任村支书的比例达到 56.21%。

第三，农村基层党组织比较活跃但经费不足。51.33% 的村党组织维持了一个月召开一次支委会的频率，31.00% 的村党组织一年召开支委会超过 12 次。21.55% 的村党组织完全没有活动经费，村党组织每年活动经费均值为 2.41 万元。村支书收入较低，年收入均值仅为 4.21 万元，绝大部分来自上级财政拨款，仅有 16.95% 的村集体会给村支书支付额外工资。

第三篇　专题报告

第十七章 经营规模、农地流转与农机作业购买的环节异质性分析

武舜臣 张瑞娟 胡冰川[*]

随着农地流转推进瓶颈的日益突出，农业社会化服务路径在农业规模经营形成中的重要性日益凸显，更被看作衔接小农户与现代农业的重要手段。[①]

然而，社会化服务并非是推动农业规模经营的充分条件，细碎化的耕地、数量繁多且诉求差异化的小农增加了交易成本，限制着社会化服务规模效率的发挥。[②] 虽然社会化服务为小农提供服务带来了便利性，但也失去了规模效率，因此无法将其增加的效率所带来的额外收益让利于民，同时也弱化了农业社会化服务作为农业规模经营路径的政治目标。近年来，在实践探索中反复归纳总结，学界基本认可了如下观点：提高土地流转和农业社会化服务，两者相互依存、相互促进。[③] 由是，

---

[*] 武舜臣，博士，中国社会科学院农村发展研究所助理研究员，研究方向为农业政策、粮食经济；张瑞娟，博士，中国社会科学院农村发展研究所副研究员，研究方向为农业产业链、农业社会化服务；胡冰川，博士，中国社会科学院农村发展研究所研究员，研究方向为农产品国际贸易、农业政策分析。

[①] 孔祥智、穆娜娜：《实现小农户与现代农业发展的有机衔接》，《农村经济》2018年第2期；钟真：《社会化服务：新时代中国特色农业现代化的关键——基于理论与政策的梳理》，《政治经济学评论》2019年第2期。

[②] 韩庆龄：《小农户经营与农业社会化服务的衔接困境——以山东省M县土地托管为例》，《南京农业大学学报》（社会科学版）2019年第2期。

[③] 胡凌啸：《中国农业规模经营的现实图谱："土地+服务"的二元规模化》，《农业经济问题》2018年第11期；钟真、胡珺祎、曹世祥：《土地流转与社会化服务："路线竞争"还是"相得益彰"？——基于山东临沂12个村的案例分析》，《中国农村经济》2020年第10期。

◆ 第三篇 专题报告

也引出了一系列农地流转和农业社会化服务的探讨。

基于此，本章用描述性统计方法探讨了农地流转与分环节农业社会化服务选择的关系。以往的研究表明，随着农地经营规模的不断扩大，农户的农机作业外包比例也呈现出一定的规律性。本章在对农地经营规模和分环节服务选择情况进行描述性统计的基础上，考察了不同农地规模与耕地、收获两个环节农机社会化服务的购买情况。最后，以是否有农地流转为指标对样本进行分组，考察农地流转行为是否改变了农地规模与分环节农机社会化服务购买间的相关关系。

一 农地经营的规模特征：全样本分析

人均耕地面积低是中国农地经营中不可回避的禀赋难题。中国国土面积广阔，居于世界第三位，拥有耕地、林地、草地等多种土地类型。根据全国土地调查的统计报告，截至 2019 年 12 月 31 日，中国耕地总面积为 1.35 亿公顷，折合之后为 20.3 亿亩。同时，按照全国 14 亿人口计算，人均耕地面积仅为 1.45 亩，不足世界人均水平的 40%。而且，由于各类土地资源在土地资源总量中所占的比重不同以及不同地区人口聚集的差异化特征等，造成了地区间人均耕地面积的巨大差异。其中，东北地区的地广人稀与长江中下游地区的人口稠密就形成了鲜明对比。

除禀赋基础外，农地流转也是导致农地经营面积改变的重要因素。近年来，随着农地流转进程的加快，农地零散分配、经营难成规模的状况有所缓解。因此，本部分将综合考虑农地经营的禀赋特征、规模特征与农地流转情况，由此来探索它们之间的可能关系。

（一）农户承包地面积情况

土地承包权是兼具财产和身份要素并承载社会保障功能的复合型权利。[1] 农户承包地是在耕地、农村户籍人口基础上，土地承包权赋予的

---

[1] 刘平：《承包地退出规则之反思与重构——以〈农村土地承包法〉修改为中心》，《华中农业大学学报》（社会科学版）2019 年第 2 期。

第十七章　经营规模、农地流转与农机作业购买的环节异质性分析

基本生产资料，在农业经营中占据着基础性地位。一般情况下，农户承包地面积与当地的资源禀赋及承包地分配制度密切相关。

为更好地了解农户承包地面积分布情况，在全国层面数据分析的基础上，分别对东部、中部和西部地区三个区域进行分析，结合《中华人民共和国国民经济和社会发展第七个五年计划 1986—1990》的区域划分范围及本次调查的样本省份（自治区），东部省份为广东、浙江与山东，中部省份为安徽、河南与黑龙江，西部省份（自治区）为贵州、四川、陕西与宁夏，分析结果见表17-1。根据表17-1中全国层面的数据可知，户均耕地处于0—10亩的样本主体最多。承包地面积越大，样本主体就越少，符合当前中国小农户经营规模的特征。然而，从样本分布看，40亩以上的样本也占有一定的比例，考虑到中国人均耕地面积最多的黑龙江省，其2016年的户均耕地面积也仅为43.03亩。[①] 且根据承包地调整原则，户均耕地面积很难有增长的趋势，对此我们以43.03亩为承包地面积的上限。考虑到样本数据中可能的异常值，这里对面积超过43.03亩的样本，罗列但不作分析。

全国层面看，户均承包地面积为0—10亩的样本比重最高，达70.90%。分地区层面看，东部、中部、西部地区这一比例分别为85.48%、61.67%和67.00%。

表17-1　　　　　分区域户均承包地面积分布情况　　　　（单位：亩）

	0	0—10	10—20	20—30	30—40	40—43.03	0—43.03 合计	43.03 以上
全国	160	2504	550	226	76	15	3531	277
东部地区	99	889	46	5	1	0	1040	91
中部地区	30	626	216	105	30	8	1015	92
西部地区	31	989	288	116	45	7	1476	94

---

① 杨晓宇：《关于黑龙江省农户耕地流转情况的调查》，《农民致富之友》2017年第15期。

◆ 第三篇 专题报告

户均承包地面积情况见表17-2，跟表17-1中整体分布类似。分地区看，中部地区户均耕地面积最大，为10.14亩；东部地区最小，仅为3.64亩。

表17-2　　　　　分区域户均承包地面积的描述性统计　　　　（单位：亩）

	样本数	均值	方差	最小值	最大值
全国	3529	7.90	8.20	0	43
东部地区	1038	3.64	3.86	0	35
中部地区	1015	10.14	9.17	0	43
西部地区	1476	9.36	8.61	0	42.73

（二）农户经营面积情况

在承包地基础上，农户根据家庭生产经营需要，以农地流转等多种经营权转移措施为手段，最终获得了自己愿意且能够经营的面积。与前文的分析类似，这里对农户经营面积从面积分布和描述性统计两个角度，按全国层面和地区层面分别展开讨论。

从表17-3中全国层面的数据看，经营面积介于0—10亩的农户主体比重仍然最高，约占49.65%，东部、中部、西部地区占比分别为55.64%、40.07%和52.00%。无论是全国层面还是地区层面，经营面积0—10亩的主体占比都高于承包地样本。全国、东部、中部、西部地区经营面积超过100亩的农户样本比重分别为7.67%、7.55%、14.89%、2.67%。其中，中部地区农业规模化发展较快，经营比重领先全国。未经营农地方面，全国、东部、中部、西部地区占比分别为18.65%、27.34%、15.43%、14.56%，均高于承包地样本中对应地区的比重，说明农地流转后，农地资源在承包地基础上实现了二次配置，有了集中的趋势。

第十七章 经营规模、农地流转与农机作业购买的环节异质性分析

表17-3　　　　　分区域户均经营面积分布情况　　　　　（单位：亩）

	0	0—10	10—20	20—30	30—40	40—100	100以上	合计
全国	715	1903	424	193	86	218	294	3833
东部地区	315	641	70	21	5	13	87	1152
中部地区	171	444	134	56	22	116	165	1108
西部地区	229	818	220	116	59	89	42	1573

农户农地经营面积的描述性统计见表17-4。样本数据显示，全国户均经营面积为20.82亩，比户均承包地面积的7.9亩增加了12.92亩，该数据高于全国平均水平。分地区看，经营面积均值依然是中部地区最高，其次是西部、东部地区，与承包地面积均值排序结果相同，承包地决定的农地禀赋特征并未因农地流转而发生改变。

表17-4　　　　2019年农户农地经营面积的规模特征　　　　（单位：亩）

	样本数	均值	方差	最小值	最大值
全国	3696	20.82	74.81	0	2200
东部地区	1072	5.71	19.84	0	360
中部地区	1077	45.32	121.65	0	2200
西部地区	1547	14.23	46.71	0	1540

二　农业机械化服务的分环节选择情况：粮食作物例证

农业机械化是实现农业现代化的重要前提和标志，农业机械化发展水平的提高不仅是推动农业技术进步和农业现代化发展的重要力量，[1]

---

[1]　张宗毅、杜志雄：《农业生产性服务决策的经济分析——以农机作业服务为例》，《财贸经济》2018年第4期；刘春香：《浙江农业"机器换人"的成效、问题与对策研究》，《农业经济问题》2019年第3期。

第三篇　专题报告

也是提升农业全要素生产率的重要途径。近年来，随着农业社会化服务的不断发展，农业机械化外包服务已然成为购买机械自我服务外推动农业机械化发展的又一重要形式。根据胡祎和张正河的研究，当前农业机械化市场中，购置农机自我服务的主体数量最多，但租赁农机外包的服务作业面积比重更大。①

农业机械化的发展需要与资源要素禀赋变化、非农劳动力就业和粮食安全的发展形势等因素相适应。② 因此，基于作物品种、生产环节和地区差异等因素的不同，农业机械化服务在农业机械化发展中的重要性也有所差异。本章以中国乡村振兴综合调查中的粮食作为考察对象，分环节、分品种对不同地区农户对农机服务的采用情况进行分析。

对既有数据做了如下处理，一是删除缺失值，二是删除前后矛盾的样本。以耕地环节为例，耕地方式未选择机械化，但"机械作业占比"却不为 0；或者耕地方式只选择机械化，但"机械作业占比"为 0。这样的样本统一予以删除。

数据处理③后得到小麦、水稻、玉米三大主粮样本 2867 个，④ 其他粮食作物样本 332 个，经济作物样本 112 个。⑤

（一）购买耕地服务情况

在三大主粮作物的基础上，对样本数据做了如下处理：第一，扣除了"耕地作业占比""自家机械作业占比""耕地方式"部分的缺失值；第二，扣除了耕种方式选择"免耕、人工、畜力+人工"但"耕地作业占比"不为 0 的部分，最终获得样本 2414 个。

耕地环节中，有 83.90% 的农户在三大主粮作物种植中选择机械耕

---

① 胡祎、张正河：《农机服务对小麦生产技术效率有影响吗？》，《中国农村经济》2018 年第 5 期。
② H. Binswanger, "Agricultural Mechanization: A Comparative Historical Perspective", *World Bank Research Observer*, Vol. 1, No. 1, 1986.
③ 这里没有分作物季节性，统一处理。
④ 本章将青贮玉米样本做饲料粮处理，作为"其他粮食作物"。
⑤ 由于不同环节的处理方式不同，具体数据存在出入。

第十七章 经营规模、农地流转与农机作业购买的环节异质性分析

作。从耕地机械来源看,全部购买耕地服务的主体占比为67.30%,其比重约为购置农机自我服务主体的2倍。分品种看,农户在小麦耕种中机械化的比例最高,达99.14%。在种植玉米时的机耕比例最低,仅为80.36%。考虑到双季作物种植时玉米免耕率较高,扣除免耕部分,玉米种植时的机耕选择比例可提升至84.64%,略高于水稻种植。从农机作业来源结构看,小麦的机耕作业更多来源于服务外包,占比为81.30%,这一比例在水稻中最低,仅为52.49%。除水稻外,粮食作物耕地环节不具有太大的特殊性,这一结论可由其他粮食作物高达89.69%的机耕选择中得到。

表17-5 　　　分品种机耕比例与农机作业来源结构情况 　　　（单位：%）

	机耕选择比例	农机作业来源结构		
		全部购买	部分购买	全部自家机械
三大主粮合计	83.90	67.30	1.95	30.74
水稻	84.49	52.49	2.59	44.91
小麦	99.14	81.30	2.32	16.37
玉米	80.36	64.82	1.33	33.85
其他粮食作物	89.69	62.45	1.53	36.02

注：农机作业来源结构是在耕地方式不选择"免耕、人工及畜力+人力"且机械作业占比不为0的基础上,以"自家机械作业占比"为0、100%、1%—100%分别考察"全部购买""全部自家机械""部分购买"。因"自家机械作业占比"中同样有缺失值,这里的总数跟机耕比例部分不完全相同,下同。

（二）购买播种服务情况

为便于单独分析,该处将耕播一体的情况排除在外,只考虑单独采用农机播种情况。其他处理方式与前文相同,同样剔除了缺失项和矛盾项,共筛选获得样本1625个。

从播种环节看,在三大主粮播种时有56.40%的农户选择机器播

种，而水稻的机播比例最低，占比仅为29.90%。从农机作业来源看，全部购买播种服务仍然是有机播需求农户的主要选择，占比为65.59%，但这种选择在不同品种作物间存在较大差异。有机播需求的农户在小麦、玉米播种中多会选择全部购买机播服务，在水稻的播种中农户更倾向于购置机械自我服务，这一比例达72.13%。

表17-6　　　　　分品种机播比例与农机作业来源结构情况　　　（单位：%）

	机播比例	农机作业来源结构		
		全部购买	部分购买	全部自家机械
三大主粮合计	56.40	65.59	1.40	33.01
水稻	29.90	23.77	4.10	72.13
小麦	89.41	80.59	0.99	18.42
玉米	57.47	66.67	0.99	32.34
其他粮食作物	85.92	60.10	1.64	38.25

（三）打药服务购买情况

打药环节的数据处理也与前文类似。第一，删除"打药方式""机械作业占比""自家机械作业占比"为空缺的样本；第二，删除选择"人工打药"且"机械作业占比"不为0的样本；第三，删除"打药方式"未选"人工打药"且"机械作业占比"为0的样本。基于以上处理，获得三大主粮样本共计1620个。

三大主粮的种植中，农户选择机械打药的比率仅为34.57%，其中全部使用自家机械打药的比例为68.39%。针对不同种类的作物，农户在机械打药的选择过程中呈现一定的差异性。种植小麦、玉米的农户更倾向于自家购买机械进行打药作业，两者占比均超过70%。而农户在水稻的机械打药中选择全部购买的比重与自购机械相当，分别为45.71%、44.29%。

第十七章 经营规模、农地流转与农机作业购买的环节异质性分析

表 17-7   分品种机械打药比例与农机作业来源结构情况   （单位：%）

	机械打药比例	农机作业来源结构		
		全部购买	部分购买	全部自家机械
三大主粮合计	34.57	28.93	2.68	68.39
水稻	17.72	45.71	10.00	44.29
小麦	39.64	24.18	1.31	74.51
玉米	39.95	27.25	1.80	70.96
其他粮食作物	56.59	27.18	2.91	64.01

（四）施肥服务购买情况

为更好地考察施肥环节的机械化选择情况，此处数据处理时采取类似于播种环节的数据处理方法，将耕地施肥一体化情况排除在外，其他处理方式与其余共性部分一致。处理后共获得三大主粮样本1083个，三大主粮整体的机械施肥比例为25.76%。从施肥作业的机械来源看，自家机械施肥和全部购买机械施肥服务的农户主体比重接近。分品种看，三大主粮作物的机械施肥比例都不高，其中水稻的机械施肥的农户占比最低，仅占9.51%。当然，这一结论受到两个主要因素的影响，一是耕地施肥一体技术的应用，如果将该技术考虑在内，采用机械化施肥的占比为57.9%，此时的机械施肥比例将达到41.87%。二是样本数量有限，尤其是其他作物的样本量较少，因此会导致最后的分析结果出现偏差。

分作物种类看，三大主粮中，除水稻外，农户更倾向于购买农机服务来对小麦、玉米进行施肥作业。其他粮食作物中内部粮食比较复杂，且样本较少，这里不做更多分析。

表 17-8   分品种机械施肥比例与农机作业来源结构情况   （单位：%）

	机械施肥比例	农机作业来源结构		
		全部购买	部分购买	全部自家机械
三大主粮	25.76	49.82	1.08	49.10

续表

	机械施肥比例	农机作业来源结构		
		全部购买	部分购买	全部自家机械
水稻	9.51	17.24	0	88.89
小麦	25.77	58.21	0	41.79
玉米	27.48	51.91	1.80	46.45
其他粮食作物	32.05	44.00	0	56.00

(五) 收获服务购买情况

处理了空缺值和矛盾值之后，获得三大主粮作物样本 2489 个，选择机械收获的农户占比为 77.38%，其中机械服务全部购买比例为 84.63%。分品种看，农户在小麦收获时选择农机服务的比重最高，达到 98.15%。玉米机收的选择比例最低，达到 63.56%。从农机作业来源看，无论哪种主粮作物，农户机收时更倾向于全部购买农机服务，且选择比重都超过 80%。

表17-9　分品种机械收获比例与农机作业来源结构情况　　（单位：%）

	机收比例	农机作业来源结构		
		全部购买	部分购买	全部自家机械
三大主粮	77.38	84.63	4.67	10.70
水稻	80.10	80.70	0.01	15.61
小麦	98.15	89.97	2.62	7.41
玉米	63.56	82.40	7.07	10.53
其他粮食作物	61.72	77.85	9.49	12.66

(六) 小结

结合前文的分析可知，在粮食作物的经营过程中，农户对不同作物、不同环节的农机需求存在差异。分环节看，农户在耕地和收获环节的农机采用率最高，分别达到 83.9% 和 77.38%；在施肥环节的农机采用率最低，仅为 25.76%。农机作业来源看，除施肥和打药环节外，农户更多依靠购买农机服务来满足农机需求，这一结论可以从翁贞林和徐俊丽的研究[1]中得到验证。而且，在选择农机化作业的样本中，在单个环节同时选择购买农机的自我服务和农机外包服务的样本极少，这在一定程度上与调查对象多为小农户有关。

分品种看，根据不同种类的作物，农户在生产经营的不同环节中机械化选择程度也存在一定的差异。但三大粮食作物的机械化采用率及不同机械化来源比例的整体趋势基本一致。一个可能的争议在于，在耕地和收获环节中，玉米的机械化采用率都低于水稻，这与一般意义上水稻机械化率更低的客观认知有所出入，这主要源于本研究考察的是农户选择比例而非农地面积比例。

三 农地规模与分环节社会化服务购买特征

经营不同规模农地的农户，其农业生产环节外包行为存在差异。[2]同一经营规模下，农地细碎化程度不同、农地来源不同，则可能对两者的关系带来影响。本部分将通过描述性统计的方式对以上关系进行粗略的判断。考虑到播种、打药、施肥环节农机化选择比例低，样本过少，这里仅以样本量较大的耕地和收获环节为例，考察经营规模与农机社会化服务购买比例的关系，并分析农户流转行为对两者关系产生的影响。

（一）规模差异与社会化服务分环节购买关系

1. 耕地环节

按照粮食作物播种面积的标准，将样本从小到大分为 5 组，分别描

---

[1] 翁贞林、徐俊丽：《农机社会化服务与农地转入：来自小规模稻农的实证》，《农林经济管理学报》2019 年第 1 期。

[2] 钱静斐等：《耕地经营规模及其质量禀赋对农户生产环节外包行为的影响——基于中国广西水稻种植农户的调研数据》，《中国农业大学学报》2017 年第 9 期；刘大鹏、刘颖、陈实：《土地流转、规模经营对农业社会化服务需求的影响分析——基于江汉平原 393 个水稻种植大户的调查》，《中国农业资源与区划》2019 年第 1 期。

述每组的机械作业来源选择情况。由表17-10可知，随经营规模的扩大，农户自家耕地农机作业占比的均值总体上呈上升趋势。其中，小麦和玉米呈现正"U"形走势，即随着经营面积的增加，选择机耕的农户中采用自家机械耕地的比重先下降后上升，其第二组的均值达到最低。这就意味着购买机械服务的比重先上升后下降，且在第二组均值达到最高点。分品种来比较可以得出，相比于小麦，水稻和玉米的自家机械作业占比更高，这与表17-5中的结果一致。

表17-10 规模差异与农户耕地环节农机作业来源的描述性统计 （单位：亩）

	统计量	第一组	第二组	第三组	第四组	第五组	全样本
小麦	均值	11.91	5.84	13.49	16.16	39.00	17.21
	方差	31.46	23.53	34.06	36.24	48.07	37.23
	样本数	94	154	166	138	138	690
水稻	均值	12.07	14.52	24.68	59.85	67.35	36.34
	方差	32.86	35.51	43.39	49.01	46.99	48.04
	样本数	58	62	77	66	68	331
玉米	均值	35.40	16.28	21.59	48.30	66.07	37.69
	方差	47.39	37.13	41.38	49.97	47.43	48.28
	样本数	87	86	88	88	89	438

2. 收获环节

收获环节与耕地环节类似，随经营面积的增加，采用自家机械收获的农户比重也在增加，购买机械服务的农户比重对应下降。从均值变动幅度看，第四组和第五组之间出现突变，有一个很大幅度的升高。这意味着当经营面积超过一定水平时，购买农机自我收获成为农户收获的主要方式。分品种比较可以发现，水稻的自家机械收获比重最高，这也与表17-9的结果一致。

第十七章 经营规模、农地流转与农机作业购买的环节异质性分析

表 17 - 11　　　　　规模差异与农户收获环节农机
作业来源的描述性统计　　　　　（单位：亩）

	统计量	第一组	第二组	第三组	第四组	第五组	全样本
小麦	均值	3.81	6.40	7.64	5.38	15.95	7.92
	方差	18.64	24.41	25.62	22.21	36.03	26.42
	样本数	137	111	163	136	140	687
水稻	均值	9.56	10.11	16.88	14.43	34.69	17.32
	方差	28.16	28.90	35.93	35.14	47.17	36.90
	样本数	91	89	93	91	95	459
玉米	均值	11.26	9.66	3.91	17.85	26.11	13.81
	方差	30.84	28.64	18.51	36.71	43.10	33.40
	样本数	89	83	92	93	90	447

（二）农地流转对两者关系的差异化影响

农地流转不仅会改变农户的农地经营规模，还会对农地细碎化程度产生影响。经营条件的改变在理论上会对经营方式带来影响。对此，这里以是否有农地流转为标准，将前文的样本分为两部分，比较分析农地流转对农户针对不同作物的农业机械化选择差异情况。

1. 耕地环节

以农户是否流转土地为依据，进一步分类比较农地流转对农户机械化作业方式选择的影响。

从表 17 - 12 中全部均值结果可以看出，流转土地农户在小麦、水稻和玉米耕地中采用自家机械作业的比重分别为 22.57%、47.99% 和 47.38%，远高于不流转土地农户占比，前者比重分别是后者的 1.85、2.93 和 2.10 倍。并且随着农地经营规模的不断扩大，农户选择自家机械作业所占的比重就越大。以水稻和玉米为经营对象的样本中，存在农地流转的农户群体分别在第三、第四组样本之间，经历了以农机服务购买为主到以自购机械自我服务为主的拐点，但未流转主体购买农机服务

第三篇 专题报告

为主的特征未发生改变。小麦经营样本中，无论是流转部分还是未流转部分，都表现出购买农机服务为主的特征。

表 17-12　　流转与否的规模差异与农户耕地环节农机作业来源分析　　（单位：亩）

	是否流转	统计值	第一组	第二组	第三组	第四组	第五组	全部样本
小麦	是	均值	10.78	7.41	15.29	15.79	45.12	22.57
		方差	30.52	26.44	35.76	36.79	48.99	41.32
		样本数	51	54	68	57	102	332
	否	均值	13.26	5.00	12.24	16.42	21.67	12.23
		方差	32.86	21.90	32.95	36.07	41.23	32.27
		样本数	43	100	98	81	36	358
水稻	是	均值	12.50	20.83	27.78	64.04	67.35	47.99
		方差	33.78	41.49	45.43	47.95	46.99	49.88
		样本数	24	24	36	57	68	209
	否	均值	11.76	10.53	21.95	33.33	—	16.39
		方差	32.70	31.10	41.91	50.00	—	37.17
		样本数	34	38	41	9	—	122
玉米	是	均值	36.19	30.95	15.79	59.82	66.07	47.38
		方差	48.23	46.79	36.95	49.01	47.43	49.81
		样本数	42	42	38	56	89	267
	否	均值	34.67	2.27	26.00	28.13	—	22.57
		方差	47.13	15.08	44.31	45.68	—	41.63
		样本数	45	44	50	32	—	171

2. 收获环节

与耕地环节类似，这里分别考察了农地流转选择对经营面积和农机作业来源两者关系的影响（见表 17-13）。类似于耕地环节，在收获环

· 336 ·

第十七章 经营规模、农地流转与农机作业购买的环节异质性分析

节，农地流转的农户样本同样倾向于选择购买农机的自我服务，前者比重分别为后者的 2.66、1.78 和 2.38 倍。其中，不同面积组的走势存在一定差异，存在一些明显的拐点，但总体都呈现出波动上升的趋势。

表 17-13　　　　流转与否的规模差异与农户收获

环节农机作业来源分析　　　　　　　　（单位：亩）

	是否流转	统计量	第一组	第二组	第三组	第四组	第五组	全部样本
小麦	是	均值	3.00	5.41	15.34	4.15	21.36	11.70
		方差	16.38	22.92	34.51	19.36	40.59	31.38
		样本数	70	37	68	53	103	331
	否	均值	4.66	6.89	2.13	6.17	0.90	4.41
		方差	20.84	25.26	14.43	23.93	5.47	20.18
		样本数	67	74	95	83	37	356
水稻	是	均值	8.75	8.86	19.57	23.02	34.18	21.41
		方差	27.47	27.72	38.78	42.26	47.18	40.37
		样本数	40	44	47	44	84	259
	否	均值	10.20	11.33	14.13	6.38	38.64	12.03
		方差	28.95	30.27	32.97	24.71	49.20	31.15
		样本数	51	45	46	47	11	200
玉米	是	均值	17.11	16.18	3.57	17.16	26.11	17.90
		方差	37.27	36.35	17.08	36.22	43.10	37.20
		样本数	38	34	42	67	90	271
	否	均值	6.90	5.14	4.20	19.62	—	7.52
		方差	24.53	21.02	19.80	38.62	—	25.35
		样本数	51	49	50	26	—	176

四 提升农业支持政策资金投入效益的政策建议

（一）结论

为进一步丰富农业规模经营中"土地规模经营"和"服务规模经营"两条路径的耦合关系，本章以中国乡村振兴综合调查的数据样本为基础，运用描述性统计方法进行探讨，研究结果如下。

分环节看，机耕和机收环节的机械作业占比远高于其他环节，且存在作物种类间的差异。从农机作业来源看，按照"全部购买""部分购买""全部自家机械"的顺序，呈"哑铃"形特征，即选择农机化作业的农户样本中，更大比例的样本更愿意单一自我服务或单一购买农机服务，选择农机作业部分外包的比重很少。从"哑铃"的两端看，又表现出单一购买农机服务农户的比重远高于单一自我服务农户的结果，这也符合小农户的生产经营规模特征。从经营面积和购买农机服务比重关系看，整体表现出随经营面积扩大，农户自我服务的偏好越大的特征。这意味着经营面积越大的农户，购买农机自我服务这一行为可能更符合经济理性。比较农地流转分类情况后发现，有农地流转样本中，农户更倾向于自我服务，该比例远高于未发生流转的样本。

（二）对策建议

结合本章的结论，提出如下针对性政策建议。

第一，从农户农业生产特征看，更多比例的小农户依托农业社会化服务开展农业生产。这意味着农业社会化服务对农户生产的重要性，以及推进农业社会化服务健康稳定发展的必要性。结合不同环节的农业社会化服务使用情况可知，对农业社会化服务的支持与干预，既要强调分环节的差异性，又要突出农业生产活动的整体性。从差异性看，对市场化水平发展较好的机耕、机收环节，要加大对其服务市场的规范力度，降低不正当竞争行为的发生概率；对短期收益不明显及外部性强的环节，要突出市场引导与公益性扶持相结合，加速其发展完善。从整体性

第十七章 经营规模、农地流转与农机作业购买的环节异质性分析

看，要重视动植物生命活动的连续性，从宏观层面协调制定不同环节的差异化措施，降低环节间差异化政策产生冲突的可能性。在具体执行方面，更要考虑干预政策实施的可行性，对那些本身不能依托行政手段克服，甚至会被行政手段恶化的服务薄弱环节，尽可能避免政策的直接参与。

第二，根据农业经营主体的农机需求结构调整农机具补贴的受益结构。国家农机具补贴的本意是扶持农业生产，提高农业机械化水平和农业生产效率。农机具效率的发挥需要特定的目标对象。经营面积越小的农户越倾向于购买农业社会化服务，流转大户则趋向于购买农机。基于该论断，农机补贴仍然要朝着补贴先进机械、补贴大型机械的方向发展。尤其是补贴的目的要纯粹，不要兼顾对农机制造业的扶持，让农机购置补贴切实补到农业生产领域，为农业生产保驾护航。

第十八章　农民工外出就业、落户意愿与返乡创业分析

李　玏　年　猛[*]

中国正处在工业化、城镇化快速发展阶段，大量农民工在城乡之间流动就业的现象将长期存在。农民工联系着城镇与乡村，其社会角色具有双重性，一方面他们到城镇打工、居住和生活，对城市的建设和城市社会运行发挥重要功能；另一方面他们又是农村社会的成员，对农村的经济和建设仍会有巨大的、积极的贡献，使其在推进新型城镇化和实施乡村振兴战略中具有重要作用。2019年中国农民工总量达到3亿人，其中本地农民工11652万人，外出农民工17425万人。推动农民工合理流动，保障进城农民工市民化有序推进，引导返乡农民工积极就业创业，成为协同推进新型城镇化与乡村振兴的重要议题。本章分别对农民工外出就业、落户意愿和返乡就业创业情况进行分析，进而提出相关对策建议。

---

[*] 李玏，中国社会科学院农村发展研究所助理研究员、理学博士，研究方向为城镇化；年猛，中国社会科学院农村发展研究所副研究员、经济学博士，研究方向为发展经济学、区域经济学。

第十八章 农民工外出就业、落户意愿与返乡创业分析

一 农民工外出就业状况

(一) 农民工外出就业规模

调查地区农民工外出就业比重高于全国水平，外出就业类型以务工为主。本次调查中，2019年外出就业的农民工达到2468人，占调查总人口的15.87%，高于《2019年农民工监测调查报告》中全国外出农民工占比，表明调查的10省（自治区）的农村劳动力外出就业规模较大、比重较高，高于全国平均水平。在外出就业人员中，以外出务工为主，占外出就业总人数的94.41%，达到2330人；外出自营人数占比仅为4.70%；还有0.89%的农业转移人口2019年在外出务工的同时，也从事自营行业。外出务工仍然是农村劳动力外出就业的主要途径。

表18-1　　　　　2019年农村劳动力外出就业类型及构成　　　（单位：人，%）

	外出农民工总量			比重		
	外出务工	外出自营	务工且自营	外出务工	外出自营	务工且自营
合计	2330	116	22	92.96	6.74	0.29
东部地区	634	46	2	93.80	4.52	1.68
中部地区	560	27	10	95.52	3.48	1.00
西部地区	960	35	10	95.65	4.35	0
东北地区	176	8	0	92.96	6.74	0.29

(二) 农民工外出就业分布

从农民工流出地区来看，中部地区是农村劳动力劳务输出的主要地区。调查数据显示，中部地区外出就业人口占该地区总调查人口的18.44%，高于全国水平2.57个百分点；西部地区次之，外出就业人口占该地区总调查人口的15.65%；而东部和东北地区农村劳动力外出就业比重分别低于全国平均水平1.35个百分点和1.22个百分点，分别为

◆ 第三篇 专题报告

14.52%和14.65%。

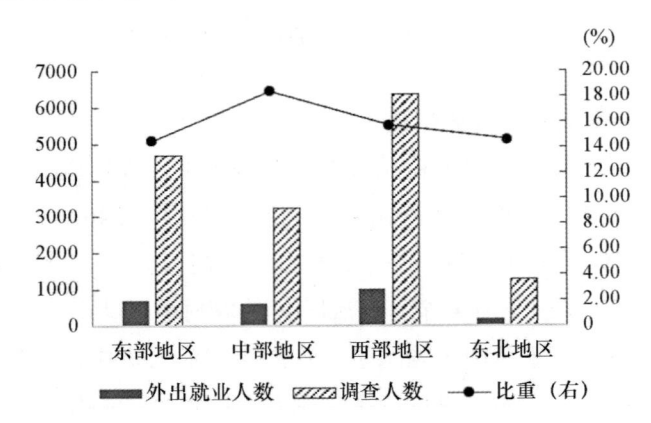

图18-1 2019年东部、中部、西部和东北地区农村劳动力外出就业情况

从农村劳动力流入地区来看，东部地区仍然是吸纳农村转移劳动力就业的主要地区。农民工跨省流动的数据表明，农民工流入规模前十位的省（自治区、直辖市）主要包括浙江、广东、江苏、上海、北京、福建、山东、天津、新疆和河北。其中，东部沿海地区吸纳农民工数量占跨省流动农民工总量的77.27%。东部地区凭借经济实力继续成为吸纳农民工的主要区域。

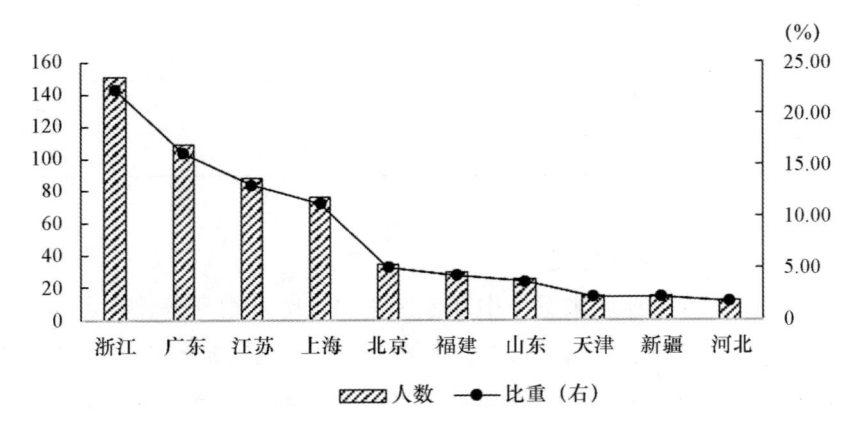

图18-2 2019年农村劳动力跨省流动主要流入地区

（三）农民工外出就业流向

外出农民工越来越趋向就地就近就业，以省内流动为主。在调查的 2468 名外出农民工中，省内就业人数达到 1793 人，占外出就业总人数的 72.65%。在省内就业人口中，就业地分别为乡外县内、县外市内和市外省内的人数占比为 35.56%、29.16% 和 38.36%，农民工外出就业流向呈现出显著的就地就近特征。其中，东部地区农民工在省内就业的比重高达 91.79%，与东部地区产业规模较大、地区龙头企业较多、集聚效应强、产业对就业的支撑能力较强有关。[①] 与此同时，西部地区吸纳农民工在省内就业的比例也较高，达到 68.86%，高于中部地区近 12 个百分点。

表 18-2　　　　　2019 年农村劳动力外出就业流向及构成　　　（单位：人，%）

	外出农民工总量			构成		
	农民工	跨省流动	省内流动	农民工	跨省流动	省内流动
合计	2468	675	1793	100.0	27.35	72.65
东部地区	682	56	626	100.0	8.21	91.79
中部地区	597	260	337	100.0	43.55	56.45
西部地区	1005	313	692	100.0	31.14	68.86
东北地区	184	46	138	100.0	25.00	75.00

县市成为吸纳农民工的重要载体。从农民工就业地的类型来看，从过去的主要流向大中城市，开始转向以流入县市为主。就业地类型为县市的外出农民工占总外出就业人数的比例超过 1/3，达到 32.56%，是农民工外出首选就业地。其次依次为地级市、省会、直辖市和建制镇，吸纳外出农民工数量分别为总数的 30.28%、23.49%、7.03% 和

[①] 吴方卫、康姣姣：《农民工流向选择和区域流动变化研究》，《农业技术经济》2019 年第 12 期。

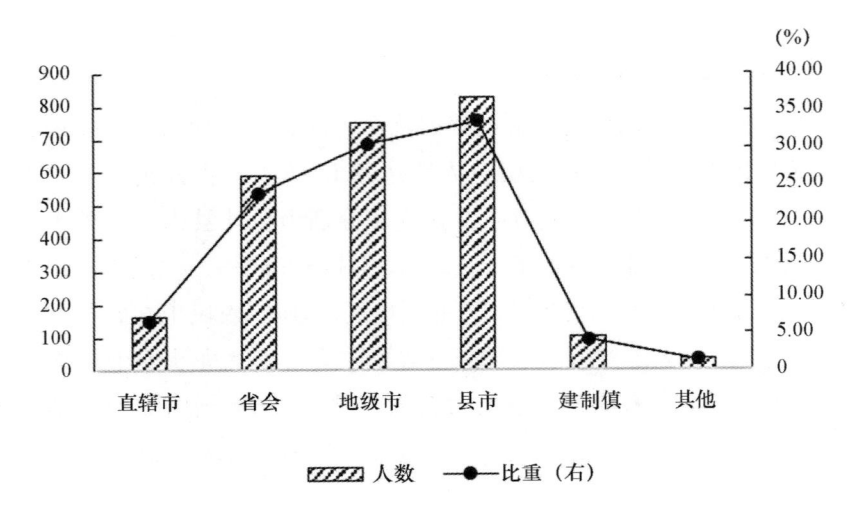

图 18-3　2019 年农村劳动力外出就业地类型

4.44%。2001—2019 年，中国县城总人口由 0.9 亿人增加至 1.55 亿人，县城平均人口由 5.43 万人增加至 10.37 万人，年均增速达 3.88%。2020 年的政府工作报告提出，加强新型城镇化建设，大力提升县城公共设施和服务能力，以适应农民日益增加的到县城就业安家需求。中国县域数量多、承载力大，是未来吸纳农业转移人口的主要载体之一。今后必须大力解决县域普遍存在的综合承载力不足、发展能级不高等问题，注重提升县域发展质量，提高县域产业支撑能力和公共服务品质。

（四）农民工外出就业行业

农村劳动力外出就业行业以第三产业为主，信息传输、软件和信息技术服务业等新兴产业吸纳农民工就业规模逐步扩大。农村劳动力外出从事第三产业的比重达到 57.34%。其中，从事居民服务、修理和其他服务业的人数比例最高，达到 10.36%；包括快递业在内的交通运输、仓储和邮政业处于第二位，从事人数比例为 8.75%；值得注意的是，农村劳动力外出从事信息传输、软件和信息技术服务业的人数不断上

第十八章 农民工外出就业、落户意愿与返乡创业分析

升,比例达到 3.67%。究其原因,随着科技创新上升为国家战略,信息服务业企业数量大量增长,行业规模不断扩大,新兴业态迅速成长,对第三产业的支撑作用显著增强,信息传输、软件和信息技术服务业也逐步成为吸纳农民工的主要产业之一。农村劳动力外出从事第二产业的比重为 38.75%,从事行业主要包括建筑业、制造业、服装纺织业和采矿业,从事人数比例分别为 17.94%、15.85%、3.43% 和 1.53%。

表 18-3　　　　2019 年农村劳动力外出就业行业分布　　（单位：人,%）

	人数	比重
第一产业	97	3.91
第二产业	961	38.75
其中：建筑业	445	17.94
制造业	393	15.85
服装纺织业	85	3.43
采矿业	38	1.53
第三产业	1422	57.34
其中：居民服务、修理和其他服务业	257	10.36
交通运输、仓储和邮政业	217	8.75
住宿餐饮业	157	6.33
批发零售业	147	5.93
信息传输、软件和信息技术服务业	91	3.67
卫生和社会工作	86	3.47
电力、燃气、水生产及供应业	83	3.35
教育业	71	2.86
金融业	67	2.70
公共管理、社会保障和社会组织	61	2.46
文化、体育和娱乐业	47	1.90
房地产业	44	1.77
其他	94	3.79

(五）农民工就业技能分析

外出就业农村劳动力职业技能水平仍有待提高。在 2468 名外出就业农村劳动力中，有 592 人接受过职业技能培训，仅占外出就业人员的 23.99%。其中，受过非农职业培训的人员比重较高，达到接受职业技能培训总人数的 78.89%，是接受农业技能培训的近 3.74 倍。通过访谈，接受过的职业技能培训主要包括汽车和器械修理、美容美发和就业单位组织的技能培训等。在接受过职业技能培训的农村劳动力中，取得与就业职业相关的技能证书的人员达到 263 人，占总量的 44.43%。而取得初级、中级和高级技能证书的比例分别为 51.33%、37.26% 和 11.41%，表明外出就业农村劳动力职业技能水平仍以初级水平为主。

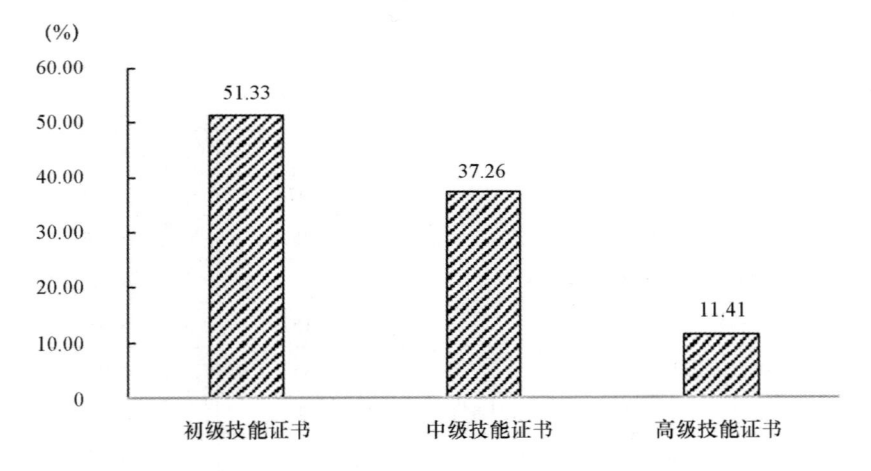

图 18-4　外出就业农民工取得职业技能证书情况

表 18-4　　　　外出就业农村劳动力职业技能情况　　　（单位：人,%）

	接受职业技能培训外出农民工数量			接受职业技能培训外出农民工构成		
	农民工	农业技能培训	非农技能培训	农民工	农业技能培训	非农技能培训
合计	592	125	467	100	21.11	78.89
外出务工	560	117	443	100	20.89	79.11

续表

	接受职业技能培训外出农民工数量			接受职业技能培训外出农民工构成		
	农民工	农业技能培训	非农技能培训	农民工	农业技能培训	非农技能培训
外出自营	25	7	18	100	28.00	72.00
务工且自营	7	1	6	100	14.29	85.71

二 外出农民工落户意愿状况

进城农民工的落户意愿关系中国户籍制度改革的方向与制度设计，影响农民工在流入地的社会融入。提高进城农民工落户意愿，促进农业转移人口市民化，是提高城镇化质量的重要途径，对中国经济社会发展影响深远。[①]

（一）外出农民工落户意愿总体情况

接受落户意愿调查的农村外出就业劳动力共1509人，其中仅有193人愿意在打工的城镇落户，占比为12.79%；1294名被调查农民不愿意在打工的城镇落户，占比达到85.75%；22人不清楚是否愿意在城镇落户。从总体样本看，农村外出就业劳动力在打工城镇落户的意愿并不强烈，大部分农民不愿意离开农村到城镇安家落户。需要强调的是，本次调查主要反映农民工在打工城镇的落户意愿，并不包括在家乡城镇落户的意愿。

近年来，随着农业转移人口市民化和户籍制度改革快速推进，城市落户条件不断降低。2014年，国家率先全面放开了建制镇和小城市的落户限制。随后，2016年发布的《推动1亿非户籍人口在城市落户方案》，通过取消积分落户等限制，开始逐步降低城区常住人口300万以

[①] 邱红、周文剑：《流动人口的落户意愿及影响因素分析》，《人口学刊》2019年第5期。

下的大城市落户门槛。至 2019 年 12 月，为进一步促进劳动力区域流动，中共中央办公厅、国务院办公厅再次发文，全面取消了城区常住人口 300 万以下城市的落户限制。然而，对于大部分的地区或城市来说，虽然已经陆续取消或放开、放宽落户条件，但是流动人口落户意愿并不高。[1] 目前多地普遍存在着"放开落户的城镇，农业转移人口不愿意落户"以及"农业转移人口有落户意愿的城市，没有放开落户限制"的现象。落户意愿和落户政策的不匹配，以及农业转移人口自身的后顾之忧，致使市民化进程难以加速。访谈过程中，受访者表示进城农民的自主退出制度安排尚未建立，不愿意在几乎没有任何市场收益的情况下放弃承包地、宅基地及其他相关权益。[2]

（二）四大区域外出农民工落户意愿情况

从四大区域的外出就业农村劳动力落户意愿来看，东部地区外出农民工在就业地落户意愿较高，受访者中愿意在城镇落户的农民工有 61 人，占东部地区调查人数的 17.09%，高于全国平均水平 4.29 个百分点；其次为中部地区，受访者中愿意在城镇落户的农民工有 51 人，占中部地区调查人数的 14.21%，仍然高于全国平均水平；而东北地区和西部地区受访的外出农民工在就业地城镇落户的意愿较低，愿意落户的人数比重均低于全国平均水平，仅达到 11.32% 和 10.06%。

表 18-5　　　2019 年农村劳动力外出就业落户意愿情况　　（单位：人,%）

	外出农民工数量			外出农民工比重		
	愿意落户	不愿落户	不清楚	愿意落户	不愿落户	不清楚
合计	193	1294	21	12.80	85.81	1.39
东部地区	61	287	9	17.09	80.39	2.52

---

[1] 苏红键：《城乡两栖视角落户意愿研究》，《贵州社会科学》2020 年第 7 期。
[2] 魏后凯、李玏、年猛：《"十四五"时期中国城镇化战略与政策》，《中共中央党校（国家行政学院）学报》2020 年第 4 期。

第十八章 农民工外出就业、落户意愿与返乡创业分析

续表

	外出农民工数量			外出农民工比重		
	愿意落户	不愿落户	不清楚	愿意落户	不愿落户	不清楚
中部地区	51	305	3	14.21	84.96	0.84
西部地区	69	611	6	10.06	89.07	0.87
东北地区	12	91	3	11.32	85.85	2.83

表18-6　　　　　　　　落户意愿分类统计描述　　　　　（单位：人，%）

分类		愿意		不愿意		不知道	
		样本量	比重	样本量	比重	样本量	比重
性别	男	105	9.88	947	89.09	11	1.03
	女	88	19.78	347	77.98	10	2.25
首次外出打工时间	1990年以前	1	4.00	24	96.00	0	0
	1990—1999年	11	7.69	129	90.21	3	2.10
	2000—2009年	63	18.00	283	80.86	4	1.14
	2010—2019年	124	14.62	712	83.96	12	1.42
就业地类型	直辖市	5	11.36	39	88.64	0	0
	省会	20	12.50	140	87.50	0	0
	地级城市	39	15.18	209	82.10	7	2.72
	县市	41	15.95	216	83.27	2	0.78
	建制镇	4	10.26	35	89.74	0	0
城镇购房情况	在打工地城镇购房	80	62.02	47	36.43	2	1.55
	在本县县城购房	32	20.13	123	77.36	4	2.52
	在其他城市购房	7	25.93	20	74.07	0	0
	未在城市购房	74	6.28	1090	92.45	15	1.27

(三) 外出农民工落户意愿影响因素分析

1. 家庭观念致使女性更愿意在城镇落户

从不同性别分组来看，女性的落户意愿显著高于男性。在受访者中，有 19.78% 的女性外出就业农民工愿意在打工的城镇落户，而仅有 9.88% 的男性外出就业农民工愿意在打工城镇进行落户，女性愿意落户城镇的比例比男性高出近 10 个百分点。访谈过程中，部分女性受访者表示在城镇落户更有利于子女受到更好的教育、家庭成员看病就医更加便利，是其愿意落户城镇的主要因素。目前农村教育资源水平仍显著低于城镇，农民工为了下一代接受更好的教育，或方便子女就近入学，愿意举家进城。此外，随着健康意识的增强，农民工对优质医疗资源的需求不断增长，落户城镇能有效提高医疗保障水平。由于女性家庭观念更强，因此落户意愿也更高。

2. "80 后"农民工落户意愿普遍较高

从首次外出打工时间的分组来看，在 2000—2009 年首次外出打工的农民工在就业地城镇落户意愿显著高于其他分组，愿意落户城镇的人数比重达到 18.00%，其次依次为 2010—2019 年、1990—1999 年和 1990 年以前，愿意落户城镇的人数比重分别为 14.62%、7.69% 和 4.00%。首次外出打工时间，一方面可以反映出外出就业农民工年龄，另一方面也可以反映出外出农村劳动力的就业时间。2000—2009 年首次外出打工的农民工年龄一般以 30—40 周岁为主，外出打工年限为 10—20 年，属于以"80 后"为主的"第二代农民工"。这一分组的农民工与"第一代农民工"不同，他们普遍受教育程度比较高，从学校毕业后直接进城打工，他们在生活方式、工作期望等方面对城市的认同感更高；与此同时，他们与"90 后""00 后"的"第二代农民工"也不同，由于进城务工年限较长，已经具备一定的就业技能和经济基础，在选择进城落户时能更好地解决住房、子女教育等问题，因此落户意愿较高。

3. 县市和地级市成为农户进城落户的首选地

从外出就业地类型来看，受调查外出就业农民工愿意在就业地落户

第十八章　农民工外出就业、落户意愿与返乡创业分析

的比例从高到低分别为县市（15.95%）、地级城市（15.18%）、省会（12.50%）、直辖市（11.36%）和建制镇（10.26%）。从以上数据分析可知，受调查农民工进城落户的首选是县市，其次为非省会的地级市，而省会和直辖市的落户意愿并不高，均低于落户意愿全国平均水平。根据访谈情况，县城基础设施较为完备、拥有一定就业机会，与此同时，迁移至县城农民工生活习惯、生活方式不会发生根本性改变，因此农民工对县城具有较为强烈的归属感，愿意落户县城。部分受调查的农民工表示，虽然对北京、上海等直辖市具有强烈的落户意愿，但同时以上城市落户条件也最高，难以实现，因此在直辖市就业的农村劳动力落户意愿并不高。总体来看，受现有生活方式、生活习惯影响，考虑到生活成本和家庭经济承受能力，县市和地级市成为农户进城落户的首选地，比重均高于其他行政等级城市。

4. 就业地居住状况稳定性越高，则落户意愿更高

从居住状况分组来看，在城镇购房的农民工落户意愿显著高于未在城镇购房的组别。其中，在打工地城镇购房的农民工落户意愿居于首位，比例高达62.02%，是未在城镇购房农民工落户意愿的近10倍。在其他城市和在本县县城购房的农民工愿意落户的比例也分别达到25.93%和20.13%，远高于受访外出就业农民工的整体意愿落户水平。总体来看，外出就业农民工在就业地居住状况的稳定性越高，如自购住房群体，愿意落户的比例也越高。通过访谈，在不考虑家庭经济状况的情况下，农户希望在城镇拥有一套住房，以此诠释真正意义上的"落户"，这也侧面反映了中国传统文化中"家"观念在农民心中的重要含义，而住房则是"家"概念的承载和表征。目前，多地推行宅基地换房、农户进城购房补贴等政策，由于实施难度大、补贴标准过低，尚不能解决农民工在城市的住房问题。并且，在现行政策条件下，为城市中低收入者设计的福利政策包括低保、廉租房和经济适用房等均未将农民工纳入保障群体，农户进城落户后的居住问题仍未有明确的解决方案，成为影响落户意愿的重要因素。

◆ 第三篇 专题报告

三 农民工返乡就业创业状况

伴随乡村振兴战略的不断实施，城市对于农民工的吸纳能力逐渐降低，农民工返乡成为一种常态化趋势，农民工返乡就业创业成为中国劳动力流动不断发展的典型特征。农民工返乡就业创业成为城乡统筹发展、改变城乡经济二元分割的新契机，也是助推乡村振兴战略实施的重要动力之一。

（一）农民工返乡情况

1. 农民工返乡整体情况

接受目前就业情况调查的外出农村劳动力样本量为 1513 人，其中返乡人数为 333 人，占调查人数的 22.01%。调查显示，返乡的主要原因包括家中农业生产缺乏劳动力（12.91%）、家庭原因（11.71%）、临时回家（11.41%）、在外找不到工作（7.5%），以及个人年龄大了，无法继续打工（6.61%）等，其中也有 4.50% 的农民工表示家乡政策扶持力度大，想回乡创业。结合访谈内容，返乡的农村劳动力主要分为两种情况，一是家中农业生产缺乏劳动力或者家中老人、孩子需要照顾等因素，农民工主动选择返乡；另一种情况为城市生活节奏太快，农民工文化及就业技能水平无法满足工作需求，就业竞争压力大，农民工被动返乡。近年来，国家对农民工返乡现象十分关注，陆续出台多项鼓励和优惠政策，进一步提高了农民工返乡就业意愿。

2. 四大区域农民工返乡情况

在调查样本中，东部、中部、西部和东北地区 2019 年返乡人数分别为 46 人、67 人、152 人和 68 人，分别占各区域调查人数的 12.99%、18.77%、22.25% 和 57.14%。从调查数据来看，东北地区农民工返乡比例显著高于其他地区，达到全国平均水平的 2.6 倍，是返乡比例最低的东部地区的 4.4 倍。从返乡原因来看，主要包括家中农业生产缺乏劳动力、临时回家等，东北地区返乡农民工比例高与调查时间

第十八章 农民工外出就业、落户意愿与返乡创业分析

正值秋收、秋种农忙时节也有一定关联。

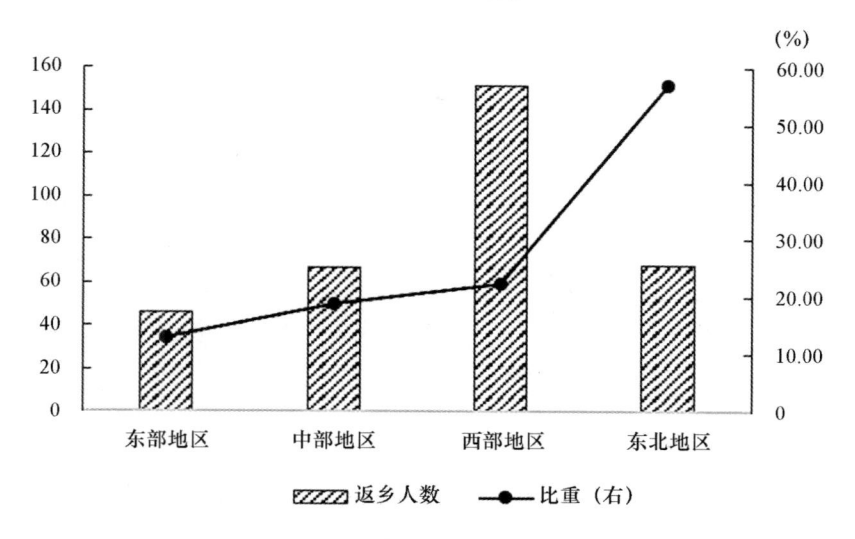

图 18-5 四大区域农民工返乡情况

(二) 返乡农民工就业情况

1. 农民工返乡就业情况

在返乡农村劳动力中,有 74.17% 的人在本地就业创业,目前在本地务农、从事非农自营和从事非农务工的返乡劳动力分别为 161 人、19 人和 67 人,分别占本地就业创业人数比重的 65.18%、7.69% 和 27.13%,返乡农民工目前就业仍以本地务农为主。此外,在返乡的 333 人中,分别有 49 人和 37 人因为新冠肺炎疫情或个人原因滞留家中,尚未就业,占返乡人员的 25.83%。

2. 四大区域返乡农民工就业情况

四大区域返乡农民工就业类型存在较显著差异。东部地区返乡农民工就业以本地非农务工为主要途径,人数占比达到 32.61%,返乡农民工部分进入本地企业打工或进行创业。与此同时,东部地区因新冠肺炎疫情和个人原因未就业人数占比也较高,达到 39.13%。东北地区返乡农民工则以本地务农为主,人数占比达到 63.24%。而中部和西部地区均有近一半返乡农民工在本地务农,此外,中部地区在本地从事非农自

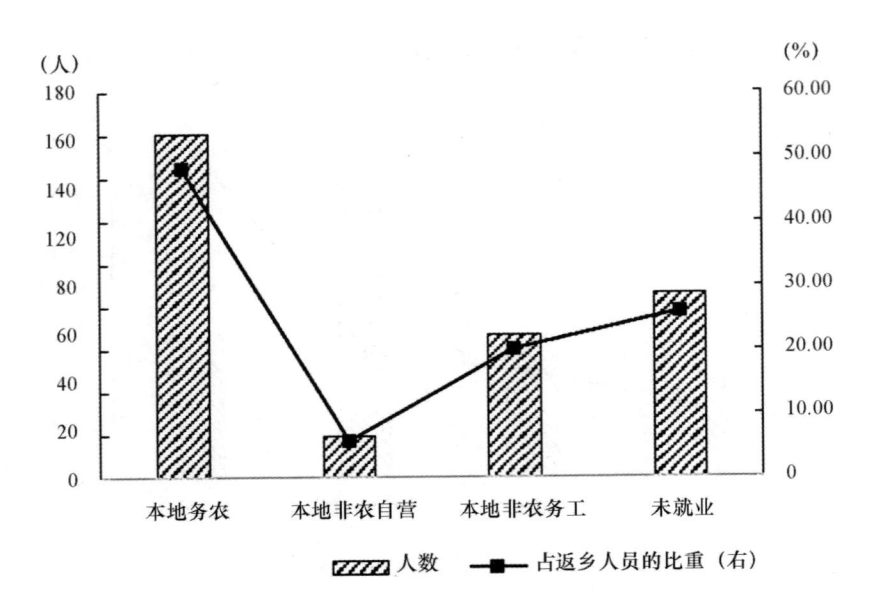

图 18-6 返乡农民工就业情况

营的人数占比较大，达到10.45%，西部地区则在本地非农务工的人数占比较大。

表 18-7　　　　四大区域返乡农民工就业情况　　　（单位：人,%）

	本地务农		本地非农自营		本地非农务工		未就业	
	人数	比重	人数	比重	人数	比重	人数	比重
东部地区	11	23.91	2	4.35	15	32.61	18	39.13
中部地区	34	50.75	7	10.45	10	14.93	16	23.88
西部地区	73	48.03	9	5.92	35	23.03	35	23.03
东北地区	43	63.24	1	1.47	7	10.29	17	25.00

（三）返乡农民工创业情况

1. 农民工返乡创业积极性较高

在返乡的333名农民工中，目前自主创业的人数为31人，占返乡农民工人数的 9.31%。乡村振兴战略实施以来,农民工返乡创业的积极性显著提高,随着农村创新创业政策的不断完善,农村地区对创业人员的吸引力不断增强。与此同时,受新冠肺炎疫情的影响,各省(自治区、直辖市)都加强了对本地区外来人员的限制和管理,这在一定程度上会影响长期跨省务工的农民工群体,促使农民工在本地创业意愿的提高。①

2. 创业行业以种养殖业为主

大部分返乡农民工在选择创业项目时更趋向于当前利润高、进入门槛低的行业。由于农民工的文化和技术水平不占优势,且对农业技能较为熟练,故农业成为多数返乡创业农民工的首选行业。分别有 22.58% 和 32.26% 的创业者选择了种植业和养殖业,远高于其他行业;有 9.68% 的创业者选择了住宿餐饮业;选择批发零售和文化娱乐业的农民工创业者均为 6.45%;有 3.23% 的创业者选择交通运输业;3.23% 的创业者选择服装纺织业。返乡农民工创业的产业和行业分布较为集中,农业依然是创业的主要领域,反映出农民工返乡创业受到自身技能能力的限制,多数只能选择技术含量较低、创业门槛不高的劳动密集型产业,同时农村的地理条件和经济环境也在一定程度上影响着农民工创业行业的选择。

3. 创业者面临资金筹措困难和生产技术不足的困难

在对创业农民工急需的政策帮扶进行调查时,34.09% 的创业者表示需要政府在资金筹措方面提供帮助,而 31.81% 的创业者则急需生产技术指导方面的帮扶;此外,有 18.18% 的农民工创业者希望能享受税收优惠,以减轻企业的负担;还有 9.09% 的创业者希望在销售服务环节得到政府的帮扶。调查表明,返乡农民工在创业过程中主要面临着资金筹措困难和生产技术不足的困难。

由于农民工返乡创业选择的行业大多为劳动密集型传统产业,创业

---

① 年猛:《"十四五"农村就业创业的战略思路与政策》,《中国劳动关系学院学报》2000 年第 5 期。

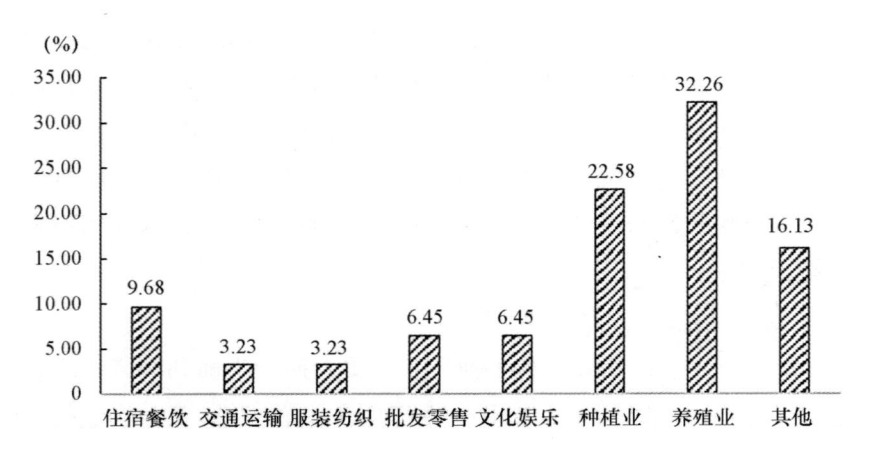

图 18-7 返乡农民工创业行业

初期资金来源多为外出打工的收入，以及亲朋借贷和家庭储蓄，向政府或者金融机构寻求资金帮助的很少。尽管近年来政府为促进创新创业，提供了许多贷款方面的优惠政策，但是这些贷款普遍都是短期、小额度、需要担保人或者抵押物，农民工返乡创业往往难以通过贷款方式满足创业资金需求，导致其创业进程和项目选择受到限制。此外，调查显示，虽然大多返乡农民工文化程度比一般农民高，但大多没有受过相应的创业技能培训，创办企业存在一定盲目性，经营管理知识也比较薄弱，在经营观念、产品研发和生产技术方面面临较大困难。

四　促进农民工外出就业和返乡创业的对策建议

今后应通过进一步提高农村公共就业服务能力、加大农村创业政策支持力度、深化户籍制度改革、构建适度偏向农村的政策体系作为着力点，稳定农民工就业预期、优化提升农村创业环境，让农民外出就业有保障、回乡就业创业有机遇。

（一）稳定农民工就业，提高农村公共就业服务能力

农民工群体能否实现就业务工直接关系农村家庭收入的提高，事关

第十八章　农民工外出就业、落户意愿与返乡创业分析

全局。为稳定农民工就业，应进一步提高农村公共就业服务能力，显著缩小农村地区与城镇在公共就业服务方面的差距。完善农村公共就业服务体系，重点推进以下工作：一是落实好国家对相关企业减税降费等支持政策，同时在困难时期加大对企业招工的补贴力度，建立和完善农业转移劳动力就业监测系统，完善农民工群体权益保障机制，维护本地外出农民工基本权益；二是加大对农民工、职业农民、农业转移劳动力的职业技能培训力度，对低收入群体、残疾人等弱势群体开展免费职业培训；三是提高农村公共就业服务的信息化水平，促进城乡各类就业服务信息实现互联互通和共享开放；四是推动城镇公共就业服务向农村地区延伸，缩小城乡就业服务水平差距。

（二）加大返乡下乡创业政策支持力度，优化提升农村创业环境

与城市相比，农村地区在创业政策支持力度、创业环境吸引力等方面较弱，在一定程度上制约了农村创业潜力的释放。今后应进一步完善农村创业体系，提高农村创业吸引力，以创业带动就业。

一是加大返乡下乡创业的政策支持力度。降低农村创业者小额无息贷款门槛，并将政策适用群体由农民工扩展到所有农村创业者群体。对在农村地区开办农产品加工、农业科技服务、农村电商等吸纳就业多、带动农户增收强的中小微企业，在其初创期实行税收优惠或减免政策。加大对返乡创业农民工的创业技能培训，全面支持农村承包土地经营权和农民住房财产权进行抵押贷款。

二是加强农村创业"软""硬"设施建设。首先，加强农村交通、电信等现代基础设施建设，实现城乡硬件设施均等化。其次，大力发展城乡物流建设和衔接，显著降低农村商品物流成本，全面对接城镇市场。再次，加强农村信贷、保险等金融市场建设，降低农村创业者资金借贷成本和创业风险。最后，加大农村职业技能培训机构的建设和普及，打破农村企业"招工难"的困境。

（三）深化户籍制度改革，加快推进农业转移人口市民化

加快农业转移人口市民化可以提高中国城镇化进程，促使中国城镇

化快速实现稳定状态。当城乡人口迁移达到相对稳定状态时，城乡基本公共服务及基础设施建设的效率会显著提高，城市对农村的支持力量也会显著增强，政府财政资金对农业农村投入的使用效率也会有所提升。从当前农业转移人口市民化面临的主要阻碍来看，应重点从以下两个方面进行全面突破。

一是深化户籍制度改革，还原户籍制度人口登记功能。尽管目前除个别超大城市外，其他城市已经全面放开落户限制，但从具体实施情况来看，农民工落户仍然有隐形门槛，改革力度并不彻底。首先，应进一步明确户籍制度改革的时间表，重点是将户籍制度与基本公共福利脱钩，还原户籍制度人口登记功能，不再赋予户籍制度额外功能。其次，在当前按照城市规模来分类推进户籍制度改革的基础上，结合城市面临的农业转移人口数量和财政资金实力进行完善。最后，居住证制度与积分落户制度应当是当前特大城市户籍制度改革压力下的过渡性制度安排，应当有明确的"退出"时间表。

二是完善市民化成本分担机制。在目前进一步完善"人地钱挂钩"的基础上，建立"中央政府＋地方政府＋企业＋农业转移人口"的四方成本分担机制，根据各地方面临的外来人口规模和财政实力、不同类型企业经济效应等合理确定成本分担的比例。

（四）坚持农业农村优先发展，构建农村适度偏向政策体系

基于国家发展的需要，中国长期以来实施城市偏向政策，导致城乡经济发展差距较大和二元体制形成。尽管从 2002 年以来，为解决城乡发展过度失衡问题，中央采取系列向农村倾斜的支持政策，但城市长期累积的先行优势和内在的规模经济优势与市场机制的结合使城市发展优势进一步凸显。为实现乡村振兴战略，从根本上解决城乡发展失衡问题，2019 年《中共中央　国务院关于坚持农业农村优先发展做好"三农"工作的若干意见》明确提出"坚持农业农村优先发展"的总方针。从当前农业农村发展面临的主要困境来看，坚持农业农村优先发展应重点关注以下领域。

第十八章　农民工外出就业、落户意愿与返乡创业分析

一是生产要素优先配置。通过税收优惠、财政补贴等方式，吸引和鼓励乡村发展急需的优质人才、社会资本下乡，参与乡村建设。同时，通过金融产品创新、政府引导或设立发展基金等方式促进金融资金下乡。

二是基本公共服务优先配置。2018年《关于建立健全基本公共服务标准体系的指导意见》提出"到2035年，基本公共服务均等化基本实现"，而实现基本公共服务均等化的短板就在农村。因此，应积极推动教育、医疗卫生、社会保险、养老等资源优先向农村配置和延伸，实现城乡基本公共服务标准统一和制度并轨。

三是公共基础设施优先配置。一方面，对于垃圾污水处理、供水供电、基本道路等与环境整治、生产生活息息相关的市政公用设施和交通基础设施应加快实现农村全覆盖。另一方面，对于现代信息化设施等应通过吸引企业等社会资本参与建设。

四是政府财政投入优先保障。2018年《财政部贯彻落实实施乡村振兴战略的意见》明确提出"把农业农村作为财政支出的优先保障领域"，同时"确保投入力度不断增强、总量持续增加"。在保障中央财政优先支持的情况下，也应督导地方政府实施财政优先保障"三农"领域。在当前经济新常态下，确保各级政府财政优先投入农业农村发展的同时，要做好乡村振兴与地区持续发展适度平衡。

第十九章　农村集体经济发展的现状、问题和对策

芦千文[*]

农村集体经济是集体成员利用集体所有的资源要素，通过合作实现共同发展的一种经济形态，是社会主义公有制经济的重要形式。发展壮大农村集体经济是巩固社会主义公有制、完善农村基本经营制度的必然要求，对于坚持中国特色社会主义道路、加快实现农业农村现代化、引领农民逐步实现共同富裕具有深远的历史意义。近年来，中共中央、国务院部署农村集体产权制度改革，探索农村集体所有制有效实现形式，构建集体经济治理体系，盘活农村集体资产，增强集体经济发展活力，形成许多既体现集体优越性又调动个人积极性的农村集体经济发展新模式、运行新机制。这些举措，对解决一些地方集体经营性资产归属不明、经营收益不清、分配不公开、成员的集体收益分配权缺乏保障等突出问题，发挥了明显作用，有力地推动了农村集体经济发展。这些是新发展阶段加快推进农业农村现代化的重要基础，也是全面实施乡村振兴战略的重要依托。中国乡村振兴综合调查有助于了解当前农村集体经济发展的现状和问题。以此为依据，提出进一步发展壮大农村集体经济的对策建议，对于推进城乡融合发展，加快农业农村现代化，实现乡村全

---

[*] 芦千文，博士，中国社会科学院农村发展研究所助理研究员，研究方向：农村组织与制度。

第十九章　农村集体经济发展的现状、问题和对策

面振兴具有重要意义。

一　农村集体经济发展现状

农村集体产权制度改革是维护农民合法权益、增加农民财产性收入的重大举措，是激发农村集体经济发展活力的前提。近年来，中共中央、国务院在各地分类试点农村集体产权制度改革，推进经营性资产确权到户和股份合作制改革，探索集体经济新的实现形式和运行机制。从调查的10个省（自治区）数据反映的情况来看，64.26%的村庄已经完成了农村集体经营性资产产权制度改革，26.56%的村庄正在进行此项改革，9.18%的村庄尚未开始此项改革（见表19-1）。农村集体经营性资产产权制度改革红利逐步释放，推动了农村集体经济的发展。

表19-1　　　　农村集体经营性资产产权制度改革　　　　（单位：%）

	还没开始	正在进行	已经完成
全国	9.18	26.56	64.26
东部地区	17.58	23.08	59.34
中部地区	6.67	35.00	58.33
西部地区	5.65	29.03	65.32
东北地区	3.33	10.00	86.67

（一）设置集体股是多数集体经济组织的选择

数据显示，在已经完成集体经营性资产产权制度改革的村庄中，约2/3（67.01%）的村庄设置了集体股，东北地区明显高于其他区域，92.31%的村庄设置了集体股（见表19-2）。在设置集体股的村庄中，有86.47%的村庄将集体股占总股份的比重设定在0—30%，有3.00%的村庄将比重设定在30%—50%，10.53%的村庄将集体股占总股份的比重设定在50%以上，其中东部地区集体股比重较大，有32.13%的村庄将集体股占总股份的比重设定在50%以上（见表19-3）。

表 19-2　　　　已经完成集体经营性产权制度改革中
是否设置集体股权　　　　（单位：%）

	设集体股权	不设集体股权
全国	67.01	32.99
东部地区	62.26	37.74
中部地区	65.71	34.29
西部地区	62.50	37.50
东北地区	92.31	7.69

表 19-3　　　　集体股占总股份比重（x）的区间分布　　（单位：%）

	0 < x ≤ 30%	30% < x ≤ 50%	50% < x < 100%
全国	86.47	3.00	10.53
东部地区	60.97	6.90	32.13
中部地区	89.29	7.14	3.57
西部地区	90.38	4.36	5.26
东北地区	95.83	4.17	0

（二）农民集体股权转让受到较大限制

在农民拥有集体股权的村庄中，仅17.33%的村庄允许农民转让集体股权，其中中部、西部地区较高，分别为25.61%、20.69%。股权转让主要有两种类型：一种是因担心农民缺少财产意识和外部资本进入后会造成集体资产被侵蚀，而将股权转让限制在本集体经济组织范围内；另一种则允许按照对外转让的具体办法将股权转让给非本集体经济组织成员。这样，农民集体股权可以转让范围就包括本集体经济组织内部、本乡（镇）内、本县区内、自由转让不受限制以及其他五类。目前，可转让集体股权的村庄中，农民集体股权主要在农村集体经济组织内部转让，占比达82.11%，东北、中部地区比例更高，达到90.91%、86.96%。

第十九章　农村集体经济发展的现状、问题和对策

表 19-4　　　　　　农户家庭集体股权是否可以转让　　　　（单位：%）

	可以转让集体股权	不可以转让集体股权
全国	17.33	82.67
东部地区	10.85	89.15
中部地区	25.61	74.39
西部地区	20.69	79.31
东北地区	14.61	85.39

表 19-5　　　在集体股权可以转让的样本中，可转让范围　　　（单位：%）

	本集体经济组织内部	本乡（镇）内	本县域内	自由转让	其他
全国	82.11	7.37	1.05	7.37	2.11
东部地区	73.91	8.70	0	17.39	0
中部地区	86.96	10.14	1.45	1.45	0
西部地区	81.25	4.69	1.56	7.81	4.69
东北地区	90.91	0	0	0	9.09

（三）颁证总体上有利于农民集体股权转让

农民是否转让集体股权，与确权颁证有显著的正相关关系。在农民拥有集体股权的村庄中，65.26%的家庭无"农村集体资产股权证明"文件，34.74%的家庭有"农村集体资产股权证明"文件，其中中部地区66.46%的家庭有"农村集体资产股权证明"文件，东部地区最低，仅为22.53%。有"农村集体资产股权证明"文件的农户家庭转让集体股份的比重（27.46%）高于无"农村集体资产股权证明"文件的家庭（10.75%）。中部地区无"农村集体资产股权证明"文件的家庭转让集体股权的比例（29.63%）高于有"农村集体资产股权证明"文件的家庭（24.75%），这与中部地区颁证比例高有关。

表 19-6　　各地区农民家庭有无"农村集体资产股权证明"
　　　　　　　文件的比例　　　　　　　　　　（单位：%）

	有"农村集体资产股权证明"文件	无"农村集体资产股权证明"文件
全国	34.74	65.26
东部地区	22.53	77.47
中部地区	66.46	33.54
西部地区	31.74	68.26
东北地区	25.00	75.00

表 19-7　　有无"农村集体资产股权证明"文件与
　　　　　　集体股权转让的关系　　　　　（单位：%）

| | 有"农村集体资产股权证明"文件 || 无"农村集体资产股权证明"文件 ||
	转让股权	不转让股权	转让股权	不转让股权
全国	27.46	72.54	10.75	89.25
东部地区	25.40	74.60	5.75	94.25
中部地区	24.75	75.25	29.63	70.37
西部地区	33.83	66.17	12.74	87.26
东北地区	25.81	74.19	8.62	91.38

（四）经济基础越好农村集体经济发展水平越高

区域经济发展水平高，意味着农村集体经济组织具有较多的发展机会，集体经济发展水平自然也较好。一般来讲，东部地区和城市郊区的农村集体经济发展水平高，也积累了较强的实力。从集体经济资产规模来看，村均集体资产规模为897.71万元，其中东部地区为1633.9万元，远高于中部地区（605.93万元）、西部地区（560.99万元）和东北地区（516.66万元）；城市郊区的村均集体资产规模为1086.6万元，明显高于非城市郊区（848.6万元）。

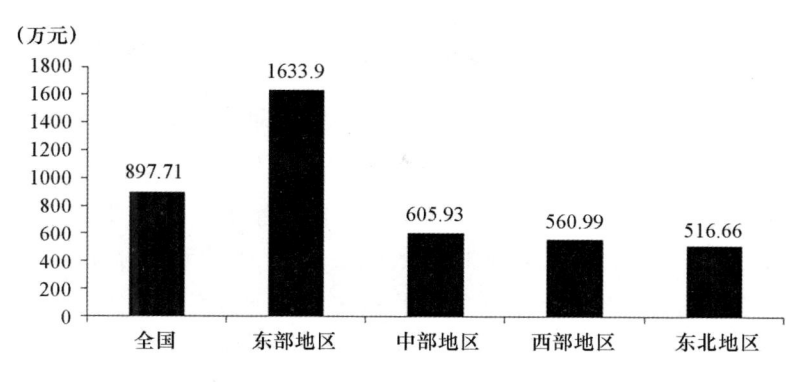

第十九章 农村集体经济发展的现状、问题和对策

图 19-1 全国不同区域村级集体资产情况

二 农村集体经济发展存在的问题

（一）农村集体经济存在"改弱"风险

在集体和个人股权分配上，"坚持农民集体所有不动摇，不能把集体经济改弱了、改小了、改垮了，防止集体资产流失"，"不能改垮"集体经济。推进农村集体产权制度改革不是"一分了之"，不是让村民吃集体经济的"散伙饭"，如果把集体资产改没了，实际上也是把村民的财产权利改虚了。调查数据显示，有相当多的村庄不主张设集体股，这一比重高达32.99%，特别是东部、西部地区不设集体股的比例更高，分别达到37.74%、37.50%（见表19-2）。同时，设置集体股的村庄中，存在集体股比例偏低的情况，仅有13.53%的村庄把集体股比重设置在30%以上，而且主要是东北、西部、中部地区集体股设置比例偏低，其集体股权比例在30%以下的比例分别达到95.83%、90.38%、89.29%（见表19-3）。调研中还发现，集体股权属关系不清的问题普遍存在，集体经济组织变更或重组时的重新确权困难重重。

（二）农村集体经济股权管理不规范

农村集体经济迸发活力的前提是农民占有集体股权的良性流动。目前，各地为防范集体资产流失和经营风险，对农民集体股权采取了较为严格的限制转让措施。调查数据显示，仅17.33%的村庄允许农民集体股权转让，东部地区限制得更为严格，仅10.85%的村庄允许农民集体股权转让（见表19-4）。且这种转让主要限定在集体经济组织内部，占82.11%。东部地区虽然限制农民集体股权转让，但允许转让后的范围较其他地区更广。在集体股权可以转让的村庄中，东部地区允许自由转让的占17.39%，明显高于其他区域（见表19-5）。随着农村要素市场化改革的深入推进，农村集体股权转让市场会逐步建立起来，农民转让集体股权会迅速增多。目前尚未建立针对集体股权转让市场的规范性制度体系和监管制度。同时，农村集体资产股权尚未颁证到位。从数据来看，65.26%的村庄尚未颁证到位，其中中部地区颁证工作较好，66.46%的村庄已颁证到位，东部、东北地区颁证工作较为滞后（见表19-6）。调研中发现，有不少村庄把农民的集体资产股权证放到乡（镇）政府或村委会，尚未发放给村民。

（三）农村集体经济共享水平不高

增强农民的获得感、幸福感是农村集体经济发展的宗旨。从调查数据反映的情况来看，农民在集体经济发展中的获得感较弱，这与其获得集体经济分红少有密切关系。已经设置集体股权的村庄样本中，进行了集体股金分红的村庄占比仅为21.13%。从农户样本来看，农民家庭获得村庄集体经营性资产股份分红的比重为16.33%，未获得村庄集体经营性资产股份分红的农户比重为83.67%。其中，东北地区农民家庭获得村庄集体经营性资产股份分红比重较高，为39.60%，其他地区都较低（见表19-8）。调研中发现，农村集体经济分配关系已经成为制约农村集体经济发展的重要难题。一是如何建立外部分配关系。各地鼓励农村集体经济组织积极参与区域经济发展，农村集体经济组织与新型农业经营主体、工商企业建立了多元合作关系，亟须建立有效维护集体经济权益和激发多元主体活力的新型分配关系。二是如何重构内部分配关系。村集体经济组织内部收益如何分配、公积金和公益金按什么比例提取、村干部贡献如何体现、收益分配权能否继承等方面的问题尚缺乏详细的规定。除此之外，集体成员对于集体资产股份的占有、有偿退出及抵押等如何实现，怎样维护，这些都是拓宽农村集体经济发展路径面临的挑战。

表19-8　　　　全国不同区域农户家庭获得集体经营性

资产股份分红情况　　　　（单位：%）

	获得村庄集体经营性资产股份分红	未获得村庄集体经营性资产股份分红
全国	16.33	83.67
东部地区	13.40	86.60
中部地区	16.61	83.39
西部地区	13.26	86.74
东北地区	39.60	60.40

（四）农村集体经济发展后劲尚待激发

总体来看，目前不少地区农村集体经济基础薄弱、增收手段较少，可持续发展动力不足，缺乏内生增长动力。一是集体经济薄弱村较多。如前文所述集体经济发展较好、实力较强的村庄集中分布在东部地区和城市郊区。与之相对应，中西部和东北地区、纯农区集体经济发展较弱，尤其是山区的农村集体经济更为薄弱。目前，尚有11.03%的村庄集体资产低于50万元，属于集体经济薄弱村。二是集体经济收入来源有限。从收入来源看，多数村的集体经济主要收入来源并非经营性收入，更多依赖于政府补助或其他收入。调查数据显示，企业上缴收益、投资收益两项仅占23.1%，远小于政府补助收入（33.8%）。三是集体经济公益性负担较重。调查发现，农村集体经济组织仍然承担大量的公益性支出。大量的村集体经济组织正提供着形式多样的社区公益性服务，加重了农村集体经济组织的负担。调查数据显示，农村集体经济组织经营性支出仅占16.3%，东部地区最低，仅为11.8%（见表19-10）。四是集体经济经营范围有限。农村集体经济组织经营性支出中，农田水利建设支出、为农户提供生产服务支出两项合计占了78.3%，

第三篇 专题报告

说明农村集体经济组织仍以服务农业生产为主，参与乡村非农产业和新产业发展较少。

表 19-9　　　　　农村集体经济收入来源　　　　　（单位：%）

	企业上缴	投资收益	补助收入	其他
全国	5.5	17.6	33.8	43.1
东部地区	0.1	26.8	9.6	63.5
中部地区	14.9	20.9	29.9	34.3
西部地区	6.9	16.3	59.6	17.2
东北地区	0	0	20.3	79.7

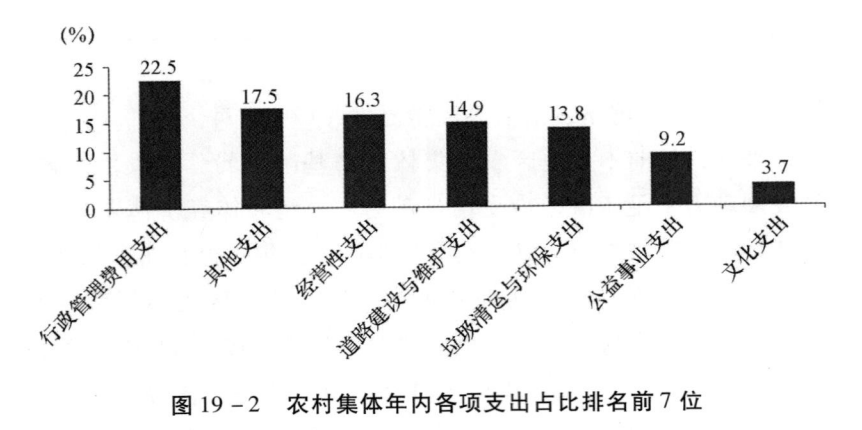

图 19-2　农村集体年内各项支出占比排名前 7 位

（行政管理费用支出 22.5；其他支出 17.5；经营性支出 16.3；道路建设与维护支出 14.9；垃圾清运与环保支出 13.8；公益事业支出 9.2；文化支出 3.7）

表 19-10　　　　不同地区农村集体经济支出分布　　　　（单位：%）

	东部地区	中部地区	西部地区	东北地区
行政管理费用支出	24.1	22.7	17.4	29.5
经营性支出	11.8	22.0	16.1	19.9
道路建设与维护支出	18.4	7.8	17.1	10.4
垃圾清运与环保支出	14.6	11.7	13.3	17.4
公益事业支出	7.7	10.1	10.4	7.1
文化支出	2.2	3.9	4.9	2.9

第十九章 农村集体经济发展的现状、问题和对策

续表

	东部地区	中部地区	西部地区	东北地区
医疗卫生健康事业支出	4.7	2.0	3.4	1.9
社会治安支出	14.8	1.1	0.9	0.9
五保户烈军属老人补助等支出	0.9	1.9	1.9	0.3
其他	0.8	16.8	14.6	9.7

表19-11　　　　集体经济经营性支出中各项支出占比　　　（单位：%）

	全国	东部地区	中部地区	西部地区	东北地区
为农户提供生产服务支出	29.8	30.1	43.6	32.5	13.0
购置生产性固定资产支出	21.7	15.2	26.2	22.4	23.0
农田水利建设支出	48.5	54.7	31.2	45.1	64.0

（五）农村集体产权制度改革参与度不高

尽管一些村完成了清产核资和集体成员身份确认工作，部分村成立了集体资产股份合作组织，但村民缺少行使权利的机会，不能对农村集体资产进行有效监督。不少村庄进行集体资产产权制度改革时，不重视村民的广泛、有效参与，导致村民对该项改革不知情、不参与。虽然样本村庄中90.82%的村已经完成或正在进行此项改革，但却有56.69%村民未听说过集体产权制度改革、63.29%的村民不知道村里正在进行此项改革。调查中还发现，大部分村民没有参加过股东大会，即使参加了也没有发表意见的权利。究其原因，主要是农村集体资产股份合作制普遍采用现有的村民委员会管理制度，以村民委员会或村民代表大会的形式参与集体资产的管理。大多数农民集体股份合作制组织每年仅召开一两次会议，村民参加股东大会只是被动听取负责人的报告和决策，投票表决流于形式，很少能发表反映自身诉求的意见，不能体现农民直接参与集体资产的管理和监督，使农民权益得不到有效保障。

表 19-12　不同地区农户对村集体产权制度改革知晓情况　（单位：%）

	是否听说集体产权制度改革		是否知道村正进行产权制度改革	
	是	否	知道	不知道
全国	43.21	56.69	36.71	63.29
东部地区	40.63	59.37	31.90	68.10
中部地区	55.76	44.24	57.73	42.27
西部地区	40.57	59.43	33.50	66.50
东北地区	38.34	61.66	30.29	69.71

三　进一步推动农村集体经济发展的对策

到2021年年底，农村集体产权制度改革的阶段性任务基本完成，新型农村集体经济发展的制度环境已基本具备。在此基础上，进一步发展壮大农村集体经济，要在巩固提升农村集体产权制度改革成果的基础上，开展新一轮农村集体产权制度改革，健全完善农民有效参与的制度机制，创新农村集体经济运行治理机制，加快消除集体经济"空壳村"、薄弱村，因地制宜探索多元化新型农村集体经济发展路径，让集体经济成为乡村全面振兴和农民共同富裕的坚实支撑。

（一）继续深入推进农村集体产权制度改革

推进农村集体产权制度改革是探索农村集体所有制有效实现形式的重要前提。要在落实集体土地所有权，建立集体经营性建设用地入市制度，农村集体经营性建设用地使用权、集体林权抵押融资以及集体资产股权担保融资，资源变资产、资金变股金、农民变股东改革，农民对集体资产股份占有、收益、有偿退出及担保等方面加大探索创新力度，为构建归属清晰、权能完整、流转顺畅、保护严格的中国特色社会主义农村集体产权制度提供基础。要尽快完成集体资产清产核资工作，强化农村集体资产财务管理，为顺利推进农村集体产权制度改革提供基础和前提。要合理安排集体收益的分配和积累比例，将改革限定在农村集体经济组织内部进行，防止内部少数人控制、外部资本侵占，推动农村集体经济可持续发展，让集体经济最大限度保值和增值。对于集体资产股权设置，应由本集体经济组织成员大会讨论决定，当基层干部和群众有充分理由要求设置集体股时，应由农村集体经济组织按村民意愿自主决定，并厘清集体股的权属关系。对于集体资产股权转让，应在风险可控的前提下积极探索多元转让方式，并逐步完善风险管控机制。

（二）健全完善农民有效参与的制度机制

要坚持以农民主动参与为破解改革难点的突破口，充分尊重民意，切实保障农民的各项基本权益，让农民知晓改革、关心改革、参与改革，真正调动农民的积极性，形成有效的内生动力。在农村集体产权制度改革推进过程中，最重要的共性创新探索之一就是坚持"政府引导、农民主体"的基本方式，以构建农民充分参与的制度机制为基础，农民的事农民办，农民的问题农民解决，充分授权、平等协商、柔性推进。改革推进中最为棘手的资产清理、成员认定、股权设置、历史债务化解等复杂矛盾，均无一例外地将基本选择权交给农民，采取由集体成员充分民主讨论决策的方式，既有效化解改革矛盾，又显著提高改革效率。更关键的是，通过充分参与维护了农民的合法权益，强化了主体地位和责任意识，农民由"要我关心"变为"我要关心"，对改革的关切度提升、参与性增强，有效激发农民主动参与改革的内生动力。由政府导向搭建农民全程参与农村集体产权制度改革各重要环节的制度平台，让农民真正成为改革的参与者、决策者、监督者和受益者。以农民参与营造良好的改革氛围、形成重要改革合力、破解大量改革难题和构建有效改革激励，既是不同区域农村集体产权制度改革中贯穿始终的一条主线，也是确保改革过程能够顺利启动和稳步推进的重要经验。

（三）多维度创新农村集体经济运行机制

这其中最受关注的是成员权资格的确认和退出，股份制改革中的股权设置以及股权流动、继承问题，对此要在农村集体经济组织法的制定中予以重点考虑，做出比较清晰和具有可操作性的法律规定。需要注意，这也属于村民自治的内容，要给予村集体自行决定的权力，法律上明确底线、原则和导向即可。为增强集体经济组织的活力和竞争力，应探索建立开放性的集体成员权资格动态调整机制，如人才加入机制。目前，国家正全面推进村党组织书记通过法定程序担任村级集体经济组织负责人，以强化农村基层党组织领导核心作用。很多地方还在以村委会代行村集体经济组织职能。需要重视建立基层党建、村务管理与现代企业制度的衔接机制，充分发挥村集体经济组织作为特别法人的市场主体作用。在经营性领域，要充分发挥现代企业制度和市场决定资源配置的作用，加大对职业经理人的引进、培养和使用，探索集体资源资产的资本运营方式，增强保值增值能力。在非经营性领域和公共服务、公益性服务领域，探索发挥基层党组织和村集体组织的主导作用，提高非经营性资产的使用效率，建立经营性收益补偿非经营性成本的良性机制，增强农村集体经济在农村经济社会发展中的基础支撑作用。这些都是以防止内部少数人控制和外部资本侵占集体资产，以及杜绝侵害集体成员利益、弱化集体成员地位为前提的。

（四）加快消除集体经济"空壳村"、薄弱村

要探索有效手段，帮助这些村庄积累、盘活集体资源资产，建立长效发展机制。深入推动资源变资产、资金变股金、农民变股东改革，发展多形式的股份合作、联合，为外部优质要素资源进入提供平台和机会。政府财政扶持资金和各类扶持政策，既要扩大村集体经济组织承接的范围，也要明确形成资产、资金量化为村集体及其成员股份后，以村集体经济组织为主导进行有效管理和使用。要充分发挥驻村第一书记在引资、引智、政策落实、项目落地中的作用，以此为手段重点向发展集体经济倾斜。要建立强村带弱村机制，通过人才交流、项目扶持、经验推介等，推动"空壳村"、薄弱村创新集体经济发展模式。需要注意，要顺应村庄发展规律和演变趋势分类推进集体经济发展，根据不同村庄

第十九章　农村集体经济发展的现状、问题和对策

的发展现状、区位条件、资源禀赋等，按照集聚提升、融入城镇、特色保护、搬迁撤并思路进行策略性布局，避免因盲目投资建设形成新的无效、低效资产。

（五）因地制宜推进农村集体经济振兴

政策上已经明确鼓励集体经济组织通过集中开发、公开招标、合资合作、入股参股等发展现代农业项目、休闲农业和乡村旅游，为农业经营主体提供产前、产中、产后农业生产性服务，参与农业产业化经营和产业融合发展等，并鼓励从实际出发探索多种多样的集体经济发展途径。基于前文分析，要尤为注重处理好集体经济组织与其他市场主体的关系，策略性选择集体经济组织的比较优势领域，把集体经济组织纳入新型农业经营体系，推动其成为现代化农村经济体系的有机构成。当前，要注重农村集体经济组织的"正本溯源"，增强其服务农业农村发展的能力。以村集体经济组织为载体，建设村域综合性服务平台，汇集区域性、公共性、公益性服务功能，如政策服务、信息服务、电子商务、信用互助等，形成平台经济效应。努力使其成为农民开展综合合作的组织载体，优质要素下乡和产业链下移的承接载体，以及小农户衔接现代农业的重要依托。同时，为应对农村老龄化等社会问题，推进农村人居环境整治等，要引导农村集体经济组织加强在公共服务领域的作用。

（六）营造有利于农村集体经济发展的政策环境

要进一步清理废除各种阻碍农村集体经济发展的不合理规定，制定符合农村集体经济发展实际需要的优惠特惠政策，完善财政引导、多元投入共同扶持集体经济发展的机制。要逐步增加政府对农村公共服务的支出，减少农村集体经济组织的相应负担，出台集体经营性收益分配向公共服务倾斜的激励政策，健全农村集体经济组织公共服务、公益服务成本分摊机制。在经营性领域，给予农村集体经济组织完全市场主体地位，并通过税费优惠引导其向综合性、区域性服务和薄弱、急缺领域发

◆ 第三篇 专题报告

展。加大力度培养农村集体经济组织的人才队伍，包括发展带头人、职业经理人以及财务、信息化、审计等管理人员，及早关注部分农村集体经济组织管理层"后继无人"的问题。加大力度、创新方法，统筹解决农村集体经济发展的用地需求。完善金融机构对农村集体经济组织的融资、担保等政策，健全风险防范分担机制。探索在不同层面设立农村集体经济发展引导基金、风险基金、担保基金等。制定出台农村集体经济发展的规范性指导意见，推动农村集体经济组织管理系统、财务系统、审计系统、统计系统、监测系统、监督系统的信息化、标准化，编制典型案例集。尽快出台农村集体经济组织法，为农村集体经济发展提供法律保障。

第二十章 文明乡风建设现状、问题和对策

赵 黎[*]

中国传统乡土社会是熟人社会。村民在长期的生产生活实践中形成的以习俗、习惯和道德舆论等为表现形式的社会行为规范与国家正式制度一道，对农村社会关系进行调整，是影响村民行为方式和价值观的重要因素。在社会转型时期，随着农村社会结构的变化，以村庄共同体为本位的行为规范对村民的约束力发生了变化，但这种约束力仍然是影响村民行为方式和价值取向的重要力量。对此，可以从文明乡风建设状况进行观察和分析。本章从人情消费往来、民间互助互惠、矛盾纠纷解决、宗教信仰问题、主观幸福感知五个方面观察和分析中国当前文明乡风建设和移风易俗的基本状况和存在的问题。数据分析结果显示，当前农村文明乡风建设虽然取得了可观的成绩，但仍存在一些需要注意的问题。

一 文明乡风建设的现状

可从人情消费往来、民间互助互惠、矛盾纠纷解决、宗教信仰问题

---

[*] 赵黎，社会科学博士，中国社会科学院农村发展研究所副研究员，主要研究领域为农村组织与制度、社会治理、合作经济研究。

◆ 第三篇 专题报告

和主观幸福感知等方面观察当前乡风民风的基本状况。

(一) 人情消费往来

"人情"是中国传统社会的重要概念,也是农村熟人社会的普遍现象。在由人情支配的社会关系格局中,人与人之间的人情交往有其特殊的功能与方式,其功能性、社会性和价值性促进了熟人社会的整合和团结,[①]成为维系稳定、有序的农村社会人际关系的重要基础。人情消费是村民人情交往的重要表达方式。

调查数据分析结果显示,当前农村人情消费名目繁多,但仍然以婚丧嫁娶为主。结婚和丧事是人情支出中的两个主要因素,分别占受访农户所在村的96.87%和85.16%。此外,因新生儿出生的人情支出也占到受访农户的一半以上(56.35%)(见表20-1)。

表20-1　　　　受访者所在村庄人情支出事项分布　　　(单位:户,%)

	户数	占比
结婚	3713	96.87
丧事	3264	85.16
新生儿出生	2160	56.35
过生日	889	23.19
乔迁新居	1293	33.73
孩子升学	1319	34.41
其他	88	2.30

受访者的家庭在2019年发生的重要事件依次为新生儿出生(4.49%)、男娶女嫁(4.33%)、家人去世(4.07%)、子女考入高校(2.90%)、老人过寿(2.01%)(见表20-2)。受访者家庭因为这些事件在宴请、举办仪式等方面的支出均值为21532.29元(见表20-

---

① 宋丽娜、宋利朝:《人情仪式:功能性、社会性与价值性》,《民俗研究》2014年第5期。

第二十章 文明乡风建设现状、问题和对策

3）。从地域分布上看，一方面，其支出水平大抵与地区经济发展水平相吻合，支出均值从高到低依次为东部地区（29508.61元）、中部地区（23184.00元）、西部地区（17917.75元）、东北地区（8018.87元）。另一方面，与人情支出情况相反，人情收取水平从高到低依次为东北地区（16703.77元）、中部地区（14010.53元）、西部地区（13512.19元）、东部地区（10806.46元）（见表20-4）。这似乎说明，经济发展水平较高地区村民的人情收取总体上比经济发展水平较低地区的人情收取水平低。

表20-2 受访者家庭2019年经历的重要事件 （单位：户，%）

	户数	占比
男性娶妻	93	2.43
女性出嫁	73	1.90
子女考入高校	111	2.90
小孩出生	172	4.49
家人去世	156	4.07
老人过寿	77	2.01
以上都没有	3199	83.46

表20-3 受访者家庭2019年在重要事件上的人情支出 （单位：户，元）

	样本量	均值	中位数	最小值	最大值
东北地区	53	8018.87	6000	0	50000
东部地区	204	29508.61	3000	0	2000000
中部地区	140	23184.00	6000	0	500000
西部地区	316	17917.75	5500	0	800000
合计	713	21532.29	5000	0	2000000

第三篇 专题报告

表20-4　受访者家庭2019年在重要事件上的人情收取　（单位：户，元）

	样本量	均值	中位数	最小值	最大值
东北地区	53	16703.77	2000	0	200000
东部地区	182	10806.46	50	0	200000
中部地区	133	14010.53	3500	0	250000
西部地区	301	13512.19	19	0	180000
合计	669	13128.02	1000	0	250000

数据分析显示，2019年，样本农户所在村涉及彩礼、房子、车子等嫁娶总花费的平均支出为38.96万元（见表20-5）。从地域分布上看，从高到低依次为中部地区、东北地区、东部地区和西部地区。人情异化的程度与方式与村庄社会结构有密切关系。[①] 村庄原子化程度高的中部地区的彩礼平均支出接近50万元，而西部地区的彩礼平均支出也达到了31万元（见表20-5）。

表20-5　　　　农村彩礼支出及地域分布　　　　（单位：万元）

	最小值	均值	中位数	最大值
东北地区	0	43.50	50	100
东部地区	0	42.39	20	350
中部地区	0	49.52	40	300
西部地区	0	31.01	20	160
平均	0	38.96	30	350

注：此表为剔除数据超过1000万元的异常样本13例后的统计结果。

（二）民间互助互惠

在注重礼俗的社会，人情是连接社会成员的精神基础。在日常礼俗

[①] 杨华、欧阳静：《农村人情的变异：表现、实质与根源——对当前原子化农村地区人情的一项考察》，《中州学刊》2011年第5期。

第二十章 文明乡风建设现状、问题和对策

中，人情有日常性人情与仪式性人情之分,[①] 而仪式性人情又可以分为两部分，即核心仪式和依附于仪式的酒席、礼物交换等。[②] 在传统村庄社会中，仪式性人情发挥着经济互助和维护社会团结的重要功能。[③]

发挥经济互助功能的人情指的是人们在日常生活中为解决问题或困难而求人帮忙、托人办事。这种人情往往表现出人们在交往过程中相互之间的利益关系。为了分析请客送礼行为，问卷调查的问题包括了受访者及其家人在2019年经历的主要事件以及为此请客送礼的情况。统计结果表明，2019年，看病就医是受访家庭经历的最主要的事件，占到受访者的38.38%。此外，也有8.14%的受访家庭经历了子女入学或者升学的事件（见表20-6）。

表20-6　受访者家庭2019年经历的主要事件　（单位：户,%）

	户数	占比
看病就医	1471	38.38
孩子入学/升学	312	8.14
求职就业	100	2.61
提薪升职	13	0.34
打官司	25	0.65
经商办厂	54	1.41
其他	33	0.86
无	2067	53.93

对解决问题或困难而请客送礼的问题的回答，67.70%的受访者选择了"其他"这一情况（见表20-7）。在问卷设计中，针对这一问题

---

① 萧放：《"人情"与中国日常礼俗文化》，《北京师范大学学报》（社会科学版）2016年第4期。
② 宋丽娜：《人情的社会基础研究》，博士学位论文，华中科技大学，2011年。
③ 陈柏峰：《农村仪式性人情的功能异化》，《华中科技大学学报》（社会科学版）2011年第1期。

第三篇 专题报告

的选项未包括红白喜事、邻里纠纷等农村常见的仪式性人情。此外，在日常生活中，"其他"还可能包括因办理各类证件、开具各类证明甚至希望参军入伍、谋求某种利益等表现出的利益交换关系。

表20-7　　　　受访者家庭2019年因事托人说情或请客送礼的情况　　（单位：户,%）

	户数	占比
看病就医	75	1.96
孩子入学/升学	29	0.76
求职就业	7	0.18
提薪升职	0	0
打官司	2	0.05
经商办厂	8	0.21
其他	2595	67.70
无	1	0.03

前文数据分析表明，社会生活中办事求人现象仍然普遍存在。东部、中部和西部地区超过90%的受访者表示，请客送礼有助于将事情办成（见表20-8）。

表20-8　　受访者家庭2019年请客送礼后事成情况　　（单位：户）

	办成了	正在办	没办成	总计
东北地区	16	0	2	18
东部地区	152	2	4	158
中部地区	111	7	3	121
西部地区	361	12	7	380
总计	640	21	16	677

民间互助互惠是维护社会团结的有效途径。民间互助互惠不仅是社会互惠交换的过程,还是一种社会资本再生产的过程。建立在乡土文化传统基础之上的互助是理解乡村社会的关键。[①] 民间互助互惠是在传统社会中生产力发展水平低下、农村公共服务供给缺失的情况下,有限理性的个人为实现自身利益最大化、实现社会融入、维护社会团结而自发建构起来的产物。在社会转型时期,民间互助互惠在乡村社会生活中仍然具有促进生产生活协同合作、维护社会秩序稳定的功能。统计结果显示,2019年受访者在红白喜事和农业生产上与村民邻里之间的互帮互助普遍存在,分别占到受访者总数的74.64%和54.27%。此外,还有41.06%和26.58%的受访者表示在建房和借款方面与邻里之间存在互助互惠行为(见表20-9)。

表20-9　　　　　　受访者与邻里之间互帮互助情况　　　（单位:户,%）

	户数	占比
农业生产	2080	54.27
建房	1574	41.06
红白喜事	2861	74.64
借款	1019	26.58
其他	355	9.26

(三) 矛盾纠纷解决

农村社会矛盾日渐成为影响社会发展稳定的一个主要因素。针对矛盾纠纷方面的调查,统计结果显示,超过90%的受访者家庭在过去五年没有经历过任何严重纠纷事件(见表20-10)。

---

① 卞国凤:《近代以来中国乡村社会民间互助变迁研究》,博士学位论文,南开大学,2010年。

表 20-10　受访者家庭最近五年发生严重纠纷的情况　　（单位：户,%）

	户数	占比
土地纠纷	67	1.76
邻里纠纷	54	1.42
家庭纠纷	44	1.16
没有过任何纠纷	3554	93.40
其他	86	2.26

对于经历过严重矛盾纠纷事件的受访者,其纠纷解决途径主要包括"找上级领导解决"(19.50%)、"法律途径"(18.50%)、"找熟人调解"(15.00%)。此外,19.00%的受访者"没采取任何行动",还有24.50%的受访者采取了"其他"途径(见表 20-11)。在日常生活中,解决矛盾纠纷的其他途径可能包括私了,涉及家庭纠纷还可能由家庭成员内部协商解决。

表 20-11　　　　　受访者家庭纠纷解决途径　　　　（单位：户,%）

	户数	占比
法律途径	37	18.50
找上级领导解决	39	19.50
找熟人调解	30	15.00
找媒体曝光	1	0.50
集体行动	1	0.50
个体抗争	4	2.00
上网反映问题	1	0.50
没采取任何行动	38	19.00
其他	49	24.50

第二十章 文明乡风建设现状、问题和对策

(四) 宗教信仰问题

宗教信仰可以在社会主义现代化事业中发挥积极作用，但也有可能引起社会矛盾和冲突。[①] 正确认识和处理宗教问题，对于巩固党的执政安全、维护经济社会秩序至关重要。将宗教文化从政治文明和精神文明建设的范畴进行引导和转化，构建和谐宗教的统一战线，可以增强社会秩序安定，为维护党的执政安全提供强有力的政治保障。[②] 调查结果显示，有宗教信仰的受访者约占受访者总数的15%。其中，信仰佛教、伊斯兰教、基督教的受访者比例分别为5.34%、4.4%和2.2%。从地域分布来看，西部地区信奉宗教的受访者比例最高，达21.11%，东部地区、中部地区和东北地区的信教受访者比例分别为11.73%、9.76%、8.11%（见表20-12）。

表20-12 受访者家庭宗教信仰情况 （单位：户,%）

	东北地区	东部地区	中部地区	西部地区	总计	占比
无宗教信仰	340	1008	647	1226	3221	85.14
佛教	6	93	9	94	202	5.34
道教	1	3	0	5	9	0.24
基督教	20	17	40	6	83	2.19
伊斯兰教	0	0	0	165	165	4.36
天主教	2	3	0	10	15	0.40
其他	1	18	21	48	88	2.33
总计	370	1142	717	1554	3783	100

[①] 王芝华：《执政安全视野下的宗教问题及对策研究》，博士学位论文，中南大学，2011年。

[②] 张桂琴：《社会秩序界域下宗教文化对国家执政安全的积极作用》，《哈尔滨市委党校学报》2015年第3期。

(五) 主观幸福感知

农村居民的主观幸福感知是衡量文明乡风和治理有效的重要指标。随着农村改革进程的深入推进以及农村居民物质生活水平的提高,农村居民对其生活状况的关注也逐渐从物质生活满足方面扩展到主观幸福感知等精神生活层面。调查结果显示,4/5 的受访农户认为现在生活"非常幸福"或者"比较幸福"。其中,中部地区受访者幸福感知程度最高(86.9%),其次是东部地区受访者(81.3%);西部地区和东北地区受访者认为现在生活"非常幸福"或者"比较幸福"的比例分别为77.0%和75.8%(见表 20-13)。

表 20-13　　　　　受访者对生活幸福的感知情况　　　（单位:户,%）

	非常幸福	占比	比较幸福	占比	一般	占比	不太幸福	占比	非常不幸福	占比	说不清	占比	总计
东北地区	124	33.3	158	42.5	76	20.4	12	3.2	2	0.5	0	0	372
东部地区	443	38.5	492	42.8	185	16.1	21	1.8	4	0.4	5	0.4	1150
中部地区	358	48.7	281	38.2	86	11.7	10	1.4	0	0	0	0	735
西部地区	561	35.7	650	41.3	291	18.5	55	3.5	12	0.8	4	0.2	1573
总计	1486	38.8	1581	41.3	638	16.7	98	2.6	18	0.4	9	0.2	3830

针对认为目前生活"非常幸福"或者"比较幸福"的受访农户,对其生活幸福感知来源的回答,"家庭和谐,很好的配偶""家人健康""孩子有出息"是最主要的原因,选择这三个选项的农户比例分别达到 60.87%、59.25%和 37.91%(见表 20-14)。此外,对于认为"不太幸福"或者"非常不幸福"的受访农户,"精神空虚,没有朋友"和"家人生病"是其生活不幸福感知来源的主要原因(见表20-15)。

表20-14 　　　　受访者认为生活幸福的主要原因　　　（单位：户，%）

	户数	占比
孩子有出息	1453	37.91
家人健康	2271	59.25
家庭和谐，很好的配偶	2333	60.87
自己的宗教信仰	70	1.83
有很好的朋友	321	8.37
其他	338	8.82

表20-15 　　　　受访者认为生活不幸福的主要原因　　　（单位：户，%）

	户数	占比
孩子没出息	18	0.47
家人生病	39	1.02
工作不如意	15	0.39
找不到对象	5	0.13
家庭不和	6	0.16
精神空虚，没有朋友	67	1.75
收入不如意	3	0.08
自己想买的东西买不到	7	0.18
受到别人欺负	4	0.10
其他	19	0.50

二　文明乡风建设存在的主要问题

以上述调查数据分析为基础，结合调研中的座谈和访谈，可以发现，当前文明乡风建设存在的问题主要体现在以下方面。

（一）以彩礼为主的农村人情往来支出较高

彩礼作为一项最主要的人情支出，是植根于中国传统社会的婚姻习

◆ 第三篇 专题报告

俗。改革开放以来，随着经济社会制度的转型，人们的思想观念发生了很大转变，但在婚姻习俗中，彩礼并没有随着人们婚姻观念的转变而改善，在广大农村地区仍广泛存在，甚至在某种程度上呈现出不断强化的趋势。见面礼、订婚礼、三金钱、改口费等属于传统的彩礼类型。近年来，彩礼的名目种类在传统彩礼的基础上出现了以楼房、汽车等为代表的新型彩礼，彩礼越发呈现高额化、名目多的趋势。部分农民不正确的财富观、名利观，以及攀比心理和从众心理等因素是高额彩礼问题的重要原因。彩礼作为中国传统婚嫁习俗，直接涉及面子问题。高额彩礼是人们维护面子的产物。

学者研究发现，一些功利化和庸俗化的农村社会风气，如"人情送礼风""整酒风"等已成为农村社会的"人情之痛"。[1] 以人情酒席名目繁杂、人情礼金上涨等为特征的人情异化现象突出，严重扭曲了农民的正常家庭生活和社会交往。[2] 高额度、多类型的彩礼除给家庭带来巨大的经济压力外，还会扭曲婚恋观、价值观、家庭观，进而引发家庭矛盾、代际剥夺和潜在的养老问题。优秀传统文化和乡村良俗由此遭到破坏。结婚彩礼逐年上涨，成为困扰农村贫困家庭的突出问题，还可能导致农村地区大量单身汉等社会问题出现。

（二）矛盾纠纷解决方式需要进一步研究

调查发现，土地纠纷、邻里纠纷和家庭纠纷是受访村民与其他村民之间发生纠纷的主要类型。这一分析结论与当前农村地区发生矛盾纠纷的主要类型相吻合。此外，诉诸法律途径不是解决矛盾纠纷最主要的方式。这可能与惧诉心理有关，也可能是因为担心高昂的成本支出。"找上级领导解决""找熟人调解"成为解决矛盾纠纷的主要途径。实际上，可将这两种途径纳入多元化矛盾纠纷调解机制的范畴。这说明，便捷、高效的矛盾纠纷调解是村民乐于选择的方式。以极端方式寻求矛盾

---

[1] 杨华：《农村"人情之痛"究竟该如何治》，《人民论坛》2019 年第 36 期。
[2] 纪芳：《农村仪式性人情异化的治理与乡村秩序重构——基于贵州尧村的田野调查》，《地方治理研究》2020 年第 1 期。

第二十章 文明乡风建设现状、问题和对策

纠纷的解决是例外情形。而当矛盾纠纷发生时，村民"没采取任何行动"，其中的原因可能是多样的，如当事人之间有强有弱、受害人倾向于息事宁人等。这需要在后续的调查研究中进一步分析。

（三）农村居民主观幸福状况需要引起关注

从前文的分析可知，影响受访村民主观幸福感知的负面因素是多方面的。其中有的是社会原因，有的是个人原因。特别是针对"精神空虚，没有朋友"对主观幸福感知的影响，应引起社会各界的高度关注。

三 推进文明乡风建设的对策建议

推进文明乡风建设是夯实农村经济社会发展的内生动力基础，也是增强村民获得感和幸福感的重要方式。深入挖掘助推文明乡风的社会行为规范，并结合时代要求进行创新，可以为乡村社会发展增添新动能。

首先，在推动文明乡风建设和移风易俗的背景下，各种"人情风"得到有效遏制，但当前农村人情消费名目仍然较多，这主要体现在婚丧嫁娶上。治理天价彩礼是实现乡风文明的重要任务。为此，需要通过制定和完善村规民约等制度，采取群众认同的约束性措施，有效遏制婚丧陋习、天价彩礼等不良社会风气。

其次，民间互助互惠是村庄共同体公共服务机制的表现形式。随着城镇化和农村现代化进程的推进，乡土社会民间互助互惠是促进民间生产生活协同合作、维护社会秩序稳定的重要方式。扶危济困、守望相助的优良传统仍然在村民的生产生活中得到体现。这是维护村庄共同体团结和合作的社会资源。它在一定程度上弥补了政府公共服务供给的不足，是村庄共同体内部村民之间自我服务的一种非正式制度安排，是维系村民凝聚力的重要力量。在发扬村民互助互惠传统的同时，随着农村居民生产生活方式的变化，在引导传统乡土资源向现代资源转变的过程中，应以农村社区化为切入点推进城乡一体化发展，通过补齐农村公共服务短板为村民提供更多的公共服务和社会福利保障。这对增强村民的

◆ 第三篇 专题报告

幸福感和获得感同样具有积极的现实意义。

再次，随着利益格局的调整，社会矛盾和纠纷日益复杂化，一些矛盾和个别或极端的情况已经不适合通过传统的道德约束、村规民约等熟人调解方式解决，村民"讨个说法"需要更多地依靠政府部门和法律机构的介入。建设平安乡村关系着乡村振兴战略的顺利实施。有效的乡村治理需要加强农村法治文化建设，以法律制度来规范、引导、保障农业和农村持续稳定协调发展，构筑安定有序的法治屏障，推动乡风文明建设和社会秩序和谐稳定。为此，需要深入研究农村矛盾纠纷的发生原因，进一步探索化解矛盾纠纷的措施和办法，将完善和深化农村矛盾纠纷多元化机制纳入新一轮农村社会改革工作中。在多元化矛盾纠纷解决机制中，可以着力探索更加有效的调解机制，化矛盾为合作，以促进乡村社会有机团结。

最后，受访村民信奉宗教并不是主流，宗教信仰体现出多元化的特征。对信教村民的引导和转化，应成为农村宗教管理的一项重要任务。

附录　调查人员名单

2020年8—9月，包括中国社会科学院农村发展研究所（简称"农发所"）在内，共有来自全国56所高校和科研机构的232名师生、科研和管理人员，参加了中国乡村振兴综合调查（CRRS）基线调查。以下为参与本次问卷调查的人员名单，中国乡村振兴综合调查课题组在此表示感谢！①

安徽省

农发所的调查人员：李国祥、全世文、杨鑫、苏红键、崔凯、李玏、王雯、刘畅

其他机构的调查人员：胡倩楠、李文灿、刘媛媛、张博华、左登婷（安徽工业大学）；耿海峡、束晶晶、苏世兴、孙康、陶诗语、周聪（安徽农业大学）；彭梁龙、王碧云、杨曙昕（合肥理工大学）；王春阳（上海工程技术大学）；程秀娟、孟召娣（中国社会科学院大学）

广东省

农发所的调查人员：檀学文、杨穗、谭清香、彭华、许楠、王佳

其他机构的调查人员：曾宏润、曾霖锐、陈奕旭、翟元婉、杜淑

---

① 个别调查队员的名字出现多次，表示参与多个省（自治区）的调查；其他机构的调查队员按照机构名称及调查队员姓氏的首字母排序。

附录 调查人员名单

梅、冯增旭、华耿荣、黄婉玲、黄欣、蒋如欣、黎远洋、李华焕、李萍萍、李柔、梁芷祺、刘翠萍、刘璇、罗晓琳、罗玉婷、宁梓如、欧家敏、潘俊、邱欣然、饶冰、吴家瑜、徐衍捷、薛诗慧、薛文洋、杨晓粤、叶钰婷、张诗华（华南农业大学）；刘付源峰（华中农业大学）；马晓燕（暨南大学）；曲海燕（山东省社会科学院）；陈亚坤、刘如玉、罗永明、左茜（中国社会科学院大学）

贵州省

农发所的调查人员：张瑞娟、胡冰川、武舜臣、陈伟

其他机构的调查人员：江立君、李致平、许伟（安徽工业大学）；邓世玉、彭仕兰、王世军、徐小明、张梦瑶、张琪、周颖（贵州大学）；肖雪（西南大学）；余家林（中国人民大学）；陈明（中国社会科学院政治学研究所）；谢金丽（中国社会科学院大学）

河南省

农发所的调查人员：崔红志、李人庆、曹斌、赵黎、芦千文、苑鹏

其他机构的调查人员：陈鹏伟（福建农林大学）；孙文文（甘肃农业大学）；韩馥冰、李雪薇、沈玉洁、王梦菲、师海猛、周明潭、沈之琬（河南财经政法大学）；谷智斌（河南大学）；李磊鑫（河南农业大学）；杜美玉（华南农业大学）；张浩博（华中农业大学）；梁洁（兰州大学）；陈晓萱、吴刚（南京林业大学）；胡启萌（南开大学）；胡文雪（云南农业大学）；王亚晨（郑州大学）；苟均林、郝小瑶、李寒冬、刘佳、王可心、杨林枫、赵安、周沁懿、朱钧煦（中国社会科学院大学）

黑龙江省

农发所的调查人员：刘长全、韩磊、王术坤、罗千峰、王颖

其他机构的调查人员：王慷楷（北京大学）；冯涛、孙振宇（哈尔滨医科大学）；梁佳欣（河北金融学院）；陈艳华、高瑞萌、李嘉睿

（河北经贸大学）；韩馥冰、沈玉洁（河南财经政法大学）；李磊鑫（河南农业大学）；丁俊博（佳木斯大学）；谢政璇（中国农业大学）；卢宛妘（中国人民大学）；黄帅金、赵安（中国社会科学院大学）

宁夏回族自治区

农发所的调查人员：孙同全、董翀、鲍曙光、宋楚童、胡祎、王佳、苑鹏

其他机构的调查人员：胡垚坤（北方民族大学）；马思静（北京林业大学）；牛嘉璐（南开大学）；郭启勇、牛远远、宋自新、杨兰（宁夏大学）；杨雄（云南师范大学）；王涵（中国劳动关系学院）；邓晗、冯志强、龚昊、侯雨岑、郎丰博、李寒冬、李欣格、李正、刘静、胥英伟、吴倩、王漠依（中国社会科学院大学）；李俊海、罗玲、杨梓（中央民族大学）

山东省

农发所的调查人员：于法稳、苑鹏

其他机构的调查人员：林珊（青岛黄海学院）；岳会（山东管理学院）；曹守香、翟羽、姜亚妮、荣泽升、周禹（山东农业大学）；于婷（山东省社会科学院）；车丽娟（上海财经大学）；代明慧（泰山学院）；王广梁（西南大学）；黄鑫、桑霏儿（中国社会科学院大学）

陕西省

农发所的调查人员：罗万纯、杨一介、张延龙、曾俊霞、杨园争、谢兰兰、苑鹏

其他机构的调查人员：陈鹏伟（福建农林大学）；王慧慧（湖南农业大学）；陈晓萱、吴刚（南京林业大学）；牛嘉璐（南开大学）；刘昊（西北农林科技大学）；韦甜芳（西北师范大学）；黄府茗（云南民族大学）；杨雄（云南师范大学）；刘潇阳（中共中央党校）；闫明东（中国青年政治学院）；李欣格、李怡晴、刘梦婷、粟春豪、谈宇斌（中国

◆ 附录 调查人员名单

社会科学院大学）；周玲鹏（中央财经大学）

四川省

农发所的调查人员：苑鹏、邰亮亮、马翠萍、李登旺、王宾、曾俊霞

其他机构的调查人员：何唯、黄华丽、江坤、刘丽梅、潘月萍、王婷、王威（成都理工大学）；陈祉伊（华南农业大学）；陈伟、龙晓惠、宋自新、杨兰、杨雄（宁夏大学）；刘梦瑶、施源、杨彩霞（四川农业大学）；龚昊、郎丰博、李欣格、牛嘉璐、宋晨超、胥英伟、燕铭、张子舒（中国社会科学院大学）

浙江省

农发所的调查人员：年猛、杜鑫、陈方、王瑜、王蕊、刘畅

其他机构的调查人员：刘子琦、任浩浩（杭州师范大学）；牛希璨（吉林大学）；岑淑阳（上海大学）；倪可忆（浙江财经大学）；黄政、刘蔚廷、庞宁婧、王智豪、杨智超（浙江大学）；左璐莹、顾宇彤（浙江农林大学）；郭雅媛（中共中央党校）；尤游（中国社会科学院大学）

主要参考文献

卞国凤：《近代以来中国乡村社会民间互助变迁研究》，博士学位论文，南开大学，2010 年。

陈柏峰：《农村仪式性人情的功能异化》，《华中科技大学学报》（社会科学版）2011 年第 1 期。

陈斌开、马宁宁、王丹利：《土地流转、农业生产率与农民收入》，《世界经济》2020 年第 10 期。

陈秋红：《美丽乡村建设的困境摆脱：三省例证》，《改革》2017 年第 11 期。

国家统计局编：《中国农村住户调查年鉴 2011》，中国统计出版社 2011 年版。

国家统计局编：《中国统计年鉴 2014》，中国统计出版社 2014 年版。

国家统计局编：《中国统计年鉴 2020》，中国统计出版社 2020 年版。

韩长赋：《全面实施新形势下国家粮食安全战略》，《求是》2014 年第 19 期。

韩庆龄：《小农户经营与农业社会化服务的衔接困境——以山东省 M 县土地托管为例》，《南京农业大学学报》（社会科学版）2019 年第 2 期。

胡凌啸：《中国农业规模经营的现实图谱："土地＋服务"的二元规模化》，《农业经济问题》2018 年第 11 期。

钟真、胡珺祎、曹世祥：《土地流转与社会化服务："路线竞争"还是"相得益彰"？——基于山东临沂 12 个村的案例分析》，《中国农村经济》2020 年第 10 期。

主要参考文献

胡祎、张正河:《农机服务对小麦生产技术效率有影响吗?》,《中国农村经济》2018 年第 5 期。

纪芳:《农村仪式性人情异化的治理与乡村秩序重构——基于贵州尧村的田野调查》,《地方治理研究》2020 年第 1 期。

金光照、陶涛、刘安琪:《人口老龄化与劳动力老化背景下中国老年人力资本存量与开发现状》,《人口与发展》2020 年第 4 期。

孔祥智、穆娜娜:《实现小农户与现代农业发展的有机衔接》,《农村经济》2018 年第 2 期。

钟真:《社会化服务:新时代中国特色农业现代化的关键——基于理论与政策的梳理》,《政治经济学评论》2019 年第 2 期。

李晓云、张晓娇:《收入与农业生产类型对中国农村居民营养的影响》,《华中农业大学学报》(社会科学版)2020 年第 4 期。

李裕瑞等:《面向乡村振兴战略的村庄分类方法与实证研究》,《自然资源学报》2020 年第 2 期。

王梦婧等:《国土空间规划背景下的县域村庄分类模式研究——以山东省莱州市为例》,《城市发展研究》2020 年第 9 期。

刘平:《承包地退出规则之反思与重构——以〈农村土地承包法〉修改为中心》,《华中农业大学学报》(社会科学版)2019 年第 2 期。

年猛:《"十四五"农村就业创业的战略思路与政策》,《中国劳动关系学院学报》2000 年第 5 期。

农业农村部农村合作经济指导司、农业农村部政策与改革司编:《中国农村经营管理统计年报 2018 年》,中国农业出版社 2019 年版。

钱静斐等:《耕地经营规模及其质量禀赋对农户生产环节外包行为的影响——基于中国广西水稻种植农户的调研数据》,《中国农业大学学报》2017 年第 9 期。

刘大鹏、刘颖、陈实:《土地流转、规模经营对农业社会化服务需求的影响分析——基于江汉平原 393 个水稻种植大户的调查》,《中国农业资源与区划》2019 年第 1 期。

邱红、周文剑:《流动人口的落户意愿及影响因素分析》,《人口学刊》

2019 年第 5 期。

宋丽娜：《人情的社会基础研究》，博士学位论文，华中科技大学，2011 年。

苏红键：《城乡两栖视角落户意愿研究》，《贵州社会科学》2020 年第 7 期。

王芝华：《执政安全视野下的宗教问题及对策研究》，博士学位论文，中南大学，2011 年。

魏后凯、李玏、年猛：《"十四五"时期中国城镇化战略与政策》，《中共中央党校（国家行政学院）学报》2020 年第 4 期。

翁贞林、徐俊丽：《农机社会化服务与农地转入：来自小规模稻农的实证》，《农林经济管理学报》2019 年第 1 期。

吴方卫、康姣姣：《农民工流向选择和区域流动变化研究》，《农业技术经济》2019 年第 12 期。

萧放：《"人情"与中国日常礼俗文化》，《北京师范大学学报》（社会科学版）2016 年第 4 期。

杨华：《农村"人情之痛"究竟该如何治》，《人民论坛》2019 年第 36 期。

杨华、欧阳静：《农村人情的变异：表现、实质与根源——对当前原子化农村地区人情的一项考察》，《中州学刊》2011 年第 5 期。

杨晓宇：《关于黑龙江省农户耕地流转情况的调查》，《农民致富之友》2017 年第 15 期。

于法稳：《农村厕所革命：路在何方？》，《群言》2019 年第 9 期。

于法稳：《"十四五"时期农村生态环境治理：困境与对策》，《中国特色社会主义研究》2021 年第 1 期。

于法稳：《新时代农业绿色发展动因、核心及对策研究》，《中国农村经济》2018 年第 5 期。

于法稳、赵会杰：《"十四五"时期农业废弃物资源化利用的目标、任务与对策》，载魏后凯、杜志雄主编《中国农村发展报告（2020）——聚焦"十四五"时期中国的农村发展》，中国社会科学出版社 2020 年版。

张桂琴:《社会秩序界域下宗教文化对国家执政安全的积极作用》,《哈尔滨市委党校学报》2015 年第 3 期。

张宗毅、杜志雄:《农业生产性服务决策的经济分析——以农机作业服务为例》,《财贸经济》2018 年第 4 期。

刘春香:《浙江农业"机器换人"的成效、问题与对策研究》,《农业经济问题》2019 年第 3 期。

赵仁杰、何爱平:《村干部素质、基层民主与农民收入——基于 CHIPS 的实证研究》,《南开经济研究》2016 年第 2 期。

《2019 年居民收入和消费支出情况》,2020 年 1 月 17 日,国家统计局网站,http://www.stats.gov.cn/tjsj/zxfb/202001/t20200117_1723396.html。

《2019 年全国教育事业发展统计公报》,2020 年 5 月 20 日,中华人民共和国教育部,http://www.moe.gov.cn/jyb_sjzl/sjzl_fztjgb/202005/t20200520_456751.html。

《农村经济持续发展 乡村振兴迈出大步》,2019 年 8 月 7 日,国家统计局网站,http://www.stats.gov.cn/ztjc/zthd/bwcxljsm/70znxc/201908/t20190807_1689635.html。

C. Zhu et al., "Alcohol Use and Depression: A Mendelian Randomization Study from China", *Frontiers in Genetics*, 2020.

H. Binswanger, "Agricultural Mechanization: A Comparative Historical Perspective", *World Bank Research Observer*, Vol. 1, No. 1, 1986.

J. R. Harris, M. P. Todaro, "Migration, Unemployment & Development: A Two-Sector Analysis", *American Economic Review*, No. 1, 1970.